Über dieses Buch

Drei Jahre nach seinem Ausscheiden aus dem Amt tritt er mit seinen Memoiren ans Licht der Öffentlichkeit, das er jahrelang – getreu den Richtlinien seiner Organisation – scheute: Reinhard Gehlen, der ehemalige Leiter des Bundesnachrichtendienstes (BND). Seine Person, »der Lebensgang jedes beliebigen Generalstabsoffiziers«, bleibt freilich auch jetzt im Hintergrund dieser aufschlußreichen Gedanken und Erinnerungen. Im Blickpunkt steht allein der »Dienst«: Gleich nach dem Abitur (1920) in die Reichswehr eingetreten, 1935 zum Generalstabsoffizier avanciert, wurde Gehlen 1942 zum Leiter des Nachrichtendienstes »Fremde Heere Ost« berufen. Die umfassenden Einsichten in die militärische Leistungsfähigkeit und das Wirtschaftspotential der Sowjetunion kam ihm nach dem Zusammenbruch des Dritten Reiches zugute: Vom amerikanischen Geheimdienst (CIA) unterstützt und getragen vom »gemeinsamen Interesse an der Verteidigung gegen den Kommunismus«, baute er 1946 die »Organisation Gehlen« auf; seit 1956 in »Bundesnachrichtendienst« umbenannt, untersteht diese in München-Pullach ansässige Organisation unmittelbar dem Bundeskanzler.
Neben den natürlich mit der gebotenen Zurückhaltung vorgetragenen Auskünften über die Arbeitsweise des Dienstes, die allenfalls den naiven Konsumenten von Agentenfilmen enttäuschen werden, finden sich aufsehenerregende Enthüllungen über Schlüsselfiguren des Dritten Reiches (Canaris, Bormann). Gehlen schließt seinen spannenden »Pullach-Report« mit kenntnisreichen Ausführungen über die gegenwärtige und künftig zu erwartende Politik der Sowjetunion – besteht doch für ihn das Wesen des geheimen Nachrichtendienstes nicht zuletzt in der Befähigung, »vorausschauend die Entwicklungslinie der Geschichte in die Zukunft zu bestimmen«.

Januar 1973
Vollständige Taschenbuchausgabe
Droemersche Verlagsanstalt Th. Knaur Nachf.
München/Zürich
Mit Genehmigung des Verlages
v. Hase & Köhler GmbH, Mainz

Umschlaggestaltung Carl Herbert Traue
Gesamtherstellung Ebner, Ulm
Printed in Germany
ISBN 3-426-00300-1

# Reinhard Gehlen:
# Der Dienst

Erinnerungen 1942–1971

Droemer Knaur

MEINEN MITARBEITERN
IM DIENST GEWIDMET

Inhalt

# Einleitung

Wenn man, von den Pflichten des beruflichen Alltages endlich entbunden, die Muße gewonnen hat, das eigene Leben mit seinen Höhen und Tiefen, seinen geraden Strecken und zuweilen merkwürdigen und sich dann doch als notwendig erweisenden Umwegen zu überblicken, wird man schnell zu einer allgemeingültigen Feststellung kommen. Jeder Lebenslauf weist Züge auf, die exemplarischen Charakter tragen, er zeigt aber auch hineinverwoben in dieses gleichsam Allgemeingültige, das mehr oder weniger für jede vergleichbare Persönlichkeit gilt, das Einmalige und Unwiederholbare, das die zu beschreibende Persönlichkeit eigentlich erst zur Individualität erhebt.

Als junger Offizier weigerte ich mich beharrlich, Fremdsprachen über meine Schulkenntnisse hinaus zu lernen, um keinesfalls einmal auf dem Generalstabsgebiet der Feindlagebeurteilung (»Ic-Dienst«) oder etwa gar des Nachrichtendienstes verwendet zu werden. Wie wohl fast alle meine Kameraden in den langen Jahren der Geschichte des deutschen Generalstabes strebte ich die Verwendung im Bereich der eigentlichen militärischen Führung an. Doch es war mir bestimmt, meine Aufgaben und – ich sage das voller Dankbarkeit – meine Erfüllung gerade auf dem Gebiet der »Feindlagebeurteilung«, des Nachrichtendienstes, zu finden.

Im »Exemplarischen« eines Menschenlebens spiegeln sich ohne Zweifel die großen Tendenzen der Zeit wider. In ihm sind der Zeitgeist nachweisbar ebenso wie die besonderen Umstände einer Epoche, der Krieg, die Vertreibung, der Zusammenbruch, aber auch die innere Haltung, die z. B. einen Berufsstand wie denjenigen des Soldaten und innerhalb dieses Kreises wiederum den Generalstabsoffizier, prägen. Ich bin der Überzeugung, daß das Exemplarische meines Lebens eine Veröffentlichung nicht rechtfertigt. Erziehung im Elternhaus, Abitur, Eintritt in die Reichswehr, Ende 1923 Leutnant, dann der Dienst in wechselnden Stellungen in Truppe und Stäben, alles dies entspricht dem Lebensgang jedes beliebigen Generalstabsoffiziers, ohne daß dies allgemeines Interesse beanspruchen dürfte, bis ich am 1. 4. 1942 zum Chef der Abteilung Fremde Heere Ost im Generalstab des Heeres ernannt wurde.

Dieser Einschnitt in meinem Leben ist es, der mich veranlaßt und, wie ich meine, auch berechtigt, meine Erinnerungen zu veröffentlichen. Denn ohne mein Zutun nahm von diesem Zeitpunkt an mein

Leben eine Wendung zum Einmaligen und Außergewöhnlichen. Vom 1. 4. 1942 an trug ich an wesentlicher Stelle Verantwortung und wirkte viele Jahre auf dem Gebiete des Nachrichtendienstes, das für die Sicherheit jedes Landes von außerordentlicher Bedeutung ist.
Das Wesen des geheimen Nachrichtendienstes liegt neben der Kenntnis umfassender Tatsachen in der Befähigung, vorausschauend die Entwicklungslinie der Geschichte in die Zukunft zu bestimmen.
Der Leser mag den folgenden Brief Carl J. Burckhardts an Hugo von Hofmannsthal aus dem Jahre 1925 als ein beeindruckendes Zeugnis solcher Befähigung werten.

»Lieber verehrter Freund,
wundern Sie sich nicht bisweilen darüber, daß die sogenannten Staatsmänner unserer Zeit so wenig wahrnehmen, was wirklich vor sich geht? Alles starrt immer auf Deutschland, als ob alle Entscheidung von dort kommen würde, alle Gefahr dort ihren Ursprung habe, hinter diesem faszinierenden, Schrecken, Zorn oder Anbiederungsversuche auslösenden Phänomen Deutschland wird man nicht gewahr, was hinter dem Vorhang der deutschen Grenzen gespielt wird:
Es war gestern, daß wir Brest-Litowsk erlebten, damals war Rußland auf die Grenzen zurückgewiesen, die es zur Mitte des 16ten Jahrhunderts besaß. Das von den letzten Zaren beherrschte Gebiet im Westen und im Süden, die ganze Ukraine gingen verloren, im Transkaukasus waren unabhängige Staaten: Armenien, Aserbeidschan, Georgien entstanden, ganz Sibirien bildete eine unabhängige Einheit. Aber schon heute ist alles zurückgewonnen. Nur Polen, das auferstandene katholische Polen, bleibt bis zu den nächsten Erdstößen selbständig, sodann die kleinen schutzlosen baltischen Provinzen.
In Sibirien konnten die roten Armeen ungestört operieren. Niemand war da, der es verhindert hätte, Ukraine aber und transkaukasische Gebiete wurden zurückgewonnen, indem man sie an die bolschewistische Kirche anschloß. Die Japaner, die vor 3 Jahren aus der 1920 gegründeten fernöstlichen Republik abzogen, ermöglichten durch ihr erzwungenes Weggehen den Anschluß an die RSFSR, jetzt stand Rußland wieder am Stillen Ozean. – Merkwürdig, daß in der ganzen angelsächsischen Welt, in England und seinen Dominien so gut wie in den Vereinigten Staaten diese weltgeschichtlich entscheidende Tatsache viel weniger Interesse erweckt als eventuelle Vorgänge, eventuelle Entwicklungen, die sich am Rhein, oder im künstlich isolierten Deutsch-Österreich oder vor allem in bezug auf die Tschechoslowakei einstellen könnten. – Welch eine weltpolitische Perspektive! Die Republik Beneschs!

Glauben Sie einen Augenblick, daß, wenn alles ins große Fließen kommt, diese Republik der ungeheuren Wirkung der marxistisch-slawischen Anziehung, diesem Motiv zur Weltföderation, widerstehen wird? Panslavismus mit dem Auftrieb einer neuen Religion? Glaubt man etwa, die Armen und Enterbten, die durch rationalistische Missionsschulen ihrer einstigen religiösen Bindungen entledigten asiatischen Massen, würden den hier und jetzt einlösbaren Verheißungen der Heilslehre des 20sten Jahrhunderts widerstehen? Man scheint es anzunehmen, man starrt fasziniert auf dieses kleine Mitteleuropa, reizt die im tiefsten durch den Kriegsausgang enttäuschten Deutschen, die längst keine Großmacht mehr sind, wenn sie überhaupt jemals eine waren, man reizt sie durch Mißtrauen und mesquine Behandlung, bis all ihr Hang zum Übertreiben, zum Dreinschlagen, zum harten Ende wieder losbrechen wird. Dabei wäre es so leicht, die jetzigen gemäßigten Regierungen dieses Landes durch generöses Entgegenkommen zu kräftigen. Aber man kompromittiert sie, eine nach der andern wird man innenpolitisch unmöglich machen, bis dann nur noch der blinde Zorn und die jeder Demagogie zugängliche deutsche Urteilslosigkeit und politische Unbegabung übrig sind und einen Rausch bewirken, den dann der Westen für die Weltgefahr an sich, für eine äußerste Bedrohung halten wird, während doch die Bedrohung in Wirklichkeit sich hinter dieser deutschen Fassade, zwischen Baltikum und Stillem Ozean vorbereitet, in einem räumlichen Ausmaße, das die Menschheit noch nie gesehen hat. Föderation, auf Grund einer überall hin vordringenden Weltanschauung im Dienste eines nationalistischen Imperialismus, ist ein unwiderstehlicher Kristallisationsprozeß. Was sind dagegen die in der weiten Welt so wenig werbekräftigen Möglichkeiten deutscher Revanche, deutscher Ausdehnungsbestrebungen? Die Lösung des deutschen Problems scheint mir zur Zeit darin zu liegen, daß man den gemäßigten politischen Elementen innerhalb des Reichsgebietes greifbare Erfolge gibt und sie konsolidiert. Nur äußere Erfolge vermögen es in Deutschland, das Gemäßigte an der Führung der Staatsgeschäfte zu beteiligen. Der Hang zu extremen Lösungen ist eine deutsche Grundlage, das hat sich schon in der Reformation ebensosehr als in der philosophischen Revolution des 19ten Jahrhunderts gezeigt. Das ist eine Konstante, die man nachgerade im Westen kennen sollte, wie man die Charakteranlage eines Verwandten, mit dem man leben muß, kennt und gewissermaßen einkalkuliert. Rußland dagegen ist zu entscheidenden Teilen eine asiatische Macht, es hat ein inkommensurables Element in sich. Rußland, als Zentrum einer Heilslehre, gewinnt Kräfte wie einst die durch Mohammed entflammte arabische Welt. Es handelt

sich darum, mit dem größten Machtgenerator zu rechnen, dem wir bisher begegnet sind; es handelt sich dagegen nicht darum, akademische oder sentimentale Betrachtungen über Wert und Unwert des Bolschewismus anzustellen, das gehört nicht in die außenpolitische Aufgabe. Der Bolschewismus ist eine der vielen Formen, die der Sozialismus annehmen kann, eine unendlich viel wirksamere Form als jene, deren Entstehen auf halbem Wege erkaltete. In einer sozialistischen Ära aber leben wir alle, auf diesem Gebiet gibt es nur Gradunterschiede. Somit kann das russische Phänomen sich gar nicht mehr als theoretisches Problem entscheiden lassen, entschieden ist es, es ist die größte Realität unseres Zeitalters und als solche kann es uns nur interessieren, insofern als diese Realität einem mit allen Mitteln zur Weltherrschaft strebenden Staat unvorstellbare Kräfte zuführt. Deutschland und Japan sind natürliche Gegner einer russischen Expansion. Der Westen aber, das englische Reich und die Vereinigten Staaten, die – on the long run – von dieser Expansion am meisten bedroht sind, bemühen sich mit allen Mitteln, Deutschland und Japan zu schwächen. Die Kündigung des Englisch-Japanischen Bündnisses (sind es schon drei Jahre her?) erscheint mir als eine ebenso folgenschwere als kurzsichtige Verzichtleistung zugunsten völlig sekundärer Interessen Nordamerikas. Japan ist übrigens ein viel sicherer Faktor in bezug auf Rußland als Deutschland, wo immer Erinnerungen an alte, gegen Frankreich gerichtete Waffenbrüderschaft in den Köpfen spuken, Erinnerungen an die Kriege Friedrichs des Großen, an Tauroggen. Es fällt den meisten Völkern nicht so schwer, in historischen, scheinbaren Analogien zu denken, schwer dagegen, zu erkennen, daß alle Voraussetzungen sich geändert haben.
Im Wesen der Demokratie liegt es, innenpolitische Liebhabereien und Leidenschaften auf das außenpolitische Gebiet zu übertragen, wo sie das furchtbarste Unheil anrichten können.
Dies für heute, seien Sie aufs herzlichste gegrüßt von Ihrem freundschaftlich ergebenen

Carl J. Burckhardt.«

Dieser nun vor bald 50 Jahren geschriebene Brief zeigt, wie klar und treffend ein befähigter Politiker vorausschauend die Entwicklungslinie der Geschichte erkennen kann. Um wieviel mehr sollte dies in einer kürzeren Zeitspanne möglich sein, wenn man über die umfassende Kenntnis der Tatsachen verfügt, welche die jeweils augenscheinliche Situation, dann aber auch die Entwicklungslinie in die Zukunft bestimmen.
Freilich, diese Erkenntnis fällt uns nicht in den Schoß. Sie setzt sich

aus einer Vielzahl von Einzelfeststellungen zusammen, die auf der Grundlage eines soliden Allgemeinwissens und vollständiger Kenntnisse über die eigene Situation und die der Partner sowie andererseits der potentiellen und tatsächlichen Gegner beurteilt und mosaikartig einander zugeordnet werden müssen.

Um diese mühselige Arbeit leisten zu können, bedarf es eines fachgerecht und zielgerichtet organisierten, geschulten Apparates hochwertiger Fachkenner, die organisatorisch und fachlich so aufeinander eingespielt sind, daß die einzelnen, die Lage bestimmenden Faktoren in ihren Werten richtig erfaßt und in den richtigen Zusammenhang zueinander gebracht werden. Dies ist die Aufgabe des Auslandsnachrichtendienstes, der daher nach englischer Auffassung das wichtigste Instrument für die Erfassung der Grundlagen der Außenpolitik sein sollte.

In der angelsächsischen Welt wie auch in der Sowjetunion gibt es infolgedessen über Notwendigkeit und durch die Aufgabe bedingte Eigenart einer solchen Einrichtung keinerlei Diskussionen; die Mitarbeit wird, insbesondere in England, nicht als anrüchig, sondern als Beweis besonderer Vertrauenswürdigkeit angesehen. Sie ist ein »gentlemen's business«, das vom Vertrauen des gesamten Volkes getragen wird, nicht aber ein Hintertreppengeschäft oder ein James-Bond-Abenteuer. In Deutschland hingegen ist bisher die Wichtigkeit eines solchen hochwertigen Instruments in breiten Kreisen nie wirklich begriffen worden. Dies bewies zuletzt und besonders auffallend eine 1971 erschienene Serie eines bekannten Nachrichtenmagazins über den Bundesnachrichtendienst. Die vielen großen und kleinen Unrichtigkeiten mögen zwar berechtigte Zweifel an der Seriosität dieser Darstellung geweckt und damit die Bedeutung der Folge entscheidend gemindert haben. Dies ändert jedoch nichts an der Tatsache, daß in keinem anderen Lande der Welt eine so reißerische, zahlreiche Indiskretionen, schiefe Darstellungen und Verfälschungen enthaltende umfangreiche Veröffentlichung über eine Staatseinrichtung möglich gewesen wäre und noch heute sein würde. Ein Nachrichtendienst braucht nun einmal, und das wird sich nie ändern, ein gewisses Maß an Abdeckung und Abschirmung, wenn er erfolgreich arbeiten soll. Lediglich die zuständigen parlamentarischen Gremien, welche Kontrollaufgaben haben, sollten Einsicht erhalten.

Das mag gelegentlich, und gerade in unserer Zeit einer oft mißverstandenen »vollkommenen« Pressefreiheit, zu falschen Vorstellungen führen. Die Folgen können darin liegen, daß um den Nachrichtendienst eine Zwielichtigkeit erzeugt oder erhalten wird, die zu einer Erschwerung der entsagungsvollen Arbeit führt. Der Mangel an Ver-

ständnis kann sich schließlich so weitgehend auswirken, daß die Durchführung der gestellten Aufgaben gefährdet und gesteckte Ziele nicht erreicht werden. Aus meiner langen Erfahrung und aus wiederholtem Gedankenaustausch mit leitenden Angehörigen befreundeter Dienste weiß ich, daß ich mit dieser Erkenntnis weder übertreibe noch alleinstehe. Meine Feststellungen haben mich in dem Entschluß bestärkt, meine Erinnerungen aufzuzeichnen, soweit sie die Entwicklung des deutschen Nachrichtendienstes seit 1945 beinhalten.
Sie sollen zugleich dem Dank an meine vielen zivilen und militärischen Mitarbeiter im Dienst Ausdruck geben. Für sie alle gilt sinngemäß der Ausspruch Schlieffens: »Generalstabsoffiziere haben keinen Namen« im besonderen Maße. Ohne ihre ständige, verständnisvolle Hilfe wären alle Mühen und Kämpfe vergeblich und die Arbeit selbst ohne Erfolg geblieben.

# I. KAPITEL

# »Fremde Heere Ost«

Am 1. April 1942 wurde ich zum Chef der 12. Abteilung des Generalstabes des Heeres, der Abteilung »Fremde Heere Ost«, ernannt, der Stelle also, die sich mit der Lage beim sowjetischen Gegner befaßte. Die Ernennung erfolgte, weil Generaloberst Halder einen Wechsel an der Spitze der Abteilung noch vor Beginn der geplanten Offensive in Richtung auf Wolga und Kaukasus für wünschenswert hielt. Daß seine Wahl auf mich fiel, mochte einmal in der Tatsache begründet sein, daß ich von Ende 1939 bis Anfang Oktober 1940 als sein persönlicher Generalstabsoffizier, später innerhalb der Operationsabteilung bis zu meiner Ernennung als Bearbeiter der bevorstehenden Operation tätig war. Ich war deshalb mit den Absichten, dem Kräfteeinsatz sowie den Zwischen- und Endzielen der Planung bis in alle Einzelheiten vertraut.

Die Lage Anfang April 1942 war dadurch gekennzeichnet, daß es gelungen war, die vor allem in den Abschnitten der Heeresgruppe Mitte und Süd während der Wintermonate erschütterte Front wieder zu stabilisieren. Die Rückschläge hatten stellenweise zu beträchtlichen Geländeverlusten geführt; sie waren nicht bereinigt worden. Eine Menge Material war verlorengegangen. Schlimmer wog jedoch, daß sich der deutsche Soldat nach zwei Jahren des Sieges zum ersten Male wenn auch nicht mit der Niederlage, so doch mit ernsten Rückschlägen konfrontiert gesehen hatte. Dies mußte, auch wenn die Schuld vornehmlich den Witterungseinflüssen – dem Schlamm und den Kältegraden bis zu minus 56 Grad – sowie der anfänglich fehlenden Winterausrüstung bei sehr stark abgesunkenen Gefechtsstärken zugeschrieben wurde, gefährliche psychologische Folgen nach sich ziehen.

Jedoch mußte nicht nur aus psychologischen Gründen so bald als möglich die Initiative durch erneuten Angriff zurückgewonnen werden. Die von der Abteilung Fremde Heere Ost durchaus erwarteten sowjetischen Gegenangriffe von Mitte November 1941 an hatten gezeigt, daß Stalin gewillt war, wenn nötig, auch Verbände aus dem Fernen Osten zur Entlastung seiner Westfront heranzuziehen. Die Winterschlachten hatten aber auch die Fähigkeiten der Russen zur Improvisation bewiesen. Jede Atempause mußte die im Sommer 1941

angeschlagene Kampfkraft der Sowjets wieder verbessern und die Auseinandersetzung ins Unendliche verlängern. Damit wuchs gleichzeitig die Gefahr des Zweifrontenkrieges. Denn spätestens ab 1943 war mit dem Eingreifen starker amerikanischer Verbände zu rechnen. Hitler stand also bereits Anfang 1942 vor einer ähnlichen Lage wie die Oberste Heeresleitung des I. Weltkrieges im Frühjahr 1917.
Während meiner Tätigkeit in der Operationsabteilung hatten wir den Auftrag, zu untersuchen, wo und mit welchen Kräften eine neue Offensive anzusetzen sei. Dabei stellte sich heraus, daß Wehrmacht und Rüstungsindustrie trotz aller Anstrengungen nicht mehr in der Lage sein würden, die Verluste an Personal und Material so weit wieder aufzufüllen, daß auf der ganzen Ausdehnung der weitgestreckten Front von der Krim bis Leningrad zum Angriff übergegangen werden konnte – obwohl die gegenüber Großbritannien bereitgestellten Divisionen im Jahre 1942 aller Voraussicht nach ohne Kräftezufuhr auskommen konnten. Man mußte sich daher auf Teiloffensiven beschränken wie: Bereinigung der unangenehmen Rückschläge, vor allem auf der Krim und bei Charkow, Einnahme von Leningrad, um die Ostsee aus dem Kriegsgeschehen auszuschalten und die Verbindung zu den Finnen endgültig zu sichern.
Alle sonst zur Verfügung stehenden Kräfte mußten dort zur Offensive antreten, wo der Russe auf jeden Fall gezwungen war, sich zum entscheidungsuchenden Kampfe zu stellen. Dieser Angriffsschwerpunkt konnte nach Meinung des Chefs des Generalstabes, Generaloberst Halder, nur der Raum um Moskau sein. Eine Eroberung Moskaus hätte neben der psychologischen Wirkung auch noch 1942 das politische Nervenzentrum sowie den Hauptverkehrsknotenpunkt des sowjetischen Reiches lahmgelegt und damit die weitere Kriegführung der Sowjets wenn auch nicht ausgeschlossen, so doch erheblich erschwert. Es gab hierüber erbitterte Auseinandersetzungen mit Hitler, der auf einen Angriff in Richtung Stalingrad – zur Ausschaltung des Wolgawasserweges – sowie in Richtung auf den Kaukasus bestand. Er argumentierte hierbei mit der Behauptung, daß die Inbesitznahme der dortigen Ölfelder für die Weiterführung des Krieges von entscheidender Bedeutung sei. Ohne diese würde Deutschlands Betriebsstoffversorgung innerhalb von sechs Monaten zusammenbrechen – was sich als falsch erwies; auch ohne den Besitz der kaukasischen Ölfelder kämpften wir noch zweieinhalb Jahre weiter.

Das Verhältnis Halders zu Hitler war schon im Westfeldzug 1940 nicht ohne Spannungen geblieben; es hatte sich im Jahre 1941 vor allem deshalb verschlechtert, weil Hitler darauf beharrte, den Schwerpunkt der Operationen im August 1941 nach Süden in Richtung Kiew zu verlegen. Dieser Entschluß führte zwar zur größten Umfassungsschlacht der Weltgeschichte, der Schlacht von Kiew mit nahezu 2 Millionen Kriegsgefangenen. Dieses »Cannae« blieb aber trotzdem nur ein »ordinärer Sieg«, der, wie Halder gefürchtet hatte, den Mißerfolg vor Moskau und den Verlust des Feldzuges mit allen sich hieraus ergebenden Konsequenzen nach sich zog. Die Auseinandersetzungen um den Feldzug 1942 vertieften die Spannungen bis zum Unerträglichen und führten schließlich am 24. 9. 1942 zum Bruch. Für das Klima, das zuletzt zwischen Hitler und seinem ersten operativen Berater herrschte, ist ein mir noch erinnerlicher Ausspruch Halders kennzeichnend. »Ich werde Hitler so lange widersprechen, bis er mich entläßt, denn mit sachlichen Argumenten ist er nicht mehr zu überzeugen.«

Rücktrittsangebote von höheren Führern der Wehrmacht anzunehmen, lehnte Hitler stets ab.

Wirtschaftliche Gründe, nicht jedoch militärische und politische Erfordernisse, die samt und sonders gegen die exzentrische Operation in die Weite des sowjetischen Raumes hinein sprachen, waren also bei dem Entschluß Hitlers ausschlaggebend. Auch die negativ zu beantwortende Frage, wie angesichts der schlechten Bahn- und Straßenlage – nur eine Bahnlinie war vorhanden, sobald der Don nach Süden überschritten war – die Nachschubfrage zu lösen sei, sprach gegen die Operation. Aber Hitler schlug auch diese Bedenken in den Wind.

Um so wichtiger war, daß bereits in der Anfangsphase der Operation der Gegner gestellt und entscheidend geschlagen wurde. Um so notwendiger war aber auch, daß die mir neu anvertraute Abteilung des Generalstabes so vollständig, exakt und frühzeitig wie möglich die Führung über die Feindlage sowie über die operativen kurz- und langfristigen Absichten des Gegners unterrichtete.

Mein neuer Auftrag führte mich an die Spitze des Ic-Dienstes (heute G-2-Dienstes) der gesamten Ostfront – eine Aufgabe, die übrigens in der ersten Zeit meiner Amtsführung noch um die Aufklärung des Potentials eines mächtigen neuen Gegners, der USA, sowie seiner Landstreitkräfte erweitert war.

Im Frieden war der Abteilung, in Zusammenarbeit mit anderen Dienststellen inner- und außerhalb des Generalstabes, die Aufgabe gestellt, ein möglichst umfassendes Bild des Wehr- und Rüstungspotentials der von ihr beobachteten Streitkräfte der Oststaaten zu erarbeiten, sowie Führung und Truppe darüber zu informieren, mit welchen Verhältnissen sie – z. B. in geographischer, in meteorologischer Hinsicht usw. – zu rechnen hatten. Besonderer Wert wurde auch darauf gelegt, Anhalte über den sogenannten »Kampfwert« der Truppe zu erhalten. Es war dies der Anfang einer, wie wir heute sagen würden, psychopolitischen Betrachtungsweise. Die über den sowjetischen Soldaten in diesem Zusammenhang im Frieden gewonnenen Erkenntnisse wurden durch die Erfahrungen des ersten Jahres des Ostfeldzuges in vollem Umfange bestätigt. Die vorausgesagte Härte des russischen Soldaten, seine Bedürfnislosigkeit und Genügsamkeit in allen materiellen Dingen ließen ihn auch dort weiterkämpfen, wo die Schlacht schon verloren war. Auch die Erwartung, daß mit der ideologischen Indoktrination des Führerkorps, nicht aber mit einer Beeinflussung der Masse der Wehrpflichtigen zu rechnen sei, bestätigte sich. Für den Fall von sowjetischen Niederlagen war deshalb – durchaus richtig – mit wachsenden Zahlen von Überläufern gerechnet worden.

Daß der sogenannte »Kommissar-Befehl«*, gegen den sich der Oberbefehlshaber des Heeres, Generalfeldmarschall von Brauchitsch, unterstützt von Halder und anderen Stellen des Generalstabes, insbesondere der Abteilung Fremde Heere Ost, verzweifelt gewehrt hatte, eine solche Entwicklung behindern mußte, liegt auf der Hand. Der Befehl ist tatsächlich selbst dort, wo er bekanntgegeben wurde, meist nicht befolgt worden. Der gesunde Sinn der Truppe wehrte sich schon aus vielerlei Gründen gegen diese Anordnung, die gegen menschliche Gefühle wie auch gegen die Haager Landkriegsordnung verstieß. Tausende von Kommissaren kamen in Gefangenschaft, viele von ihnen wurden überzeugte und wertvolle Mitglieder der Wlassow-Bewegung. Der Befehl hatte jedoch unheilvolle psychologische Folgen für die deutschen Streitkräfte selbst. Seine Nichtbefolgung leitete eine Entwicklung ein, die – gefördert durch ständige Strafandrohungen Hitlers gegen die auf örtlichen Führungsentscheidungen beruhende freiwillige Aufgabe auch kleinerer Frontabschnitte – Unehrlichkeit in der Meldungserstattung und Ungehorsam gegenüber der höheren Führung zur Folge hatte.

Um ein exaktes Bild der sowjetischen Streitkräfte zu erhalten, wurden im Frieden alle nur irgend möglichen Erkenntnisquellen herangezogen, die Ergebnisse des Amtes Ausland/Abwehr, ebenso wie die Berichte der Militârattachés und des Auswärtigen Amtes. Selbstverständlich wurde auch das zugängliche offene Material ausgewertet, aus dem auch für den sowjetischen Bereich, der einer strengen Presse-

* = sofortige Erschießung gefangener sowjet. polit. Kommissare.

zensur unterworfen war, bei sorgfältiger Analyse wertvolle, unser Wissen bereichernde Kenntnisse herausgezogen werden konnten. Es sei am Rande erwähnt, daß der amerikanische Aufrüstungsplan, der in der ersten Fassung nur in acht Ausfertigungen existierte, auf dem Wege über eine sorgfältige Auswertung der amerikanischen Presse bereits im Frühjahr 1942 zu unserer Kenntnis kam. Der amerikanische General Wedemeyer, der von 1936–1938 die deutsche Kriegsakademie in Berlin besucht hatte und der wohl eine der operativ begabtesten amerikanischen Führerpersönlichkeiten des Zweiten Weltkrieges gewesen ist, erzählte mir 1960, daß niemals geklärt werden konnte, auf welche Weise dieses streng geheime Papier in den Besitz der Presse gelangte. Wedemeyer war zum damaligen Zeitpunkt der erste Generalstabsoffizier der amerikanischen Operationsabteilung. Er durchlebte im Verlauf dieser Affäre wohl die aufregendsten Stunden seines Lebens, ging aber völlig entlastet aus den Untersuchungen hervor. Er hat mir diese Episode, in deren Verlauf zumindest der Verdacht laut wurde, die undichte Stelle befinde sich in der engsten Umgebung des Präsidenten Roosevelt, sehr anschaulich geschildert.
Bei allen Schwierigkeiten, die die streng durchgeführte Abschirmung der Sowjetunion und das mit dem Hitler-Stalin-Pakt ergangene »Führer-Verbot« jeder Aufklärung mit Mitteln des geheimen Nachrichtendienstes in der SU bereitete, war es meinem Vorgänger dennoch gelungen, ein einigermaßen zutreffendes Bild der sowjetischen Wehrkraft, der Kriegsgliederung sowie der Aufmarschvorbereitungen und operativen Planungen der sowjetischen Streitkräfte zu gewinnen. Auf diesen Feststellungen konnte der Feldzugsplan »Barbarossa« entwickelt und im Ablauf der Ereignisse weiter aufgebaut werden.
Lagebeurteilungen meiner Abteilung kurz nach meiner Amtsübernahme, also rund ein Jahr nach Beginn des Krieges gegen die Sowjetunion, fanden ihren Niederschlag in zwei Vorträgen, die ich Anfang Juni und im September 1942 vor Kriegsakademie-Lehrgängen gehalten habe.

»Rußlands Wehrkraft, Rüstungsumfang
und Wehrmacht im Frühjahr 1942«

So lautete das Thema des ersten Vortrages. Ort und Zuhörerkreis boten mir Gelegenheit, die mir wichtig erscheinenden Erkenntnisse unserer Abteilung den Vertretern höherer Stäbe vorzutragen. Ich konnte davon ausgehen, daß meine Ausführungen von den Teilnehmern der Vortragsveranstaltung entsprechend weitergetragen wurden und auf diese Weise Breitenwirkung erzielten – ein Effekt, der gerade bei der Neigung Hitlers, unliebsame Nachrichten zu ignorieren und zu unterdrücken, besonders nützlich war. Es galt lediglich, darauf zu achten, sich geschickter Formulierungen zu bedienen, um nicht den Verdacht des »Defaitismus« zu erregen und so die Aussage inhaltlich zu entwerten.

Nach den noch vorhandenen Unterlagen machte ich meinen Zuhörern etwa folgende Ausführungen:

Im Juni 1942 ergab sich aus den eingegangenen Informationen eine verbindliche Einschätzung des sowjetrussischen Kriegspotentials, wie es sich im Spätfrühjahr 1942 darstellte. Neben den auf nachrichtendienstlichem Wege ermittelten Daten und den durch die Truppe gewonnenen Erkenntnissen dienten meiner Abteilung auch offene und statistische Angaben über Sowjetrußland als Unterlage bei der Bewertung der russischen Wehrkraft.

So wurde die im Jahre 1939 in der Sowjetunion durchgeführte Volkszählung zur Grundlage genommen, um den Bevölkerungsaufbau Rußlands und die aus ihm resultierenden personellen Möglichkeiten der sowjetischen militärischen Führung daraus abzuleiten.

Bei Kriegsbeginn mußte nach dem Erfahrungssatz, daß die Mobilisierungsquote eines Volkes in Soldaten höchstens 10 Prozent seiner Einwohnerzahl beträgt, mit einer feindlichen Wehrmacht von etwa 19 Millionen Mann gerechnet werden, wenn es – was wir annahmen – den Russen gelang, ihre gesamten Menschenmassen zu mobilisieren. Diese Annahme wurde durch die alle Einzelheiten berücksichtigende rechnerische Auswertung bestätigt.

Von der im Frühjahr 1942 vorhandenen Gesamtbevölkerung Sowjetrußlands mußten in unserer Berechnung alle Teile abgesetzt werden, die durch Gebietseinbußen und die bis dahin eingetretenen Kriegsverluste ausgefallen waren. Durch den bisherigen Kriegsverlauf war das am dichtesten besiedelte Gebiet der Sowjetunion mit rund einem Drittel der Gesamteinwohnerzahl – also etwa 66 Millionen Menschen – von der deutschen Wehrmacht besetzt worden. Zwar entzog sich der Umfang der aus den Gebieten eingezogenen sowie im Rahmen der Roten Armee zurückgeführten Wehrfähigen der Schätzung. Jedoch konnte auf Grund der über Teile des verlorenen Territoriums vorliegenden Berichte des Reichsministeriums für die besetzten Ostgebiete mit Sicherheit angenommen werden, daß etwa ein Drittel aller seit Kriegsbeginn für wehrpflichtig erklärten Männer in diesen verlorenen Gebieten für die Rote Armee nicht mehr erfaßt werden konnte. Die theoretisch zur Verfügung stehende Menschenbasis hatte sich demnach um 22 Millionen (= 1/3 von 66 Millionen Einwohnern der verlorenen Gebiete) auf rund 177 Millionen verringert. Aus dieser der Sowjetregierung für ihre Wehrmacht verbliebenen Menschenbasis errechneten wir – vom Bevölkerungsaufbau und der Zahl der eingezogenen Jahrgänge ausgehend – die damalige Wehrleistungsfähigkeit des sowjetischen Kriegsgegners.

Dem Bevölkerungsaufbau wurde die Volkszählung von 1939 zugrunde gelegt, weil die jährliche Sterblichkeit nur für das Gesamtvolk, nicht aber ihre Verteilung auf die einzelnen Jahrgänge sowie für die einzelnen Nationalitäten der Sowjetunion bekannt war. Der Bevölkerungsaufbau von 1939 konnte damals auch noch als zutreffend angesehen werden, da der erste starke Geburtsjahrgang der sogenannten »NEP«-Zeit 1924 bis dahin zum überwiegenden Teil noch nicht in der Armee stand und die Einwohnerzahl Altsowjetrußlands, also ohne die baltischen Republiken und die annektierten Teile Polens, rund 96% der von uns zu beobachtenden Menschenbasis ausmachte.

Um unsere Berechnungen in möglichst große Wirklichkeitsnähe zu bringen, mußten wir berücksichtigen, daß der Bevölkerungsaufbau Sowjetrußlands in jenen Jahren durch zwei Tatsachen gekennzeichnet war:

a) Das russische Volk war damals ein junges Volk. Fast die Hälfte war seinerzeit jünger als 20 Jahre (in Deutschland weniger als ein Drittel!). Demgegenüber hatten die hohe jährliche Sterblichkeit von 1,7 Prozent (in Deutschland damals 1,2 Prozent) und die Auswirkungen des russisch-japanischen, des Ersten Weltkrieges, der Bürgerkriege und des russisch-polnischen Krieges einen raschen Schwund in den älteren Jahrgängen zur Folge gehabt. Dies bedeutete einerseits, daß ein verhältnismäßig höherer Anteil des russischen Volkes im wehrfähigen Alter stand (diese Zahl würde in den nächsten Jahren noch zunehmen), andererseits, daß ein Zurückgreifen auf die alten Jahrgänge nur in relativ geringerem Umfange möglich war als in Deutschland.

b) Der Prozentsatz der Frauen in Rußland war – die Gründe waren außer in den vorerwähnten Kriegen in der Eigenart des Sowjetsystems zu suchen – ungewöhnlich hoch (über 52%). Dies wirkte sich ebenfalls negativ in einer rechnerischen Verringerung der älteren männlichen wehrpflichtigen Jahrgänge, positiv in einer größeren Ausweichmöglichkeit auf weiblichen Arbeitseinsatz aus.

Als wehrpflichtige Jahrgänge waren nach den bisherigen Ermittlungen und den zugänglichen Unterlagen die 18jährigen – das entsprach dem Geburtsjahrgang 1923 – bis 45jährigen (= Geburtsjahrgang 1896) voll eingezogen worden. Einige Nachrichten deuteten

außerdem darauf hin, daß teilweise auch 46- und 47jährige Männer rekrutiert worden waren.
Ich wies in meinem Vortrag auch darauf hin, daß durch den am 18. September 1941 veröffentlichten Erlaß des Volkskommissars für Verteidigung ab 1. Oktober 1941 die 16- bis 50jährigen lediglich zur Wehrausbildung außerhalb der Truppe verpflichtet, aber nicht in die rote Wehrmacht eingezogen worden waren, wie dies vielfach irrtümlich angenommen wurde. Selbstverständlich befanden sich auch noch Angehörige anderer Jahrgänge in geringem Umfang in der Truppe, etwa als Freiwillige oder als längerdienende Offiziere und Unteroffiziere; dies änderte aber das Gesamtbild nicht.
Die eingezogenen Jahrgänge umfaßten zusammen rund 35 Millionen Männer und bei der Zugrundelegung der deutschen Tauglichkeitssätze – ein anderer Maßstab war zunächst nicht vorhanden – rund 28 Millionen Taugliche. Die Anwendung des deutschen – übrigens im Verlauf des Krieges zu einer früher nie für möglich gehaltenen Höhe heraufgeschraubten – Tauglichkeitssatzes schien gerechtfertigt, da der Gesundheitszustand in Rußland zwar nachweislich schlechter war als in Deutschland, dieser Nachteil aber in Anbetracht der Rücksichtslosigkeit bei der Durchführung des totalen Krieges in Sowjetrußland als ausgeglichen beurteilt werden mußte.
Von diesen 28 Millionen Tauglichen zogen wir die Zahl der UK-Gestellten ab. Sie betrugen nach unseren eigenen Erfahrungen von der für die Armee zur Verfügung stehenden sowjetischen Menschenbasis von 177 Millionen Einwohnern rund 11 Millionen Mann. Tatsächlich sind im damals unbesetzten Sowjetrußland von etwa 130 bis 140 Millionen Einwohnern 9–10 Millionen Taugliche UK gestellt worden.
Der sowjetrussischen Wehrmacht standen nach dieser Rechnung etwa 17 Millionen Taugliche zur Verfügung. Von der Zahl dieser Tauglichen waren dann die seit der Volkszählung von 1939 eingetretenen Kriegsverluste abzusetzen. Sie betrugen nach sorgfältigen, auf den Meldungen der Truppe und der verbündeten Mächte beruhenden Schätzungen bisher:

| | |
|---|---|
| a) im finnischen Winterkrieg 1939: | 430 000 Tote und Invaliden |
| b) im deutsch-russischen Krieg bis 1. 5. 1942: | 3,6 Millionen Gefangene |
| | 1,7 Millionen Gefallene |
| | 1,8 Millionen Invaliden |
| | = 7,53 Millionen Gesamtverluste |

Aus diesen Berechnungen ergaben sich folgende Schlußfolgerungen: Tatsächlich verbleiben der roten Wehrmacht nach Abzug dieser Verluste (17 – 7,5 Millionen =) 9,5 Millionen Wehrtaugliche.

Diese 9,5 Millionen Wehrtauglichen sind in den russischen Streitkräften nach den hier vorliegenden Unterlagen wie folgt erfaßt:

a) Heer: 6–6,5 Millionen. Diese Errechnung wurde durch Nachrichten aus sicherer Quelle (Stalin Ende März 1942: »Ich habe die Bedürfnisse eines 6-Millionen-Heeres zu befriedigen«) und die Angaben eines ausländischen Diplomaten bestätigt.

b) Luftwaffe: 1,5 Millionen.

c) Kriegsmarine: 300 000.

In der roten Wehrmacht sind also insgesamt etwa 7,8–8,3 Millionen Wehrtaugliche enthalten, so daß darüber hinaus rechnerisch eine verfügbare Reserve an Wehrtauglichen von 1,2 bis 1,7 Millionen verbleibt.

Diese Menschenreserve wird jedoch voraussichtlich nur zu einem Teil und nur nach und nach für die Wehrmacht erfaßt werden können, da in ihr enthalten sind:

1. die Angehörigen von Nationalitäten, die bisher nachweislich nicht zum Wehrdienst in der Roten Armee eingezogen waren.

   a) Polen, die zu etwa 50 Prozent nach dem mittleren Orient verlegt worden sind und von denen voraussichtlich auch der noch in Rußland befindliche Rest dorthin folgen wird.

   b) Deutsche, die seit September 1941 aus der kämpfenden Truppe entfernt worden sind und nur noch in Bautruppen in Innerrußland verwendet werden.

   c) Südkaukasische und mongolische Stämme sowie Minderheiten aus dem inzwischen besetzten Gebiet, die nach vorliegenden Befehlen aus der kämpfenden Truppe herausgezogen wurden.

Insgesamt kann die hierdurch eingetretene Verminderung der Menschenreserve auf etwa 400 000 Mann geschätzt werden.

2. Die militärischen Heimatdienststellen und die Ersatztruppenteile. Besitzt die Sowjetunion bis jetzt auch nicht ein Ersatzheer in unserem Sinne, das heißt als Ausbildungsheer, sondern hauptsächlich nur als Einkleidungs- und Weiterleitungsorganisation, so sind im Kader der Ersatztruppenteile doch mindestens einige hunderttausend Mann gebunden, die voraussichtlich nicht zum Einsatz an der Front freigemacht werden können.

3. Die Genesenden (zum Beispiel Bauchschuß vom Herbst 1941), deren Zahl etwa 1 Million betragen dürfte, die nur in monatlichen Raten von etwa 200 000 wieder kriegsverwendungsfähig werden.

Es ergibt sich also: Die theoretisch vorhandene Menschenreserve von etwa 1,2 bis 1,7 Millionen kann wahrscheinlich nur zu einem Teil und nur in Raten, die über den vor uns liegenden Sommer verteilt sind, für die Rote Armee herangezogen werden. Vermutlich ist die sowjetische Führung deshalb bald gezwungen, auf die im folgenden aufgeführten Ausweichmöglichkeiten zurückzugreifen, um neue Verbände aufstellen zu können.

Diese Ausweichmöglichkeiten sind:

a) Einberufung der Siebzehnjährigen, die 1942 das 18. Lebensjahr vollenden (= Geburtsjahrgang 1924 mit etwa 1,4 Millionen Wehrtauglichen).
b) Noch höhere Rückgriffe auf die Arbeiterschaft der Rüstungsindustrie und Landwirtschaft (jetzt schon Fraueneinsatz in Rußland geschätzt auf 60 Prozent, Deutschland demgegenüber 41 Prozent).
c) Weitere Aushilfen geringeren Ertrags (alte Jahrgänge, Untaugliche, Minderheiten, weiblicher Wehrdienst, fremde Verbände – Iraner?).

Die Auswirkung dieser Notmaßnahmen ist zahlenmäßig schwer abzuschätzen. Wie weit die errechnete theoretische Menschenreserve und die durch die erwähnten Aushilfemaßnahmen Erfaßbaren tatsächlich der Roten Armee eingereiht werden können, werden die nächsten Monate erweisen. Berücksichtigt man dabei, daß es sich bei Rußland nicht um einen mitteleuropäisch geordneten Staat, sondern um das halbe Asien handelt, um ein Gebiet, das 32mal größer als Deutschland ist und das etwa ein Sechstel der Erdoberfläche umfaßt, so ist die Schlußfolgerung gerechtfertigt, daß der rechnerisch verfügbare Menschenbestand voraussichtlich nur zu einem Teil wird erfaßt werden können.

Trotzdem kann mit einem Versiegen des sowjetrussischen Menschenstromes nicht gerechnet werden, da bei der Energie der feindlichen Kriegsleitung erwartet werden muß, daß der Gegner ohne Rücksicht auf alle Auswirkungen für das Staatsgefüge, die Rüstungswirtschaft und die Ernährungsbasis die Front stärken wird.

Aus der ihm verbliebenen Menschenreserve von 1,2 bis 1,7 Millionen, die noch nicht in der Feldwehrmacht erfaßt sind, wird der Gegner voraussichtliche Verluste wie zu Beginn dieses Jahres decken und darüber hinaus – dieses aber wahrscheinlich nur in monatlichen Raten – bis zum Herbst eine geringe Anzahl von Schützen-Divisionen (mit entsprechenden anderen Verbänden) neu in den Kampf werfen können. Die Einziehung des Jahrganges 1924, die nach den letzten Nachrichten begonnen zu sein scheint, kann es darüber hinaus ab Ende des Sommers ermöglichen, eine Anzahl weiterer Divisionen

an die Front zu bringen, soweit ihre materielle Ausrüstung gesichert ist.
Die rücksichtslose Ausnützung der erwähnten Aushilfsmöglichkeiten wird es daher den Russen erlauben, die Front noch längere Zeit, wenn auch mit absinkenden Zahlen und unter Rückwirkungen auf das gesamte Staatsleben, personell weiterzunähren.
Verlusten wie in den Schlachten von Bialystok, Wjasma und Brjansk dürfte der Gegner nicht mehr ohne ernste Auswirkungen gewachsen sein. So umfangreiche Personalreserven wie im Winter 1941/42 wird er voraussichtlich ein zweites Mal nicht mehr in die Entscheidung werfen können.
Diese Feststellung schränkt jedoch die Tatsache der bestehenden und noch bleibenden zahlenmäßigen Überlegenheit des Gegners in keiner Weise ein.
Im weiteren Verlauf der Ausführungen befaßte ich mich mit der sowjetrussischen Wehrmacht, ihrer personellen Stärke und ihrem Aufbau im speziellen. Standen dem russischen Heer bei Kriegsbeginn etwa 227 teilmobilisierte Verbände im grenznahen Aufmarsch in Europa zur Verfügung, so waren diese Kräfte durch die deutschen Kampferfolge im Jahre 1941 stark geschwächt worden. Dennoch schien die Menschenreserve des Gegners noch nicht spürbar verbraucht, da immer wieder neue Einheiten ins Feld geführt wurden. Wir stellten fest, daß die Sowjets die erlittenen Verluste zunächst durch Zuführung fertiger Verbände aus dem Inneren – wie vorausgesagt worden war (2. Welle der Mobilmachung) – und in kritischer Lage durch Notaufstellungen ausgeglichen haben.
Darüber hinaus war es einer nicht unerwarteten Organisations- und Improvisationsleistung, verbunden mit der im Sowjetstaat natürlichen Rigorosität, in kurzer Zeit gelungen, mehrere Millionen in neue Verbände zusammenzufassen, einzukleiden, auszurüsten, notdürftig auszubilden und von weither an die Front zu bringen. Aus diesem Grunde fanden wir nach den für die Russen überaus verlustreichen Schlachten bei Kiew, Wjasma und Brjansk an Zahl ebensoviel rote Verbände an der Front wie bei Kriegsbeginn. Die Frontstärke der Roten Armee, so stellten wir fest, stieg dann von etwa 3 Millionen am 1. Dezember 1941 durch die erwähnten Neuzuführungen bis Ende Januar 1942 auf etwa 4,5 Millionen und hielt seitdem diese Höhe.
Bemerkenswert war für uns auch die Strukturänderung der Roten Armee. Sie war durch die starke Dezimierung der aktiven Verbände, den Mangel an kampferfahrenen Offizieren und die ungenügende Ausbildung der Ersatzverbände herbeigeführt worden und löste organisatorische Änderungen aus. Zu ihnen gehörte die Wiederein-

führung der Panzer-Korps, meist mit vier oder drei Panzer-Brigaden und einer motorisierten Brigade, nachdem im Spätherbst 1941 die Abkehr von der Panzer-Division zugunsten der ausschließlichen Panzerverwendung als Hilfswaffe der Infanterie erfolgt war.

Aus den uns zugänglichen Unterlagen ging weiterhin hervor, daß die im Herbst 1941 infolge der hohen Verluste in ihrer Stärke erheblich herabgesetzte Schützendivision bereits Mitte März 1942 einen neuen Etat erhalten hatte. Dieser hatte zu einer Umgliederung geführt, an welcher besonders bemerkenswert war:

a) die Einführung eines Ausbildungsbataillons für die Unterführerausbildung,
b) die Verstärkung der infanteristischen Kampfkraft (12 statt 9 Maschinengewehre je Kompanie; 328 statt 251 in der Division),
c) die Verstärkung der infanteristischen Panzer-Abwehr: je Bataillon eine Panzerbüchsen-Kompanie; in der Division 273 statt – wie bisher – 81 Panzerbüchsen.
d) Verstärkung des Divisions-Artillerie-Regiments um eine Abteilung zu 2 Batterien (dafür sollte nach Gefangenenaussagen die regelmäßige Zuteilung eines Haubitzen-Regiments an jede Division im allgemeinen wegfallen).
e) Fortfall der nach der Gliederung vom Dezember 1941 für jede Schützendivision vorgesehenen Salvengeschütz-Abteilung (aus Produktionsgründen und der Überlegung, diese Waffe nur noch im zusammengefaßten Einsatz zu verwenden).
f) Ausstattung der Schützendivision wieder mit 4,5-cm-Panzerabwehrkanone (Pak) statt wie bisher mit 5,7-cm-Kanone.

Die Gesamtsollstärke der Schützendivisionen umfaßte danach rund 12 800 Mann (die Garde-Schützen-Division zählte 13 100 Mann), also etwa 1000 Mann mehr als nach der letzten uns bekannten Kriegsstärkenachweisung im Dezember 1941. Die Zahl der während des Winters als Sondergliederung für den Winterkampf neben den Schützen-Divisionen aufgetretenen Schützen-Brigaden schien nach unseren Ermittlungen begrenzt worden zu sein.

Die Panzer-Brigade setzte sich etwa zur Jahreswende 1941/42 im allgemeinen zusammen aus:

1 Panzer-Regiment zu einem schweren Bataillon mit einer schweren und zwei mittleren Kompanien und einem leichten Bataillon zu drei leichten Kompanien mit insgesamt 63 Panzern. Außerdem gehörte ein motorisiertes Schützen-Bataillon, eine Flak-Abteilung und eine Aufklärungs-Kompanie dazu. Nach einer Gefangenenaussage, die sich später bestätigte, hatte sich die Stärke auf 46 Panzer verringert, ver-

mutlich um die Gesamtzahl der Einheiten halten zu können, so daß nach unseren Berechnungen die Panzer-Brigade im Jahre 1942 10 schwere, 16 mittlere und 20 leichte Panzer umfaßte.
Bei der sowjetischen Luftwaffe erkannten wir im Frühjahr 1942 den Schwerpunkt des Kräfteeinsatzes im Raum der deutschen Heeresgruppe Süd – ein Indiz dafür, daß die Sowjets entweder hier selbst aktiv werden wollten oder deutsche Angriffsoperationen erwarteten. Wir schätzten den Anteil der fremdländischen Frontflugzeuge auf etwa 390 Maschinen, die mit Masse im Bereich der Heeresgruppe Mitte, mit den übrigen Teilen vor der Heeresgruppe Nord und der Karelischen Front eingesetzt waren. Ich schloß meine Ausführungen über die Stärke der sowjetrussischen Wehrmacht, wie sie sich nach unseren Ermittlungen im Frühsommer 1942 darstellte, mit den Worten:
»Es ist festzustellen, daß der Gegner bei den ersten Schlägen dieses Jahres große Verluste erlitten hat; die bisherigen Kämpfe haben gezeigt, daß das Überlegenheitsgefühl des deutschen Soldaten zu Recht besteht und daß dort, wo mit zusammengefaßten Kräften angegriffen wird, der Erfolg sicher ist. Die zahlenmäßig vorhandene personelle und materielle Überlegenheit des Gegners darf nicht unterschätzt werden; um die in diesem Jahre im Osten heranstehende Entscheidung zu einem Siege zu gestalten, wird es größter Kräfteanstrengung bedürfen.«
Damit sollte sowohl ein Hinweis gegeben werden, wie die deutschen Kräfte am sinnvollsten einzusetzen wären, als auch die Warnung ausgesprochen sein, die den Sowjets noch verbliebenen Möglichkeiten leichtsinnig zu unterschätzen.

### *»Das Wirtschaftspotential der Sowjetunion«*

Auch in meinem zweiten Vortrag vor der Kriegsakademie im Herbst 1942 bemühte ich mich, die Vielzahl unserer Erkenntnisse in komprimierter und beweiskräftiger Form zusammenzufassen. Ich behandelte das Wirtschaftspotential der Sowjetunion sowie die Hilfeleistungen der angelsächsischen Mächte, die uns fortlaufend größere Sorgen bereiteten, und führte etwa folgendes aus:
1. Kohle
Die Gesamtfördermenge Rußlands hätte nach unseren Berechnungen bei friedensmäßiger Entwicklung im Jahre 1942 die Höhe von etwa 200 Millionen Tonnen Stein- und Braunkohle erreicht. Durch den Verlust der von deutschen Truppen besetzten Gebiete dürfte sie

jedoch nur noch 70 bis 80 Millionen Tonnen betragen. Die Hauptförderungsgebiete für Steinkohle lagen im Gebiet von Kusnezk (höchste Förderung! Steigerung in den letzten Jahren von 7 auf 26 Millionen Tonnen im Jahr!), im Ural (Steigerung von 7 auf 12 Millionen Tonnen im Jahr), in Karaganda (Steigerung von 6 auf 10 Millionen Tonnen im Jahr). Das Rest-Donezgebiet hatte schon vorher, vor dem Verlust an die Deutschen, seine Bedeutung für die UDSSR verloren, nachdem die Förderung im ostwärtigen Teil gegen Ende des vorigen Jahres, das heißt im Spätherbst 1941, fast völlig eingestellt worden war und die großen leistungsfähigen Schächte zum Ersaufen gekommen waren.
Brachte man die Förderung in Beziehung zum Bedarf, so ergab sich folgendes Bild:
Als Hauptbedarfsträger für Kohle galten neben der Eisenbahn, die etwa 50 Prozent der Gesamtförderung beanspruchte, die Industriegebiete an der mittleren und nördlichen Wolga einschließlich Moskau, der Ural und die Industriezentren in Sibirien. Die Förderung in den Kohlenrevieren des Ural, Karagandas und Kusnezks entsprach nach unseren Unterlagen etwa dem Bedarf der östlichen Industriegebiete. Der Ural mußte über die Hälfte des Bedarfs aus Sibirien und Karaganda beziehen. Kusnezk, so stellten wir fest, versorgte außer dem Ural und der sibirischen Industrie noch den neuen Industriebezirk Taschkent.
Die Versorgungslage in den östlichen Gebieten der Sowjetunion war demnach ziemlich ausgeglichen, die Versorgungslage in den westlichen Gebieten dagegen kritisch. Die Wolga-Industrie und die Eisenbahnen hatten in den westlichen Gebieten ihren Kohlenbedarf schon seit Februar 1942 aus Karaganda und Kusnezk decken müssen. Die Transporte aus diesen weitentfernten Kohlenrevieren waren unregelmäßig eingetroffen, was in einzelnen Industrieorten zu Betriebseinschränkungen geführt hatte. So mußten zum Beispiel im März 1942 mehrere Mühlenwerke in Kuibyschew stillgelegt werden.
Auch die Wolga-Schiffahrt war, soweit sie mit Kohlefeuerung betrieben wurde, in Mitleidenschaft gezogen, und die Umstellung der Eisenbahnen auf Ölfeuerung wurde wegen des Kohlenmangels in den westlichen Gegenden mit großem Nachdruck betrieben. Wie wir aus unseren statistischen Unterlagen wußten, betrug der Kohlebedarf der Gebiete an und westlich der Wolga bis zur Frontlinie des Winters vor Beginn des Krieges etwa 15 bis 20 Millionen Tonnen, die fast ausschließlich aus dem Donez-Becken kamen. Im Frühherbst 1942 mußte die Kohle über Entfernungen von mehr als 2500 Kilometer aus Karaganda und Kusnezk herangeführt werden.

Abgesehen davon, daß nach unseren zuverlässigen Nachrichten die Kohleförderung in den ostwärtigen Kohlerevieren trotz erheblicher Steigerung nicht in der Lage war, außer dem stark angestiegenen Bedarf der Industriezentren im Ural, Mittelasien und Mittelsibirien auch noch den Bedarf der Wolga-Industrie und der Eisenbahnen in den westlichen Gebieten zu decken, bedeuteten die Kohletransporte in die Westgebiete eine starke zusätzliche Belastung der damals schon überbeanspruchten Ost-West-Verbindungen.
Allerdings wußten wir, daß im Raum ostwärts und nordostwärts von Moskau als zusätzlicher Heizstoff Torf in Höhe von rund 11 Millionen Tonnen im Jahr gewonnen wurde, der in zunehmendem Maße für die Elektrizitätserzeugung in diesem Bereich Verwendung fand.
2. Koks
Die Kokserzeugung war durch den Verlust der wichtigsten Kokereien im Donezgebiet so stark zurückgegangen, daß trotz erheblichen Ausbaues der Anlagen im Ural und im Kusnezker Gebiet die Versorgungslage unzureichend war. Die Gesamterzeugung an Koks konnte nach unseren Ermittlungen im Jahre 1942 höchstens noch 10 Millionen Tonnen erreichen, was etwa 40 bis 45 Prozent der gesamtrussischen Erzeugung bei Beginn des Krieges entsprach. Während im Kusnezker Raum verkokbare Kohle in ausreichendem Maße verfügbar war, mußte der Ural damals zwei Drittel seines Bedarfs an Kokskohle aus Karaganda und Kusnezk beziehen.
Die Kokserzeugung war aber entscheidend für die
3. Eisen- und Stahlerzeugung
In Auswertung unserer Unterlagen konnten wir errechnen, daß die Eisenerzförderung Rußlands bei friedensmäßiger Entwicklung im Jahre 1942 etwa 40 Millionen Tonnen hätte erreichen müssen. Die Roheisenerzeugung wäre damit wahrscheinlich auf 22 Millionen Tonnen, die Stahlerzeugung gar auf 28 Millionen Tonnen angewachsen. Infolge der Kriegsentwicklung war jedoch nur mit einer Eisenerzförderung von höchstens 13 Millionen Tonnen, einer Roheisenerzeugung von 7 Millionen Tonnen und einer Stahlerzeugung von 8 Millionen Tonnen zu rechnen. Rußland hatte also praktisch zwei Drittel seiner Förderung und Erzeugung verloren.
Der Schwerpunkt der Gewinnung und Verarbeitung von Eisen und Stahl lag mit etwa 65 Prozent im Uralgebiet, während 35 Prozent auf Sibirien entfielen.
Für die Stahlerzeugung sind aber außerdem noch die Stahlveredler, wie zum Beispiel Mangan und Wolfram, von großer Bedeutung. Ich legte daher auch unsere Ermittlungen über die Förderung dieser Rohstoffe vor und begann mit dem

4. Manganerz

Die damalige Manganerzförderung im Ural und in Westsibirien reichte nach unserer Schätzung nicht aus, um den Bedarf der Hüttenwerke im Ural und in Westsibirien zu decken. Bei einer Roheisenerzeugung von 7 Millionen Tonnen im Jahr schätzten wir den Fehlbedarf auf 500 000 Tonnen Manganerz im Jahr. Die Hüttenindustrie im Ural und in Westsibirien war demnach noch immer auf größere Mengen Manganerz aus dem Kaukasus (Tschiatury) angewiesen. Der Verlust des Kaukasus konnte daher eine nicht unwesentliche Verringerung der Stahlproduktion der Sowjetunion nach sich ziehen, die bei der an sich schon damals unzureichenden Produktion sehr ins Gewicht fallen würde.

5. Wolfram-Molybdän

Das reichste und wichtigste Wolfram-Molybdän-Vorkommen befand sich im Kaukasus (Tyrny/Aus im Elbrusgebirge südlich von Maltschik). Unter den europäischen Vorkommen dieser Art stand es damals hinter den portugiesischen Vorkommen an zweiter Stelle. Nach unseren Erkundungen ergab die Ausbeute im Jahr 1941 700 Tonnen Wolframkonzentrat und 450 Tonnen Molybdänkonzentrat. Da die Förderstellen und das Aufbereitungswerk im Hochgebirge in einer Höhe von über 3000 Meter lagen, mußten bei der Gewinnung gewisse Schwierigkeiten, vor allem bezüglich der Arbeitskräfte, bestehen, die einer besonderen Ernährung bedurften und in bestimmten Zeitabständen ausgewechselt werden mußten.

Wie wir ermitteln konnten, erfolgte die Verarbeitung der gewonnenen Konzentrate gleichfalls im kaukasischen Raum, genauer: in dem in Georgien gelegenen Hüttenwerk Sestafoni. Nach unseren Berechnungen hätte der Ausfall der Produktion von Ferrolegierungen in Sestafoni die Herstellung von Edelstählen für die Rüstungsfertigung schätzungsweise um mindestens 30 Prozent herabgesetzt.

6. Aluminium

Aus unseren Unterlagen ging hervor, daß der zur Aluminium-Herstellung erforderliche Rohstoff durch die erschlossenen Bauxitlager im Ural in ausreichender Menge vorhanden war, so daß sich nach unserer Meinung auch ein gänzlicher Verlust der frontnahen Bauxitvorkommen bei Tichwin nicht wesentlich auswirken konnte. Dem ausreichenden Rohstoff hatten jedoch schon in Friedenszeiten nur unzureichende Anlagen für die Aluminiumerzeugung gegenübergestanden, die dann durch den Verlust der bedeutenden Hüttenwerke Saphoroshje und Wolchowstroj fast zur Bedeutungslosigkeit herabgesunken waren. Im ersten Halbjahr 1942 konnten wir auf diesem Gebiet einen starken Aufschwung feststellen. Die Erzeugung stieg

auf etwa 100 000 Tonnen gegenüber einer Friedenserzeugung von 75 000 Tonnen an. Trotzdem war der Bedarf der Rüstungsindustrie damit bei weitem nicht gedeckt, so daß die Aluminiumversorgung ein ausgesprochener Engpaß blieb. Übrigens betrug damals die deutsche Erzeugung etwa das Vierfache der sowjetrussischen.
Als nächsten kriegswichtigen Rohstoff behandelte ich den
7. Kautschuk
Wir stellten fest, daß Rußland, um sich von der Einfuhr frei zu machen, den Versuchen, Rohkautschuk aus kautschukhaltigen Pflanzen zu erzeugen und synthetischen Kautschuk herzustellen, viel Arbeit gewidmet hatte. Die Rohkautschukgewinnung stand bei Kriegsbeginn noch in den Anfängen und konnte nach dem Verlust der wichtigsten Anbaugebiete keine nennenswerte Rolle mehr spielen. Die Herstellung von synthetischem Kautschuk beschränkte sich nach der Räumung der zwei großen Werke Jefremow und Woronesh im Jahre 1942 auf drei Werke, von denen wir zwei im Gebiet der nördlichen Wolga, nämlich in Jaroslawl und Kasan, und eines in Eriwan lokalisierten. Die Nachricht über die Inbetriebnahme eines weiteren Werkes in Baku wurde uns damals noch nicht bestätigt. Dafür wußten wir, daß zwei Werke in Tambow und Karaganda im Laufe des Jahres 1942 die Arbeit aufnehmen sollten. Der Verlust des Kautschukkombinats in Eriwan bedeutete damit eine Verringerung der Erzeugung um etwa 20 Prozent; sie wurde aber durch das Anlaufen der neuen Werke wieder ausgeglichen. So konnte die Sowjetunion nach unserer Einschätzung mit einer vermuteten Gesamterzeugung von 80 000 Tonnen ihren kriegswichtigen Bedarf im Jahre 1942 vollauf decken.
Bezüglich des Erdöls gingen wir von der Erwartung aus, daß für 1942 aus dem Verlust des kaukasischen Erdöls keine wesentliche Auswirkung auf die Kriegsführung eintreten werde, da die Vorratsbildung in den zentralrussischen Gebieten im Laufe der letzten Zeit in starkem Maße betrieben worden war. Ein die Kriegsführung beeinflussender Mangel an Treibstoff wurde von uns nicht für die Zeit vor Mitte 1943 angenommen.
Zur Einschätzung der kriegswirtschaftlichen Lage der Sowjetunion gehörte auch die Frage, ob und inwieweit es der UDSSR möglich sein würde, durch verstärkte Einfuhr aus den Vereinigten Staaten eigene Lücken auszugleichen. Ich führte darüber in meinem Vortrag am 7. September 1942 etwa aus:
Auf dem östlichen Wege über Wladiwostok sind nach den bisher eingegangenen Berichten in den letzten Monaten Kriegsgerätelieferungen nicht nach Rußland gelangt. Auch die Einfuhr durch den Iran

hat bisher einen ins Gewicht fallenden Umfang nicht angenommen. Der Ausbau der vom Persischen Golf nach dem Kaspischen Meer beziehungsweise an die russische Grenze im Kaukasus führenden Eisenbahnen und Straßen ist noch im Gange, er erlaubt wahrscheinlich noch nicht den Transport größerer Mengen Kriegsmaterial und kriegswichtiger Rohstoffe durch den Iran. Die Einfuhr erstreckt sich auf Lastkraftwagen, Panzerabwehr- und Flakgeschütze, Flak- und Abwurfmunition sowie Panzerkampfwagen in geringem Umfang, ferner in erster Linie auf Flugzeuge, deren Zahl nicht abzuschätzen ist, jedoch bisher einige hundert Maschinen betragen dürfte, die in zerlegtem Zustand in den Häfen am Persischen Golf ankommen, in den amerikanischen Montage-Werkstätten zusammengesetzt und dann auf dem Luftwege nach Rußland übergeführt werden.
Der größte und wichtigste Teil der angelsächsischen Lieferungen erfolgt unzweifelhaft auf dem Seeweg über Murmansk. Als Ergebnis einer vor einiger Zeit durchgeführten Befragung geretteter Offiziere und Mannschaften der englischen Handelsmarine, deren Schiffe vor der Eismeerküste versenkt wurden, ergab sich folgendes Bild:
In der Zeit vom November 1941 bis April 1942 waren in Murmansk 14 Geleitzüge mit rund 190 Schiffen angekommen. Diese Schiffe hatten jeweils gemischte Ladung. Die Ladungen setzten sich zusammen aus Nahrungsmitteln (Konserven, Mehl, Getreide), fertigem Kriegsgerät (Panzerkampfwagen, Flugzeugteile, Flugzeugmotoren, Geschütze und Munition), kriegswichtigen Rohstoffen (Kupfer, Stahl, Phosphor) und Treibstoffen. Nach übereinstimmenden Aussagen mehrerer Offiziere und Mannschaften besteht die Anordnung, daß jedes Schiff bis 15 Panzer (je nach Größe) als Deckladung mitzunehmen hat.
Bis Juli 1942 einschließlich sind schätzungsweise insgesamt bis zu etwa 2800 Panzerkampfwagen nach der UDSSR gelangt. Schon aus dieser Zahlenangabe ergibt sich die Bedeutung, die die Einfuhr von Kriegsgerät aus Amerika und England für die Sowjetunion erlangen könnte. Für die Sommermonate war mit einer Steigerung der Einfuhren zu rechnen, da dann außer Murmansk auch Archangelsk als Ausladehafen zur Verfügung steht und die Bedingungen für eine Bekämpfung der Geleitzüge im Eismeer im Sommer ungünstiger als in den Wintermonaten sind.
An englisch-amerikanischen Waffen waren nach unseren Feststellungen bis zum Sommer 1942 bei etwa 30 Panzer-Brigaden folgende englisch-amerikanische Panzertypen aufgetreten, mit denen die sowjetrussischen Einheiten teils ganz, teils zur Hälfte ausgestattet worden waren:

»Mark II«
»Mark III«
»Valentin V«
»General Lee« (M III)
sowie leichte englische Raupen-Panzer-Spähwagen.
Außerdem hatten wir eine mit englisch-amerikanischen Lastkraftwagen ausgestattete motorisierte Schützenbrigade ausmachen können.
Die russische Panzertruppe war nach Gefangenenaussagen mit den englisch-amerikanischen Panzern nicht zufrieden, da diese Kampfwagen in jeder Beziehung dem sowjetrussischen »T 34« unterlegen waren, ihre Geländegängigkeit infolge zu hohen Bodendrucks für russische Geländeverhältnisse unzureichend erschien und außerdem die Motoren den in der UDSSR üblichen Betriebsstoff nur schlecht vertrugen.
An Flugzeugen waren nach unseren Ermittlungen bis zum Sommer 1942 folgende Muster zum Fronteinsatz in die Sowjetunion geliefert worden:

| | | |
|---|---|---|
| »Hurricane« | = | englischer Jäger |
| »Boston 2 und 3« | = | zweimotoriges britisches Kampfflugzeug |
| »Air Cobra« | = | amerikanischer Jäger |
| »Tomahawk« | = | amerikanischer Jäger |
| »Kittyhawk« | = | amerikanischer Jäger |
| »North American B 25« | = | amerikanisches Flugzeug |
| »Lockheed« | = | amerikanisches Transportflugzeug |

Diese Flugzeuge wurden an allen Frontteilen eingesetzt, und zwar mit Masse an den vordersten Linien und mit Teilen im rückwärtigen Gebiet. Im Winter 1941/42 war ihr Einsatz durch die große Kälteeinwirkung auf das Öl sehr behindert.
Nach übereinstimmenden Feststellungen zogen die Russen im allgemeinen ihre eigenen Jagdflugzeuge vor, weil sie sie für besser hielten. Dazu kam, daß sämtliche nach Rußland gelieferten Jagdflugzeuge hinter der Leistung der britischen »Spitfire« zurückblieben. Außerdem bereitete das Umschulen der Besatzung auf die neuen Typen und die genaue Einweisung des Wartungspersonals zur Pflege der Maschinen erhebliche Schwierigkeiten.

In der weiteren Folge meines Vortrages behandelte ich noch die von uns festgestellten Strukturänderungen bei den verschiedenen Waffengattungen der Roten Armee, den Gesamtumfang des russischen Heeres und den möglichen Einsatz der sowjetischen Fernost-Armee, um dann mit folgenden Gedanken zu schließen:

Der weitere Verlauf der Operationen berechtigt zu der Hoffnung, daß es den deutschen und verbündeten Truppen trotz weiterhin noch zu erwartendem starkem Widerstand im Erdölgebiet des Kaukasus und an der Wolga bei Stalingrad gelingen wird, diese Gebiete noch vor Einbruch des Winters fest in die Hand zu nehmen. Wenn dadurch auch weder die Rote Armee vernichtet noch der russische Widerstandswille so geschwächt werden kann, daß ein baldiger Zusammenbruch wahrscheinlich ist, so wird doch die räumliche Besetzung dieses wirtschaftlich hochbedeutenden Gebietes die sowjetrussische Wehrwirtschaft in erheblichem Umfang in Mitleidenschaft ziehen.
Vor dem militärischen Endziel des nächsten Jahres liegt jedoch noch der Winter, in dem der Russe im Vertrauen auf seine Überlegenheit in der Winterkriegführung in ähnlicher Weise wie 1941/42 versuchen wird, den deutschen, bereits eineinhalb Jahre unter schwierigsten Verhältnissen kämpfenden Truppen so starke personelle und materielle Verluste zuzufügen, daß eine neue deutsche Offensive im nächsten Jahr auch im Hinblick auf eine erwartete Bindung an anderen Fronten nicht mehr in Frage kommt. Hierbei wird im Rahmen der noch zur Verfügung stehenden Kräfte mit dem Auftreten zahlreicher winterbeweglicher Verbände, im rückwärtigen Gebiet mit einer straff organisierten umfangreichen Partisanentätigkeit zu rechnen sein. Es erscheint nicht ausgeschlossen, daß diese russische Kampftätigkeit an manchen Stellen angesichts der schwachen Besetzung der Front zu schweren Krisen wie im vergangenen Winter führen kann.

Ich habe auf eine gedrängte Wiedergabe dieser – mir im Original noch vorliegenden – Feststellungen und Aussagen nicht verzichten wollen, weil sie in der Rückschau ein Erfolgsbild nachrichtendienstlicher Mosaikarbeit deutlich werden lassen, wie es in dieser Dichte und Geschlossenheit selten nachweisbar sein dürfte.

Halder hatte bei meiner Amtsübernahme sehr nachdrücklich darauf hingewiesen, daß er nicht nur eine gründliche Auswertung des täglichen Lagebildes erwarte, sondern daß er auch auf einer ständigen Beurteilung der feindlichen operativen Absichten und Möglichkeiten auf lange Sicht bestehen müsse.
Bereits nach kurzer Tätigkeit als Abteilungschef gewann ich den Eindruck, daß die Arbeit der Abteilung im Sinne der Wünsche des Generalstabchefs wesentlich verbessert werden könnte, wenn einige Schwierigkeiten organisatorischer und psychologischer Art beseitigt würden.
Die hauptsächliche psychologische Schwierigkeit bestand in der tra-

ditionellen Unterschätzung der Wichtigkeit des Ic-Dienstes und aller damit zusammenhängenden Tätigkeiten, insbesondere des Nachrichtendienstes, der z. B. nach Angabe des verstorbenen Obersten Nicolai, im Ersten Weltkrieg Chef des deutschen Nachrichtendienstes, vor dem Ersten Weltkrieg nur über jährlich 300000,– Mark verfügte. Auch Generalfeldmarschall Graf von Schlieffen hatte sich in einem geistreichen Essay über den modernen Feldherrn sarkastisch über diese Geringschätzung geäußert, von der übrigens auch ich ursprünglich nicht frei war. In der Organisation und Stellenbesetzung zeigten sich die Auswirkungen in der geringen Zahl der in Friedenszeiten im Ic-Dienst tätigen aktiven Offiziere. So weist die Stellenbesetzung des Heeres vom 3. 1. 1939 für die 12. Abteilung lediglich sieben Generalstabsoffiziere aus. Bei den Generalkommandos der Armeekorps gab es den Ic/AO (Ic-Abwehroffizier), einen meist jungen, zur Dienstleistung im Generalstab kommandierten Hauptmann, der eine Doppelfunktion als Ic sowie als Beauftragter der Abwehr zu erfüllen hatte. Bei den Divisionen war im Frieden kein hauptamtlich tätiger Feindbearbeiter vorgesehen. Im Kriege wurden diese Posten zumeist von Reserveoffizieren wahrgenommen, die oft Erstaunliches leisteten. Natürlich war die geringe Einschätzung dieser Tätigkeit unberechtigt, denn vom Feindlage-Beobachter, vor allem der höheren Kommandobehörden, mußte »zweigleisiges Denken« verlangt werden, wenn er seiner Aufgabe gerecht werden sollte. Es war nicht damit getan, die genauen Truppenbezeichnungen, zahlenmäßigen Stärken und die Bewaffnung des gegenüberliegenden Gegners zu kennen. Vom Ic wurde erwartet, daß er auch über die mutmaßlichen Absichten des Feindes Gültiges auszusagen wußte. Das verlangt subtiles Einfühlen in die feindliche Mentalität und vor allem die Beherrschung der gegnerischen Führungsgrundsätze. Diese mußten aber auch vom Ic, sozusagen in der Rolle des »advocatus diaboli«, gegenüber den Vorgesetzten überzeugend vertreten werden, was den zumeist jüngeren und im Range niedrigeren Generalstabsoffizieren gegenüber den ranghöheren Ia und Chefs zuweilen nur schwer gelang.

Ich machte daher dem Chef des Generalstabes bald nach der Übernahme meiner neuen Aufgabe den Vorschlag, den Wert der Ic-Stellen soweit zu erhöhen, daß die Ic künftig in der gleichen Rangebene rangierten wie die Ia, die ersten Generalstabsoffiziere der Kommandobehörden. Diese Bitte wurde akzeptiert, insbesondere für die höchsten Kommandobehörden: die Heeresgruppen und die Armeen. Der erste Generalstabsoffizier blieb zwar der primus inter pares, aber die Ic-Stelle war dienstgradmäßig gleichartig besetzt. Das erhöhte natürlich den Einfluß des Aufgabengebietes des Ic; die Feindlagebeurteilung kam sehr viel mehr zu ihrem Recht als bisher, da sich der Ic nunmehr leichter Gehör verschaffen und seine Erkenntnisse nachdrücklicher vertreten konnte.

Der zweite Mangel lag meiner Ansicht nach in der unzureichenden Zusammenarbeit mit anderen Stellen, die über wesentliche Erkenntnismöglichkeiten verfügten, insbesondere mit dem Amt Ausland/Abwehr. So erhielt ich wiederholt unter anderem auch von der »Abwehr« Informationen, deren Inhalt zwar interessant war, deren Auswertung jedoch sehr zu wünschen übrig ließ. Dieser Mangel war nicht in Nachlässigkeit oder fehlendem Interesse begründet. Der bisherige Ablauf des Krieges hatte stets die Initiative in deutscher Hand gesehen; die einzelnen Feldzüge brachten schnelle und totale militärische Entscheidungen zu unseren Gunsten. Es war deshalb natürlich, daß sich die Aufmerksamkeit des Ic-Dienstes und der übrigen operativen Führungsstellen vornehmlich auf die Tagesereignisse und auf die unmittelbare nächste Zukunft konzentrierte. Für Erkenntnisse dieser Art konnte die Abwehr schon auf Grund des Zeitbedarfes, den die Übermittlung ihrer Aufklärungsergebnisse beanspruchte, wenig beitragen. In diesem Zeitabschnitt waren wir hauptsächlich auf die Aufklärung durch die Truppe (in weitestem Sinne) angewiesen. Sie genügte den Erfordernissen, wenn ich auch in der Rückerinnerung zuweilen erstaunt bin, mit wie wenig Material wir oft zu zutreffenden Ergebnissen gelangten. Mit dem Scheitern des Sommerfeldzuges 1941 ging diese Periode vorüber. Der Gegner hatte zumindest vorübergehend die Initiative gewonnen. Damit wuchs die Notwendigkeit, weit vorausschauende Analysen der Möglichkeiten und operativen Absichten des Gegners zu erarbeiten, um vor unangenehmen Überraschungen sicher zu sein.
In dieser Lage setzte ich mich sehr bald mit dem mir bis zu diesem Zeitpunkt nur oberflächlich bekannten Admiral Canaris, dessen Dienststelle, die »Amtsgruppe Auslandsnachrichten und Abwehr«, dem OKW unterstand, in Verbindung, um die Zusammenarbeit zu intensivieren. Wir gewannen sehr bald engen persönlichen Kontakt.

### *Meine Zusammenarbeit mit Canaris*

Die Persönlichkeit des Admirals ist fünfundzwanzig Jahre nach seinem tragischen Tode – er wurde am 9. April 1945 nach einem höchst fragwürdigen Verfahren vor einem SS-Gericht in Flossenbürg hingerichtet – noch immer mit einem scheinbaren Schleier des Zwielichtes umgeben. Er teilt dieses Los mit vielen anderen hervorragenden Persönlichkeiten des Nachrichtendienstes im In- und Ausland, wie z. B. mit Oberst Nicolai. In manchen Veröffentlichungen äußern sich Verfasser, die den Admiral sicherlich nicht gründlich gekannt haben dürften, kritisch über seine Persönlichkeit und sein Wirken. Sie werfen ihm Zaudern, mangelndes Stehvermögen und letztlich immer wieder Undurchsichtigkeit vor. Sogenannte Enthüllungen über »Verratsfälle« während des Krieges, wie etwa über den Fall Roessler, haben zweifellos zur Trübung seines Bildes beigetragen. Nach meiner Überzeugung werden diese – zumeist vagen – Schilderungen und allzu oberflächlichen Wertungen Canaris in gar keiner Weise gerecht. Dagegen spricht vor allem die Verehrung, welche die Angehörigen der »Abwehr« dem Admiral entgegenbrachten und auch heute noch entgegenbringen. In ihr kam nicht nur der Dank für außerordentliche, aus einem gütigen Herzen stammende Fürsorge, die Canaris den Mitgliedern seines Dienstbereiches angedeihen ließ, sondern in gleichem Maße der Respekt vor einer außerordentlichen Persönlichkeit vielfältig zum Ausdruck.

An Canaris fiel neben seiner tiefen Religiosität und seiner untadeligen Haltung als Offizier vor allem die umfassende Bildung auf, die weit über das von höheren Offizieren zu erwartende Maß hinausging. In ihm war noch viel von den Bildungsidealen der ersten Hälfte des 19. Jahrhunderts lebendig geblieben, das zahlreiche Offiziere, wie etwa Roon, von der Goltz oder den Grafen Yorck von Wartenburg, ebenso wie Clausewitz und Moltke, zu außerordentlichen wissenschaftlichen Leistungen außerhalb des engeren militärischen Bereiches befähigt hatte. Neben dieser weite Gebiete umfassenden Bildung zeichnete Canaris im Gegensatz zu manchen anderen See- und Heeresoffizieren, deren Blick nicht über Nord- und Ostsee und die deutschen Grenzen hinausreichte, die Fähigkeit aus, in weltweiten Zusammenhängen zu denken. Damit hing auch sein feines Empfinden für politische Entwicklungen zusammen, die er oft mit geradezu prophetischer Sicherheit vorausahnte. Allerdings fand er hierfür – außer Fritsch, Brauchitsch, Beck und Halder – nicht immer die rechten Gesprächspartner, die geneigt und in der Lage waren, seine Voraussagen ernst zu nehmen; ein Schicksal, das er mit vielen seiner Kollegen teilte. Es war kein Wunder, daß Canaris bereits bei Kriegsbeginn die Lage sowie die Aussichten auf einen glücklichen Ausgang des Krieges sehr ernst beurteilte und daß er an seinem Amte, das ihn immer wieder in die Rolle der Kassandra drängte, schwer trug.

Dem Nationalsozialismus stand Canaris ablehnend gegenüber.

Ebenso wie Generaloberst Beck litt er ständig darunter, daß seine innere Einstellung dem unter Bezug auf Gott geleisteten Diensteid widersprach. Die Tatsache, daß Deutschland, wenn auch durch Hitlers Schuld, in einem Kampf auf Leben und Tod stand und daß bei der von ihm befürchteten Niederlage Deutschland als Ganzes, entgegen den propagandistischen Behauptungen der Alliierten, man bekriege nur die Nationalsozialisten, zu büßen haben würde, vergrößerte seine inneren Qualen. Ich entsinne mich eines langen, vertraulichen Gespräches im Jahre 1942, in dem er sich mit der Frage des Landesverrates und des Hochverrates auseinandersetzte und zu dem Schluß kam, daß nur letzterer selbst in der Ausnahmesituation des Krieges angesichts der damaligen Führung vor der letzten, metaphysischen Instanz gerechtfertigt sei. Der Handelnde müsse sich allerdings immer bewußt bleiben, daß in einem solchen Falle erst der Erfolg neues Recht setzen könne und daß man mithin alle Risiken für sich sowie für die eigenen Angehörigen in Kauf nehmen müsse. Canaris hat nach dieser Erkenntnis gehandelt. Er nahm zahlreiche Persönlichkeiten, die auf Grund ihrer politischen Einstellung gefährdet waren, in die Betreuung der Abwehr, so daß sie lange Zeit dem Zugriff der Gestapo entzogen wurden, und besiegelte seine Einstellung schließlich – nach entsetzlichen Folterungen, wie Überlebende aus dem Konzentrationslager Flossenbürg berichteten – mit dem Tode.

Ein anderes Mal entzündete sich das Gespräch daran, daß Canaris mit allen Zeichen der Empörung erwähnte, er sei von Hitler beauftragt worden, Churchill ermorden zu lassen. Er habe diesen Auftrag ebenso abgelehnt, wie er einige Zeit früher den Befehl, den geflüchteten französischen General Giraud »zur Strecke zu bringen«, ignoriert habe. In diesem Zusammenhang muß erwähnt werden, daß Canaris den politischen Mord auf das strengste ablehnte. Seine tiefe Religiosität verbot ihm absolut, solche Möglichkeiten überhaupt nur zu erwägen. Ich kann daher auf das bestimmteste aussagen, daß die Abteilung II seiner Amtsgruppe, deren Aufgabenbereich die Sabotage umfaßte – anders etwa als das sowjetische KGB – ausschließlich dazu herangezogen wurde, kriegswichtige Objekte im Hinterland der Gegner zu zerstören oder lahmzulegen. Eine Beseitigung gegnerischer Persönlichkeiten wurde vom Auftrag her verweigert, auch wenn derartige Forderungen von der politischen Führung an Canaris herangetragen wurden.

In einem längeren Gespräch kamen Canaris und ich zu der Überzeugung, daß die Sowjets in der deutschen obersten Führung über eine gut orientierte Nachrichtenquelle verfügen mußten. Wiederholt stell-

ten wir unabhängig voneinander fest, daß der Feind in kürzester Zeit über Vorgänge und Erwägungen, die auf deutscher Seite an der Spitze angestellt wurden, bis ins einzelne unterrichtet war.
Ich will an dieser Stelle mein langes Schweigen um ein Geheimnis brechen, das – von sowjetischer Seite aufs sorgfältigste gehütet – den Schlüssel zu einem der rätselhaftesten Fälle unseres Jahrhunderts in sich birgt. Es ist die verhängnisvolle Rolle, die Hitlers engster Vertrauter, Martin Bormann, in den letzten Kriegsjahren und danach gespielt hat.
Als prominentester Informant und Berater der Sowjets arbeitete er für den Gegner schon zu Beginn des Rußlandfeldzuges. Unabhängig voneinander ermittelten wir die Tatsache, daß Bormann über die einzige unkontrollierte Funkstation verfügte. Wir waren uns aber darüber einig, daß ein gezielter Ansatz zur Überwachung des neben Hitler mächtigsten Mannes in der nationalsozialistischen Hierarchie zu diesem Zeitpunkt so gut wie ausgeschlossen war. Jede Unvorsichtigkeit hätte das Ende der Nachforschungen und auch unser Ende bedeutet. Canaris hat mir seine Verdachtsmomente, Vermutungen und Feststellungen über die Motive der Verrätertätigkeit Bormanns geschildert. Er schloß Möglichkeiten zur Erpressung Bormanns nicht aus, sah aber die wahrscheinlichen Beweggründe eher in den von maßlosem Ehrgeiz und Komplexen gegenüber seiner Umgebung begründeten und letztlich nicht befriedigten Ambitionen des Reichsleiters, eines Tages Hitlers Position einzunehmen. Wie geschickt Bormann seine großen Rivalen Göring und Goebbels abwechselnd bei Hitler in Mißkredit brachte, ist uns inzwischen bekannt.
Meine eigenen Feststellungen konnten erst einsetzen, als nach 1946 für mich Möglichkeiten bestanden, die mysteriösen Umstände der Flucht Bormanns aus Hitlers Bunker in Berlin und sein Verschwinden zu untersuchen. Die wiederholt in der internationalen Presse aufgetauchten Behauptungen, Bormann lebe im undurchdringlichen Urwaldgebiet zwischen Paraguay und Argentinien, umgeben von schwerbewaffneten Leibwächtern, entbehren jeder Grundlage.
Zwei zuverlässige Informationen gaben mir in den 50er Jahren die Gewißheit, daß Martin Bormann perfekt abgeschirmt in der Sowjetunion lebte.
Der ehemalige Reichsleiter war bei der Besetzung Berlins durch die Rote Armee zu den Sowjets übergetreten und ist inzwischen in Rußland gestorben.

Die Amtsgruppe »Ausland/Abwehr« bestand aus der Auslandsabteilung, die vor allem die bei befreundeten oder neutralen Staaten akkreditierten Wehrmachts-Attachés betreute, sowie den Abwehrabteilungen:

I – Nachrichtengewinnung
II – Sabotage
III – Spionageabwehr und Gegenspionage

Daß mit Canaris der zweite Admiral in ununterbrochener Reihenfolge an der Spitze der Amtsgruppe stand, war Zufall; trotzdem glaubten Vertreter der Marine hieraus später Erbfolgeansprüche ableiten zu können. Der Nachfolger des jeweiligen Geheimdienstchefs sollte immer aus dem Dienst kommen und ein Fachmann höchsten Grades sein; das haben inzwischen alle einschlägigen Erfahrungen in den verschiedensten Ländern gezeigt. Jede andere Regelung, etwa durch Auswahl eines fachfremden Politikers oder Verwaltungsbeamten, kann allenfalls eine – durch besondere Umstände bedingte – »Übergangslösung« sein. Sie mußte in allen mir bekannten Fällen durch eine »fachgerechte« ersetzt werden, um die Kontinuierlichkeit und Qualität der Arbeit zu gewährleisten.

Die Abwehr hatte ihre eigene Organisation, die in großem Umfange, ähnlich wie der britische Dienst, mit Personen besonderer Vertrauenswürdigkeit, die in keinem festen Anstellungsverhältnis standen, zusammenarbeitete. Die Auffassung, daß dieser Weg, dem eigenen Land zu dienen, nach Art und Methoden ein »gentlemen's business« sein müsse, war weitgehend selbstverständlich.

Das Amt Ausland/Abwehr sammelte nicht nur militärische, sondern auch politische Nachrichten, die über das OKW, dem die Amtsgruppe unterstand, an die zuständigen Stellen weitergeleitet wurden. Canaris verfügte im Ausland über zahlreiche persönliche, oft hochgestellte Verbindungen, die er auf seinen häufigen Reisen immer wieder zu besuchen pflegte. Besonders gute Verbindungen hatte er auch noch während des Krieges nach Portugal und Spanien. Dies führte dazu, daß er, wie er einmal erwähnte, 1940 oder 1941 Spanien zum Kriegseintritt auf unserer Seite bewegen sollte. Canaris beurteilte, ebenso wie der Chef des Generalstabes, den etwaigen Nutzen eines Kriegseintritts Spaniens ausgesprochen negativ. Er würde, seiner Meinung nach, Deutschland nur neue Belastungen an Stelle von Entlastungen eingebracht und darüber hinaus ein weiteres Tor zur Welt verriegelt haben. Die Mission blieb, sehr zur Erleichterung von Canaris, erfolglos.

Über eine Auswertung verfügte Canaris nicht. Dies war ohne Zweifel ein Nachteil, da damit die Beurteilung des Wertes einer Nachricht nur von der Urteilsfähigkeit des Empfängers abhing. Diese Fähigkeit war bei Canaris persönlich gegeben. Sie konnte trotzdem nicht ver-

hindern, daß infolge des Fehlens einer fortlaufenden, systematischen Analyse unter Zuhilfenahme allen sonst zugänglichen Materials im Amt Ausland/Abwehr selbst die eine oder andere Einzelmeldung überbewertet wurde. Es waren gerade diese Erfahrungen, die ich in der Zusammenarbeit mit der Amtsgruppe Ausland/Abwehr sammelte, die mich nach 1945 bewogen haben, von Anfang an für den Aufbau einer leistungsfähigen Auswertung zu sorgen und der irrigen Auffassung entgegenzutreten, daß nachrichtendienstliche Stellen sich außer mit dem geheimen Meldungsmaterial nicht auch mit dem sogenannten offenen Material abzugeben hätten.
Die durch den Krieg bedingte Zerschlagung zahlreicher Verbindungen ins nunmehr feindliche Ausland hatte zwar die Arbeit der Amtsgruppe Ausland/Abwehr erschwert, aber nicht unmöglich gemacht. So hatte zwar in den USA das FBI vorzüglich gearbeitet und nahezu sämtliche deutschen Verbindungen ausgeschaltet, aber in diesem Lande hat die Informationsfreudigkeit der Zeitungen und Zeitschriften die erforderlichen Aushilfen so lange gegeben, bis ein neues Netz aufgebaut werden konnte. Für Canaris war es indessen wesentlich problematischer, daß er sich bereits ab 1933 der immer wiederholten Versuche der Partei, wie z. B. der sogenannten Auslandsorganisation, und der SS-Dienststellen (des SD) erwehren mußte, Konkurrenzunternehmen in oft geradezu dilettantischer Weise aufzubauen. Insgesamt war Canaris hierbei in der Defensive, da er in der Führung des OKW nicht genügend Rückhalt fand. Vor allen Dingen das durch einen Erlaß Himmlers vom 27. 9. 1939 gebildete Reichssicherheitshauptamt, in dem Gestapo, Kripo und SD inoffiziell bereits seit 1936 zusammengefaßt waren, strebte von Anfang an danach, die nachrichtendienstlichen Aufgaben sowie die der Spionageabwehr in die Hand zu bekommen. Zwar hatte Hitler 1933 auf Antrag des Reichswehrministers angeordnet, daß ausschließlich das Reichswehrministerium für alle Aufgaben zum Schutze der Landesverteidigung gegen Spionage und Sabotage bei Staat, Wirtschaft und Wehrmacht zuständig sei. Ab 1935 war jedoch zu erkennen, daß Himmler und sein Vertrauter Heydrich nicht gewillt waren, sich an diese Weisung zu halten. So war im Jahre 1935 das Sonderbüro Stein geschaffen worden, das Verdachtsfälle und Verratsfälle sowohl für die Gestapo bzw. den SD wie auch für die Wehrmacht bearbeitete. Diese Stelle wurde als Sonderdienststelle z. b. V. mit dem Ziel, auf das Gebiet des militärischen Geheimdienstes überzugreifen, in das RSHA eingebaut. Die Reaktion der Abwehr, Stein unter die Lupe zu nehmen, führte dazu, daß dieser ins Ausland floh, wo er nun versuchte, für die Polen bzw. die Engländer zu arbeiten, ohne freilich sein Ziel zu erreichen. Er

führte im Ausland den Decknamen Pfeiffer. Diese Vorgänge und andere eindeutig erkennbare Bestrebungen veranlaßten Canaris, mit dem RSHA, Verhandlungspartner Dr. Werner Best, die Art der Zusammenarbeit auszuhandeln. Das Ergebnis wurde 1936 in den sogenannten »10 Geboten« zusammengefaßt, in denen die Grundsätze der Zusammenarbeit zwischen Gestapo, SD und Abwehr festgelegt und die Kompetenzen abgegrenzt wurden.

Im Jahre 1938 erfolgte die Umbildung des sehr sorgfältig getarnten SD-Auslandsnachrichtendienstes in das Amt VI des RSHA, das im Juni 1941 von Walter Schellenberg übernommen wurde. Im Mai 1942, also kurz nach der Übernahme meiner neuen Aufgabe, wurde ein neues Abkommen zwischen SD und Abwehr geschlossen, das angeblich wiederum auf einem 10-Punkte-Programm von Schellenberg aufbaute. Die Verhandlungen wurden zwischen Canaris und Oberst von Bentivegni auf der einen, dem Chef IV im RSHA, Müller, auf der anderen Seite geführt. Erst zu diesem Zeitpunkt erfolgte die Legalisierung der geheimdienstlichen Betätigung des SD im Ausland, dem nunmehr von Canaris auch die Tätigkeit auf dem Sektor der militärischen Aufklärung zugestanden werden mußte. Dieses Zugeständnis bedeutete den endgültigen Beginn der Entmachtung der Abwehr und leitete die Übernahme des gesamten Nachrichtendienstes durch das RSHA ein. Die treibende Kraft für die Bestrebungen des SD auf dem Gebiet der Aufklärung und der Sabotage war ohne Zweifel Schellenberg. Schellenberg war von gewandtem und gewinnendem Auftreten. Man sagte ihm gute nachrichtendienstliche Fähigkeiten nach. In seiner Frühzeit hatte er – wie ich hörte – im Rahmen der amtlichen Zusammenarbeit zwischen der Amtsgruppe Ausland/Abwehr und staatlichen Polizeidienststellen mit dem Beauftragten von Canaris gut zusammengearbeitet. Dies änderte sich, nachdem er Chef des SS-Nachrichtendienstes geworden war. Der vornehme Charakter des Admirals macht es wahrscheinlich, daß er zunächst auf die Loyalität Schellenbergs gebaut hat. Die Tatsache, daß Canaris mich schon 1942 eindringlich vor Schellenberg warnte, zeigt, daß er spätestens zu dieser Zeit die Absichten des RSHA, die »Abwehr« in die Hand zu bekommen, durchschaut hat. Für mich war diese Warnung für den weiteren Verlauf von großer Bedeutung.

Als sich im Frühjahr 1944 der auf deutscher Seite arbeitende Agent Vermehren aus der Türkei nach Kairo absetzte, gelang Schellenberg der entscheidende Durchbruch. Geschickt spielte er über eine »Sonderverbindung« diesen Vorfall Hitler in die Hände, der – hocherfreut über diese günstige Gelegenheit – daraufhin den ihm verhaßten und lange schon »verdächtigen« Canaris ablöste.

Vorübergehend wurde Oberst im Generalstab Hansen mit der Führung der »Abwehr« beauftragt, bis Hitler die verhängnisvolle Anweisung gab, die »Abwehr« in die Zuständigkeit des Reichssicherheitshauptamtes zu überführen. Lediglich die Frontaufklärung im Osten wurde durch eine Intervention Feldmarschall Keitels bei Hitler in der Zuständigkeit des Heeres, d. h. meiner Abteilung, belassen. Als ihr Verbindungsoffizier wurde der Chef der Frontaufklärung, Oberst im Generalstab Buntrock, in das Reichssicherheitshauptamt abgestellt. Oberst Buntrock stammte aus dem Ic-Dienst und war mir gut bekannt; in seiner neuen Eigenschaft unterstand er für seine Person disziplinarisch Feldmarschall Keitel unmittelbar. Nicht zufrieden mit diesem Erfolg, strebte Schellenberg nunmehr danach, den Ic-Dienst und später auch die Frontaufklärung in die Hand zu bekommen. Die Sinnlosigkeit, ja Schädlichkeit dieser Maßnahme, die durch das Kriegsende nicht verwirklicht wurde, ist offensichtlich. Die Ic-Stellen und die ihnen angegliederten Frontaufklärungs-Kommandos bzw. Frontaufklärungs-Trupps waren militärische Führungsorgane. Durch eine solche Änderung hätte jede geordnete militärische Führung ihr Ende gefunden, da eine der Grundlagen für die Führungsentscheidungen, die rasche, unmittelbare und gewissenhafte Erstellung des Feindbildes, nicht mehr gewährleistet gewesen wäre. Durch die sich abzeichnende gefährliche Entwicklung wurden zwangsläufig Ic-Dienst und Nachrichtenbeschaffung, also der Nachrichtendienst im Osten, immer enger miteinander verzahnt, was sich als nützlich herausstellte. Die Nachrichtengewinnung benötigt stets ein kritisches Korrektiv, während umgekehrt die Lagebeurteilung auf die entsprechenden, fortlaufend zu beschaffenden Fakten angewiesen ist. Es ist häufig erforderlich, die Nachrichtengewinnung gezielt auf bestimmte Aufgaben anzusetzen; auf der anderen Seite ist es notwendig, daß keine Rückschlüsse gezogen werden und keine Beurteilungen ihren Niederschlag finden, die nicht durch entsprechende Nachrichten – zum mindesten ausreichend – abgestützt sind. Daß durch diese Zusammenarbeit im Wechselspiel ungewollt auch Weichen für die Zukunft nach dem Zusammenbruch gestellt worden waren, konnten wir damals nicht ahnen.

Im Frieden war die Amtsgruppe Ausland/Abwehr, abgesehen von den Querverbindungen im Ministerium, lediglich bei den Wehrkreis-Kommandos durch die Person des Ic/AO (Ic/Abwehroffizier) mit der Truppe verzahnt. Diese Verbindung entfiel mit der Mobilmachung, da von diesem Zeitpunkt an der bisherige Ic/AO lediglich als der Ic (Feindlagenbearbeiter) des mobilen Generalkommandos des I., II.

usw. Armeekorps zu fungieren hatte. Die Amtsgruppe Ausland/Abwehr hatte ihrerseits im Bereich des Ostheeres mobile Frontaufklärungstrupps, Frontaufklärungskommandos sowie als zentrale Führungsstellen die Frontaufklärungsleitstellen I–III, Decknamen Walli I–III, mit Aufgaben, die denen der Amtsgruppe entsprachen, eingesetzt. Es ist kennzeichnend für den uneingeschränkten Willen des Admirals zur Zusammenarbeit, daß er ohne Zögern meiner Bitte entsprach, mir alle im Bereich der Ostfront eingesetzten Stellen seines Bereiches, mit Ausnahme der IIer-Stellen (Sabotage), mit denen ich bei der politischen Gesamtsachlage nichts zu tun haben wollte, zu unterstellen – unbeschadet der weiterlaufenden fachlichen Steuerung, Führung und Betreuung durch die Amtsgruppe. Ich konnte daher den Stab der Leitstelle Walli I, welche die Frontaufklärung im Osten (Frontaufklärungs-Kommandos und Frontaufklärungs-Trupps) steuerte, an das Hauptquartier des OKH nach Nikolaiken heranziehen, so daß nunmehr örtlich eine enge Verbindung für die Aufklärung im geheimen Meldedienst mit der Abteilung Fremde Heere Ost vorhanden war. Als Folge dieser Regelung befanden sich bei den Armeen Frontaufklärungs-Trupps, die an die Armee meldeten und gleichzeitig an das übergeordnete Frontaufklärungs-Kommando bei der Heeresgruppe. Das Frontaufklärungs-Kommando bei der Heeresgruppe meldete an den Ic der Heeresgruppe und gleichzeitig an den übergeordneten Stab Walli I. Walli I meldete mit Schwerpunkt an die Abteilung Fremde Heere Ost, sowohl aus den Bereichen der untergeordneten Frontaufklärungsstäbe wie auch aus seinen eigenen unmittelbaren Operationen. Das Amt Ausland/Abwehr erhielt einen Abdruck aller an Fremde Heere Ost gegebenen Meldungen. Die Ic der Armeen und der Heeresgruppen verfügten zusätzlich noch über alle anfallenden Gefechtsinformationen in den Ic-Meldungen der Korps und Divisionen, Luftaufklärungserkenntnisse sowie Beobachtung der gegnerischen Funkverkehre.

Alle geheimdienstlichen Meldungen gingen damit einen doppelten Weg: Erstens an den Ic der zugeordneten Kommandobehörde, zweitens an die vorgesetzte Frontaufklärungsdienststelle; sie gelangten auf beiden Wegen zur Abteilung Fremde Heere Ost. Dadurch war die Schnelligkeit der Meldeübermittlung verbessert und sichergestellt, daß auf allen Kommandoebenen fast gleichzeitig die Bearbeitung der täglichen Feindlagebeurteilung so begonnen wurde, daß im allgemeinen die Ic abends den Oberbefehlshabern bzw. Befehlshabern der Kommandobehörden eine abgeschlossene tägliche Feindlagebeurteilung vorlegen konnten.

Um die berechtigten Forderungen des Chefs des Generalstabes erfüllen zu können, erwies sich eine Vermehrung der Personalbesetzung und eine Änderung der Organisation der Abteilung als notwendig. Ich holte mir als ersten Mitarbeiter (Ia) den Oberstleutnant i. G. Freiherr von Roenne und als Gruppenleiter I den Major i. G. Herre, beides hochqualifizierte Generalstabsoffiziere, die auch russisch sprachen, in die Abteilung.

Die Gruppe I hatte sich mit der täglichen Feindlage zu befassen. Sie war ihrerseits entsprechend der Heeresgruppeneinteilung in Untergruppen gegliedert. Jede Untergruppe bearbeitete eine Heeresgruppe.

Die Gruppe II befaßte sich mit der Lageentwicklung auf lange Sicht. Sie erarbeitete bzw. beschaffte bei anderen Stellen das notwendige Material, um das Potential des Gegners an Menschen, in der Rüstungswirtschaft – kurz, auf allen Gebieten, die für die Kriegsführung von Interesse waren – beurteilen zu können. Diese Gruppe verfügte über ein ausgezeichnetes Archiv sowie über umfangreiches statistisches Material, das ständig auf dem laufenden gehalten und ergänzt wurde und das nach dem Zusammenbruch für mich und meine späteren Mitarbeiter eine Ausgangsbasis für den Aufbau der »Organisation Gehlen« bildete.

Die Gruppe III setzte sich aus Rußlandspezialisten zusammen, zumeist Deutschen, die in Rußland geboren waren, Land und Leute kannten und die russische Sprache wie ihre Muttersprache beherrschten. Diese Gruppe war für alle Übersetzungen und die umfangreiche Dolmetschertätigkeit verantwortlich. Ihrem Leiter war das Vernehmungslager der Abteilung Fremde Heere Ost unterstellt. Diese Gruppe war deshalb besonders wichtig, weil die Zahl der Rußlandkenner in Deutschland immer bedauerlich klein gewesen ist. Es war vorauszusehen, daß in allen damit zusammenhängenden Fragen eine Beratung der militärischen Führung notwendig und wichtig sein würde.

An dieser Stelle möchte ich besonders meines Freundes Oberst Frhr. v. Roenne gedenken, der es hervorragend verstanden hat, in vielen Gesprächen mit dem ausgezeichneten Rußlandkenner Wilfried Strik-Strikfeldt den Aufbau einer antikommunistischen russischen Freiwilligen-Armee im Kampf gegen Stalin zu unterstützen und die Gedanken Strik-Strikfeldts zu verwirklichen.

Als von Roenne später die Abteilung »Fremde Heere West« übernahm, war mir Heinz Danko Herre als sein Nachfolger eine wesentliche Stütze in der Erfüllung meiner Aufgaben.

Wie andere meiner Freunde wurde auch Oberst von Roenne ein

Opfer der nach dem 20. Juli 1944 ausgelösten Verfolgungen. Es ist nicht allein das tragische Schicksal vieler, mit denen ich mich verbunden fühlte, das mich veranlaßt, mein Wissen um die Zusammenhänge und Hintergründe des 20. Juli darzustellen und die mir gegebenen Möglichkeiten aufzuzeigen. Ich nehme auch deshalb Stellung, weil mir gelegentlich aus Unkenntnis der Verhältnisse vorgehalten wurde, ich hätte mich stärker exponieren und aktiv an der Beseitigung Hitlers beteiligen sollen.

Es begann im Winter 1941/42, als mich der spätere General von Tresckow, der damals Ia der Heeresgruppe Mitte war und den ich von der Kriegsakademie gut kannte, besuchte. Bei unserem Gedankenaustausch über die militärische Lage kamen wir beide zu dem Ergebnis, daß dieser Feldzug und damit der Krieg verlorengehen mußte, nicht weil er politisch und militärisch nicht gewonnen werden konnte, sondern weil sich durch die dauernden Eingriffe der obersten Führung (Hitler) eine Kette von politischen und militärischen Elementarfehlern ergab, die sich fortsetzen würde und die zum Feldzugs- und damit Kriegsverlust führen mußte. Als wir uns die Frage vorlegten, wie diese Entwicklung zu verhindern war, ergab sich logischerweise nur ein Weg, die Beseitigung Hitlers. Wir brachen damals – bestürzt über uns selbst – unseren Gedankenaustausch ab, denn wir hatten ja unseren Eid geschworen und waren in der alten preußischen Offizierstradition aufgewachsen. Im Jahre 1943 wies mich General Heusinger kurz in die Widerstandsvorbereitungen ein. Nach allen Feststellungen und Überlegungen, die immer wieder auf Hitler als den Verantwortlichen für die bevorstehende Katastrophe führten, kamen mir Heusingers Hinweise nicht überraschend; gehörte doch der General, ebenso wie ich, zum Kreise derer, denen alle Nachrichten zugänglich und damit auch die Folgen für unser schwer ringendes Vaterland erkennbar waren. In der Folgezeit habe ich mich bemüht, in manchen Unterhaltungen mit meinem Regimentskameraden Stieff, damals Chef der Organisationsabteilung, auf die zwingend notwendige Beschränkung des Mitwisserkreises und vor allem auf allergrößte Vorsicht bei der Vorbereitung von Gewaltaktionen zur Beseitigung Hitlers hinzuweisen. Es erwies sich einmal mehr, daß die Deutschen – man kann es wohl verallgemeinernd sagen – ungeeignete Verschwörer sind. Rückblickend bin ich jedenfalls der Meinung, daß die Ausschaltung Hitlers in anderer Form hätte erfolgen können und müssen.

Daß ich selbst am 20. Juli 1944 nicht sofort in den Kreis der Verdächtigen geraten bin, habe ich nur dem Umstand zu verdanken, daß ich am 1. 7. 1944 eine schwere Sepsis bekam und nach kurzem Aufent-

halt im Angerburger Lazarett in das Lazarett nach Breslau verlegt wurde. So bin ich wohl einfach »vergessen« worden, obwohl Oberst i. G. Freiherr von Freytag-Loringhoven mich zwei oder drei Tage vorher noch im Lazarett besucht hatte, um mich über den Beginn der Aktion am 20. Juli 1944 zu unterrichten.
Der »20. Juli« hat seitdem immer von neuem die Gemüter bewegt und wiederholt zu Stellungnahmen Beteiligter und Unbeteiligter herausgefordert. Ich habe immer an meiner Grundeinstellung festgehalten, daß in einem geordneten demokratischen Staat Hochverrat Hochverrat bleiben muß. Er kann nur – und dies ist der für mich einzige vorstellbare Fall – durch einen besonderen nationalen Notstand ethisch gerechtfertigt sein. Mit meinen Freunden, die das Letzte gewagt haben, erkenne ich diesen Notstand unter Hitlers verderbenbringender Führung als gegeben an.

Im Laufe des Tages gingen ständig von allen Heeresgruppen und von dem Stab Walli I Lage- und Feindmeldungen ein, die von den einzelnen Lagegruppen als Vorbereitung für die abendliche Feindlagebeurteilung verarbeitet wurden. Viele Meldungen erforderten Rückfragen bzw. auch Aufträge, die an die meldenden Stellen gegeben werden mußten. Aus diesen Meldungen kristallisierten sich die Tagesereignisse und die Grundlagen für die Beurteilung der Feindlage allmählich heraus, noch bevor die Feindlagebeurteilungen der Heeresgruppen eingetroffen waren. Die gedankliche Abstimmung, die sich bei den vielen Rückfragen bei den Ic der Heeresgruppen im Laufe des Tages ergab, war dabei von sehr wesentlicher Bedeutung. Das gleiche galt für den Gedankenaustausch zwischen der Abteilung Fremde Heer Ost und dem Stab Walli I sowie vermehrt für die Abstimmung mit der Operationsabteilung. Auf diese Weise konnten die einzelnen Untergruppenleiter beim Eintreffen der Feindlagebeurteilungen der Ic der Heeresgruppen bereits ihre eigenen Gedanken mit den Schlüssen des Feindlagebearbeiters (des Ic) der Heeresgruppe vergleichen und sodann den Entwurf für die Gesamtfeindlagebeurteilung der Abteilung Fremde Heere Ost endgültig konzipieren. Am Abend, etwa 1½ bis 1 Stunde vor der Lagebesprechung beim Chef des Generalstabes, fand der Lagevortrag der Untergruppenleiter der Gruppe I beim Chef der Abteilung Fremde Heere Ost statt. Für jede Heeresgruppe wurde vom Bearbeiter vorgetragen, der dabei gleichzeitig seine Stellungnahme zur Lagebeurteilung der Heeresgruppe abgab. Auf Grund dieser Vorträge und Vorarbeiten wurde von mir über die Generallinie der Feindlagebeurteilung für den laufenden Tag entschieden. Danach begab ich mich zur Lagebe-

sprechung beim Chef des Generalstabes – meist mußte unter Zeitdruck gearbeitet werden, um den zeitlichen Anschluß zu erreichen.
Beim Generalstabschef war der Kreis aller der Abteilungschefs vertreten, die sich mit der operativen Lage zu befassen hatten: Die Chefs der Operationsabteilung, Abteilung Fremde Heere Ost, Organisationsabteilung, Eisenbahnchef (»Chef des Transportwesens«), der Generalquartiermeister (Logistik) und der Chef des Heeresnachrichtenwesens (des Fernmeldewesens); gelegentlich wurden andere Abteilungschefs der Organe des OKH hinzugezogen. Meist begann der Chef der Operationsabteilung mit dem Vortrag, es folgte der Chef Fremde Heere Ost, dann vor allem der Generalquartiermeister sowie der Transportchef. Nachdem alle Vortragenden die Lage von ihrem Aufgabengebiet her vorgetragen hatten, entschied der Chef des Generalstabes über die zu treffenden Befehle, Anordnungen und Maßnahmen.
Am nächsten Morgen fand nach Verarbeitung der in der Nacht eingegangenen Meldungen wiederum zunächst beim Chef Fremde Heere Ost eine Lagebesprechung statt, die die ergänzenden Erkenntnisse auf Grund der nachts eingegangenen Meldungen behandelte. Unmittelbar danach erfolgte – ähnlich wie am Abend, aber in abgekürzter Form – eine Besprechung über die Lage beim Chef des Generalstabes an Hand der während der Nacht neu gedruckten Lagekarten.
Außer der täglichen Feindlagebeurteilung führte ich einige Zeit nach Übernahme meines Amtes eine Feindlagebeurteilung im größeren Rahmen und auf längere Sicht ein, die sich mit den operativen Absichten des Gegners befaßte. Sie wurde ebenso wie die täglichen Feindbeurteilungen dem Chef des Generalstabes vorgelegt und außerdem dem OKW zugeleitet. Diese Beurteilung wurde etwa alle vier Wochen erstellt.
Aus dem Geschilderten wird deutlich, daß die tägliche Feindlagebeurteilung, aber auch die auf längere Sicht abgestellte »Großlage«, aus einer Vielzahl von Einzelerkenntnissen, die gleichsam zu einem Mosaikbild zusammengesetzt werden mußten, erarbeitet wurde. Die Feindlage muß, wenn sie für die eigene Führung von Wert sein soll, zeitlich vorhalten. Dies gilt für Angriffsoperationen, jedoch in noch stärkerem Maße, wenn man in die Verteidigung gedrängt ist und damit die Initiative beim Gegner liegt. Schnelligkeit war also stets Trumpf, eine unabdingbare Forderung, der durch die geschilderte Organisation und Arbeitsweise entsprochen werden konnte.
Die Basis für die tägliche Lagebeurteilung bildete die von mir eingeführte längerfristige Großlage. Sich hier abzeichnende Veränderun-

gen deuteten schon frühzeitig auf mögliche Schwerpunktverlagerungen beim Gegner hin. Auch die Verdichtung von Sabotagefällen, die Verstärkung der feindlichen Partisanentätigkeit oder des Agenteneinsatzes in bestimmten Gebieten (siehe hierzu die beigefügten Lagekarten) waren für meine Abteilung stete Alarmzeichen, die zu entsprechenden Aufklärungsforderungen an alle in Frage kommenden Stellen führten. Hierbei mußte die Gefechtsaufklärung der Truppe durch das Einbringen von Gefangenen einen Löwenanteil der Arbeit leisten, aber auch andere Mittel, wie z. B. das Mithören des frontnahen Funkverkehrs, der zwangsläufig nicht immer verschlüsselt werden kann, brachte wertvolle Ergebnisse. So war die Überwachung des Funkverkehrs der besonders diensteifrigen sowjetischen Feldgendarmerie stets reizvoll und lohnend. Die Zusammenarbeit mit der Luftwaffe, auch soweit diese nicht unmittelbar auf Zusammenarbeit mit den Heeresdienststellen angewiesen war, sowie mit dem Chef des Heeresnachrichtenwesens, dem die Einheiten für die operative Funkaufklärung unterstellt waren, verlief im allgemeinen ebenso reibungslos wie das bereits von mir erwähnte Zusammenspiel mit der Amtsgruppe Ausland/Abwehr. Am Rande sei bemerkt, daß selbst sowjetische Zeitungen oder solche der westlichen Alliierten wie auch der sowjetische Rundfunk trotz aller Zensurmaßnahmen gelegentlich wertvolle Erkenntnisse vermittelten.
Es war also keine geheimnisvoll umwitterte Hexerei, die von meinen Mitarbeitern vollbracht wurde. Fleiß, Gründlichkeit, Fachkenntnis und Schnelligkeit befähigten uns, zu zutreffenden Aussagen über Lage und Absichten des Gegners zu kommen. Die Ergebnisse entsprachen zumeist nicht dem Wunschdenken Hitlers, dem ich nur viermal persönlich vorgetragen habe, weil dies in erster Linie Aufgabe des jeweiligen Generalstabschefs, zuerst Halders, dann Zeitzlers und schließlich Guderians war. Über die Lagevorträge bei Hitler ist viel geschrieben worden. Ich kann nur bestätigen, wie heftig meine Vorgesetzten immer wieder mit diesem Mann gerungen haben, um offensichtlich falsche Entschlüsse zu verhindern, die, wenn sie einmal gefallen waren, beim Starrsinn des Diktators oft nur durch die Ereignisse selbst geändert werden konnten. Die Feindlage war bei diesen Auseinandersetzungen oft das gewichtigste Argument. Die in ihrem Rahmen gewonnenen Erkenntnisse wurden von Hitler immer wieder mit sich im Laufe der Jahre steigernder Heftigkeit als Defätismus und sogar als Sabotage gegenüber seinen Intentionen bezeichnet, ein weiterer Grund, der meine Vorgesetzten veranlaßte, mich nach Möglichkeit vor den Ausbrüchen dieses Mannes zu bewahren und meine Ablösung nicht zu provozieren.

*Arbeit der Abteilung Fremde Heere Ost vor der Tragödie von Stalingrad*

Bekanntlich brachte die Tragödie von Stalingrad die Wende des Ostfeldzuges. Sie leitete die endgültige Niederlage des Dritten Reiches ein. Dabei kamen die sowjetischen Angriffsoperationen nach Stoßrichtung und Stärke nicht unerwartet. Abgesehen davon, daß unsere eigene Operation mit der Angriffsrichtung nach Südost eine ständig bedrohte, immer länger werdende linke Flanke geschaffen hatte, die die Sowjets zu einem Flankenangriff geradezu herausforderte, hatten bereits frühzeitig zahlreiche Agentenmeldungen darauf hingewiesen, daß im Oktober und November 1942 mit der Neuzuführung winterbeweglicher sowjetischer Kräfte in den Raum Stalingrad zu rechnen sei.
Die folgenden Auszüge aus den täglichen »Kurzen Feindlagebeurteilungen« vom 25. Oktober bis 20. November 1942 im Großraum Stalingrad (vor der 3. Rumänischen Armee) mögen als Beispiel für unsere Arbeit und als Beleg für unsere Hinweise auf die zunehmende Gefahr sowjetischer Angriffsoperationen gelten:

25. 10.
Ob aus dem lebhaften Verkehr und der beobachteten Ladetätigkeit auf der Bahnlinie Rakowka (160 km NW Stalingrad) – Poworino sowie zahlreichen Lichterscheinungen im Raum Michailowka – Sserafimowitsch auf Zuführung weiterer Kräfte zu schließen ist, wird die Aufklärung der nächsten Tage ergeben.
Mit Fortsetzung der Angriffe – zunächst weiterhin in örtlichem Rahmen – ist zu rechnen.
26. 10.
Weitere Aufklärungsergebnisse weisen auf gewisse Zuführungen in den Raum Kletskaja – Sserafimowitsch hin (Übersetzverkehr bei Kletskaja, anhaltend stärkere Belegung der Bahnstrecke Rakowka [160 km NW Stalingrad] – Poworino). Verstärkungen in unmittelbarer Frontnähe wurden jedoch bisher noch nicht festgestellt.
27. 10.
Die Bewegungen im Raum westlich Sserafimowitsch lassen in Verbindung mit den gestrigen Aufklärungsergebnissen auf eine allmähliche Kräftezuführung schließen. Zunahme der feindlichen Aktivität ist zu erwarten.
29. 10.
Es besteht nach wie vor der Eindruck schwacher stetiger Zuführungen gegen die Armeefront, die auf Fortdauer des lebhaften Feind-

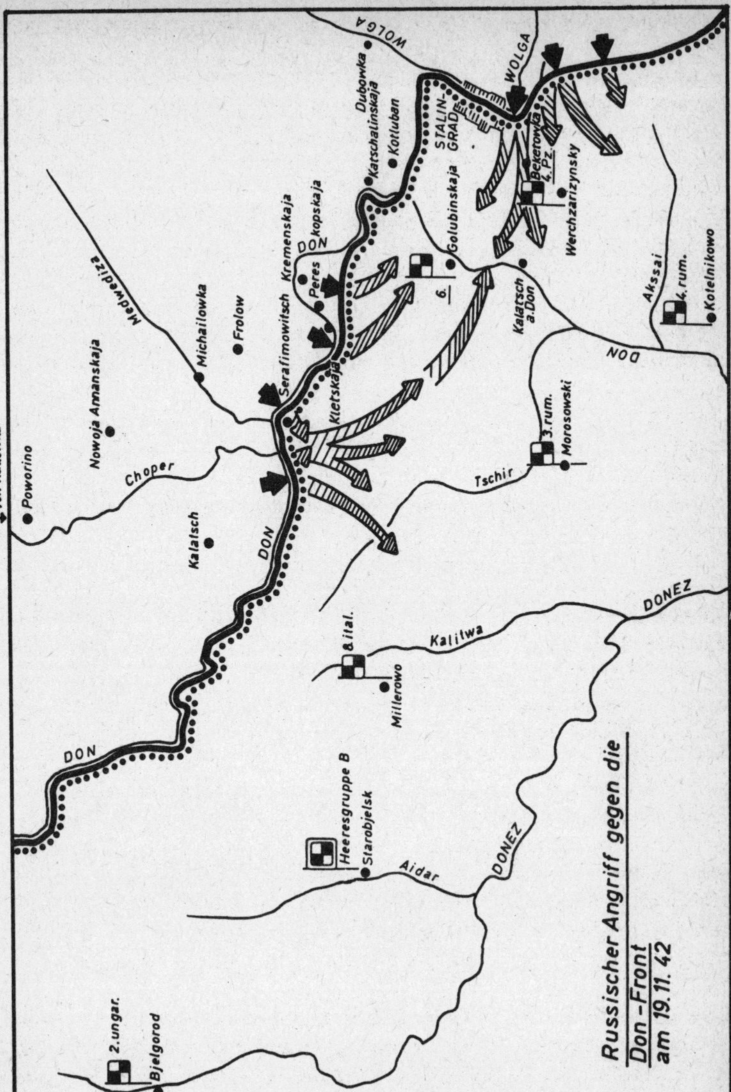
Russischer Angriff gegen die
Don-Front
am 19.11.42
WOLGA
Dubowka
Katschalinskaja
Kotluban
STALIN-GRAD
Bekerowka
4. Pz.
Werchzarizynsky
Golubinskaja
6.
Kalatsch a. Don
Kremenskaja
kopskaja
DON
Peres
Serafimowitsch
Kletskaja
Medwediza
Michailowka
Frolow
Nowoja Annanskaja
von Rakowka
Poworino
Choper
Kalatsch
DON
Akssai
4. rum.
Kotelnikowo
3. rum.
Morosowski
Tschir
DONEZ
Kalitwa
8. ital.
Millerowo
Heeresgruppe B
Starobjelsk
Aidar
2. ungar.
Bjelgorod

Skizze 1

verhaltens schließen lassen. Vorbereitung stärkerer Angriffe ist nirgends erkennbar, jedoch bedarf der Gesamtraum weiterhin erhöhter Beachtung.

31. 10.

Das Feindbild vor der Armeefront hat bei sich teilweise verstärkenden Zuführungen in den weiteren Raum um Sserafimowitsch noch keine endgültige Klärung erfahren. Trotzdem Vorbereitungen größerer Angriffe noch an keiner Stelle erkennbar sind, verstärkt sich doch der Eindruck örtlicher Angriffsmöglichkeiten.

2. 11.

6. Armee und 3. Rumänische Armee: Feindbeurteilung unverändert. Die nach der Funkaufklärung zu vermutenden Umgruppierungen im Bereich der 65. Armee und 21. Armee lassen sich noch nicht ausdeuten.

Im Zusammenhang mit den zunehmenden Truppenbewegungen im Raum westlich Sserafimowitsch wird man mit einer laufenden Verstärkung der Feindkräfte vor 3. Rumänischer Armee – möglicherweise mit Angriff – rechnen müssen. Klärung muß abgewartet werden.

3. 11.

6. Armee und 3. Rumänische Armee: Feindbeurteilung in Stalingrad unverändert.

Vor der Nordfront des XIV. Panzer-Korps und vor VIII. Armee-Korps ist neben einem ständigen Absinken der durch die Luftaufklärung festgestellten Zahlen der Feindpanzer (am 2. 11. 15 Panzer festgestellt) auch eine Abnahme der Feldartillerie im Raum um Kotluban festzustellen (12. 10.: 96 Batterien, 23. 10.: 42 Batterien, 2. 11.: 36 Batterien erkannt). Gleichzeitig läßt die Luftaufklärung der letzten Zeit zunehmende Bewegungen von Nordosten in den Raum um Sserafimowitsch erkennen (darunter auch 30 Panzer am 1. 11. südwestlich Sserafimowitsch), so daß auf Grund des starken Bahnverkehrs auf Bahn Poworino – Rakowka der Eindruck laufender Zuführungen in den Raum vor der 3. Rumänischen Armee entsteht. Die zu erwartende Auflockerung der Kräfte vor der Nordfront XIV. Panzer-Korps und VIII. Armee-Korps zugunsten des Raumes beiderseits und südwestlich Sserafimowitsch dürfte mit den durch Funkaufklärung erkennbaren Umgruppierungen im Bereich der 65. und 21. Armee im Zusammenhang stehen. Zunehmend ergibt sich das Bild von Angriffsvorbereitungen gegenüber 3. Rumänischer Armee, die jedoch noch in den Anfängen zu sein scheinen. Ob es sich hierbei um einen Angriff zum Abziehen von Kräften von Stalingrad oder eine beabsichtigte Operation mit weiterer Zielsetzung handelt, ist noch nicht zu erkennen. Bei dem derzeitigen Kräftebild ist ersteres anzunehmen.

4. 11.

6. Armee und 3. Rumänische Armee: Lebhafte Zuführungen nach Stalingrad und die besonders starken Luftangriffe der letzten Nacht auf die Stadt zeigen, daß der Gegner den Kampf um die Stadt noch nicht aufgegeben hat. Es erscheint sogar möglich, daß er auf Grund der Entwicklung der Lage seine Erfolgsaussichten wieder erhöht glaubt und – neben schrittweiser Rückgewinnung des verlorenen Raumes im Stadtgebiet – weiterhin stärkere Entlastungsangriffe von Süden aus dem Raum Beketowka, mit schwächeren Kräften als bisher auch gegen die Nordfront des XIV. Panzer-Korps sowie neu aus dem Raum um Sserafimowitsch zu führen beabsichtigt, um die deutsche Führung zum Abziehen von Kräften von Stalingrad zu zwingen.

5. 11.

6. Armee und 3. Rumänische Armee: Feindbeurteilung in Stalingrad unverändert.

Die heutigen Luftaufklärungsergebnisse im Raum vor VIII. Armee-Korps (140 Panzer ostwärts Katschalinskaja – Panzerwerkstatt? – und Verstärkung der Flakabwehr) fügen sich nicht voll in den bisherigen Eindruck einer gewissen Auflockerung der Feindkräfte in diesem Raum ein und lassen die Frage noch offen, ob der Gegner hier seine Angriffstätigkeit – möglicherweise in begrenztem Umfange zur Kräftebindung – wieder aufzunehmen beabsichtigt. Insgesamt sind vor der Nordfront der 6. Armee und vor der 3. Rumänischen Armee Bewegungen und Verschiebungen im Gange, die mit Masse in den Raum um Sserafimowitsch auslaufen und weitere Zuführungen hierher erkennen lassen (Ausladungen in Nowaja Annanskaja und motorisierter Verkehr von dort nach Süden und Südwesten). Der Umfang der Kräftezuführung vor 3. Rumänischer Armee ist noch nicht einwandfrei zu erkennen, für unmittelbares Bevorstehen größerer Angriffe liegen zur Zeit keine Anzeichen vor.

Befestigungsarbeiten in der Donschleife südlich Kremenskaja lassen hier weiterhin defensives Feindverhalten erwarten.

7. 11.

6. Armee und 3. Rumänische Armee: Bei anhaltend lebhafter Stoßtrupptätigkeit vor der 3. Rumänischen Armee verdichtet sich das Bild weiterer Kräftezuführungen hierher anscheinend auch unter Verschiebung von Verbänden aus dem Bereich des XIV. Panzer-Korps und des VIII. Armee-Korps (verstärkte Bewegungen und etwa 20 Panzer im Raum Kletskaja; Ost-West-Bewegungen in der Donschleife südlich von Kremenskaja, nach Gefangenen-Aussagen und

Funkaufklärungsergebnissen Verschiebung der 27. Garde-Schützen-Division – bisher Nordfront XIV. Panzer-Korps – nach Nordwesten). Die hier zu vermutende Zusammenziehung einer in ihrem Unfang noch nicht klar erkennbaren Kräftegruppe vor dem rechten Armeeflügel weist entsprechend der gestrigen Auffassung auf Angriffsvorbereitungen mit Schwerpunkt im Raum Kletskaja sowie möglicherweise auch im Raum südlich der Choper-Mündung hin.

8. 11.

6. Armee und 3. Rumänische Armee: Verschiebungen vor Nordfront 6. Armee und 3. Rumänischer Armee scheinen anzuhalten (Bewegungen – 8 Bataillone, 15 Panzer, 250 Fahrzeuge – auf Straße Wilkow – Lebjashnij Richtung Südwesten) und zur Bildung einer Kräftezusammenfassung – soweit bis jetzt zu erkennen – vor rechtem Flügel der 3. Rumänischen Armee zu führen, wo angeblich 4 neue Divisionen aufgetreten sind (293. und 277. Schützen-Division wahrscheinlich; noch sehr unsicher 269. Schützen-Division, bis 3. 11. vor 2. Panzer-Armee, 154. Schützen-Division, bisher bei 5. Panzer-Armee, eine weitere Schützen-Division).

9. 11.

6. Armee und 3. Rumänische Armee: Die Bildung einer starken Kräftegruppe vor dem rechten Flügel der 3. Rumänischen Armee, teilweise auf Kosten der Front zwischen Wolga und Don, hält an, wie Funkaufklärung und Luftaufklärungsergebnisse ergeben (vorgeschobener Gefechtsstand der 65. Armee im Raum südwestlich Perekopskaja, starker Verkehr – in der Nacht insgesamt 2000 bis 2500 Fahrzeuge – vorwiegend im Raum nördlich Kletskaja und beiderseits Kalmykowsky, Wiederauftreten der 304. Schützen-Division aus Armee-Reserve ostwärts Kletskaja).

Die unzweifelhaft sich steigernde Angriffsbereitschaft läßt baldigen Angriff erwarten und kann sich durch Bindung starker eigener Kräfte gegebenenfalls auf den Kampf um Stalingrad auswirken.

10. 11.

6. Armee und 3. Rumänische Armee: Die Bildung einer stärkeren Kräftegruppe vor rechtem Flügel, einer schwächeren vor linkem Flügel der 3. Rumänischen Armee setzte sich heute durch Zuführung neuer Kräfte (2 Schützen-Divisionen nördlich von Kletskaja, 2 Schützen-Divisionen bisher bei 5. Panzer-Armee – im Raum südlich der Choper-Mündung) fort.

Vor dem rechten Flügel müssen ferner nach dem Ergebnis der Luftaufklärung stärkere Panzerkräfte – vielleicht vor XXXX. Panzer-Korps abgezogenes VII. russisches Panzer-Korps – vermutet werden (135 Panzer im Gesamtraum nördlich von Kletskaja). Das Auftreten des Stabes der Südwest-Front im Raum nordwestlich von Sserafimowitsch weist auf eine größere Angriffs-Operation hin.

11. 11.

6. Armee und 3. Rumänische Armee: In Stalingrad keine Veränderung. Die Zuführung neuer Kräfte in den Raum Dubowka – Katschalinskaja läßt darauf schließen, daß der Gegner, trotz der augenblicklichen Auflockerung durch Abziehen von Kräften vor XIV. Panzer-Korps nach Westen, einen gewissen Kräftestand zwischen Wolga und Don zu erhalten sucht, der ihm den Übergang zu einer begrenzten Angriffstätigkeit auch weiterhin gegebenenfalls ermöglicht.

Die Verlegung des Stabes der 21. russischen Armee in ostwärtiger Richtung nach Gegend Ignatowskij (Gefangenen-Aussage) bestätigt im Hinblick auf die bereits bekannte Vorverlegung des Gefechtsstandes der 65. Armee erneut die Zusammenfassung einer Angriffsgruppe im Raum vor dem rechten Flügel der 3. Rumänischen Armee. Das heutige Nachlassen des Verkehrs beiderseits der Medwediza scheint auf eine Beendigung der Kräftezuführung hinzuweisen.

12. 11.

Vor der Heeresgruppe beginnen sich die schon seit längerer Zeit im Raum vor den verbündeten Armeen vermuteten Angriffsabsichten allmählich deutlicher abzuzeichnen. Neben der erkannten Bildung zweier Kräfteschwerpunkte vor den Flügeln der 3. Rumänischen Armee, wo der Feind nunmehr als angriffsbereit anzusprechen ist, verdichten sich die Anzeichen für Kräftezusammenziehung auch weiter westlich, vornehmlich im Raum um Kalatsch (Funkverkehr der 63. Armee mit 6–7 unbekannten Verbänden, vermutetes Einschieben der 1. Garde-Armee, Zugverkehr nach Kalatsch, Zuführung von Teilen der 5. Panzer-Armee?, Abwehrmeldungen über Zuführungen in den Raum um Kalatsch), möglicherweise auch vor den Ungarn. Das Gesamtbild des Kräfteaufbaues ist nach Ort, Zeit und Umfang jedoch noch unklar, baldige Angriffsmöglichkeiten zeichnen sich nicht ab.

Eine Beurteilung der feindlichen Gesamtabsicht ist bei dem unklaren Bild noch nicht möglich, doch muß mit dem baldigen Angriff gegen die 3. Rumänische Armee mit dem Ziel gerechnet werden, die Bahn nach Stalingrad zu unterbrechen, damit weiter ostwärts stehende deutsche Kräfte zu gefährden und eine Rücknahme der bei Stalingrad stehenden deutschen Kräfte zu erzwingen, wodurch der Wasserweg über die Wolga wiedergewonnen würde. Für weiterreichende Operationen dürften die vorhandenen Kräfte zu schwach sein (zur Zeit etwa verfügbar vor rechtem Flügel 3. Rumänischer Armee 16 Schützen-Divisionen und 1–4 Panzer-Brigaden, vor linkem Flügel 7 Schützen-Divisionen und 3 Kavallerie-Divisionen).

Ob eine größere Offensive über den Don gegen 8. Italienische und 2. Ungarische Armee – Ziel Rostow? – zeitlich gestaffelt nach der Operation gegen 3. Rumänische Armee zu erwarten ist, oder ob der Feind neben dem Angriff gegen die 3. Rumänische Armee Angriffsoperationen mit begrenzter Zielsetzung auch gegen die 8. Italienische und 2. Ungarische Armee führen wird, ist noch nicht zu erkennen.
Die Aussage eines gefangenen Offiziers, die als Angriffsziel die Bahn Morosowski–Stalingrad nennt, scheint diese Gedanken zu bestätigen.
6. Armee und 3. Rumänische Armee: Bei fortdauernden Zuführungen in den Raum vor 3. Rumänischer Armee verstärkt sich der Eindruck zunehmender Angriffsbereitschaft besonders vor rechtem Armeeflügel.
13. 11.
6. Armee und 3. Rumänische Armee: Feindbeurteilung bei gleichem Feindverhalten wie an den Vortagen unverändert (Zuführungen im Raum um Kletskaja; nachts etwa 2500 Fahrzeuge in vorwiegend südwestlicher Richtung im Raum Kletskaja–Frolow–Michailowka–Choper-Mündung; anscheinend Ausladungen in Frolow und Michailowka).
14. 11.
3. Rumänische Armee: Bei gleichbleibendem Feindverhalten zeigt das heutige Bild eine weitere Verstärkung der Kräftegruppen vor den Armeeflügeln vermutlich um je ein Kavallerie-Korps (vor rechtem Flügel die 6. Garde-Schützen-Division vom III. Garde-Kavallerie-Korps, vor linkem Flügel die 21. Kavallerie-Division von VIII. Kavallerie-Korps aufgetreten; außerdem 5. Panzer-Abwehr-Brigade aus Heeresreserve bei Kletskaja festgestellt). Feindbeurteilung bleibt unverändert.
15. 11.
3. Rumänische Armee: Bei geringerer Feindaktivität und nur schwächeren Bewegungen im Raum vor der Armee Feindbeurteilung unverändert. Bestätigung des nach Funkaufklärung im Bereich der 63. Armee vermuteten neuen Garde-Schützen-Korps (Numerierung noch ungeklärt) bleibt abzuwarten; Identität mit III. Garde-Schützen-Korps erscheint möglich.
16. 11.
6. Armee und 3. Rumänische Armee: Feindverhalten und Funkaufklärungsergebnisse in der Donschleife südlich von Kremenskaja erfordern eine verstärkte Beobachtung auch dieses Raumes (auflebende Gefechtstätigkeit vor rechtem Flügel 376. Infanterie-Division; nach Funkaufklärung 2 neue, noch ungeklärte Verbände in Verbin-

dung mit 65. Armee und Einschieben der 258. Schützen-Division aus Armeereserve in Front vor linkem Flügel 376. Infanterie-Division). Durch die Luftaufklärung waren nennenswerte Zuführungen in diesem Raum bisher noch nicht festzustellen. Die Befehlsgliederung im Gebiet westlich von Sserafimowitsch (63. und 1. Garde-Armee) ist noch nicht geklärt.

17. 11.

3. Rumänische Armee: Das Abklingen der lebhaften Zuführungen in den Raum westlich von Sserafimowitsch und die Zunahme frontnaher Verschiebungen lassen einen gewissen Abschluß der Zuführungen bei Andauer der Bewegungen zur Einnahme der Angriffsgliederung vermuten. Die Feindbeurteilung bleibt unverändert.

Der Don ist stellenweise passierbar.

18. 11.

4. Panzer-Armee, 6. Armee, 3. Rumänische Armee: Die nach Überläuferaussage zu erwartende Zuführung von 3 neuen Panzer-Brigaden – vermutlich für XIII. Panzer-Korps – bedeutet eine weitere Verstärkung der Feindkräfte vor VI. Rumänischen Armee-Korps. Es ist damit zu rechnen, daß die zu erwartenden Angriffe – wenn auch mit begrenzter Zielsetzung – möglicherweise örtliches Ausmaß überschreiten, wobei noch nicht zu übersehen ist, ob die neu zu erwartenden Panzer-Verbände vor der Ostfront des VI. Rumänischen Armee-Korps oder im Südteil des Raumes von Beketowka zum Einsatz kommen werden.

Bei nur örtlicher Kampftätigkeit vor 3. Rumänischer Armee läßt das Einschieben einer weiteren Division vor Armee-Mitte (111. Schützen-Division aus Armeereserve bei 61. russischer Armee – Heeresgruppe Mitte) weitere Verstärkung der Feindkräfte erkennen.

Gleichzeitiger Angriff aus dem Raum von Beketowka bzw. gegen Ostfront VI. Rumänisches Armee-Korps und an der Donfront gegen 3. Rumänische Armee erscheint nicht ausgeschlossen.

19. 11.

3. Rumänische Armee: Der Gegner ist zu dem erwarteten Angriff gegen die Armee auf breiter Front zwischen Kletskaja und Blinoff (Mitte II. Rumänisches Armee-Korps) angetreten. Das noch unvollständige Bild der Truppenfeststellungen läßt – wie bisher vermutet – zwei Schwerpunkte erkennen:

a) im Raum von Kletskaja (27. Garde-Division, 252. Schützen-Division aus Armee-Reserve in Front, 45 Panzer festgestellt)
b) vor 14. rumänische Infanterie-Division (216. Panzer-Brigade und 219. – 19.? – Panzer-Brigade in Front).

Ob aus dem Auftreten der zur 5. Panzer-Armee gehörenden 216.

Panzer-Brigade (219. Panzer-Brigade bisher unbekannt, Verwechslung mit 19. Panzer-Brigade, die gleichfalls zur 5. Panzer-Armee gehört, möglich) in Verbindung mit dem schon früher gemeldeten Auftreten von 3 zur 5. Panzer-Armee gehörenden Schützen-Divisionen (46. Garde-, 119., 346. Schützen-Division) auf die Anwesenheit der gesamten 5. Panzer-Armee geschlossen werden muß, ist noch nicht völlig geklärt. Mit Fortsetzung der Angriffe – neue Taktik: Einsatz der Panzer nach erzieltem Durchbruch – ist zu rechnen.
20. 11.
Die Entwicklung der Feindlage bei der Heeresgruppe am heutigen Tage bestätigt bezüglich Zielsetzung und Kräfteansatz des Feindangriffs das gewonnene Feindbild (Ziel: Durchstoß zur Bahn Morosowskaja–Stalingrad unter gleichzeitigem Eindrücken der Front südlich von Beketowka, um hierdurch eine Zurücknahme oder Vernichtung der 6. Armee herbeizuführen). Ob außer der angelaufenen russischen Operation noch mit einer weiteren an der Donfront zu rechnen ist, ist zur Zeit noch nicht zu übersehen. Jedenfalls dürfte anzunehmen sein, daß bis zur Durchführung eines größeren Angriffes an anderer Stelle noch eine längere Pause vergehen wird.
3. Rumänische Armee: Feindbeurteilung der Heeresgruppe B und Karte des Kräfteeinsatzes siehe Anlage 2 (Karte nur für Chef des Generalstabs).
Das örtliche Bild in den Einbruchstellen läßt sich zur Zeit nicht übersehen, es erscheint jedoch wahrscheinlich, daß sich – besonders auch infolge des Einbruches bei der 5. Rumänischen Infanterie-Division – eine Krise größeren Ausmaßes anbahnt. Mit Fortsetzung der Angriffe in südlicher Richtung ist unter Einsatz der noch nicht eingesetzten rückwärtigen Kräfte zu rechnen.

Eine wichtige Abwehrmeldung ging am 4. November 1942 ein. Sie hatte folgenden Wortlaut:
»V-Mann: Am 4. 11. Kriegsrat in Moskau unter Vorsitz Stalins.
Anwesend 12 Marschälle und Generale.
In diesem Kriegsrat wurden folgende Grundsätze festgelegt:
a) Bei allen Operationen vorsichtiges Vorgehen zur Vermeidung großer Verluste.
b) Gebietsverluste sind unwichtig.
c) Erhaltung von Industrie- und Versorgungsanlagen durch rechtzeitigen Abtransport aus gefährdeten Gebieten ist lebenswichtig, hierzu Befehl zum Abtransport von Raffinerien und Maschinenfabriken aus Grosnyj und Machatsch-Kala nach Neu-Baku, Orsk und Taschkent.

d) Auf eigene Kraft vertrauen, nicht auf Hilfe durch Verbündete.
e) Schärfste Maßnahmen gegen Fahnenflucht, und zwar einerseits auch durch entsprechende Propaganda und bessere Verpflegung als auch andererseits durch Erschießung und verschärfte Kontrolle durch GPU.
f) Durchführung aller geplanter Angriffsunternehmen, möglichst noch vor dem 15. 11., soweit Wetterlage es zuläßt.
Hauptsächlich:
Von Grosnyj in Richtung Mosdok
bei Nishnij und Werchnij = Mamon im Dongebiet
bei Woronesh, bei Rshew, südlich des Ilmensees und Leningrad.
Die Truppen sollen aus der Reserve an die Front herangeführt werden.«

Im Dezember 1942 führte ich eine Dienstbesprechung mit den Ic der Heeresgruppen und Armeen einerseits und der Gruppe I der Abteilung »Fremde Heere Ost« andererseits durch. Dabei trug ich einige Wünsche und Anregungen unserer Abteilung zu den täglichen Ic-Meldungen vor. Sie betrafen die Darstellung des Feindbildes, die Übermittlung wichtiger Gefangenen-Aussagen und die Truppenfeststellungen sowie die Funkaufklärung und die Nachrichten-Nahaufklärung.
Zum Abschluß der Erörterungen über die »Ic-Meldungen« wies ich noch auf einige technische Fragen hin, die zwar allgemein bekannt waren, gegen die aber trotzdem immer wieder verstoßen wurde. Es betraf die Forderungen:
a) Bei Feindangriffen grundsätzlich deren Stärke zu melden und – wenn möglich – gleichzeitig auch die hierbei eingesetzten Truppenteile anzugeben.
b) Luftaufklärungsergebnisse mit Zeitangaben zu melden.
c) Nicht allgemein bekannte Orte näher zu bezeichnen.
d) Pünktlich Meldung zu erstatten, auch wenn zur befohlenen Meldezeit noch nicht alle Unterlagen vorhanden sind. Es war für Gruppe I unserer Abteilung leichter, frühzeitig die Arbeit mit Bruchstücken zu beginnen, als nach entsprechend langer Wartezeit die Gesamtmeldung zu erhalten, deren sorgfältige Auswertung dann oft nicht mehr bis zum Vortrag möglich war.

Ein ausgesprochenes Sorgenkind in der Meldeerstattung waren in jener Zeit die Luftaufklärungsmeldungen, da sie in der Masse fast immer so spät bei der Abteilung eingingen, daß sie lediglich einen rückschauenden Überblick vermitteln konnten. Wir strebten daher an, daß durch Einführung von Fahrplangesprächen auch für die Ic/Lw

der Armee-Oberkommandos zu den Heeresgruppen die Meldungen des Tages – natürlich ohne Bildauswertungsergebnisse – bis 19 Uhr und die Meldungen der Nacht bis 7 Uhr beim Oberkommando des Heeres vorlagen. Die von den Ic der Heeresgruppen in den täglichen Meldungen durchgegebenen Luftaufklärungsergebnisse waren zwar für die Beurteilung von wesentlicher Bedeutung, konnten jedoch bei den Führervorträgen nicht immer entsprechend verwertet werden, da sie vom Oberbefehlshaber der Luftwaffe nicht als »amtlich« anerkannt wurden und somit des öfteren Mißverständnisse vorgekommen waren. Ich bat daher, dafür zu sorgen, daß unsere Abteilung frühzeitig in den Besitz der amtlichen Meldungen, d. h. der auf dem Weg über die Ic/Lw durchgegebenen Nachrichten, kam.
Wörtlich führte ich aus:
»Die zehntägigen Meldungen über die feindliche Artillerie-Lage haben teilweise eine starke Ablehnung gefunden, sich in der Masse jedoch nach Überwindung einiger Kinderkrankheiten gut eingespielt. Die Vorschläge einzelner Armeen und Heeresgruppen auf Vereinfachung der Meldungen werden in dem neuen Befehl von Mitte Dezember berücksichtigt, so daß dann keine Gründe für verspätete oder mangelhafte Vorlage der Meldungen mehr anerkannt werden können.
Wie bei allen anderen Meldungen, so ist es auch bei dieser über die feindliche Artillerie-Lage: Sie nützt nur dann etwas, wenn sie rechtzeitig beim Oberkommando des Heeres eintrifft. Dann allerdings gibt sie – wie anhand zahlreicher Beispiele belegt werden kann – sehr wertvolle Unterlagen zur Klärung des Feindbildes, besonders hinsichtlich der Verschiebung oder Neubildung von Schwerpunkten in der feindlichen Kräftegruppierung.
Die Abteilung hat, um auf jeden Fall rechtzeitig in den Besitz der wichtigsten Angaben zu kommen, die fernmündliche Vorausmeldung eingeführt, wodurch das Artillerie-Bild im großen der Abteilung auf dem schnellsten Wege zugeht. Trotzdem bleibt die pünktliche Vorlage der schriftlichen Meldungen auch weiterhin erforderlich, da das Gesamtbild aus den in ihnen enthaltenen Einzelheiten noch wesentliche Ergänzungen erfährt.
Die zehntägigen Meldungen über Gefangenen- und Beuteanfall werden häufig nur auf Anmahnung durch das OKH vorgelegt. Da die Meldungen nicht nur zur Unterrichtung des Herrn Chefs des Generalstabes des Heeres, sondern auch zur Führer-Orientierung, Wehrmachtsberichten usw. benötigt werden, muß an den befohlenen Terminen festgehalten werden.
Die Arbeit muß – ob die Meldung nun pünktlich oder verspätet

eingereicht wird – doch gemacht werden, pünktliche Vorlage erleichtert aber beiden Teilen ihre Tätigkeit.

Ich komme zum letzten Punkt meines Vortrages: Den Feindnachrichtenblättern:

Die Vorlage der Feindnachrichtenblätter wird im allgemeinen regelmäßig durchgeführt, jedoch ist, soweit irgend möglich, noch eine Beschleunigung wünschenswert. Hierbei darf nochmals darauf hingewiesen werden, daß die Vorlage *aller* Nachrichtenblätter der Armeen und Heeresgruppen erforderlich ist, während solche von Korps und Divisionen nur einzureichen sind, wenn sie besonders wichtige neue Dinge enthalten. Hierzu gehören beispielsweise auch Berichte über Stimmung, Moral, Kampfwillen des Gegners – Dinge, die in den laufenden Meldungen im allgemeinen nicht enthalten, für die Gesamtbeurteilung aber doch wertvoll sind. Auch bei der Übersendung von Beutepapieren ist eine Beschleunigung notwendig, da sie zur Zeit zum großen Teil so spät beim OKH eintreffen, daß die Auswertung nutzlos ist.«

Am 12. Februar 1943 – also unmittelbar nach Abschluß der Stalingrad-Tragödie – erhielt unsere Abteilung eine wichtige Abwehrmeldung von einem neu eingesetzten V-Mann, der über eine Verbindung zu einer westalliierten Militärmission in Moskau verfügte. Als Antwort auf die deutschen Wehrmachtsberichte, die immer wieder zum Ausdruck gebracht hatten, daß es den Sowjetrussen bisher nicht gelungen sei, in allen ihren Offensiven, die in diesem Winter 1942/43 unternommen worden waren, irgendein strategisches Ziel zu erreichen, hatten zuständige russische militärische Stellen dieser Militärmission zu den gegenwärtigen und bevorstehenden Kampfentwicklungen nachstehende Darstellung gegeben:

»Das russische strategische Ziel besteht nicht in erster Linie darin, Boden zurückzugewinnen und den Feind nach dem Westen abzudrängen. Es ist vielmehr die Absicht der russischen Kriegführung, die Offensivkraft des deutschen Heeres entscheidend zu brechen. Dieses Ziel kann nur erreicht werden, wenn Deutschlands Kriegspotential, nämlich seine Ausrüstung, vernichtet wird. Alle russischen Operationen verfolgen nur diesen einzigen Zweck. Es ist aus diesem Grunde der russischen Führung gleichgültig, welche ›Igelstellungen‹ hinter dem Rücken der Sowjettruppen verbleiben und wieviel Soldaten Deutschland ihrem Schicksal überläßt.

Wenn die russischen, in die Tiefe gehenden Vorstöße den Eindruck ehrgeiziger und gewagter Unternehmungen machen und den Anschein erwecken, daß sie unternommen wurden, oder in Zukunft

ausgeführt werden, um möglichst den Blick auf die Landkarte eindrucksvoller zu gestalten, so liegt in Wirklichkeit der Sinn dieser Operationen einzig und allein darin, die deutschen Hauptversorgungslager zu erfassen und zu vernichten.
Die allgemeinen Verhältnisse der Ostfront bedingen eine völlig andere Kriegführung als im übrigen Europa. Während zum Beispiel an der Westfront die deutsche Heeresleitung die Munitionslager und sonstigen Depots bis zu mehreren hundert Kilometern hinter der Front lagern kann und infolge der ausgezeichneten zahlreichen Straßenverbindungen noch immer in der Lage bleibt, die Fronttruppen im Bedarfsfalle schnell durch den Einsatz motorisierter Transportmittel zu versorgen, muß an der Ostfront die Versorgung verhältnismäßig dicht hinter der Frontlinie liegen. Das oft und schnell wechselnde Wetter, die dichten Schneefälle oder plötzliches Tauwetter können sehr wohl dazu führen, daß eine überraschend angegriffene Truppe im entscheidenden Augenblick keinen Nachschub mehr erhalten kann.
Das russische Oberkommando hat aus diesem Grunde das Hauptaugenmerk auf die Versorgungsstützpunkte der deutschen Kaukasus-Armee sowie der deutschen Armee vor Stalingrad und im Donbogen gerichtet und, nachdem die genauen Feststellungen in bezug auf die Lage abgeschlossen waren, die Sowjetstoßverbände entsprechend eingesetzt.
Der Zusammenbruch der Don-Front, der Stalingrad- und auch der Kaukasus-Front erfolgte in erster Linie deshalb, weil die Russen mit ihren Keilen in das Herz der deutschen Heere gelangten, welche sich plötzlich in der Lage befanden, bei verhältnismäßig langen Frontlinien ohne ausreichende Versorgung zu sein.
Die riesigen Mengen deutschen Kriegsmaterials, die bereits von Sowjetseite erbeutet oder zerstört sind, bilden das ›russische strategische Ziel‹. Für die Russen ist ein kleiner Ort, in dem sich ein großes Munitionslager befindet, wichtiger als irgendeine Stadt, auch wenn diese deutschen Truppen noch so gute Winterquartiere bietet.
Deutschland hat in zahllosen Veröffentlichungen immer wieder hervorgehoben, daß das Problem dieses Krieges auf industriellem Gebiet liegt. In logischer Auswertung dieser Erkenntnis wird überall von den Sowjets an der Ostfront der Krieg gegen die deutsche Kriegsindustrie geführt. Im Sommer 1943 wird zu erkennen sein, daß der sowjetischen militärischen Führung durch die Eroberung eines beträchtlichen Teils der schweren und leichten Kriegsausrüstung des Feindes ein entscheidender Erfolg gelungen ist.«
Zwei Tage vor dem Eingang dieser Abwehrmeldung schrieb ich am

10. Februar 1943 folgende »Gedanken zur Lage« nieder:
»Jede rückschauende Lagebetrachtung steht unter dem Gesichtswinkel der Feststellung, daß die bisherige Gesamtentwicklung seit Mitte November – ausschließlich des ersten Ansatzes mit dem Angriff gegen die 3. Rumänische Armee – die Folge einer Kette von grundsätzlichen Führungsfehlern ist, über deren Tragweite und Auswirkung sich die *militärische* Führung bereits zu dem Zeitpunkt voll im klaren war, zu dem sie begangen wurden. Die Gründe, weshalb sie trotzdem begangen wurden, stehen im Rahmen dieser Lagebetrachtung nicht zur Erörterung.
Abgesehen vom Versagen der Verbündeten verdankt der Russe seine großen Erfolge der Anwendung deutscher Führungsgrundsätze; die militärische Führung – Schukow – genießt ihm Rahmen der ihr gestellten Aufgaben völlige Freiheit; der Russe hat sein Kampfverfahren auf deutsche Methoden und deutsche operative Anschauungen umgestellt. Demgegenüber haben wir uns den früheren, starren, bis unten in den Einzelheiten alles festlegenden russischen Methoden stark angenähert und verdanken dem zum Teil unsere Mißerfolge; selbständiges Handeln und selbständige Entschlüsse einheitlich ausgebildeter Führer werden gescheut, da beides vors Kriegsgericht führt. Damit fällt eine der wesentlichsten Vorbedingungen für eine erfolgreiche bewegliche Kampfführung. Wir sind starr geworden und handeln nicht mehr operativ; daß Kriegführung eine Kunst ist, die nicht nur einen ganzen Mann und Charakter, sondern auch Kopf und vor allem Schulung – Schulung und immer wieder Schulung –, mit anderen Worten: einen hochqualifizierten Generalstab mit den besten Qualitäten des Frontoffiziers in seinen einzelnen Gliedern erfordert, ist vergessen.
Ausgangspunkt für eine Beurteilung der Lageentwicklungsmöglichkeiten in der Zukunft ist ein Rückblick auf die Entwicklung seit November.
Zunächst muß festgestellt werden, daß die Feindabsichten und Entwicklungsmöglichkeiten der Feindlage stets *vorher* richtig erkannt worden sind, wie sich an Hand der dem Herrn Chef des Generalstabes des Heeres täglich abends vorgelegten schriftlichen Feindlagebeurteilungen nachweisen läßt.

a) Angriffe gegen die 3. Rumänische Armee und die 6. Armee
Die ersten Anzeichen für die bevorstehende Operation, welche später zur Einschließung der 6. Armee führte, waren Ende Oktober/Anfang November erkennbar, nachdem Generaloberst Halder noch während der Herbstmonate öfter auf die Angriffsmöglichkeiten aus dem Bereich Choper-Mündung und Donbogen

hingewiesen hatte. Die Feindbeurteilung wies vom 9. 11. ab auf eine gegen die 3. Rumänische Armee beabsichtigte größere Angriffsoperation hin, fast gleichzeitig laufend auf die Angriffsvorbereitungen vor der 8. Italienischen, 2. Ungarischen Armee und im Raum von Woronesh. Am 21. 11. wurde die Feindabsicht des Abschneidens der 6. Armee herausgestellt, am 24. 11. war die 6. Armee eingeschlossen.
Es muß vor der Geschichte festgehalten werden, daß von diesem Zeitpunkt an in der Erkenntnis, daß ausreichende Kräfte für ein Freikämpfen der 6. Armee im Hinblick auf die übrige zu erwartende Entwicklung nicht heranzubringen waren, daß also ein entsprechender Angriff steckenbleiben mußte, im Generalstab der Standpunkt vertreten wurde, daß nur die sofortige Rücknahme der 6. Armee diese vor der Vernichtung bewahren und die alsbald für die andere Kampfführung bitter notwendigen Kräfte für die Heeresgruppe Don gewinnen könnte. Bereits damals wurde, jedenfalls im Rahmen der Feindbeurteilung, erörtert, daß als großzügiger, deutscher Generalstabsschulung entsprechender Entschluß nur eine alsbaldige Rücknahme der Heeresgruppe A hinter den Don unter Belassung eines Brückenkopfes ostwärts der Tamanhalbinsel die Möglichkeit schaffe, mit diesen Kräften die russische Offensive über den mittleren Don zu zerschlagen und die Initiative zu neuer Offensive im Süden in der Hand zu behalten. Den damaligen Einwand, daß bei den Wegebedingungen im Winter nicht operiert werden könne, hat die Entwicklung mit harter Hand entkräftet; auch Ludendorf ›operierte‹ im Winter in Polen.

b) Angriffe gegen die 8. Italienische und 2. Ungarische Armee
Am 9. 12. wurde in der Feindbeurteilung darauf hingewiesen, daß der Russe nach Steckenbleiben seiner Offensive bei Mitte den Gesamtschwerpunkt auf den Südflügel verlege, um hier die bisherigen Erfolge zu entscheidenden Operationen auszunutzen. Am 16. 12. erfolgte der Angriff gegen die 8. Italienische, am 12. 1. 1943 gegen die 2. Ungarische Armee. Jeweils bald nach Angriffsbeginn zeigte sich das völlige Versagen der Bundesgenossen trotz Einsatzes einzelner deutscher Truppenteile. Spätestens bei beginnendem Zusammenbruch der Italiener Mitte Dezember war zu übersehen, daß ein neuer Frontaufbau und Wiedergewinnung der Initiative nur auf dem Wege eines großen Entschlusses und entsprechender Rücknahme der deutschen und verbündeten Kräfte möglich war. Der Entschluß zu der in jedem Falle notwendigen Rücknahme der Heeresgruppe A fiel trotz starken Drängens erst

Ende Dezember, am 1. 1. begann das Absetzen. Dieser Verzug wirkt sich noch heute auf die Lage der Heeresgruppe Don aus, deren spätere Zurücknahme abhängig war von dem Heranziehen der nach Norden auf Rostow ausweichenden Teile der Heeresgruppe A. Am 15. Januar, drei Tage nach Beginn des Angriffs gegen die 2. Ungarische Armee, wurde auf die Auswirkungen der eingetretenen Entwicklung auf die Lage der Heeresgruppen A, Don und B, am 11. Januar auf die bedrohliche Lage der 2. Armee hingewiesen. Trotz der zunehmenden Zuspitzung der Lage des rechten Flügels der 2. Armee wurde die vorgeschlagene Rücknahme hinausgeschoben, so daß der am 24. 1. beginnende russische Versuch zur Zerschlagung des rechten Flügels der 2. Armee zum Erfolge führte. Die Gefahr einer Einwirkung auf die Südflanke der Heeresgruppe Mitte und damit auf die Gesamtlage ergab sich klar aus der Lage am 29. 1.

c) Die Weiterentwicklung im Bereich der Heeresgruppen Don und B bis 10. 2.

Ab 26. Januar wurde auf die zunehmende Gefährdung der Heeresgruppe Don durch Kräfte hingewiesen, welche über Starobjelsk auf Slawjansk in die tiefe Flanke derselben vorstießen. Auch hier verzögerte sich die Entschlußfassung bezüglich der nach der Lage ohne jeden Zweifel notwendigen Rücknahme der Heeresgruppe Don, die ab 31. Januar möglich gewesen wäre (Herankommen der letzten nach Norden ausweichenden Teile der Heeresgruppe A Richtung Rostow), so daß das Ausweichen erst am 9. 2. begann. Der Verlust dieser zehn Tage *kann* sich nicht nur auf die Erhaltung der Kräfte der Heeresgruppe Don, sondern *wird* sich auf die Gesamtlage auswirken, indem keine ausreichenden Kräfte zum Auffangen der über Charkow auf den Dnjepr vorstoßenden Feindgruppen (6., 3. Panzer, 69., 40. russische Armee) rechtzeitig zur Verfügung stehen werden. Die schnelle Weiterentwicklung der Feindlage auf dem Südflügel hat am 28. 1. zu folgendem Urteil geführt: Die Lage hat eine auf die Gesamtfront ausstrahlende Verschärfung durch Einsturz des Ostflügels und der Mitte der 2. Armee erfahren. Gegner hat die sich ihm bietende Erfolgsmöglichkeit erkannt:

a) durch Stoß über Slawjansk nach Süden die Front der Heeresgruppe Don unhaltbar zu machen,

b) durch Vorgehen über Linie Kupjansk–Belgorod und nördlich nach Westen Raum zu gewinnen, bevor Aufbau einer zusammenhängenden deutschen Front gelungen ist,

c) durch Ausnutzung der Erfolge bei der 2. Armee zu einer Fortführung der Operation in Richtung Kursk bald Einwirkung auf die Flanke der Heeresgruppe Mitte zu gewinnen.

Damit beginnt die Auswirkung der Feindlage vor dem südlichen Heeresflügel auf die Gesamtfront ein entscheidendes Ausmaß zu gewinnen.

Auch bei Zuführung der vor Heeresgruppe Mitte in der Tiefe stehenden Kräfte nach dem Südflügel bleiben bei Mitte Kräfte für örtliche Schwerpunktbildung in ausreichendem Maße verfügbar. Es ist daher damit zu rechnen, daß der Gesamtschwerpunkt der russischen Operation sich nunmehr in den Bereich der 2. Armee verlagern wird. Ziel wird sein, im Zusammenhang mit frontal geführten Angriffen die Front der Heeresgruppe Mitte vom rechten Flügel her zum Einsturz zu bringen. Gegner wird gegenüber eigenen Maßnahmen in der Vorhand bleiben, wenn er die Operationen mit gleicher Initiative weiterführt.«

### *Operation »Zitadelle«*

Ab Anfang Mai 1943 deuteten Abwehrmeldungen darauf hin, daß die Sowjetrussen sich zunächst auf Abwehr eines erwarteten deutschen Angriffs im Raum Charkow–Kursk einstellten. Durch einen zuverlässigen v-Mann hatten wir bereits am 17. April 1943 die Nachricht erhalten, daß Stalin für den 23. 4. eine Konferenz aller Abschnitts- und Armee-Kommandeure nach Moskau einberufen hatte. Auf dieser Zusammenkunft sollten nach Meldung unseres v-Mannes folgende Punkte erörtert werden:

a) Anzeichen eines deutschen Angriffs
b) Verbesserung der Zusammenarbeit der Waffengattungen
c) Stimmung der Truppe und
d) Mechanische und technische Versorgung der Truppe.

Am 27. April 1943 meldete ein anderer zuverlässiger v-Mann, daß in Waluiki eine nicht vollständige Schützen-Division, eine Panzer-Brigade, zwei Panzer-Bataillone und zwei Feld-Artillerie-Regimenter aus Saratow eingetroffen seien. Ferner, daß aus den Panzerwerken in Kasan und Gorkij täglich Panzer, Motoren und Panzerwaffen nach dem Frontabschnitt Kupjansk–Kursk–Orel abgingen. Am 28. April 1943 meldete ein »unerprobter v-Mann«, daß die Sowjets eine baldige deutsche Großoffensive im Raum Charkow-Kursk befürchteten.

Diese und die weiteren eingegangenen Abwehrmeldungen ließen erkennen, daß der sowjetischen Führung die deutsche Absicht, im Raum Kursk eine Offensive zu beginnen, bekannt geworden war und

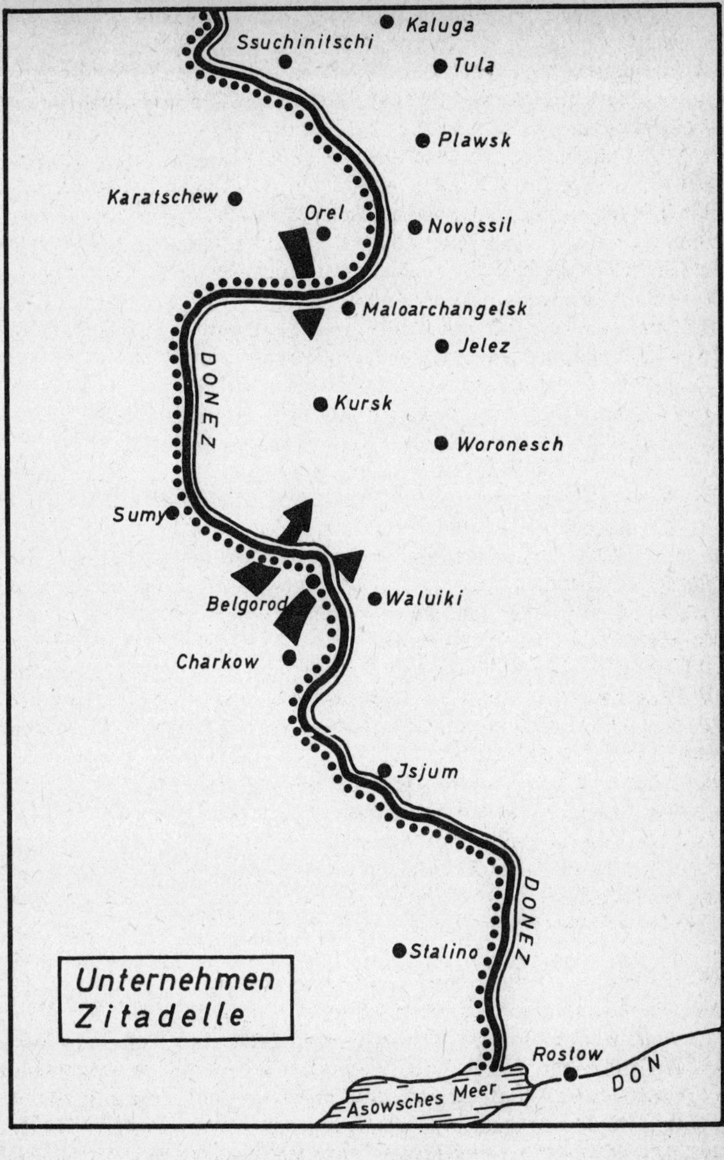
Kaluga
Ssuchinitschi
Tula
Plawsk
Karatschew
Orel
Novossil
Maloarchangelsk
Jelez
DONEZ
Kursk
Woronesch
Sumy
Waluiki
Belgorod
Charkow
Jsjum
DONEZ
Stalino
Unternehmen
Zitadelle
Rostow
DON
Asowsches Meer

Skizze 2

daß sie ihrerseits Vorkehrungen traf, den deutschen Angriff mit bereitgestellten Kräften aufzufangen.
Ich benützte daher jede sich bietende Gelegenheit, die deutsche Führung vor ihrem Vorhaben, bei Kursk einen Großangriff zu unternehmen, zu warnen.
Als sich jedoch die deutsche oberste militärische Führung (Hitler) nicht von ihrem Plan abbringen ließ, im Raum Kursk eine Großoffensive, die unter dem Decknamen »Zitadelle« lief, zu beginnen, erstellte ich am 3. Juli 1943 eine »Beurteilung des Feindverhaltens bei Durchführung des Unternehmens ›Zitadelle‹«.
Darin stellte ich fest:
»Bei Anlauf des Unternehmens Zitadelle kann der Gegner seine Gegenmaßnahmen entweder im großen auf den Operationsraum Zitadelle beschränken, um den deutschen Angriff – gegebenenfalls unter Heranziehung der Reserven aus den benachbarten Räumen – im allgemeinen defensiv unter Führung von Gegenangriffen aufzufangen; oder er wird seine vorbereitete Offensive im Bereich der Heeresgruppe Süd und der Heeresgruppe Mitte bei gleichzeitiger Abwehr des deutschen Angriffes Zitadelle im ganzen anlaufen lassen, wenn er die Gesamtkriegslage dafür reif hält. Bei der zu vermutenden Angriffsbereitschaft und im Hinblick auf die Lage im Mittelmeer erscheint letztere Lösung wahrscheinlich, ohne daß eine zunächst begrenzte Reaktion voll ausgeschlossen ist. Es ist daher vermutlich bald nach Beginn des eigenen Angriffs mit der Führung starker feindlicher Entlastungs- und Gegenangriffe an allen Frontteilen von Heeresgruppe Süd und Mitte, in denen die Angriffsvorbereitungen erkannt wurden, zu rechnen.
Ansatz und Richtung dieser Angriffe dürften durch die Gliederung der feindlichen Kräfte für die vermuteten russischen Angriffsoperationen gegen die Heeresgruppe Süd und rechten Flügel Heeresgruppe Mitte bestimmt sein. Danach ist in Auswirkung des deutschen Angriffs folgende Entwicklung der Feindlage – im wesentlichen entsprechend der bisherigen Beurteilung der russischen Absichten – zu vermuten:

1) Im Bereich der deutschen Angriffsoperationen:
   Die im Großraum Kursk–Waluiki-Woronesh–Jelez stehenden starken Feindkräfte (welche ursprünglich zum Teil für einen Angriff gegen den Raum Charkow, zum Teil zum Einsatz gegen die Gruppe Weiß vorgesehen waren) werden vermutlich durch den deutschen Angriff so getrennt, daß die Masse dieser Kräfte sich ostwärts der Angriffskeile, der kleinere Teil im Raum westlich von Kursk befindet. Die deutschen Angriffskräfte werden

daher vermutlich besonders starken Flankenangriffen von Osten aus dem Raum nordostwärts von Bolgorad und westlich von Liwny ausgesetzt sein.

2) Im Bereich der Heeresgruppe Süd:
Es ist zu erwarten, daß die vermutlich gegen den Südflügel und die Mitte der Heeresgruppe vorbereiteten Operationen bald nach dem deutschen Angriff zur Entlastung der Kräfte im Kursker Raum ausgelöst werden. Der bisherigen Beurteilung entsprechend muß sowohl mit einem umfassenden Angriff gegen die 6. Armee und die 1. Panzer-Armee in Richtung auf das Donez-Becken als auch mit dem Vorstoß starker Feindkräfte aus dem Raum um Kupjansk in Richtung Charkow gegen die tiefe Flanke der deutschen Angriffskräfte gerechnet werden.

3) Im Bereich der Heeresgruppe Mitte:
Eine besondere operative Auswirkung im Sinne einer Entlastung dürfte der Gegner einem Einsatz der im Raum Tula–Kaluga–Ssuchinitschi–Plawsk anzunehmenden, zum Teil noch nicht bekannten starken operativen Reserven gegen die 2. Panzer-Armee zumessen. Es muß daher entsprechend der bisherigen Feindauffassung mit frühzeitigem Beginn der erwarteten starken Angriffe gegen die Ost- und Nordostfront der 2. Panzer-Armee in Richtung auf Orel gerechnet werden mit dem Ziel, in den Rücken der deutschen Angriffskräfte durchzustoßen. Darüber hinaus ist auch die Führung einer Angriffsoperation mit begrenzter Zielsetzung und entsprechendem Kräfteeinsatz gegen die 4. Armee zum Festhalten der Kräfte der Heeresgruppe Mitte in Rechnung zu stellen.

4) Ob unmittelbare Auswirkungen auf das Feindverhalten vor den Heeresgruppen A und Nord zu erwarten sind, ist als nicht geklärt anzusehen. Möglicherweise tritt eine Beschleunigung der Vorbereitungen zur Wiederaufnahme der Angriffe gegen den Kuban-Brückenkopf und zur Erweiterung der Landbrücke nach Leningrad ein. Das Feindverhalten wird mit durch das Bestreben gekennzeichnet sein, durch Angriffstätigkeit auch mit begrenzten Kräften den deutschen Kräftehaushalt überall möglichst stark zu belasten und etwaige Reserven festzulegen.

Sollte der Gegner wider Erwarten seine Gegenmaßnahmen auf den Operationsraum Zitadelle und die unmittelbar anschließenden Armeefronten beschränken, wie anfangs zwar als unwahrscheinlich aber möglich erwähnt, so ist bei länger andauernden Kämpfen mit zunehmender Kräftezuführung erheblichen Ausmaßes von anderen Fronten nach dem Kursker Raum zu rechnen. Wie bereits in früheren

Beurteilungen zum Ausdruck gebracht, dürfte der Russe jedoch anstreben, den deutschen Angriff unter frühzeitiger Einleitung einer Entlastungsoffensive abzufangen und im Nachzuge die vorbereiteten Angriffsoperationen in Richtung auf den unteren Dnjepr und gegen den Raum von Orel zu entwickeln.«

Am nächsten Tag, dem 4. 7., befaßte ich mich nochmals mit dem Unternehmen »Zitadelle« und legte folgende Beurteilung vor:

»Vom Standpunkt der Gesamtkriegslage her kann die Operation Zitadelle zum gegenwärtigen Zeitpunkt durch keinerlei Gründe mehr gerechtfertigt werden. Vorbedingung für eine erfolgreiche Operation ist in zwei Voraussetzungen zu sehen:

In der Kräfteüberlegenheit und im Moment der Überraschung. Beide Vorbedingungen waren zum Zeitpunkt des ursprünglich beabsichtigten Operationsbeginns gegeben; jetzt ist nach dem vorliegenden Feindbild keins von beiden vorhanden. Der Russe erwartet unseren Angriff in den in Frage kommenden Abschnitten seit Wochen und hat mit der ihm eigenen Energie sowohl durch Ausbau mehrerer Stellungen hintereinander, als auch durch entsprechenden Kräfteeinsatz alles getan, um unseren Stoß frühzeitig aufzufangen. Es ist also wenig wahrscheinlich, daß der deutsche Angriff durchschlägt.

Bei der Summe der dem Russen zur Verfügung stehenden Reserven ist auch nicht zu erwarten, daß Zitadelle zu einem so hohen Kräfteverzehr für ihn führt, daß seine Gesamtabsichten zu dem ihm erwünschten Zeitpunkt wegen Mangels an ausreichenden Kräften später nicht mehr durchführbar würden. Deutscherseits werden die im Hinblick auf die Gesamtlage später bitter notwendigen Reserven (Mittelmeerlage!) festgelegt und verbraucht. Ich halte die beabsichtigte Operation für einen ganz entscheidenden Fehler, der sich schwer rächen wird.«

Trotz dieser vorgetragenen Bedenken hielt Hitler an seinem Plan fest. Das Kriegstagebuch des Oberkommandos der Wehrmacht berichtet darüber:

»Am 15. 4. hat der Führer befohlen, das Unternehmen ›Zitadelle‹ als ersten der diesjährigen Angriffsschläge durchzuführen. Dem Angriff auf Kursk kommt daher ausschlaggebende Bedeutung zu. Er muß uns die Initiative für dieses Frühjahr und den Sommer in die Hand geben. ›Der Sieg von Kursk muß für die Welt wie ein Fanal wirken‹ ...

15. Juli 1943:

Im Raum von Kursk gewann der eigene Angriff gegenüber sehr zähem feindlichen Widerstand nur langsam Boden. Mehrere feindliche Gegenangriffe wurden abgeschlagen. Bei der 2. Panzerarmee erneuerte der Feind seine starken Panzerangriffe in den drei Einbruchstellen und erzielte weiteren Geländegewinn. An der übrigen Ostfront nur örtliche Kämpfe ...

16. Juli 1943:

Die Angriffsgruppe der Heeresgruppe Süd konnte weiteren Geländegewinn erzielen. Der Gegner dehnte seine Angriffe auf die ganze Front der 9. Armee aus, die Abwehrerfolge erzielen konnte ...

19. Juli 1943:

Der Gegner setzte seine Offensive mit starkem Artilleriefeuer und starken Panzerkräften, von der Luftwaffe unterstützt, fort. Die Angriffe gegen die 17., 6. und 1. Panzerarmee konnten abgewiesen oder abgeriegelt werden. Im Raum Charkow–Orel wurde die HKL überall gehalten, dagegen erfolgten nordwestlich Orel nach stark überlegenen feindlichen Angriffen neue Einbrüche. Angesichts der heftigen feindlichen Offensive erscheint die weitere Durchführung von ›Zitadelle‹ nicht mehr möglich.

Um durch Frontverkürzung Reserven zu schaffen, wird der eigene Angriff eingestellt.«

Damit war genau jene Lage eingetreten, die ich in meiner Beurteilung beschrieben und vorausgesagt hatte.

Wie allgemein bekannt, war das Unternehmen »Zitadelle« der letzte deutsche Versuch einer Angriffsoperation im Rußlandfeldzug. Seit seinem Scheitern im Juli 1943 hatte sich das Kriegsglück in Rußland endgültig gewendet. Das deutsche Heer wurde in die Defensive gedrängt und konnte nie mehr die Initiative erringen.

Die Abteilung Fremde Heere Ost hat pflichtgemäß auch weiterhin ihre Feindaufklärung fortgesetzt, um nach ihren Möglichkeiten für die militärischen Entscheidungen die nötigen Grundlagen zu schaffen, indem sie Lagebeurteilungen vorlegte und die von ihr vermuteten Operationen des Gegners aufzeigte. So sehr sich ihre Lageeinschätzungen durch die nachgefolgten Ereignisse immer wieder bestätigten, so wenig berücksichtigte Hitler als »Oberster Kriegsherr« unsere durch den Chef des Generalstabes im Lagevortrag verwendeten Vorlagen.

Die Abteilung Fremde Heere Ost hat die Führung auf die von den Sowjets beabsichtigte und dann auch durchgeführte Offensive in den Raum Stalingrad ebenso rechtzeitig aufmerksam gemacht, wie nachdrücklich vor der Durchführung des Unternehmens »Zitadelle« wiederholt gewarnt und die – später auch eingetretenen – militärischen Entwicklungen vorausgesagt.

Eine Dokumentation über die Gesamtarbeit der Abteilung Fremde Heere Ost ist in Vorbereitung.

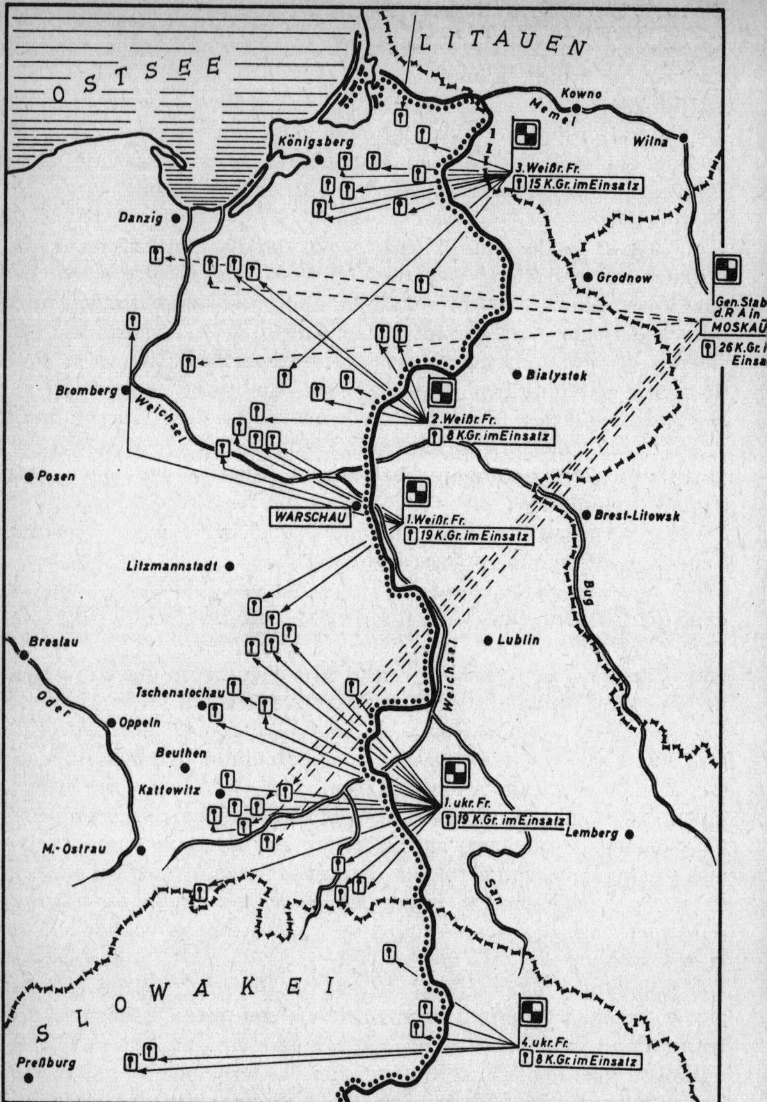


Skizze 3

Einsatz sowjetischer Kundschaftergruppen 1. 11.–30. 11. 44

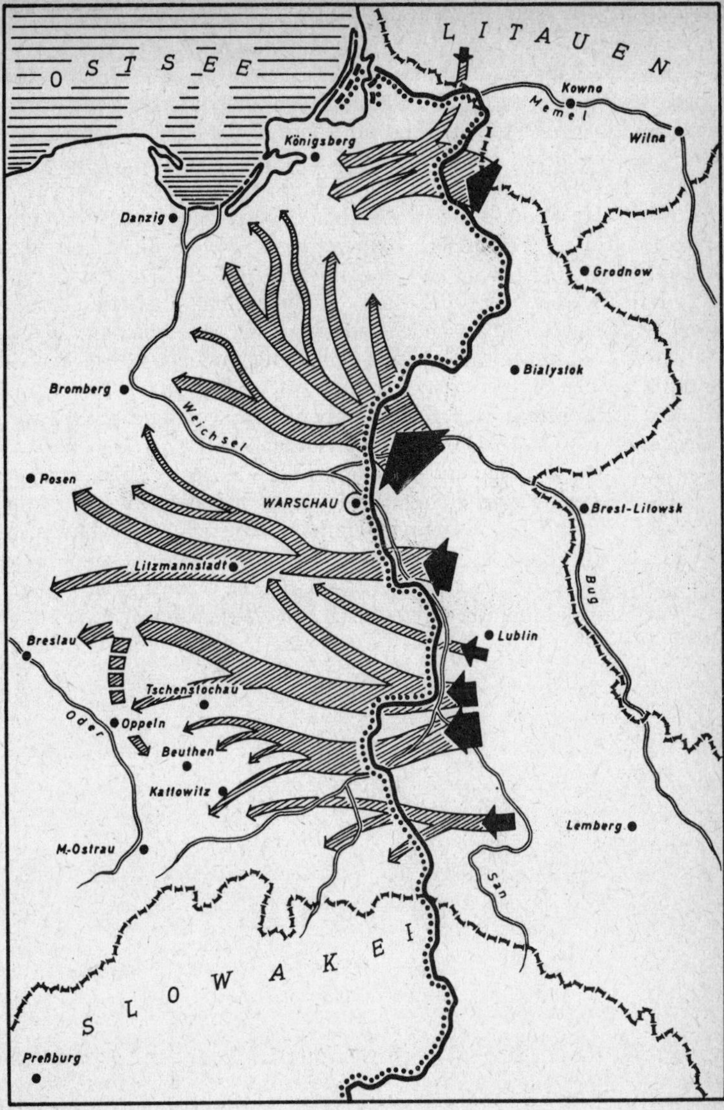


Skizze 4

Sowjetische Winteroffensive vom 1. 11. 44–25. 1. 45

Eine der vielen Arbeitsmethoden des Ic-Dienstes zeigen die Skizzen auf den Seiten 72/73. Auf der Skizze 3 ist dargestellt der in den Wochen vor der Offensive erfaßte sowjetrussische Agenteneinsatz. Die Skizze 4 stellt den tatsächlichen Ablauf der am 1. 11. 1944 angetretenen sowjetischen Offensive über die Weichsel dar. Beide Skizzen zeigen, wie klar allein aus diesem Aufklärungsmittel die gegnerischen Operationsabsichten und Operationsrichtungen zu erfassen waren.
Die Abteilung Fremde Heere Ost hat den ganzen Krieg über nur deshalb erfolgreich arbeiten können, weil sowohl die Chefs des Generalstabes (nacheinander Generaloberst Halder, Zeitzler, Guderian) und die Chefs der Operationsabteilung (General Heusinger und seine Nachfolger), mit denen ich gedanklich stets übereinstimmte, sich allen Angriffen gegenüber vor die Abteilung und vor meine Person gestellt haben.
Meine Ausführungen und Belege haben dann voll und ganz ihren Zweck erfüllt, wenn aus ihnen klar geworden ist,

1. daß die militärische und politische Führung sich in angemessener Weise der Möglichkeiten ihres Nachrichtendienstes, in erster Linie auch der zusammengefaßten Beurteilungen, bedienen sollte;
2. daß Unterlassungen, aus welchen Gründen auch immer, damals wie heute schlimmste Folgen nach sich ziehen können.

# 2. KAPITEL

# Politische, militärische und psychologische Faktoren im Kriege

Im Augenblick erleben wir eine Renaissance in der Beurteilung der Clausewitzschen Gedanken über das Wesen des Krieges und der diesen bestimmenden Faktoren. Dies ist um so verständlicher, als die Entwicklung zeigt, daß auch im Zeichen der thermonuklearen Waffen Kriege möglich sind und daß mit ihnen – aus welchen Gründen auch immer – in Zukunft weiterhin gerechnet werden muß. Rückblickend kann man darüber hinaus feststellen, daß es sicherlich nicht von Übel gewesen wäre, wenn sich Hitler, so wie es Lenin getan hat, von dem Marginalien zu Clausewitz' Buch »Vom Kriege« existieren, nach den Clausewitzschen Lehren gerichtet und danach gehandelt hätte.
Clausewitz stellt bekanntlich fest, daß der Krieg lediglich die Weiterführung der Außenpolitik unter Einmischung anderer gewaltsamer Mittel sei. Es lohnt sich, dieses meist in Kurzfassung wiedergegebene Zitat in einen breiteren Zusammenhang zu stellen. Clausewitz stellt zunächst einmal die Frage, was ist der Krieg, und antwortet: »Der Krieg ist ... ein Akt der Gewalt, um den Gegner zur Erfüllung unseres Willens zu zwingen.
Die Gewalt rüstet sich mit den Erfindungen der Künste und Wissenschaften aus, um der Gewalt zu begegnen. Unmerkliche, kaum nennenswerte Beschränkungen, die sie sich selbst setzt unter dem Namen völkerrechtlicher Sitte, begleiten sie, ohne ihre Kraft wesentlich zu schwächen. Gewalt, d. h. die physische Gewalt (denn eine moralische gibt es außer dem Begriffe des Staates und Gesetzes nicht) ist also das Mittel; dem Feinde unseren Willen aufzudringen, der Zweck. Um diesen Zweck sicher zu erreichen, müssen wir den Feind wehrlos machen, und dies ist dem Begriff nach das eigentliche Ziel der kriegerischen Handlung. Es vertritt den Zweck und verdrängt ihn gewissermaßen als etwas nicht zum Kriege selbst Gehöriges.«
Und nachdem Clausewitz auf den folgenden Seiten die Zwecke, Ziele und Motivationen des Krieges untersucht hat, faßt er sodann zusammen: »Der Krieg einer Gemeinschaft – ganzer Völker, und namentlich gebildeter Völker – geht immer von einem politischen Zustande aus und wird nur durch ein politisches Motiv hervorgerufen. Er ist also ein politischer Akt. Wäre er nun ein vollkommener, ungestörter, eine absolute Äußerung der Gewalt, wie wir ihn aus seinem bloßen

Begriff ableiten müßten, so würde er von dem Augenblicke an, wo er durch die Politik hervorgerufen ist, an ihre Stelle treten, als etwas von ihr ganz Unabhängiges, sie verdrängen und nur seinen eigenen Gesetzen folgen, so wie eine Mine, die sich entladet, keiner andern Richtung und Leitung mehr fähig ist, als die man ihr durch vorbereitende Einrichtungen gegeben. So hat man sich die Sache bisher auch wirklich gedacht, so oft ein Mangel an Harmonie zwischen der Politik und Kriegführung zu theoretischen Unterscheidungen der Art geführt hat. Allein so ist es nicht, und diese Vorstellung ist eine grundfalsche. Der Krieg der wirklichen Welt ist ... kein solches Äußerstes, das seine Spannung in einer einzigen Entladung löst, sondern er ist das Wirken von Kräften, die nicht vollkommen gleichartig und gleichmäßig sich entwickeln, sondern die jetzt hinreichend aufschwellen, um den Widerstand zu überwinden, den die Trägheit und die Friktion ihr entgegenstellen, ein anderes Mal aber zu schwach sind, um eine Wirkung zu äußern; so ist er gewissermaßen ein Pulsieren der Gewaltsamkeit, mehr oder weniger heftig, folglich mehr oder weniger schnell die Spannungen lösend und die Kräfte erschöpfend, mit anderen Worten: mehr oder weniger schnell ans Ziel führend, immer aber lange genug dauernd, um auch noch in seinem Verlauf Einfluß darauf zu gestatten, damit ihm diese oder jene Richtung gegeben werden könne, kurz, um dem Willen einer leitenden Intelligenz unterworfen zu bleiben. Bedenken wir nun, daß der Krieg von einem politischen Zweck ausgeht, so ist es natürlich, daß dieses erste Motiv, welches ihn ins Leben gerufen hat, auch die erste und höchste Rücksicht bei seiner Leitung bleibt. Aber der politische Zweck ist deshalb kein despotischer Gesetzgeber; er muß sich der Natur des Mittels fügen und wird dadurch oft ganz verändert, aber immer ist er das, was zuerst in Erwägung gezogen werden muß. Die Politik also wird den ganzen kriegerischen Akt durchziehen und einen fortwährenden Einfluß auf ihn ausüben, soweit es die Natur der in ihm explodierenden Kräfte zuläßt.

So sehen wir also, daß der Krieg nicht bloß ein politischer Akt, sondern ein wahres politisches Instrument ist, eine Fortsetzung des politischen Verkehrs, ein Durchführen desselben mit andern Mitteln. Was dem Kriege nun noch eigentümlich bleibt, bezieht sich bloß auf die eigentümliche Natur seiner Mittel. Daß die Richtungen und Absichten der Politik mit diesen Mitteln nicht in Widerspruch treten, das kann die Kriegskunst im allgemeinen und der Feldherr in jedem einzelnen Falle fordern, und dieser Anspruch ist wahrlich nicht gering; aber wie stark er auch in einzelnen Fällen auf die politischen Absichten zurückwirkt, so muß dies doch immer nur als eine Modifikation derselben gedacht werden; denn die politische Absicht ist der Zweck, der Krieg ist das Mittel, und niemals kann das Mittel ohne Zweck gedacht werden.«

Folgt man diesen Gedankengängen, so war im Sommerfeldzug 1941 die Zerschlagung der sowjetischen Streitkräfte das Ziel, dessen Erreichung die Voraussetzung für die Verwirklichung des politischen Zweckes, nämlich der politischen Absichten Hitlers, geschaffen hätte. Dieses Ziel war jedoch ohne Zweifel nicht erreicht worden. Im Gegenteil – schwere Krisen im Mittel- und Südabschnitt der Ostfront waren nur mühsam unter großen, beinahe unersetzbaren Verlusten an Menschen und Material, aber auch an Gelände gemeistert worden. Hitler wollte, wie ich schon andeutete, 1942 auf jeden Fall die Initiative zurückgewinnen. Er motivierte dabei die militärische Zielsetzung der Operation in divergierenden Richtungen mit wirtschaftlichen Notwendigkeiten. Es waren also nicht primär politische Zwecke, sondern wirtschaftspolitische Erwägungen, die die militärische Zielsetzung beeinflußten. Dies wäre im Clausewitzschen Sinne noch zu rechtfertigen gewesen, wenn hierdurch der Gegner entscheidend geschwächt werden konnte oder – wie Clausewitz im 8. Buche seines Werkes ausführt – wenn durch die Inbesitznahme dieser Kräftezentren bessere Voraussetzungen für einen Verhandlungsfrieden geschaffen worden wären. Aber derartige Absichten lagen Hitler fern.

Schon Generaloberst Beck, der Vorgänger Halders als Chef des Generalstabes des Heeres, hatte im Frühjahr 1938 in einer Denkschrift darauf aufmerksam gemacht, daß die Politik Hitlers zwangsläufig zum Weltkriege unter Beteiligung der USA führen müsse und daß Deutschland in dieser Auseinandersetzung notwendigerweise unterliegen werde, da es einfach nicht über die notwendigen Mittel, d. h. das notwendige Kräftepotential, verfüge. Er hatte im Sinne Clausewitzens gedacht: »Daß die Richtungen und Absichten der Politik mit diesen Mitteln nicht in Widerspruch treten, das kann die Kriegskunst im allgemeinen und der Feldherr in dem einzelnen Falle fordern ...« und war dafür verabschiedet worden.

Aber auch der Oberbefehlshaber des Heeres, Feldmarschall von Brauchitsch, und der Chef des Generalstabes, Generaloberst Halder, hatten bereits im Zuge der Planung des Rußlandfeldzuges Hitler ihre Bedenken über unbegrenzte Feldzugsziele im russischen Raum, unter anderem auch im Hinblick auf die Schwierigkeiten der Lösung aller Nachschubprobleme, vorgetragen. Hitler schien jedoch davon überzeugt zu sein, die Widerstandskraft der Sowjets innerhalb von wenigen Wochen entscheidend brechen zu können, und zwar noch vor

Einbruch des Winters. Daher lehnte er es ab, sich mit den Einwänden im einzelnen auseinanderzusetzen. Auch der militärische personelle Ersatz, der nur die Ausfälle eines Blitzkrieges zu decken vermochte, erschien nach den Vorstellungen Hitlers ausreichend. Die von Generaloberst Halder vorgetragenen Bedenken, welche von den drei Oberbefehlshabern der Heeresgruppen geteilt wurden, bestätigten sich nur zu bald durch das Geschehen in Rußland.
Trotz außerordentlicher Leistungen und überwältigender Anfangserfolge der deutschen Wehrmacht konnte die Rote Armee in den ersten 5–8 Wochen nicht entscheidend geschlagen werden, jedenfalls nicht so, daß sie nicht immer wieder durch neue in den Kampf geworfene Verbände weiteren Widerstand leisten konnte. Nachdem sich herausstellte, daß die Japaner im Fernen Osten nicht angreifen würden, erschienen auch einzelne sibirische Verbände an den Brennpunkten der deutschen Front.

Der vom deutschen Generalstab des Heeres ursprünglich vorgesehene Schwerpunkt der Gesamtoperation mit Richtung auf den Verkehrsknotenpunkt und das politische Zentrum Moskau, wohlbemerkt ein militärisches, nicht politisches Ziel, verlagerte sich infolge der spontanen Einfälle Hitlers vorübergehend auf die Heeresgruppen Süd und Nord. Durch den Eingriff Hitlers, der Teile des großen Stoßkeiles aus der Angriffsrichtung auf Moskau nach Süden abdrehte, wurde es zwar möglich, die große Umfassungsschlacht von Kiew zu schlagen, die allein ca. zwei Millionen Gefangene einbrachte; dieser Erfolg trug jedoch zur Erreichung des eigentlichen Feldzugszieles nicht wesentlich bei. Es gelang zwar, mit den Angriffsspitzen die Außenbezirke Moskaus noch zu erreichen, aber dann fehlten die strategischen und taktischen Reserven, um die Operationen zum entscheidenden Erfolg zu führen.
Über den von ihm angestrebten politischen Zweck hatte Hitler keine Unklarheit gelassen. Er wollte ein für allemal die bolschewistische Gefahr aus dem Osten beseitigen und, wie er schon in »Mein Kampf« angedeutet hatte, dem deutschen Volk den von ihm als notwendig erachteten »Lebensraum« im Osten gewinnen. In seinen Proklamationen betonte er selbstverständlich das erste Argument. Von der deutschen Propaganda wurde ebenso einhellig die Befreiung Rußlands vom Kommunismus als Kriegsziel herausgestellt. Angesichts der gewaltigen sowjetischen Rüstung, auf die der deutsche Soldat auf Schritt und Tritt stieß, fand dieses angebliche Ziel bei der kämpfenden Truppe Verständnis.
Die militärische Führung freilich beurteilte, wie schon kurz angedeu-

tet, von Anfang an die Aussichten, den *Staat* Sowjetunion mit den zur Verfügung stehenden militärischen Mitteln total zu zertrümmern, äußerst skeptisch, auch wenn man von der Überlegenheit der eigenen Truppe und Führung überzeugt war. Die Unzulänglichkeit der Mittel war allzu offensichtlich. Andererseits hatte Hitler in seiner Vorkriegspolitik stets gegenüber den auf einer sorgfältigen Lagebeurteilung aufgebauten militärischen Bedenken des Generalstabes recht behalten (Rheinlandbesetzung, Anschluß Österreichs, Einbeziehung des Sudetenlandes, München, Einmarsch in die Tschechoslowakei, Passivität der Westmächte während des Polenfeldzuges). Er verbat sich deshalb, zum Teil in verletzender Form, politisch motivierte Einwendungen der Generale. Niemals in der deutschen Geschichte wurde das Primat der Politik – oder besser der politischen Führung – über das Militär so total erzwungen wie im Dritten Reich. Die militärische Führung beugte sich den Entscheidungen Hitlers – wie sollte sie auch anders – im Jahre 1941. Nun gaben ihr die Ereignisse recht.

Der politische Zweck des Feldzuges, an und für sich schon unklar formuliert, wurde mit dem Nichterreichen des militärischen Zieles, völliges Niederwerfen der sowjetischen Streitkräfte, immer unglaubwürdiger. Schlammperiode und Winter setzten der überbeanspruchten und durch eine viermonatige Offensive ausgelaugten Truppe in unvorstellbarer Weise zu. Die Ausfälle an Offizieren und Mannschaften sowie an Material hatten längst das tragbare Maß überschritten.

Es war daher fast selbstverständlich, daß – zunächst zusammenhanglos und nicht koordiniert – in den verschiedenen Abteilungen des Oberkommandos des Heeres und in anderen Führungsstellen Überlegungen angestellt wurden, was zu tun sei, um den Feldzug gegen die Sowjetunion dennoch mit einer gewissen Aussicht auf Erfolg weiterzuführen und vor allem beenden zu können. Alle diese Überlegungen zielten darauf ab, durch eine entsprechende politische Zielsetzung, die dem russischen Staatsvolk positive Zukunftserwartungen eröffnete, dieses selbst zum Kampfe gegen Stalin und sein System zu aktivieren. Im allgemeinen wirft man dem Soldaten, insbesondere aber dem deutschen Soldaten, vor, er neige dazu, den Krieg als eine ausschließlich militärische Angelegenheit zu betrachten und ihn ins Uferlose auszuweiten. Ganz im Gegensatz dazu hatte Hitler jedoch bereits 1938 festgestellt: »Anstatt daß ich meine Generale bremsen muß, bin ich gezwungen, sie geradezu in den Krieg hineinzuprügeln!«

Im Ablauf des Krieges gegen die Sowjetunion wurde spätestens ab Frühjahr 1942 immer deutlicher erkennbar, daß die Soldaten sich immer stärker dafür einsetzten, den Krieg seines ausschließlichen Charakters als eines Aktes der Gewalt zu entkleiden und das politische Element endlich durch eine die positive Mitwirkung der russischen Völkerschaften ermöglichende Formulierung der Kriegsziele wirksam werden zu lassen. Im Gegensatz zu dieser Haltung wies die politische Führung – Hitler – hartnäckig alle derartigen Forderungen zurück, obwohl im Laufe der Zeit allmählich auch Alfred Rosenberg, der das Ministerium für die besetzten Ostgebiete leitete, auf die Meinung der um einer Entlastung der Front besorgten militärischen Führer einschwenkte. Hitler zeigte sich jedoch keiner politischen Lösung zugänglich. Unfähig, die vorhandenen Mittel angesichts *seines* Zweckes und der hierfür notwendigen militärischen Ziele richtig abzuschätzen, setzte er ausschließlich auf die Gewalt und führte das deutsche Volk damit ins Verderben. In dieser Zeit ging in Abänderung der Propagandaformel »Führer befiehl, wir folgen« das bittere Wort um: »Führer befiehl, wir tragen die Folgen.«

Es kann nicht deutlich genug betont werden, daß es der Soldat war, der – zum Teil unbewußt, in den höheren Stäben aber sehr bewußt – erkannte, daß Hitlers Kriegführung, so wie bereits in Polen, das Primat der Politik vollkommen zugunsten der totalen militärischen Entscheidung aufgegeben hatte. Nach Meinung dieser Offiziere war es höchste Zeit, durch das Zusammenspiel politischer und militärischer Aktionen nicht nur der Truppe die notwendige Entlastung zu verschaffen, sondern darüber hinaus dem Feldzug gegen die Sowjetunion entscheidende politische Impulse zu verleihen. Sie allein hätten zu einem glücklichen und damit politischen Ende, zur Zusammenarbeit mit einem vom Kommunismus befreiten und Deutschland freundschaftlich verbundenen Rußland, führen können.

Diese Möglichkeit war nach allen Erfahrungen der kämpfenden Truppe gegeben, weil die Bevölkerung Rußlands vor 1939 schwer unter dem Terror des Stalinismus gelitten hatte. Ich erinnere an die Entkulakisierung, an das lange währende Wirtschaftschaos, die Säuberungen in der Roten Armee, zum Teil in Zusammenhang mit der Tuchatschewski-Affäre, die Dezimierung der Partei-Kader und die Unterdrückungen, denen die nationalen Minderheiten ausgesetzt waren – um nur einiges aufzuzählen. Auch die Christenverfolgungen haben in den tief religiösen russischen Völkerschaften unendliche Bitterkeit hinterlassen, wie wir immer wieder feststellen konnten. Unsere Truppen wurden infolgedessen überall, sowohl im nördlichen wie im mittleren Teil Rußlands, in der Ukraine ebenso wie in Bessarabien und anderswo, von der Bevölkerung mit Blumen begrüßt und als Befreier gefeiert.

Einheiten der Roten Armee bis zur Regiments- und sogar Divisionsstärke hatten die Waffen gestreckt. Die Zahl der Überläufer in den ersten Monaten überstieg – ganz abgesehen von den Millionen von Kriegsgefangenen – alle Erwartungen.
In den drei baltischen Republiken Litauen, Lettland und Estland, die erst 1940 von der Sowjetunion besetzt worden waren, war die Erinnerung an die nationale Unabhängigkeit noch frisch. Litauer, Letten und Esten hatten daher den deutschen Befreiern sofort ihre Mithilfe in der Hoffnung, daß die Unabhängigkeit ihrer Länder wiederhergestellt würde, angeboten.
Ukrainer, Kaukasier und Turkvölker glaubten außer der Befreiung vom Stalinistischen Joch der Verwirklichung nationaler Hoffnungen näherzukommen, auch wenn diese nicht so weit gingen, wie manche ehemalige Führer in der Emigration angenommen hatten.
Die Wiederaufrichtung elementarer Grundsätze von Menschenwürde und Freiheit, Recht und Besitz nach 20 Jahren Rechtlosigkeit und Terror einigte alle nicht unmittelbar dem System dienenden Menschen im sowjetischen Raum in ihrer Bereitschaft, die Deutschen zu unterstützen. Was lag näher, als diese Bereitschaft zu nützen?
Durch ein ehrlich gemeintes Angebot an die Völker Rußlands und entsprechende Maßnahmen wäre es möglich gewesen, einen Freiheitskampf auszulösen, der mit hoher Wahrscheinlichkeit zu einer baldigen und für uns positiven Beendigung des Rußlandfeldzuges geführt hätte.
Die Truppe hatte aus gesundem Selbsterhaltungstrieb bereits zur Selbsthilfe gegriffen. Da man nicht auf schnellen Ersatz für die Verluste rechnen konnte, der unendliche Raum dazu neue Anforderungen stellte, wurden Russen, Ukrainer und andere Angehörige der Völker Rußlands als Hilfs- und Freiwillige in die deutschen Einheiten für Dienstleistungen verschiedenster Art aufgenommen. Die Zahl dieser Hilfswilligen konnte nie exakt ermittelt werden, weil sich die Einheitsführer vielfach weigerten, genaue Angaben zu machen. Sie kann im Sommer 1942 mit 700 000 bis zu einer Million Mann beziffert werden; ein großer Teil dieser Hilfswilligen kämpfte in der Truppe mit.
Neben diesen Selbsthilfemaßnahmen zeichneten sich jedoch auch andere, politisch ausnutzbare Initiativen ab. So hatte sich z. B. in der Stadt Smolensk, d. h. halbwegs auf dem Wege nach Moskau, hinter der deutschen Front ein aus Russen bestehender Ausschuß gebildet, der sich bereit erklärte, Schritte zur Bildung einer nationalrussischen Regierung in die Wege zu leiten und eine russische Befreiungsarmee in Stärke von einer Million Soldaten aufzustellen. In der Erkenntnis,

daß die Feindlage eine klare gesamtpolitische Zielsetzung erforderte, unterstützte unter anderen Feldmarschall von Bock die Vorschläge des Komitees von Smolensk. Er wurde von Hitler abgewiesen. Ebenso zurückgewiesen wurden Vorschläge, die von Litauern, Letten und Esten unterbreitet wurden.

Die Heeresgruppe Mitte setzte sich dafür ein, die personellen Ausfälle durch die Aufstellung russischer Hilfskräfte in Höhe von 200 000 Mann bis zum April 1942 zu ersetzen. Dieser Vorschlag wurde von Feldmarschall von Brauchitsch als kriegsentscheidend bezeichnet, jedoch ist auch er nie verwirklicht worden, da sowohl Brauchitsch als auch Bock im Dezember 1941 ihrer Ämter enthoben wurden.

Ich erinnere mich aus dem Gedankenaustausch sowohl mit dem Chef des Generalstabes wie mit anderen führenden Persönlichkeiten des Generalstabes im Winter 1941/42, daß die Notwendigkeit der Formulierung klarer politischer Kriegsziele, verbunden mit einer Änderung der Besatzungspolitik gegenüber der russischen Bevölkerung, als eine zwingend notwendige Entscheidung betrachtet wurde. Auch die Front forderte unter dem Druck der Lage eine Sofortlösung.

Der Kreis der verantwortlichen Persönlichkeiten im Generalstab, deren Aufgabenbereiche durch diese Überlegungen berührt wurden, erwartete, daß Hitler unter dem Eindruck der Entwicklung der Feldzugslage seine Auffassungen schließlich doch ändern und klare politische Kriegsziele festlegen würde, die folgerichtig auch die geltende Besatzungspolitik ändern müßten. Mit Billigung des Chefs des Generalstabes wurden daher alle Vorbereitungen, die notwendig waren, um einer solchen Entwicklung schnell zum Durchbruch zu helfen, getroffen. Die Führungspersönlichkeiten, die sich mit diesem Fragenkomplex unter dem Chef des Generalstabes zu befassen hatten, waren der Chef der Operationsabteilung, die Chefs der Organisationsabteilung und der Abteilung Fremde Heere Ost sowie der Generalquartiermeister.

Zunächst ging von diesem Kreis die Initiative aus, alle landeseigenen Hilfs- und Freiwilligenverbände zu erfassen, ihre Verpflegung, Besoldung sowie ihre Stellung innerhalb der deutschen Truppe zu regeln. Es wurde hierfür eine Verfügung ausgearbeitet, wonach die deutschen Ostfront-Divisionen etwa 3000–4000 landeseigene Hilfswillige je Division einstellen und verpflegen durften. Die bisherigen Maßnahmen dieser Art waren, wie schon erwähnt, ausschließlich auf die eigene Initiative der kämpfenden Truppe erfolgt.

Zur Beschleunigung dieser Vorbereitungen und Maßnahmen trug die Beurteilung bei, daß die personellen Ausfälle zwar weder an Zahl noch an Güte wieder voll zu ersetzen waren, die Schlagkraft der deutschen Ostfront-Divisionen aber trotzdem noch für ausreichend gehalten wurde, um bei einer entsprechenden Änderung der politischen und militärischen Konzeption den Kampf mit Aussicht auf Erfolg weiterführen zu können. Hitler hatte sich jedoch auch um die Jahreswende 1941/42 noch immer nicht für eine Modifizierung seiner politischen Zielsetzung in dem bisher dargestellten Sinne entschieden. Er hatte sich vielmehr für das Jahr 1942 zu der exzentrischen Operation gegen die Wolga und gegen die Ölfelder im Kaukasus entschlossen, die – wie erwähnt – militärisch auf große Bedenken gestoßen war. Die seit dem Winter 1941/42 durch das Partisanenunwesen bedrohten langen Nachschubwege mußten durch den neuen Feldzug zwangsläufig ins uferlose verlängert werden. Falls der Gegner erfolgreichen Widerstand leisten sollte, mußte man mit weiteren Ausfällen an Menschen und Material rechnen. Sollte jedoch der Gegner weiterhin ausweichen, so mußten gewaltige Räume gesichert werden, was angesichts der bestehenden zahlenmäßigen Überlegenheit der Sowjets wiederum nur mit Hilfe einer uns wohlgesinnten Bevölkerung und landeseigener Truppen möglich war.

### *General Wlassow und die Wlassow-Idee*

Im Juni 1942 war der russische General A. A. Wlassow in deutsche Gefangenschaft geraten. Wlassow war einer jener sowjetischen Armeeführer, die den deutschen Angriff auf Moskau mit Erfolg abgewehrt hatten. Er war dem Namen und Bild nach vielen Offizieren und Soldaten der Roten Armee bekannt.

Als Wlassow als deutscher Kriegsgefangener einen Aufruf erlassen hatte, in dem er die Offiziere und Soldaten der Roten Armee nicht zum Überlaufen, sondern zum Kampf gegen das Stalin-Regime aufforderte, stellten sich viele tausend Sowjetsoldaten den deutschen Fronttruppen innerhalb weniger Tage zur Verfügung.

Dieses bestätigte die Richtigkeit der von der Abteilung Fremde Heere Ost an den Chef des Generalstabes herangetragenen Vorstellungen und Vorschläge, die von den Rußlandfachleuten der Abteilung erarbeitet waren. An ihrer Festlegung hatten Oberst von Roenne, vor allem aber Hauptmann Strik-Strikfeldt neben anderen den maßgebenden Anteil. Der Chef des Generalstabes zeigte sich für diese Überlegungen und Absichten sogleich aufgeschlossen. Aber auch andere hohe Offiziere, die diesen Gedankengängen zunächst reserviert gegenüberstanden, wurden durch die Erfolge des Wlassowschen Aufrufes beeindruckt. Damit festigte sich die Überzeugung, daß General A. A. Wlassow, der den Deutschen wahrlich keine Komplimente gemacht und niemals einen Zweifel daran gelassen hatte, daß er ausschließlich um der nationalen Unabhängigkeit Rußlands willen mit uns zusammenarbeiten wolle, die Persönlichkeit sein könnte, welche ein künftig anders gestaltetes Rußland mit deutscher Hilfe erkämpfen und aufbauen würde.

Aber Hitler fehlte der Sinn für Realitäten. Er war unfähig oder jedenfalls nicht gewillt, von seinen politisch und militärisch falschen Absichten und Vorstellungen über die Weiterführung des Rußlandfeldzuges abzuweichen. Auch Generaloberst Halder vermochte nicht, Hitlers Auffassungen zu ändern. Er hoffte aber, daß es ihm im weiteren Verlauf des Feldzuges noch gelingen würde, Hitler von der Notwendigkeit eines Umdenkens und damit der Übernahme einer neuen Rußland-Konzeption zu überzeugen.

Die mit Wlassow verhandelnden deutschen Offiziere haben ihn über die Einstellung Hitlers wahrheitsgemäß orientiert, jedoch die Aufforderung damit verbunden, mit ihnen gemeinsam den Kampf gegen Stalin und die bisherige Unbelehrbarkeit der Naziführung zur Herbeiführung eines baldmöglichsten Friedens und mit der Zielsetzung der Befreiung der Völker Rußlands aufzunehmen. Nach langem Zögern stimmte Wlassow trotz großer Bedenken zu. Diesem »Bündnis« zwischen deutschen und russischen Offizieren entspringt das Phänomen der späteren »Wlassow-Bewegung«.

Die Geschichte dieser Bewegung wurde durch einige Veröffentlichungen eigentlich erst seit 1968 einer breiteren Öffentlichkeit bekannt. Wlassow blieb der Erfolg versagt; er und seine Mitarbeiter wurden den Sowjets bei Kriegsende ausgeliefert und als Verräter hingerichtet. Die »Wlassow-Bewegung« ist im Gesamtablauf der Tragödie des Zweiten Weltkrieges nur ein Mosaikstein. Es bleibt auch fraglich, ob das Wirksamwerden dieser Bewegung das Schicksal der totalen Niederlage von Deutschland abgewendet hätte, nachdem die USA zur Beteiligung am Kriege in der entscheidenden Phase bereit waren. Wenn ich ihren Ablauf noch einmal an mir vorbeiziehen lasse, so deshalb, weil er zeigt, mit welchen Schwierigkeiten auf allen Ebenen der militärischen Führung gekämpft werden mußte, um gegen den Willen des uneinsichtigen, sich allen Argumenten verschließenden Diktators als notwendig Erkanntes durchzusetzen. Die Geschichte der »Wlassow-Bewegung« zeigt darüber hinaus mit aller Deutlichkeit, daß das in der Diktatur formal bis zum letzten durchgeführte hierarchische Prinzip durchaus nicht die Koordinierung aller Kräfte verbürgte. Es wird gerade bei ihrer Betrachtung deutlich, wie oft ein vom Diktator vielleicht gewolltes, zumindest aber

geduldetes Gegeneinander an Stelle des Miteinander trat, wodurch schließlich ein Großteil aller Anstrengungen paralysiert werden mußte.
Nachdem sich General Wlassow zur Mitwirkung auf der deutschen Seite bereit erklärt hatte, wurde er im August 1942 nach Berlin zum Oberkommando der Wehrmacht überstellt und aus der Kriegsgefangenschaft entlassen. Ihm wurde Gelegenheit gegeben, sich einen Mitarbeiterstab zusammenzustellen. Der Wehrmachtpropaganda des OKW waren von Hitler bei Beginn des Ostfeldzuges keine Beschränkungen auferlegt worden, da ja der Rußlandfeldzug auch unter der Devise »Befreiung aller Völker Rußlands« begonnen hatte. Die deutsche kämpfende Truppe und die Völker Rußlands hatten zunächst an dieses Feldzugsziel geglaubt, bis sie etwa ab Anfang 1943 erfahren mußten, wie weit Propaganda und Wirklichkeit auseinanderklafften. Zunächst konnten sich Wlassow und seine Mitarbeiter jedoch von diesem Propagandazentrum aus an die russische Öffentlichkeit jenseits und diesseits der Front wenden – an die Bevölkerung, die Freiwilligen, die Kriegsgefangenen, die Ostarbeiter – an etwa 80 Millionen Menschen. Das schien ein gewaltiger Schritt vorwärts zu sein.
Wir versuchten nunmehr, auch das Auswärtige Amt von unserer Ansicht, daß der Krieg nur unter aktiver Mithilfe des russischen Volkes gewonnen werden könne, zu überzeugen. Der ehemalige Botschafter in Moskau, Graf von der Schulenburg, sowie Botschaftsrat Hilger, die uns zustimmten und sich bereit erklärten, diese Ansichten zu vertreten, stießen jedoch auf vollkommenes Unverständnis oder auf die unüberwindliche Furcht, etwas ohne oder gar gegen den Willen Ribbentrops bzw. Hitlers zu unternehmen.
Parallel zu diesen Bemühungen wurden von Oberst von Altenstadt beim Generalquartiermeister sowie von mir Denkschriften über die Notwendigkeit der politischen und psychologischen Kriegführung verfaßt. Es wurden neue Wege zur Auseinandersetzung mit der Partisanenplage gefordert. Die Denkschriften wurden zwar beachtet und viel diskutiert, Erfolge brachten sie nicht. Die von Hitler persönlich veranlaßten Befehle zur rücksichtslosen Ausrottung der Partisanen trugen im Gegenteil zur weiteren Eskalation des Kampfes und der Verbitterung der Bevölkerung gegenüber den Deutschen bei. Ich ließ einen, damals gegenüber den Hitlerschen Auffassungen als revolutionär erscheinenden Vortrag von Hauptmann Strik-Strikfeldt »Der russische Mensch« vervielfältigen und an alle Ostfront-Divisionen sowie an die dem Generalquartiermeister unterstellten Kriegsgefangenenlager verteilen. Er warb um Verständnis für die russische Mentalität:

Schlußtenor etwa: Der Russe muß für uns gewonnen werden. Nicht-Gewinnen heißt unter Anwendung von Gewalt herrschen; Gewinnen heißt Vorbild sein in Wort und Tat. Dieser Vortrag war in erster Linie für das deutsche Personal bestimmt.
Oberst Stieff und Major Graf Stauffenberg von der Organisationsabteilung des OKH bewilligten im Herbst 1942 die Errichtung einer »Russischen Propaganda-Abteilung« (Ost-Prop.-Abt.). Auf diese Weise entstand offiziell unter der Flagge der Propaganda das »Russische Führungszentrum« in Dabendorf. Hier wurden Offiziere und Propagandisten geschult, Kader ausgebildet, russische Zeitungen herausgegeben. Hier wurden in Koordinierung mit OKW/WPr und Abteilung Fremde Heere Ost die Grundlagen – die politischen und militärischen Zielsetzungen – der russischen Befreiungsbewegung erarbeitet.
Auf Anregung des Chefs der Operationsabteilung, die mit meiner eigenen und der meines ersten Mitarbeiters, Oberst von Roenne, übereinstimmte, wurde zusammen mit der Organisationsabteilung (Graf Stauffenberg) im Sommer 1942 durch den Chef des Generalstabes die Dienststelle des Generals der Freiwilligenverbände im OKH geschaffen.
Aus der Arbeit dieser Dienststellen, der Bemühungen Wlassows und der eigenen Initiative der Truppe entstanden Anfang 1943 176 Bataillone und 38 selbständige Kompanien »Osttruppen« in Stärke von 130 000 bis 150 000 Mann. Nach einer Aufstellung des Werkes von Burkhard Müller-Hillebrand »Das Heer 1933–1945«, Band III, setzten sie sich wie nebenstehend zusammen:
Zu einer organisatorischen Zusammenfassung zu größeren Verbänden war es damals noch nicht gekommen.

Bereits im August 1942 wurde zwischen von Roenne und Oberst von Tresckow (Heeresgruppe Mitte) vereinbart, das »Smolensker Komitee« wieder aufleben zu lassen. Feldmarschall Keitel und Ostminister Rosenberg vereitelten jedoch auf Hitlers Geheiß dieses Vorhaben. Ein vom Wlassow-Stab gemeinsam mit OKW/WPr verfaßter Aufruf des Smolensker Befreiungskomitees blieb daraufhin monatelang, bis zur Katastrophe von Stalingrad, im Schubfach des Ostministers liegen. Die Absicht des Generalstabes, bei Beginn der zunächst scheinbar erfolgreichen Offensive gegen Wolga und Kaukasus erstmalig ein aufeinander abgestimmtes Zusammenwirken politischer und militärischer Faktoren zu erproben, war gescheitert. Als Stalingrad gefallen war, also erst als es zu spät war, gab Ostminister Rosenberg schließlich seine Genehmigung zur Veröffentlichung des Aufrufs.
Unter dem Druck der Kriegsereignisse gelang es endlich im Dezem-

Stärke der Osttruppen Anfang 1943

| | Inf., Kav., Art. in Batl.-Stärke | Arbeits-, Wach-, Ausbild.-Einheiten (Komp.) |
|---|---|---|
| Ostfreiwillige | 51 | 10 |
| Turkmenen | 33 | 11 |
| Nordkaukasier | 13 | – |
| Wolgatataren | 12 | 1 |
| Kosaken | 24 | 1 |
| Armenier | 8 | – |
| Aserbeidschaner | 11 | – |
| Georgier | 11 | 2 |
| Esten | 4 | – |
| Finnen | 1 | – |
| Litauer | 3 | 6 |
| Fernöstliche | 1 | – |
| Griechen | 1 | 1 |
| Ukrainer | – | 2 |
| Russen | – | 2 |
| Letten | – | 2 |
| Kalmücken | 3 | – |
| | 176 | 38 |

ber 1942, eine Konferenz über das Gesamtproblem beim Ostminister herbeizuführen, an dessen Realisierung auch der im Auswärtigen Amt tätige Dr. Otto Bräutigam bereitwilligst mitarbeitete. An der Konferenz nahmen zahlreiche Vertreter der Wehrmacht teil, die unmißverständlich die Forderung nach einer grundsätzlich neuen politischen Zielsetzung im russischen Raum vertraten. Die meisten Offiziere glaubten, in dem Deutschbalten Alfred Rosenberg den Initiator für die Rußlandpolitik Hitlers zu sehen. Der Minister war von dem Vorgetragenen sehr beeindruckt und versprach, sich bei Hitler für die Vorschläge einzusetzen, wobei er allerdings noch nicht von einigen seiner eigenen Gedanken, die auf eine Aufsplitterung der sowjetischen Union in einzelne Nationalitäten hinausliefen, abweichen wollte. Rosenbergs Vortrag bei Hitler scheiterte vollständig, weil Hitler alle Begründungen und Vorstellungen ebenso geschickt wie rigoros vom Tisch wischte.

Oberst Martin, OKW/WPr, war schließlich das Verdienst zuzuschreiben, daß Goebbels sich im Februar/März 1943 entschloß, General

Wlassow zu einer Aussprache zu empfangen, um mit ihm über ein vom Minister verfaßtes neues Manifest an die Völker Rußlands zu verhandeln. Denn auch Goebbels hatte zu diesem Zeitpunkt bereits eingesehen, daß die bedrohliche Entwicklung der Kriegslage die radikale Umkehr der bisherigen Rußlandkonzeption des Dritten Reiches erforderte. Es ist kennzeichnend für die Eifersüchteleien in der Führungsspitze, daß sich Rosenberg die Einmischung des Propagandaministers in seine – des Ostministers – Befugnisse verbat. Die Begegnung Wlassows mit Goebbels hat dann erst 1945 stattgefunden, wiederum als es bereits viel zu spät war.

General Wlassow besuchte im Frühling 1943 auf Anregung der Abteilung Fremde Heere Ost und mit Zustimmung der Heeresgruppenoberbefehlshaber die Heeresgruppen Mitte und Nord. Überall wurde ihm seitens der Bevölkerung und der Freiwilligen ein triumphaler Empfang bereitet. Nach vielen schlimmen Erfahrungen sahen die Russen in Wlassow nunmehr das einzige ihnen verbliebene Symbol der zukünftigen Freiheit, den Gewährsmann für eine lichtere Zukunft. Die Deutschen hatten das in sie vor einem Jahr gesetzte Vertrauen bereits verspielt.

Der Erfolg dieser Reisen war verblüffend, aber wiederum kennzeichnend für unsere Situation. Hitler schäumte; er bezeichnete die Reisen als Sabotage an seinen politischen Plänen. Feldmarschall Keitel untersagte daraufhin die weitere Herausstellung Wlassows. Wir konnten kaum die erneute Inhaftierung Wlassows verhindern und hatten Mühe, die bisherigen Ansätze zu einer Organisierung der »russischen Befreiungsbewegung« über die nächste Zeit hinüberzuretten.

Trotz dieser Rückschläge ließen alle, die sich der Idee, das russische Volk zu mobilisieren, verschworen hatten, nicht locker. Es gelang, Generaloberst Zeitzler, der am 24. 9. 1942 Nachfolger Halders geworden war, von der Richtigkeit unserer Ideen zu überzeugen. Er billigte eine große Propagandaaktion, die unter der Bezeichnung »Aktion Silberstreif« lief. 1500 russische Offiziere und Propagandisten wurden für diese Aufgabe in Dabendorf geschult. Doch ein am 8. 6. 1943 zwischen Hitler, Keitel und Zeitzler auf dem Berghof geführtes Gespräch zerstörte alle Hoffnungen. Hitler blieb weiter uneinsichtig und verbot kategorisch alle konkreten Aussagen über die politische Zukunft Rußlands nach dem von ihm immer noch erwarteten deutschen Siege.

Zu all diesen Kräfte zehrenden Kämpfen und Auseinandersetzungen gesellten sich von Herbst 1943 an weitere Sorgen. Himmler sowie in seinem Auftrage der SD begannen, sich in immer stärkerem Maße für die Wlassow-Bewegung zu interessieren. Sie witterten in ihr sowohl eine Konkurrenz für die nichtdeutschen Verbände der Waffen-ss, der sogenannten Freiwilligen- und Waffen-Divisionen, als auch eine Behinderung ihrer Siedlungspläne und sonstigen Absichten, die sie in bezug auf das »slawische Kolonialreich« hegten. Daher mußte sich sowohl meine Abteilung wie auch OKW/WPr, wie schließlich auch das Amt Ausland/Abwehr immer häufiger einschalten, um Übergriffe von jener Seite zu verhindern. Ein wahrer Mehrfrontenkrieg war im Gange, zum Schaden letztlich der Kriegführung im Osten.

Im Spätherbst 1943 zeichnete sich bereits das Ende der russischen Befreiungsbewegung ab, ohne daß dies damals allgemein so aufgefaßt werden konnte. Zu diesem Zeitpunkt entschloß sich Hitler, alle landeseigenen Verbände zu entwaffnen und in den Arbeitseinsatz einzugliedern. Oberst Herre, der als Angehöriger meiner Abteilung, mit allen unseren Gedanken eng vertraut, zum Chef des Stabes des Generals der Freiwilligenverbände ernannt worden war, bewies auf diesen Hitlerbefehl hin in wenigen Tagen, daß die gegen die Freiwilligenverbände bestehenden Vorbehalte nicht stichhaltig waren. Die Zahl der Überläufer oder aber in Gefangenschaft geratenen Angehörigen landeseigener Verbände war keineswegs höher als bei deutschen Einheiten. Es war nichts Außergewöhnliches oder Besorgniserregendes eingetreten, womit die Entscheidung Hitlers unterbaut werden konnte. Dagegen mußte die Auflösung landeseigener Verbände bei Berücksichtigung der Front- und Nachschublage zu katastrophalen Folgen für die deutsche Ostfront führen. Selbst Feldmarschall Keitel schien in dieser Hinsicht von Zweifeln erfüllt. Mitte Oktober fiel eine modifizierte Entscheidung. Hitler befahl, die landeseigenen Einheiten auf die westlichen Kriegsschauplätze zu verlegen. Auf eine gewaltsame Entwaffnung wurde verzichtet.

Trotzdem war damit der russischen Befreiungsbewegung oder richtiger der Idee von der Befreiung der Völker des russischen Raumes endgültig der Boden entzogen. Entzogen wurde ebenfalls dem Generalstab jegliche Möglichkeit des Einsatzes psychopolitischer Mittel in der Kriegführung. Auch diese Entscheidung Hitlers bewies erneut seine Unfähigkeit, die Kriegführung im Sinne eines Clausewitz in moderner Auslegung zu sehen.

Ich halte es für wenig sinnvoll, darüber nachzugrübeln, ob Hitler tatsächlich gezwungen war, 1941 den Waffengang mit der UdSSR zu wagen. Meiner Überzeugung nach, die von vielen Kriegsteilnehmern geteilt und durch den hohen Stand der Kriegsvorbereitungen der Sowjetunion zumindest gestützt wird, beabsichtigte Stalin nach der

Selbstzerfleischung der Kapitalisten sozusagen als lachender Dritter zu intervenieren. Sowjetische Apologeten des Stalin-Hitler-Paktes von 1939 vertreten, wenn auch verklausuliert, ebenfalls diese Meinung.

Ich bin auch heute noch überzeugt, daß das militärische Feldzugsziel von 1941 ohne die verderblichen Eingriffe Hitlers, deren wesentlichster zur Schlacht von Kiew führte, erreicht werden konnte. Was dann die Folge gewesen wäre, steht dahin, da Hitlers Ziel in der Gewinnung von »Lebensraum« bestand. Dies hätte aber die totale Zerschlagung des *Staates* Rußland, nicht die von uns erstrebte maßvolle und wirklichkeitsnahe politische Lösung mit dem Fortbestand Rußlands bedeutet. Aber auch nach dem Rückschlag des Winterfeldzuges 1941/42 war die Lage noch keineswegs hoffnungslos, sondern bei vernünftigem Vorgehen sogar erfolgversprechend. Freilich mußte erkannt werden, daß dieses weiträumige und an Menschen und Rohstoffen reiche Land letztlich nur mit Hilfe der Russen selbst bezwungen werden oder besser: vom Kommunismus befreit werden konnte. Dies gebot schon – abgesehen von allen Möglichkeiten, die auf Grund der Abneigung gegen das Stalinistische System im besonderen und den Kommunismus im allgemeinen gegeben waren – der eigene Selbsterhaltungstrieb. Hitler wollte dies nicht wahrhaben. Daß er das psychologische Potential der Völker der Sowjetunion, die in der ersten Phase des Krieges den Deutschen gegenüber mit großen Teilen eine verständigungsbereite Haltung eingenommen hatten, nicht nur nicht ausnutzte, sondern durch seine Sachwalter, wie Koch, Sauckel und Kube, als Satrapen in unerträglicher Weise belastete und die enttäuschten Hoffnungen der Menschen in Haß verwandelte, macht den eigentlichen Fehler des Diktators aus. Dieser Fehler wog schwerer als manche falsche operative Entscheidung, weil Hitler die moralischen Faktoren, deren Bedeutung bereits Clausewitz auf Grund der Erfahrungen der französischen Revolutionskriege klar erkannt hatte, zugunsten der Gegenseite aktivierte.

Die niemals geklärte, weil niemals ausdiskutierte Frage, ob die Sowjetunion in ihre Bestandteile zerschlagen werden sollte, einer »Lösung«, der das Ostministerium unter dem Einfluß von Angehörigen der baltischen und kaukasischen Völker zustimmte, oder ob die Integrität der Sowjetunion als Staatenbund gewahrt bleiben müßte, wofür die Wlassow-Bewegung kämpfen wollte, war bei Beurteilung des gesamten Fragenkomplexes nicht einmal das entscheidende Problem. Es hätte sich in der einen oder anderen Richtung, wahrscheinlich im Sinne der Wlassow-Bewegung, von selbst gelöst.

Die Tatsache, daß die sogenannten landeseigenen Verbände ab Ende

1943 an andere Fronten verlegt wurden, war der Ausdruck der Unwahrhaftigkeit und Ziellosigkeit der Ostpolitik des Hitler-Reiches. Es war Hitler nicht einmal gelungen, unsere Verbündeten, die Italiener, Rumänen und Ungarn, davon zu überzeugen, daß sie an Don und Wolga ihr eigenes Vaterland verteidigten. Wie sollte man dieses Verständnis von Kaukasiern erwarten, wenn sie am Atlantikwall eingesetzt wurden! Sie faßten diese Verwendung durchaus und, wie man zugeben muß, richtigerweise als Mißtrauen in ihre Zuverlässigkeit sowie als Beweis für den mangelnden politischen Kooperationswillen der Deutschen auf.

Im August 1944 erfolgte völlig unerwartet eine Sinneswandlung Heinrich Himmlers. Er hatte verantwortlich für die Untermenschen-Theorie des Dritten Reiches gezeichnet und noch 1943 den General Wlassow als »Verräter« und »russisches Schwein« bezeichnet. Angesichts der sich rapide verschlechternden Kriegslage machte er sich jedoch überraschend die lange von mir und meinen Mitarbeitern vertretenen und vom SD bekämpften Auffassungen zu eigen.

Himmler genehmigte trotz aller Proteste Rosenbergs, denen sich Keitel anschloß, die Bildung eines »Komitees zur Befreiung der Völker Rußlands«, an dessen Spitze General Wlassow trat. Er sagte Wlassow zuerst zehn Divisionen zu, die schließlich dann auf drei reduziert wurden und sofort Wlassow unterstellt werden sollten. Himmler versprach außerdem die Gleichstellung russischer Kriegsgefangener und Ostarbeiter mit den Gefangenen und Arbeitern anderer Völker.

Aber die Einsicht kam zu spät. Aus Verzweiflung und Opportunismus geboren, blieb ihr jeglicher Erfolg versagt.

Die Bemühungen Wlassows, seine bis zur Kapitulation aufgestellten beiden Divisionen über das Ende des Dritten Reiches hinweg zu retten und in die Gefangenschaft der Westalliierten zu überführen, scheiterten. Das Abkommen von Jalta band die Kriegführenden an die Abmachung, Gefangene, die den verbündeten Ländern und ihren Völkern angehörten, gegenseitig auszuliefern.

Wlassow und seine Anhänger mußten den bitteren Weg in die Gefängnisse und auf die Schafotte des eigenen Landes, das sie befreien wollten, antreten. Wenn ich in einem zeitlichen Abstand von über 25 Jahren auf die Tragödie der Wlassow-Bewegung zurückblicke, muß ich feststellen, daß sie unter Berücksichtigung der Wahnideen Hitlers von vornherein zum Scheitern verurteilt war. Aller Enthusiasmus der beteiligten deutschen und russischen Persönlichkeiten war letztlich sinnlos geblieben. Er hatte zahllose wertvolle Russen sowie einige ihrer Freunde, wie den General von Pannwitz, als »Verräter« ins Verderben geführt.

Der Ablauf des gesamten Feldzuges gibt ebenso wie das Scheitern der Wlassow-Bewegung einige beherzigenswerte Lehren auf, die nicht vergessen werden dürfen.
Im Gegensatz zu früher sind Kriege heutzutage grundsätzlich Volkskriege. An ihnen ist nicht nur wie im 18. Jahrhundert die bewaffnete Macht beteiligt. Sie werden vom *Volksganzen* unter entsprechenden Opfern getragen und unter Einsetzung des gesamten vorhandenen Potentials, einschließlich des psychologischen, durchgekämpft. Hinzu kommt die Aufspaltung der Welt in zwei große, sich ideell gegenseitig ausschließende gesellschaftlich-weltanschauliche Lager, die sogenannte Freie Welt und der Weltkommunismus, die eine weitere, tief in das Emotionelle hineinreichende Verschärfung des kriegerischen Geschehens bewirkt. Hitler und Stalin hatten dies stets betont – aber auch Eisenhower nannte seine Kriegsmemoiren »Kreuzzug nach Europa« und gab damit die Empfindungen zahlreicher Angelsachsen wieder. Ob sich diese Zusammenhänge in absehbarer Zeit ändern werden, ob es zu einer Entideologisierung der Politik und damit auch der Kriege, mit denen man immer rechnen muß, so sehr sie auch zu verabscheuen sind, kommt, ist fraglich. Die Kriegslehren Maos, Che Guevaras, Giaps lassen mich ebenso daran zweifeln wie das Studium des Werkes »Militärstrategie« des Marschalls der Sowjetunion Sokolowski. Es spiegelt immerhin die offiziellen Ansichten der Sowjetunion über Kriegführung und Politik wider.
Gerade die Ausweitung des kriegerischen Geschehens auf alle Gebiete menschlichen Lebens zwingt aber dazu, sich den politischen Charakter einer solchen Katastrophe so deutlich vor Augen zu halten, wie es Clausewitz in zeitlos gültiger Form tat. Es ist der politische Zweck, der den Krieg in jedem Augenblicke bestimmt und ihn beeinflußt. Es ist auf der anderen Seite aber die Aufgabe der Soldaten, bereits im Vorbereitungsstadium zu fordern, daß sie von der Politik nicht vor unlösbare Aufgaben gestellt werden, wie es vom Juni 1941 an geschah. Die Politik soll vielmehr in jedem Moment wirksam sein, um ihnen – den Soldaten – durch den Einsatz politischer und psychologischer Hilfen ihre Aufgabe zu erleichtern. Wir haben damals den Gesamterfolg mit Hilfe der Wlassow-Bewegung angestrebt; er ist uns durch die politische Führung versagt worden.
Werden die aus der heutigen Politik wie auch Kriegführung nicht mehr zu eliminierenden psychopolitischen Faktoren durch die Verkennung bzw. Unterschätzung des Wesens moderner Kriege nicht rechtzeitig und umfassend berücksichtigt, sind die vom Volk für die bewaffneten Streitkräfte aufgebrachten Mittel meistens vergeudet und alle etwaigen Opfer eines Verteidigungskrieges vergeblich.

Während Clausewitz noch »vom Krieg als der Fortsetzung der Politik mit anderen Mitteln« sprach, erweiterten Lenin und seine Nachfolger diesen Gedanken dahin, daß »der Frieden nur die Fortsetzung des Krieges mit anderen Mitteln ist«.
Nicht nur die Politiker, sondern auch die Offiziere sind daher nicht erst im Falle kriegerischer Auseinandersetzungen, sondern bereits im Frieden vor diese Situation und die sich hieraus ergebenden Aufgaben gestellt.

# 3. KAPITEL

# Zusammenbruch, Gefangenschaft und neuer Anfang

Am 9. 4. 1945 wurde ich meiner Stellung als Chef der Abteilung Fremde Heere Ost enthoben. Die Ablösung wurde durch meine vom Nachfolger Guderians, dem General der Infanterie Krebs, vorgetragene Feindlagebeurteilung ausgelöst, die Hitler erregt als »völlig idiotisch« und defätistisch bezeichnete. Schon immer, vor allem aber nach dem 20. 7. 1944, hatte es Hitler abgelehnt, sich ernsthaft mit niederdrückenden Zahlen und Tatsachen abzugeben. In dieser Feindlage, die das Maß zum Überlaufen brachte, wurde darauf hingewiesen, daß durch den bevorstehenden Fall von Königsberg (9. 4. 1945) sowjetische Kräfte frei werden würden, daß das gleiche für Wien (13. 4.) gelte und daß massive Truppenzuführungen der Sowjets im Raum Küstrin/Frankfurt zu erkennen seien. Diese deuteten an, daß der entscheidende Angriff auf Berlin bald bevorstehe. Guderian hat in seinem Erinnerungsbuch im einzelnen über ähnliche Vorfälle berichtet, die durch von mir erarbeitete Lageberichte im Januar 1945, also vor der Baranow-Offensive, sowie im Februar 1945 ausgelöst wurden.
Ich habe, wie schon erwähnt, auf Wunsch meiner Vorgesetzten nur bei wenigen Gelegenheiten, im ganzen viermal, Hitler persönlich vorgetragen. Widerspruch erregte Hitler ungemein, von niedrigen Chargen – als Generalmajor gehörte ich auch dazu – verbat er ihn sich unbedingt. Selbst ausgesprochene Kampfnaturen, wie Halder und Guderian, hatten es schwer, ihre fast immer abweichende Meinung auch nur ungestört vorzutragen. Hitler wollte grundsätzlich nur das hören, was in seine Gedankengänge hineinpaßte und was er sich oft aus verschiedenen, zum Teil unkontrollierbaren Nachrichten und Unterlagen selbst zurechtmachte. Hätte ich regelmäßig den Chef des Generalstabes und den Chef der Operationsabteilung zu den Lagevorträgen bei Hitler begleitet, dann wäre wahrscheinlich meine Ablösung schon vorher erfolgt. So nahm der Chef des Generalstabes oder Heusinger meine Feindunterlagen zu dem jeweiligen Vortrag mit und trug sie im Rahmen der Gesamtlage vor – es sei denn, daß Hitler meinen persönlichen Vortrag ausdrücklich befohlen hätte. Bei diesen Gelegenheiten habe ich unmißverständlich stets meine Ansicht gesagt, darauf bedacht, daß sie der Denkart Hitlers einleuchtete.

Die beiden ersten Male hörte Hitler interessiert zu; je mehr sich aber die Kriegslage zuspitzte, um so weniger fanden nüchterne Tatsachen und Erkenntnisse des Feindnachrichtendienstes sein Ohr. So treffsicher das außenpolitische wie psychologische Gespür Hitlers in den ersten Jahren seiner Regierung nach 1933 gewesen sein mag, so sehr fehlte ihm auf militärischem und militärpolitischem Gebiet jedes Augenmaß dafür, ob das Wünschenswerte auch zu verwirklichen war. Er war nicht in der Lage, die zeitlichen und geographischen Dimensionen großer Operationen zu beurteilen und abzuschätzen, ob die »Mittel« für diese ausreichten.

Der Chef des englischen Empire-Generalstabes während des Krieges, Lord Alanbrooke, schildert mehrfach in seinen Aufzeichnungen vergleichbare Auseinandersetzungen, die er mit Winston Churchill zu führen hatte. Auch dieser war, oft zum Schrecken seiner Mitarbeiter, ein begeisterter Amateurstratege und äußerst hartnäckig in der Vertretung seiner Ideen. Aber anders als Hitler ließ er sich schließlich doch überzeugen und dankte seinen Mitarbeitern das mannhafte Eintreten für ihre eigenen Ansichten durch seine Freundschaft und Treue.

Die Tragik auf militärischem Gebiet, die unser Volk schließlich auch in die Katastrophe geführt hat, liegt darin, daß Hitler die militärischen Faktoren und Operationsmöglichkeiten mangels der entsprechenden Vorbildung nicht richtig beurteilen konnte, aber von seinem Feldherrngenie bis zuletzt überzeugt war. Dieser Glaube, der von einem Teil seiner Umgebung, soweit diese der Partei entstammte, unterstützt wurde, wurzelte darin, daß die ersten militärpolitischen Entschlüsse Hitlers, die er gegen den Rat der militärischen Führung traf (Rheinlandbesetzung, Gleichschaltung Österreichs, beide Tschechen-Krisen), Erfolge brachten. Auch die einleitenden Feldzüge des Zweiten Weltkrieges – Polen, Norwegen, Frankreich – bestätigten Hitlersche Voraussagen und widerlegten scheinbar die sorgenvollen Lagebeurteilungen sowie die Zeitberechnungen des Generalstabes des Heeres. Sie trugen damit ebenfalls dazu bei, das Selbstgefühl Hitlers zu stärken und den Generalstab als eine Vereinigung von Schwarzsehern und Pessimisten abzuwerten. Wenn man jedoch weitreichende Entschlüsse auf einer vermuteten oder auch tatsächlichen falschen Reaktion der Gegenseite aufbaut, nimmt man ein Risiko auf sich, das weit über das vertretbare und oft unumgängliche Maß hinausgeht. Anstatt vor dem Wagen zu wägen, begibt man sich auf das Gebiet des Pokerspiels, das früher oder später scheitern muß. Die deutsche Wehrmacht war selbst im Jahre 1939 noch lange nicht kriegsbereit, und wenn die Westalliierten bei Kriegsbeginn politisch und militärisch entschlossen gehandelt hätten, wäre es allenfalls zu einer kurzen kriegerischen Auseinandersetzung gekommen, deren Ausgang, nämlich die Niederlage Deutschlands, von vornherein klar war.

Zur Stützung meine Behauptung sei erwähnt, daß der gesamte Bestand an Munition für die schwere Artillerie des Heeres – abgesehen von derjenigen für die schweren Feldhaubitzen – aus der Beladung von 8½ Eisenbahnzügen bestand und daß für diese Munition im Sommer 1939 noch keine nennenswerte Fertigung angelaufen war. Nach Abschluß der Schlacht in Belgien und Nordfrankreich Anfang Juni 1940 war nur noch für die leichte Feldhaubitze genügend Munition vorhanden; die Bestände an schwerer Artilleriemunition, einschließlich der schweren Feldhaubitze, waren zu diesem Zeitpunkt nahezu verbraucht.

Der Gesandte von Etzdorf, der spätere Nachkriegsbotschafter in London, der meiner Abteilung als Verbindungsoffizier des Auswärtigen Amtes zugeteilt war, brachte einmal in Anlehnung an den Titel einer Schrift von Schopenhauer: »Die Welt als Wille *und* Vorstellung« die wirklichkeitsfremde Denkweise Hitlers auf den bitteren Nenner: »Die Welt als Wille *ohne* Vorstellung«.

Jahrelang waren wir gezwungen, mit den Augen des Gegners zu sehen und uns in seine Denkweise und Absichten einzuleben. Schon frühzeitig konnten wir seine wachsende Siegeszuversicht feststellen und mußten sie als berechtigt anerkennen. Damit ahnten wir aber auch unausweichlich das Herannahen der Katastrophe voraus. Es ist verständlich, daß sich dabei auch Überlegungen aufdrängten, was getan werden müsse, wenn der Zusammenbruch einmal eingetreten sei. Selbstverständlich entstehen solche Überlegungen nicht auf einmal. Unsere Überlegungen reiften in einem langen, durch Zwischenräume, in denen uns die Nöte des Alltages voll beschäftigten, unterbrochenen, schmerzhaften Denkprozeß. An ihm war neben mir vornehmlich mein Vertreter und zweimaliger Nachfolger, der jetzige Generalleutnant a. D. und Präsident des Bundesnachrichtendienstes Wessel, beteiligt. Unsere Überlegungen wurden dadurch begünstigt und nach außen abgeschirmt, daß der innere Zusammenhalt meiner Abteilung allen Krisen standhielt und daß wir uns vorbehaltlos aufeinander verlassen konnten. Selbst der »Nationalsozialistische Führungsoffizier« machte hierbei keine Ausnahme. Dies war nicht überall so. Extreme Haltungen, sowohl in der Form eines ausgeprägten Nationalsozialismus wie auch eines hemmungslosen Fatalismus in der inneren Einstellung mancher jüngerer Offiziere außerhalb meiner

Abteilung, zeigten doch zuweilen, daß die Dauer des Krieges und die Indoktrination sich auswirkten.

Abgesehen von den Sorgen um die eigenen Familien beschäftigten uns damals unsere persönlichen Zukunftserwartungen wenig. Dies war nicht erstaunlich, hatten wir doch durch geglückte nachrichtendienstliche Operationen jeweils schon kurz nach den Konferenzen von Teheran und Jalta die alliierten Zerschlagungs- und Aufteilungspläne, die für Deutschland bestanden, erhalten. Wir gaben uns also keinen Illusionen über das, was dem Deutschen Reich bevorstand, hin. Wir hegten auch keine Hoffnungen, daß es unmittelbar nach Kriegsende zum Bruche der gegnerischen Koalition kommen könne, ein Glauben, der in der kämpfenden Truppe vielfach vorhanden war. Wir konnten uns aber auch nicht mit dem Gedanken abfinden, daß nunmehr endgültig das Ende Deutschlands gekommen sei. Dieses Sich-nicht-abfinden-Wollen drängte mir darüber hinaus Überlegungen darüber auf, welche Verpflichtungen sich für mich aus meiner damaligen Stellung heraus für die Zukunft nach dem Kriege ergeben. Es war klar, daß, wenn der Faden erst einmal abgerissen war, der Wiederaufbau eines fundierten und leistungsfähigen Nachrichtendienstes Jahre danach sehr schwierig, wenn nicht unmöglich sein mußte. Hierbei fiel auch ins Gewicht, daß der Ostgegner, je längere Zeit vergehen würde, um so bessere Möglichkeiten fände, um in breiter Front in einen neuen Dienst einzudringen. Hieraus ergab sich, so aussichtslos und widersinnig dies im Frühjahr 1945 auch erschien, daß der Versuch gemacht werden müsse – wenn möglich ohne wesentliche Unterbrechung –, den Kern für einen neuen deutschen Nachrichtendienst zu schaffen. Denn daß eine künftige deutsche Regierung einen Nachrichtendienst benötigen würde, war für mich selbstverständlich. Die Personallage würde es gestatten, wenn man sofort nach Kriegsende anknüpfen konnte, einen entsprechenden Personalstamm aus den bisher verfügbaren Nachrichtenleuten und meinen bewährten Mitarbeitern zusammenzustellen.

Auch außenpolitische Überlegungen zwangen zu dem Gedanken, den Kern des bisherigen Auslandsnachrichtendienstes zu retten, sobald und soweit dies überhaupt möglich war. Nur scheinbar hatte der Kommunismus sein Gesicht geändert. Stalin hatte die Energien des russischen Volkes mobilisiert, indem er auf den Begriff des vaterländischen Kampfes zurückgegriffen und eine Art Sowjetpatriotismus geschaffen hatte. Hitlers sinnlose Ostpolitik und sein Verhalten gegenüber dem russischen Menschen hatte dem sowjetischen Diktator alle Wege geebnet, mit diesem Gedanken an sein Volk heranzukommen. So wie wir den Kommunismus über Jahre hinweg kennengelernt hatten, war es uns klar, daß Stalin seine Absichten nicht ändern, sondern daß er weiter expansiven Vorstellungen folgen würde. Sein Ziel, mit westlichen Worten ausgedrückt, konnte weiterhin nur die Weltrevolution sein, um – östlich formuliert – »die Segnungen des Sozialismus allen Völkern zu bringen«. Wir erwarteten, daß die Verteidigung der westlichen Völker gegen den Zugriff des Kommunismus diese nach dem Kriege früher oder später zu gemeinsamem Handeln führen müsse.

Wann dieser Zeitpunkt gekommen sein würde, konnten wir freilich nicht wissen – nicht einmal ahnen. Wir wurden in dieser Überzeugung durch eine Lagebeurteilung Churchills bestärkt, die uns im Februar 1945 auf verschlungenen Wegen in die Hände kam. Die Analyse beurteilte unsere eigene deutsche Situation viel zu positiv, zeichnete aber ein richtiges Bild des sowjetischen Potentials und der sowjetischen Absichten. Sie ließ vermuten, daß die Briten nicht den Optimismus ihrer amerikanischen Bundesgenossen teilten, »Onkel Joe« habe sich zum Demokraten gewandelt. Sie zeigte auch ohne jede Illusion die zukünftige Entwicklung Polens sowie der Balkanstaaten einschließlich Ungarns zu sozialistischen Staatsgebilden auf. Ich habe den Chef des Generalstabes, Generaloberst Guderian, über das Vorhandensein dieses explosiven Papiers informiert und es dann zu den Akten genommen. Bei Kriegsende wurde es vernichtet.

In einem Europa, das sich zur Verteidigung gegen den Kommunismus rüstete, konnte auch Deutschland wieder seinen Platz finden. Die zukünftige deutsche Politik würde daher Anlehnung an die westlichen Siegermächte suchen und zwei politische Ziele anstreben, nämlich die Abwehr des kommunistischen Zugriffs und die Wiedervereinigung mit den verlorengegangenen Teilen Deutschlands. Das zweite Ziel würde zwar sicher den Vorstellungen der Siegermächte nur begrenzt entsprechen. Aber das gemeinsame Verteidigungsinteresse der westlichen Welt, das sich zwangsläufig ergeben mußte, würde doch wohl zu der Erkenntnis führen, daß ohne die Deutschen die Verteidigung Europas unmöglich sei. Nachrichtendienstlich mußte bei allen Westmächten, und zwar ziemlich frühzeitig, wenn auch in unterschiedlicher Weise, ein besonderes Interesse an der Nutzung des deutschen nachrichtendienstlichen Potentials für die Ostaufklärung zu erwarten sein.

Als unsere Überlegungen bis zu diesem Punkt gelangt waren, ergab sich natürlich nahezu von selbst die Frage, mit welchem Partner und in welcher Form man die Arbeit am besten fortsetzen könnte. Ich habe mich auch darüber mit meinem ersten Mitarbeiter, dem damaligen Oberstleutnant Wessel, unterhalten.

Das Ergebnis unserer sich über Wochen erstreckenden Erwägungen kann man etwa in Folgendem zusammenfassen: Es ist wahrscheinlich utopisch, angesichts der totalen Niederlage, die uns bevorsteht, schon jetzt dem Gedanken nachzugehen, frühzeitig nach dem Kriege einen neuen deutschen Nachrichtendienst wieder aufzubauen, da die Alliierten bei Kriegsende alle Einrichtungen des Dritten Reiches völlig zerschlagen werden. Trotzdem muß dieser Versuch unternommen werden, damit – bei Gelingen – eine spätere deutsche Regierung diese Organisation, in der das jetzt vorhandene Personal den Rahmen bildet, übernehmen kann. Die Frage, wann eine deutsche Regierung wieder existieren wird, ist jetzt nicht zu beantworten. Es ist auch offen (März/April 1945), ob es gelingen wird, nach dem Kriege mit einer der drei westlichen großen Siegermächte eine Form der Zusammenarbeit zu finden, die auch für eine spätere deutsche Regierung akzeptabel ist. Wir können und wollen nicht mit dem bisherigen Gegner gewissermaßen auf Söldnerbasis zusammenarbeiten, damit der zukünftige Dienst nicht von vornherein mit dem psychologischen Quisling-Makel belastet werden kann.
Insgesamt schien es mir am zweckmäßigsten zu sein, vor allem an die amerikanischen Streitkräfte heranzutreten. Die Amerikaner, so vermutete ich, würden nach Abschluß der Kämpfe früher als unsere europäischen Gegner zur Objektivität gegenüber den Deutschen zurückfinden. Wie die Ereignisse bewiesen haben, war diese Erwartung durchaus richtig.
Diese Überlegungen veranlaßten mich zu dem Versuch, einen gewissen legalen Hintergrund für unsere Zukunftspläne zu schaffen. Ich wandte mich daher erst in den letzten Wochen vor Kriegsende – da dann andere Instanzen nicht mehr zu erreichen waren – an den stellvertretenden Chef des Wehrmachtführungsstabes, den General der Gebirgstruppen Winter, trug ihm die gesamten Überlegungen vor und erhielt von ihm das Sanktum zu unserem Vorhaben. Nach Kriegsende traf ich in der Gefangenschaft in Wiesbaden zufällig den Großadmiral Dönitz, der formal kurze Zeit das letzte Reichsoberhaupt gewesen war. Auch hier nutzte ich die Gelegenheit dazu aus, ihm unsere Gedanken vorzutragen, denen er ebenfalls zustimmte.

Im März 1945 besuchte ich zusammen mit Oberstleutnant Wessel den Oberstleutnant Baun, den Leiter der Dienststelle Walli I, in Bad Elster und informierte ihn über meine Planungen. Baun war in Odessa geboren, hatte dort die entscheidenden Jahre seiner Kindheit verlebt, ehe die Familie nach Deutschland zurückkehrte. Er war zweisprachig aufgewachsen und mit der russischen Mentalität bestens

vertraut. Man kann sogar sagen, daß in ihm, ebenso wie in manchen anderen Reichsdeutschen, die über Generationen in Rußland gelebt hatten, etwas vom russischen Wesen, dem zuweilen Überströmenden und Gefühlsbetonten und Grenzenlosen, das den russischen Menschen auszeichnen kann, lebte. Die Kehrseite dieser so liebenswerten Eigenschaften war eine zuweilen ausschweifende, schwer zu zügelnde Phantasie, die es ihm erschweren konnte, die Realitäten nüchtern einzuschätzen, und die ihn dazu führte, oft organisatorischen Wunschvorstellungen allzu lange nachzujagen oder sich in ihnen zu verbeißen.
Er war ein tüchtiger »Beschaffer«, der seine Verbindungsleute nicht nur zweckmäßig anzusetzen und zu führen verstand, sondern der diese auch fachgerecht betreute. Er hatte bis Kriegsende hauptsächlich mit russischen Freiwilligen zusammengearbeitet und auch zuletzt noch Verbindungen bis unmittelbar nach Moskau unterhalten können. Baun war sofort bereit, in der Nachrichtenbeschaffung die entsprechenden Vorbereitungen zu treffen, und erhielt die nötigen Anordnungen von mir. Sein Adjutant nahm an dieser Besprechung teil. Weitere Persönlichkeiten wurden nicht eingewiesen. Walli I befand sich ab Anfang April 1945 im Allgäu, das Ende April von den Amerikanern überrollt und später durch die Franzosen besetzt wurde. Baun und sein Stab begaben sich daraufhin in Zivil nach einem vorher festgelegten Sammelpunkt; die meisten Angehörigen des nachrichtendienstlichen Personals tauchten unter und hielten sich für eine spätere Verwendung bereit. Das Material wurde in ähnlicher Weise wie das der Abteilung Fremde Heere Ost sichergestellt.
In den letzten Kriegswochen überstürzten sich die Ereignisse und erschwerten die Vorbereitungen.
Am 15. 2. 1945 waren die ersten Teile der Abteilung Fremde Heere Ost per Eisenbahntransport nach Reichenhall, dem neuen Hauptquartier, verlegt worden. Die Umgruppierung der übrigen Teile wurde im März beendigt. Mitte April hatten meine Vorbereitungen, wie die Versorgung verschiedener Schlupfwinkel im Gebirge, die Fotokopie der wichtigen Akten und Vergrabungsaktionen, begonnen; sie waren in den letzten Tagen vor Kriegsende abgeschlossen. Anfang April war die Abteilung in Reichenhall wieder voll arbeitsfähig versammelt, mit Ausnahme einer kleinen Gruppe unter Führung des Majors Scheibe, die zur ersten Staffel des OKW in Holstein abgeordnet war.
Nach meiner Entlassung am 9. 4. 1945 wurde mir Gelegenheit gegeben, die Pläne für die Vorbereitung der Nachkriegstätigkeit auf unserem Spezialgebiet voranzutreiben. Zunächst war jedoch noch ein

Hindernis zu beseitigen. Ich hatte früher dem Chef des Personalamtes, General Burgdorf, gegenüber den Wunsch geäußert, einmal eine Division an der Front zu kommandieren. General Burgdorf nahm nunmehr an, daß ich nach meinem Weggang diesen Wunsch erneuern würde, und fragte mich danach. Ich bat ihn, mich zur Führerreserve zu versetzen, da ich meinen Nachfolger noch kurze Zeit einweisen müsse. Außerdem behauptete ich, daß Himmler einen besonderen Auftrag für mich habe. Burgdorf war ein gläubiger Nationalsozialist; meine Bemerkung genügte, um mich freizustellen – zur Führerreserve des Oberkommandos des Heeres. Um meine Vorgabe stichfest zu machen, rief ich Schellenberg an und fragte ihn, ob Himmler Interesse an einer Untersuchung über die polnische Widerstandsbewegung hätte, um zu klären, ob bei der zu erwartenden Entwicklung die von den Polen gesammelten Erfahrungen auch für uns wichtig sein könnten. Ich erhielt nach kurzer Zeit einen Telefonanruf, in dem Schellenberg das besondere Interesse Himmlers für dieses Thema bestätigte. Acht Tage später war eine umfangreiche Studie angefertigt, in der die polnische Widerstandsbewegung und ihr Gesamtverhalten, ihre Erfolge und Schwierigkeiten betrachtet wurden. Als Ergebnis wurde festgestellt, daß es *keinen* Sinn habe, nach dem etwaigen Verlust eines Krieges oder nach einem Waffenstillstand in Deutschland ähnliche Methoden anzuwenden. Diese Studie, an Himmler adressiert, wurde in meinem Auftrage durch den Major i. G. Hiemenz bei Schellenberg abgeliefert. Nunmehr verfügte ich, in keiner Kommandofunktion eingesetzt, über die notwendige Zeit, um alle Vorbereitungen für unsere Absichten zu beschleunigen und zu überprüfen. Es handelte sich hierbei vor allem um die Sicherstellung des Archivs und der Arbeitsunterlagen, die wir in der Zukunft brauchen würden. So waren zunächst im Rahmen der Verlagerung der Akten alle Arbeitsunterlagen und Karteien frühzeitig nach Südbayern gebracht worden; sie wurden ein zweites Mal fotokopiert und schließlich in der Nähe des Wendelsteins, im Allgäu, sowie im Hunsrück dezentralisiert vergraben. Wir rechneten richtigerweise damit, daß die Entdeckung einzelner Verstecke nicht verhindert werden könnte. Durch das Doppeltvorhandensein an verschiedenen Stellen wurde erreicht, daß später zwar nicht alles wiedergefunden wurde, aber doch von jedem Vorgang wenigstens ein Exemplar bzw. ein Satz vorhanden war.

Die zweite Maßnahme war die Sicherstellung des Archivs. Es war im März 1945 zunächst nach Naumburg gebracht und bei Freunden in einem Weinkeller gelagert worden. Nachdem durch das von dem bekannten Agenten Cicero beschaffte Originalmaterial bekannt wurde, daß die Amerikaner die westliche Hälfte Berlins als amerikanisches Besatzungsgebiet gegen Thüringen von den Russen eintauschen würden, mußte umdisponiert werden. Ich veranlaßte sofort, daß das Archiv in Naumburg erneut auf zwei Lastkraftwagen verladen und nach Berchtesgaden abtransportiert wurde. Gleichzeitig benutzte ich diese Gelegenheit, meine Frau und meine vier Kinder auf einem der Lastwagen mitnehmen zu lassen, damit sie ebenfalls den bayerischen Raum erreichten. Denn wenn meine Familie in Feindeshand gefallen wäre, hätte dies eine Wiederaufnahme meiner Tätigkeit ausgeschlossen. Die Sowjets hätten meine Familie rücksichtslos als Druckmittel gegen mich ausgenutzt. Die beiden Lastwagen gerieten zunächst in einen Luftangriff, bei dem erfreulicherweise kein Schaden entstand. Später, in der Gegend von Hof, wurden sie von einem ss-Kommando angehalten und gezwungen, in eine in der Nähe liegende ss-Kaserne zur Überprüfung des Ladungsinhaltes und der Marschpapiere hineinzufahren. Das bedeutete für die Insassen nach den damaligen Umständen eine Lebensgefahr, die dem soeben glücklich überstandenen Luftangriff nicht nachstand. Die beiden gewandten Fahrer, die wußten, was ihnen drohte, fanden aber nach fieberhaftem Suchen auf der Rückseite der Kaserne ein zweites Tor, das sich öffnen ließ, fuhren wieder hinaus und entkamen. Meine Familie fand auf der Durchfahrt in Cham im Bayerischen Wald ein notdürftiges Unterkommen und blieb zunächst dort, während die Akten sicher nach Berchtesgaden–Reichenhall zur Abteilung Fremde Heere Ost weitertransportiert wurden. Von Reichenhall aus wurden sodann die Vergrabungsaktion und alle übrigen Vorbereitungen zu Ende geführt.

Um das notwendige Schlüsselpersonal für die spätere Arbeit sicherzustellen, wurden drei Gruppen gebildet, die sich an drei vorbereiteten Punkten in den Alpen so lange – etwa 3 Wochen – aufhalten sollten, bis das große Durcheinander, das bei Kriegsende zu erwarten war, in einigermaßen überschaubare Verhältnisse übergegangen war. Dann sollten sich diese Gruppen bei der nächsten amerikanischen Ortskommandantur melden und sich in Gefangenschaft begeben. Da zu erwarten war, daß die Amerikaner versuchen würden, dieses Ic-Personal mit längerer Erfahrung in eigener Regie selbst einzusetzen, wurden die Gruppen angewiesen, sich zu keiner Mitarbeit bereitzuerklären, bevor sie einen schriftlichen Befehl von mir persönlich erhalten hätten. Die Sicherstellung und Vorbereitung der drei Zufluchtsorte in den Alpen übernahm mit großem Geschick ein Reserve-Offizier der Abteilung, Oberforstmeister Weck. Die Hütten

mußten schwer zu finden und doch leicht zu versorgen sein. Vor allem das Vorhandensein von Wasser war eine Lebensfrage. Es war weiterhin notwendig, daß man von diesen Schlupfwinkeln aus die Annäherungswege gut beobachten, sich gleichzeitig aber auch bei Gefahr unbemerkt entfernen konnte. Das waren schwer erfüllbare Forderungen, aber Weck schaffte es. Er fand in der Nähe von Fritz am Sand bei Reit im Winkel, auf der Wildmoosalm im Wilden Kaiser, sowie auf der Elendsalm am Spitzingsee die für uns geeigneten Schlupfwinkel.
Am 3. 4. 1945 hatte ich noch in einer dem Geschehen entsprechenden bescheidenen Form im Kreise meiner gesamten Mitarbeiter, Offiziere, Unteroffiziere und Mannschaften sowie der Stabshelferinnen meinen Geburtstag feiern können. Am 9. 4. erfolgte die schon erwähnte Entlassung aus meiner bisherigen Aufgabe als Chef der Abteilung Fremde Heere Ost. Meine Mitarbeiter ließen es sich trotz der wirren Situation in Deutschland nicht nehmen, für mich am 12. 4. eine Abschiedsfeier durchzuführen; hatte ich doch seit Frühjahr 1942 – immerhin drei Jahre lang – die Abteilung geleitet. Es war eine ernste Abschiedsfeier, denn was nun in Kürze auf uns zukommen würde, wußte niemand. Es war natürlich, daß die Stimmung gedrückt war; aber vielleicht ließ uns gerade der Ernst der Stunde die Gemeinsamkeit unseres Schicksals in dieser so harmonisch arbeitenden Abteilung besonders empfinden.
In den nächsten Tagen fuhr der Major Hiemenz über Cham nach Norden, um die beendete Denkschrift für Himmler zu Schellenberg zu bringen. Ich begleitete ihn bis Cham, um meine Familie, bei der sich auch Frau Hiemenz befand, noch einmal kurz zu sehen. Auch hier gab es einen Abschied ins Ungewisse. Nach Rückkehr hatte ich in Reichenhall noch etwa zehn Tage, um die Beendigung der Vorbereitungen zu überwachen.
Am 28. 4. 1945 begann das große Abenteuer. Ich brach auf, um den östlichsten unserer Sammelpunkte, Fritz am Sand in der Nähe von Reit im Winkel, zu erreichen. Kurz vorher hatte ich erfahren, daß Himmler Auftrag gegeben habe, General Heusinger und mich liquidieren zu lassen, weil wir infolge unseres langen Aufenthaltes im OKH zu viel von allen Vorgängen in der obersten Führung wußten. Ich habe, um Heusinger zu warnen, sofort einen Beauftragten in Marsch gesetzt, der ihn aber nicht mehr erreichte. Heusinger, der nach seiner im Zusammenhang mit dem 20. Juli 1944 erfolgten Entlassung bei seiner Familie lebte, hatte sich kurz vor Ankunft des Boten – wohl in Ahnung der Gefahr, in der er schwebte – mit seinem Rucksack auf den Weg gemacht und war auf gut Glück nach

Westen marschiert, bis er nach kurzer Zeit in amerikanische Gefangenschaft kam. Ich selbst entschloß mich, da zu viele Persönlichkeiten wußten, daß ich in Fritz am Sand bleiben wollte, sicherheitshalber zum westlichsten unserer Stützpunkte, der Elendsalm, überzuwechseln.

Schon auf dem Wege nach Fritz am Sand erhielt ich einen Funkspruch von Baun, der mit den Nachrichten beschaffenden Teilen im Allgäu untergekommen war, mit der Bitte um ein kurzes Zusammentreffen in Hindelang zur Entgegennahme weiterer Weisungen. Ich nahm an Stelle meines Horchs einen kleinen DKW und als Begleitoffizier meinen alten Ordonnanzoffizier aus dem Polenkrieg, Hauptmann G., mit, um über den Fernpaß den Treffpunkt zu erreichen. Wir stießen auf dem Weg über den Fernpaß auf zurückmarschierende Teile einer Division, die sich schon seit mehreren Tagen an den Gebirgsausgängen gegen weit überlegene amerikanische Kräfte verteidigte. Es war gut, daß ich einen kleinen Wagen hatte, denn die Überwindung dieser an sich nur kurzen Strecke war infolge der vielen Verkehrsstauungen recht mühsam und stockend. Erst im Morgengrauen erreichten wir südlich Füssen die Gebirgsausgänge und wurden von den hier kämpfenden Truppen angehalten, da alle weiteren Gebirgswege teils durch Kämpfe versperrt, teils durch Brückensprengungen unpassierbar waren. So mußten wir umkehren, ohne daß die beabsichtigte Verbindungsaufnahme mit der Gruppe Baun gelungen wäre. Auf der Rückfahrt nach Fritz am Sand ließ ich mich unterhalb der Elendsalm, in der Gegend des sogenannten »Zipfelwirts«, absetzen. Gepäck besaß ich nicht; die notwendigsten Dinge waren im Rucksack. Ich stieg durch ein Seitental abseits des Weges nach oben. Der Aufstieg war recht beschwerlich. Es lag hoher Schnee, und ich kam nur langsam vorwärts. Von Weck hatte ich wiederholt gehört, daß sich in der Umgebung der Elendsalm versprengte Angehörige von SS-Einheiten aufhalten sollten. Sie hätten auch einmal die Hütte selbst besetzen wollen. Deshalb hielt ich es für besser, das Seitental zu benutzen. Ich muß allerdings zugeben, wenn ich vorher gewußt hätte, wie beschwerlich es war, im Schnee ohne Weg und Steg aufzusteigen, so hätte ich es nicht gewagt. Bei dem mehrstündigen Aufstieg ließ ich mir die gesamte Lage noch einmal durch den Kopf gehen. Sie war gekennzeichnet durch Ungewißheit. Der nüchterne und zweifelnde Verstand sagte mir, während ich mühsam meinen Weg suchte, daß unser Unterfangen eigentlich recht utopisch sei. An meinem Entschluß änderten diese skeptischen Überlegungen freilich nichts. Alle diese Gedanken und Überlegungen verkürzten ein wenig die Zeit des beschwerlichen Aufstieges, der zunächst gar nicht enden

wollte. Ich war schließlich wie erlöst, als der Wald aufhörte. Eine sanft ansteigende Schneelandschaft tat sich auf, in deren Mitte eine Hütte lag: die Elendsalm. Hier fand ich die Kameraden und Mitarbeiter dieser Gruppe versammelt, die mich freudig begrüßten: 6 Offiziere und 3 Stabshelferinnen.
Bei der Tageseinteilung mußten wir beachten, daß trotz der geringen Neigung der Amerikaner, ins Gebirge hinaufzusteigen, möglicherweise doch nach uns gesucht werden würde. Dies war nicht vor Tagesanbruch und nicht abends nach Dunkelheit zu erwarten. Mit dem Morgengrauen stieg deshalb ein Teil der Gruppe hinauf ins Gebirge. Die drei Stabshelferinnen und die beiden jüngeren Offiziere, die infolge von Verwundungen die beschwerlichen Aufstiege nicht leisten konnten, blieben zurück und hielten unsere Zuflucht, die Elendsalm, besetzt. Gewöhnlich stiegen wir hinauf zur Auerspitze und in die ihr benachbarte Gegend, etwa 1 km südostwärts der Rotwand. Wir hielten uns dort teils in sehr übersichtlichem, teils aber auch in bewaldetem Gelände auf, beobachteten die Gegend und erfreuten uns an der allmählich herauskommenden ersten Vegetation. Wenn nicht die Ungewißheit der Zukunft auf uns gelastet hätte, so wäre dieser Gebirgsaufenthalt ein schöner, vielfach anregender Urlaub gewesen, nicht zuletzt auch durch die Gespräche, die wir – in der Sonne sitzend – miteinander führten. Ich selbst kannte diese Gegend schon aus dem Jahre 1921, als ich die Infanterieschule besuchte und hier oben das Skilaufen gelernt hatte.
Abends, kurz vor Einbruch der Dämmerung, ging es wieder abwärts. Ehe wir die Elendsalm erreichten, vergewisserten wir uns stets vorher, ob ein Tischtuch auf der Wäscheleine anzeigte, daß die Luft rein war.
Einige Tage nach der Kapitulation erschienen auf der Elendsalm drei Zivilisten. Sie befragten die Zurückgebliebenen auch nach meinem Verbleib. Wir vermuteten, daß es deutschsprachige Vertreter des Secret Service waren, und ich habe später auch die Bestätigung dafür erhalten. Etwas rauher verlief der »Besuch« einer kleinen amerikanischen Infanterie-Einheit, die zunächst das Haus umstellte, dann durchsuchte und die Insassen einem eingehenden Verhör unterwarf. Die Amerikaner nahmen die drei Stabshelferinnen und die beiden Offiziere mit ins Dorf, wo eine weitere eingehende Vernehmung stattfand. Sie endete mit der Frage, wohin die fünf entlassen werden wollten. Alle baten übereinstimmend darum, vorläufig auf der Elendsalm bleiben zu können. Als wir abends von den Bergen kamen, fanden wir das Tischtuch und auch unsere fünf Getreuen vor. Sie zeigten uns stolz ihre Entlassungsscheine aus der Kriegsgefangen-

schaft mit der »vorläufigen Unterkunft Elendsalm«. Dieser Glücksfall erleichterte die Behauptung unserer »Basis« gegenüber allen Versuchen anderer Interessenten, die Elendsalm für sich mit Beschlag zu belegen.
Die Verbindung mit den anderen Gruppen hielt Oberforstmeister Weck, der seine Wehrmachtsuniform wieder mit der des Forstbeamten vertauscht hatte und sich dadurch frei bewegen konnte. Etwas später, als der Schnee weggetaut war und es wärmer wurde, konnten wir das bisherige Verfahren, morgens unsere Hütte zu verlassen und abends wiederzukommen, nicht beibehalten. Die Gefahr einer Überrumpelung bestand nun auch während der Nacht. Wir errichteten deshalb in einer Fichtenschonung südlich der Auerspitze ein kleines, sorgfältig getarntes Zeltlager. Hier brachten wir weitere acht Tage bei schönem Wetter zu. Diese Tage des Lebens in der freien Natur waren wirklich bezaubernd. Wir hatten uns daran gewöhnt, uns sehr ruhig zu verhalten; so schärften sich die Sinne für die Geräusche in der Natur. Während wir diese Idylle erlebten, war unser tüchtiger Weck nicht müßig geblieben. Er hatte von der Forstverwaltung den Schlüssel einer wenig bekannten, schwer zugänglichen Hütte in der Gegend der Maroldschneid bekommen; wir fanden sie trotz genauer Beschreibung und Skizze erst nach langem Suchen und richteten uns dort ein. Die Hütte lag oberhalb einer steilen Wand, ringsum dicht umwachsen, mit einer beeindruckenden Aussicht auf die benachbarten Berge. Wir genossen diese letzten Tage in der Freiheit bis zum 19. 5. intensiv; unsere besondere Freude waren Gemsen, die wir in diesem Gebiet auf Schritt und Tritt trafen und die alle Scheu vor uns verloren hatten.
Inzwischen war es hohe Zeit geworden, entsprechend unserer Planung in das Tal abzusteigen, um uns bei der nächsten amerikanischen Ortskommandantur zu melden. Die Eltern unseres Kameraden »Erwin« wohnten in Schliersee-Fischhausen. Er schlug vor, Pfingsten dort zu verbringen und uns am Tag danach den Amerikanern zu stellen. Wir entschieden uns, von unserem Zufluchtsort aus an der Maroldschneid-Nordseite entlang über die Ruchenköpfe, Rotwand, Taubenstein-Hänge ostwärts des Spitzingsees und dann westlich der Straße auf halbem Hange über Neuhaus nach Fischhausen unseren Weg zu nehmen. Es kam darauf an, immer möglichst weit oben zu bleiben, um nicht in die Hände der sich dort zahlreich bewegenden Patrouillen zu geraten. Wir hatten ja beschlossen, nicht in Gefangenschaft zu fallen, sondern uns aus eigener Initiative bei den Amerikanern zu melden. Unsere Gebirgswanderung wäre unter anderen Umständen ein wunderbares Erlebnis gewesen. Aber wir mußten uns

sozusagen kriegsmäßig verhalten, um nicht vorzeitig entdeckt zu werden. Wir hatten am Abend vor unserer Tour die Dienstgradabzeichen abgelegt und auch die »roten Hosen« ausgezogen und wanderten nun, wie damals viele einzelne Soldaten, in Richtung Nordwesten. Wunderbar war die Aussicht vom Taubenstein, den wir alle fünf noch zusammen erreichten. Dann trennten wir uns und setzten unseren Weg einzeln in Zeitabständen von etwa zehn Minuten fort. In der Gegend Untere Schönfeld-Alpe lag eine – wie wir durch unsere Gläser erkannten – französische Gebirgseinheit. Wir hatten keine andere Möglichkeit, als dieses Tal zu durchqueren, wenn wir nicht in die Dunkelheit kommen sollten. Die kleine französische Gebirgseinheit lag in Ruhe, die Mulis grasten, die Mannschaften befanden sich in den etwa 10–12 Häusern. Als ich mich dieser Häusergruppe näherte, öffnete sich ein Fenster und ein französischer Gebirgsjäger sah mich fragend an. Ich marschierte auf ihn los, sagte: »Bon jour, Monsieur« und ging an dem Haus vorbei. Er beantwortete meinen Gruß und schloß zufrieden wieder das Fenster. Anschließend überquerten wir die Gegend nördlich des Spitzingsees in der Nähe der Station der Bergbahn. Auch hier mußten wir sehr vorsichtig sein, weil diese Straße in kurzen Intervallen von amerikanischen Jeeps mit MP abgefahren wurde. Auch dieses Hindernis wurde überwunden, und wir setzten unseren Weg auf der anderen Hangseite fort. Schließlich kamen wir sicher bei Erwins Eltern an.

Während der beiden Pfingstfeiertage genossen wir die Gastfreundschaft der Eltern Erwins, mit denen wir uns viel zu erzählen hatten. Am Dienstag früh machten wir uns mit unseren Rucksäcken auf den Weg zum Bürgermeisteramt, in dem der Ortskommandant sein Domizil aufgeschlagen hatte. Ich kann mich noch gut an meine damaligen Gefühle erinnern. Auf der einen Seite empfand ich eine Art Galgenhumor, daß ich – immerhin Generalmajor in einer wesentlichen Stellung während des Krieges – mich nunmehr einem jungen amerikanischen Oberleutnant ausliefern mußte. Andererseits gab es kein Zurück. Der Ortskommandant war verständlicherweise sehr aufgeregt, als sich bei ihm ein General und vier Generalstabsoffiziere meldeten. Welchen »Fang« er gemacht hatte, konnten wir ihm nicht auseinandersetzen, da er kein Deutsch und wir damals kein Englisch sprachen. Er rief sofort bei seiner vorgesetzten Dienststelle an und erhielt die Weisung, uns einzeln nacheinander zu der Division nach Wörgl zu bringen. Ich wurde als erster in einen Jeep der MP verfrachtet und bei dem G-2, dem Feindlagenbearbeiter der Division, in Wörgl abgeliefert. Dieser G-2 erfaßte sofort, welche Bedeutung unsere Selbstgestellung hatte und zeigte sich an einer Befragung sehr interessiert. Ich wurde von ihm in Gegenwart einer Sekretärin vernommen, die über diese Aussagen Protokoll führte. Die wichtigsten Fragen erstreckten sich zunächst allerdings weniger auf meinen früheren Fachbereich als vielmehr auf die Verhältnisse in Deutschland in der Zeit des Nationalsozialismus.

Nach dieser kurzen Vernehmung ging es weiter nach Salzburg. Die MP-Soldaten fuhren eine Zeitlang hin und her, fanden anscheinend die gesuchte Dienststelle nicht und lieferten mich schließlich in einer Gastwirtschaft ab, wo im Schankzimmer bereits ein Gefangener saß, der aber nach kurzer Zeit abgeholt wurde. Ich wartete der Dinge, die da kommen sollten. Vor der offenen Tür stand ein bis an die Zähne bewaffneter Posten mit einer Maschinenpistole in der Hand und bewachte mich. Er war augenscheinlich sehr besorgt, daß ich flüchten könnte. Nachdem sich auch am dritten Tage nichts ereignet hatte und zufällig ein amerikanischer Offizier in das leere Gasthaus kam, versuchte ich, diesem verständlich zu machen, daß ich nun endlich zum Korpshauptquartier gebracht werden wollte. Die Verständigung war etwas schwierig, da ich zu diesem Zeitpunkt noch nicht genügend Englisch sprach. Als er endlich begriff, worum es sich drehte, sagte er entsetzt: »Ach, wir haben Sie ja ganz vergessen!« und erklärte, er werde das weitere veranlassen. Nach einiger Zeit kam wieder MP: »Snell, snell, mit Gepäck.« Ich wurde in einen Jeep gesetzt und nunmehr nach Augsburg in das große Vernehmungslager der vorgesetzten Armee gefahren. Es bestand aus einer großen Zahl von hübschen kleinen Doppel- und Einzelhäuschen, die jeweils immer 4–6 Zwei- oder Dreizimmerwohnungen enthielten und gut dazu geeignet waren, Gefangene, die vernommen werden sollten, so unterzubringen, daß sie nicht miteinander in nähere Berührung kommen konnten.

Bis jetzt war ich, einschließlich des uns betreuenden Vernehmungsoffiziers, nur amerikanischen Offizieren begegnet, die die Lage ausschließlich unter dem Eindruck der offiziellen Propaganda sahen. Fast alle, mit denen ich bisher gesprochen hatte, waren der Auffassung, daß die Sowjetunion sich vom Kommunismus hinweg zu einem liberalen Staat entwickele. Von Stalin wurde immer als von »Uncle Joe« gesprochen. Über die tatsächlichen expansiven Ziele der Sowjets bestanden bei meinen bisherigen Gesprächspartnern keinerlei Vorstellungen.

Ich blieb etwa 3–4 Wochen im Lager Augsburg, bis der Vernehmungsoffizier zu der Überzeugung kam, daß ich kein wertvoller Kriegsgefangener war. Für die Lage bei den Sowjets interessierte er sich nicht. Er wollte Aufklärung über innerdeutsche Vorgänge und

Verhältnisse, allenfalls befragte er mich zu organisatorischen Angelegenheiten und über Persönlichkeiten, wobei ich mich weitgehend ausschwieg. Plötzlich wurde die Tür meines Zimmers aufgerissen. »Mack snell, mack snell« hieß es. Wie immer wurde mir zuerst nicht gesagt, wohin die Reise führen sollte. Ich wurde mit zahlreichen anderen, mir zum Teil nicht bekannten Offizieren auf einen Lastwagen gesetzt und in einer vielstündigen Fahrt in Richtung Stuttgart-Frankfurt transportiert. Als wir Wiesbaden erreicht hatten, wurde ich trotz meines Protestes mit der Behauptung, ich sei ein Gestapo-General, ins Gefängnis Wiesbaden eingeliefert. Hier war das amerikanische Personal recht unfreundlich; es nahm zeitweise eine Haltung ein, die tätliche Beleidigungen befürchten ließ. Als ich über einen Gang geführt wurde, stand ich plötzlich meinem alten Chef, Generaloberst Halder, gegenüber. Spontan überwältigt von der Wiedersehensfreude, fielen wir uns in die Arme. Die Amerikaner waren so beeindruckt, daß sich daraufhin die Situation sofort zu meinen Gunsten änderte.

Generaloberst Halder befand sich bei einer Gruppe von Zivilisten und Offizieren, die die Amerikaner aus den Konzentrationslagern herausgeholt und nunmehr ihrerseits inhaftiert hatten. Die meisten gehörten der Widerstandsgruppe des 20. Juli an, unter ihnen auch der frühere Staatssekretär Pünder. Zusammen mit dieser Gruppe wurde ich in der »Villa Pagenstecher« untergebracht, die als Vernehmungslager der obersten amerikanischen Kommandobehörde in Europa »USFET« (United States Forces European Theatre) diente.

Ich war also doch nicht von Augsburg »abgeschoben« worden, wie ich zunächst geglaubt hatte. In Wiesbaden befand sich eine Anzahl ziviler und militärischer Gefangener, die für die Amerikaner aus politischen oder militärischen Gründen von Bedeutung waren.

Schon am Tage nach meinem Eintreffen wurde ich am Vormittag in den Garten heruntergeführt, wo mich ein Captain mit Namen Hallstedt begrüßte und sich mit mir in die Sonne auf eine Bank setzte. Captain Hallstedt war ein adrett aussehender, sympathisch wirkender Offizier. Er mochte etwa 35 Jahre alt sein und entsprach in seiner Haltung und seinem Auftreten unseren deutschen Vorstellungen über den Offizier schlechthin. Er war, wie ich später erfuhr, von deutscher Abstammung, Amerikaner in der zweiten Generation. In Hallstedt traf ich den ersten amerikanischen Offizier, der rußlandkundig war, der die kommende politische Entwicklung illusionslos einschätzte und sich darüber eigene Gedanken machte.

Diese Begegnung sollte die entscheidende sein für die weitere Entwicklung meiner Pläne. Sie hatte aber auch erfreuliche menschliche

Folgen. Unser »dienstlicher« Kontakt dauerte nur verhältnismäßig kurze Zeit, nach anfänglicher Reserve auf beiden Seiten wurden wir bald enge Freunde und sind es bis auf den heutigen Tag geblieben.
Wir führten ein langes Gespräch über die politische und militärische Lage, er erkundigte sich eingehend nach meiner früheren Tätigkeit. Nachdem er gegangen war, hatte ich nunmehr eine Nacht Zeit, um mir darüber klar zu werden, ob ich die Karten auf den Tisch legen sollte. Ich tat dies nicht sofort in vollem Umfange, sondern wir tasteten uns in mehreren Gesprächen zunächst weiter aneinander heran. Hierbei ergab sich nebenbei die Möglichkeit, allmählich meine Gedanken über die Zukunft sowie über meine Absichten und Zielvorstellungen einfließen zu lassen. Die Reaktion des Captains war positiv. Ich nehme an, daß Hallstedt seinen Vorgesetzten, dem G-2 des Oberkommandos, General Sibert, sowie dem Chef des Stabes, General Bedell Smith, über unseren Dialog laufend vortrug und dabei angewiesen wurde, die Unterhaltungen im positiven Sinne fortzusetzen, denn Hallstedt wurde von Gespräch zu Gespräch aufgeschlossener.
Wir kamen schließlich überein, eine kleine Gruppe meiner früheren Mitarbeiter, unter ihnen Wessel, in Stärke von acht Offizieren zusammenzuziehen. Sie sollten den Amerikanern zeigen, über welche besonderen Möglichkeiten und Kenntnisse wir verfügten. Ich gab Hallstedt eine Reihe von Briefen und die Namen der hierfür ausgewählten Offiziere, so daß er sie aus den Kriegsgefangenenlisten ermitteln konnte, um sie nach Wiesbaden zu holen. Es dauerte viele Tage, bis die Gruppe zusammen war. Hallstedt erzählte mir nach seiner Rückkehr mit amüsiertem Lächeln, daß er alle Herren zunächst angesprochen hätte, ohne meinen Brief vorzuweisen; sie wären allesamt völlig unzugänglich gewesen, bis er den Brief, der wie eine Art »Sesam öffne dich« gewirkt habe, hervorzog. Er gab freimütig zu, wie sehr ihn diese Haltung beeindruckt habe.
Ein erster Schritt war getan. Ein kleiner Kreis meiner engsten Mitarbeiter war um mich versammelt. Damit waren wir in die Lage versetzt, uns über die verschiedensten Fragen auszusprechen und uns gegenseitig abzustimmen.
Die nächste Zeit verging mit Gesprächen über die verschiedensten Themen aus Vergangenheit und Zukunft. Meine Unterhaltungen mit Hallstedt kreisten immer wieder um das gleiche Thema: Das Zerbrechen des alliierten Bündnisses kann nur eine Frage der Zeit sein. Damit wird der bisher nur unterschwellig spürbare Ost-West-Gegensatz aufbrechen und zu Gefahren für die Sicherheit Europas wie auch der Vereinigten Staaten führen. Wie können wir angesichts dieser

Zukunftserwartungen möglichst bald zur Zusammenarbeit gelangen? – Wir beide waren überzeugt, daß es hierzu kommen müsse, waren uns aber auch der Schwierigkeiten bewußt, die sich zwangsläufig ergeben mußten.

Zunächst einmal stand noch keineswegs fest, daß mein Vorschlag, das deutsche nachrichtendienstliche Potential für die USA nutzbar zu machen, außerhalb des amerikanischen G-2-Dienstes positiv aufgenommen werden würde. Der G-2-Dienst freilich wußte, wie gering die eigenen Kenntnisse über »Uncle Joe« und sein Imperium im Augenblick waren. Dem G-2-Dienst mußte daher, wie die bisherigen Gespräche gezeigt hatten, das Angebot auf Zusammenarbeit nicht nur einleuchten, sondern sogar verlockend erscheinen. Seine Annahme würde ihm viele organisatorische Arbeit ersparen. Sie gewährleistete außerdem den Zugang zu Erkenntnissen, deren Beschaffung aus eigener Kraft erst nach Jahren möglich gewesen wäre.

Aber im allgemeinen Bewußtsein war die Sowjetunion der Verbündete und Siegespartner, an dessen Freundschaft und demokratische Entwicklung viele noch glaubten. Waren nicht die Amerikaner auch deshalb in den Krieg gezogen, um den »preußisch-deutschen Militarismus« auszurotten? Konnte man der eigenen Öffentlichkeit, ja selbst der Masse der eigenen Offiziere zumuten, angesichts der Naziverbrechen, die das Fraternisierungsverbot ausgelöst hatten, nun mit ehemaligen deutschen Offizieren und früheren Angehörigen des deutschen Nachrichtendienstes zusammenzuarbeiten?

Botschafter Bullitt, ein enger Vertrauter Präsident Roosevelts, schrieb 1946 in einer großen Zeitschrift, Roosevelt sei mit dem Wissen gestorben, daß er den Teufel durch Beelzebub ausgetrieben habe und daß die USA nun erst vor der eigentlichen Gefahr für ihre weitere Zukunft stünden. Bullitt schrieb meiner Erinnerung nach aber auch im gleichen Artikel, daß es in einer Demokratie etwa fünf Jahre Zeit benötige, bis solche Erkenntnis Allgemeingut würde. Er hat sich hierin auch nicht getäuscht. Wenn auch die Ernüchterung der amerikanischen Öffentlichkeit gegenüber der Sowjetunion bereits um die Jahreswende 1945/46 nach dem Einmarsch sowjetischer Truppen im Iran einsetzte, so bedurfte es doch noch des Korea-Krieges, um auch dem letzten Amerikaner die Augen für die »Realitäten« zu öffnen.

Es war deshalb verständlich, daß zunächst keine Entscheidungen getroffen wurden und wohl auch von USFET in diesem Zeitpunkt nicht getroffen werden konnten. Statt dessen wurde ich zusammen mit sechs Angehörigen des deutschen Ic-Dienstes, die ich bestimmen konnte, in die USA verlegt. Wessel ließ ich als meinen Vertreter und Platzhalter zurück. Es blieb zwischen uns beiden bei der Abmachung,

daß er nur mit meiner Zustimmung aktiv werden, im übrigen aber versuchen solle, zu früheren und potentiellen Mitarbeitern – wie z. B. auch zu Baun – Verbindung zu halten.
Ein Grund für unsere Verlegung war offenbar die Absicht, durch die zeitweilige Entfernung unserer Gruppe aus Europa die Gefahr einer Indiskretion auf ein Minimum zu reduzieren. Auf der anderen Seite konnten die Überlegungen und Erwägungen in den Vereinigten Staaten, abgesetzt von dem europäischen Geschehen, besser zu Ende geführt werden. Es hieß also plötzlich, schnellstens Zivil und Koffer zu beschaffen, um in etwa 3 Tagen nach den Vereinigten Staaten abreisen zu können. Dabei durften wir nicht als ehemalige Soldaten auffallen. Unsere Ausstattung mit bürgerlicher Kleidung war nicht einfach; wir mußten uns aus den kargen Beständen anderer das Notwendigste ausleihen, damit wir überhaupt als Zivilisten reisen konnten. Noch schwieriger war die Beschaffung von Handkoffern; wir mußten uns deshalb mit den verschiedenartigsten Behältern behelfen. Oberst Stephanus z. B. reiste mit einem Geigenkasten, in dem er seine wenigen Habseligkeiten bequem untergebracht hatte. So mögen wir als Gruppe zwar absolut zivilistisch, aber doch etwas eigenartig ausgesehen haben. Man konnte vielleicht vermuten, daß wir eine Musikergruppe oder etwas ähnliches wären. Wir wurden etwa Anfang August in das Flugzeug des Chefs des Stabes von USFET, General Bedell Smith, verfrachtet. Dadurch war ein unauffälliger Transport möglich, denn dieses Flugzeug wurde sonst ausschließlich von dem General benutzt. Für uns alle war dies die erste Reise in die Vereinigten Staaten; doch kam trotz aller interessanten Aspekte einer solchen Reise keine gelöste Stimmung auf. Captain Hallstedt, der sich im Laufe der Zeit gewissermaßen zu unserem getreuen Eckehard entwickelt hatte und zu dem wir einen sehr nahen persönlichen Kontakt gewonnen hatten, begleitete uns. Er bürgte uns dafür, daß alles gut ausging. Unterwegs erlebten wir eine kuriose Verwechslung. Bei der Zwischenlandung auf den Azoren war eine Ehrenkompanie angetreten, um den in der Maschine erwarteten General Bedell Smith zu begrüßen. Wir konnten infolgedessen die Maschine nicht verlassen, um das Märchen nicht zu zerstören, daß General Bedell Smith auf der Durchreise sei.
Nach 36stündigem Flug landeten wir in Washington, wo wir von einem Captain Kohler in Empfang genommen wurden, der zunächst unsere Betreuung zu übernehmen hatte. Zu unserer Enttäuschung verabschiedete sich Hallstedt auf dem Flugplatz von uns und wünschte uns alles Gute. Er sagte mir, er würde den Versuch machen, sich mit mir am morgigen Tag noch einmal zu treffen. Captain Kohler

komplimentierte uns sehr freundlich in einen der Empfangsräume des Flugplatzes, wo wir einen Gesundheitstest zu absolvieren hatten. Dazu mußten wir – wie Spatzen auf der Stange – auf einer Bank Platz nehmen und ein Fieberthermometer in den Mund stecken. Dann wurden wir in eine »Black Mary«, die »grüne Minna« der Amerikaner, gewiesen. Der Wagen hatte keine Fenster; lediglich eine Entlüftung war vorhanden. Natürlich enttäuschte uns diese Art des »Empfanges«, zumal sich in den nächsten Tagen, in denen nichts geschah, die nervliche Belastung steigerte. Ich mußte meine gesamte Beredsamkeit aufbieten, um meinen Kameraden ihren Gleichmut zu erhalten.
Während der Fahrt versuchte ich, aus dem jeweiligen Richtungswechsel des Transportfahrzeuges und aus den Zeiten der dazwischenliegenden Fahrtstrecken das Fahrtziel herauszufinden. Der Wagen hielt an einem Punkt, der nach meiner Berechnung etwa 20 km südlich von Washington liegen mußte. Ich tippte auf die Gegend von Alexandria, was sich später auch als ungefähr richtig herausstellte. Wir befanden uns in einem aus Geheimhaltungsgründen namenlosen Vernehmungslager, das von den amerikanischen Soldaten nach seiner Post Office Box Nummer 1142 benannt wurde. Hier kamen wir in ein Gebäude, in dem jeder ein ausreichend ausgestattetes Zimmer erhielt. Eigenartigerweise befanden sich auf der Innenseite der Türen keine Klinken; man konnte also von sich aus das Zimmer nicht verlassen. Das Gebäude, das wir später scherzhaft »Truman's Hotel« nannten, war von einem Stacheldrahtzaun umgeben, der durch vier Wachttürme gesichert war. Unsere Stimmung war bei dieser Art Einzelhaftunterbringung etwas bedrückt, wenn auch der Captain Kohler versuchte, uns die Dinge dadurch schmackhaft zu machen, daß er behauptete, es sei dies alles nur zur Geheimhaltung und zu unserem Schutz eingerichtet worden. Am nächsten Tag suchte mich Hallstedt auf: »Es tut mir leid, General, daß ich Sie nicht länger betreuen kann, ab morgen wird Ihnen Captain Erikson zur Verfügung stehen.« Hallstedt machte einen etwas gedrückten Eindruck. Da er keine Erklärungen im einzelnen abgab und wohl auch nicht abgeben durfte, erhöhte dies unsere Ungewißheit. Am nächsten Tag kam Captain Erikson. Wir gingen längere Zeit zusammen spazieren und unterhielten uns; dabei versuchten wir uns gegenseitig kennenzulernen und aneinander heranzufühlen. Ich kam zu dem Ergebnis, daß er ein vertrauenswürdiger und warmherziger Mann sei, der zwar nach dem schweren Schicksal seiner Familie in Europa mit gewissen Vorbehalten erfüllt war, die aber keineswegs irgendwie eine Zusammenarbeit ausschlossen. Wir sind später enge Freunde geworden. Erikson

hat über Jahre hinaus sehr wesentlich zum Gelingen unseres Unternehmens beigetragen und auch auf vielen anderen Gebieten der jungen Bundesrepublik geholfen, wo er nur konnte. Seine Tätigkeit ist durch die Verleihung des Bundesverdienstkreuzes gewürdigt worden.
Captain Erikson ließ durchblicken, daß das Arrangement, das gegenwärtig getroffen war, auf »besondere Umstände« zurückzuführen sei, und bat uns, nicht den Mut zu verlieren, er würde das im Laufe der Zeit in Ordnung bringen. Erikson holte uns jeden Morgen zur Arbeit ab, die wir außerhalb des Unterbringungsgebäudes in einem Bürohaus durchführten und bei der wir uns täglich sahen. Unsere Tätigkeit bestand in Gesprächen mit Fachreferenten des G-2-Dienstes des War Department, in der Beantwortung mündlich und schriftlich gestellter Fragen über die Streitkräfte der Sowjetunion sowie in der Erarbeitung von Studien auf Grund uns überlassenen Materials. In dieser Zeit hatte ich auch die bisher nicht eingeweihten Mitarbeiter über meine Absichten und Pläne unterrichtet. Ich entsinne mich des ungläubigen Staunens und des Zweifels bei einigen von ihnen. Nur ihre gute Erziehung und ihr Vertrauen zu mir hielten sie wohl davon ab, sich offen zu äußern.
Es stellte sich bald heraus, daß das Vernehmungslager zur Ausnutzung besonderer wichtiger Kriegsgefangener aufgebaut war. Der Kommandant des Lagers war ein äußerst ehrgeiziger Mann; er war erbost, daß man uns seiner Unterstellung mit der direkten Betreuung durch den G-2 des War Department entzogen hatte. Dies veranlaßte ihn zu dem Versuch, uns durch Schikanen, wie z. B. die Art der Unterbringung, von vornherein zu verärgern, um daraus die Hoffnung zu schöpfen, daß wir jede Zusammenarbeit verweigern würden. Wenn daraufhin das War Department sein Interesse an uns verloren hätte, würden wir ihm zur Ausnutzung unseres Wissens und unserer Möglichkeiten unterstellt werden. Dann hätte er sicherlich auch für einen Wechsel in unseren Unterbringungsverhältnissen gesorgt.
Man sieht, auch in Amerika gibt es Kompetenzkonflikte, die für die Betroffenen – in diesem Falle also für uns – höchst unbequem sein können und die man mit einem Schuß guten Humors ertragen muß. Captain Erikson erreichte nach einiger Zeit, daß wir anders untergebracht wurden. Wir erhielten drei nette kleine Hütten im Walde, die nicht umzäunt waren und wo wir uns in einem bestimmten Bereich auf Ehrenwort frei bewegen durften. Wir waren nun nicht mehr einzeln, sondern zu zweit oder dritt in diesen drei Hütten untergebracht. Die Grenzen unseres Bewegungsbereiches waren immerhin so weit gesteckt, daß wir uns in unserer arbeitsfreien Zeit ausreichend bewe-

gen konnten. Berufsmäßiges Mißtrauen veranlaßte mich nach ein paar Tagen, die drei Hütten sorgfältig nach etwaigen Mikrophonen zu untersuchen, damit nicht jedes untereinander gesprochene Wort von den Amerikanern in unerwünschter Weise ausgenutzt werden konnte. Ich fand erwartungsgemäß in jeder Hütte an einer sehr geschickt ausgesuchten Stelle jeweils ein Mikrophon eingebaut. Ich wandte mich daraufhin am nächsten Tage an den Captain Erikson, wobei ich annahm, daß diese Mikrophone mit seinem Wissen eingebaut seien, gab ihm zu verstehen, daß ich es schon aus Geheimhaltungsgründen nicht für zweckmäßig hielte, hier solche Abhöreinrichtungen zu betreiben. Sie müßten ja dann nach Dienstschluß durch den Unteroffizier vom Dienst überwacht werden, wodurch die Geheimhaltung unserer persönlichen Eigenschaft und der Sinn des Unternehmens gefährdet werden würde. Captain Erikson wurde wütend: »Das ist unglaublich, ich werde herausfinden, wer das veranlaßt hat.« Es stellte sich heraus, daß der Lagerkommandant diese Mikrophone hatte anbringen lassen, um seinerseits Captain Erikson zu überwachen. Er hoffte, geeignetes Material zu erhalten, um seinen Konkurrenten auszuschalten.

Wir wurden mehrfach von Referenten aus dem Kriegsministerium besucht, die sich einen Überblick über unsere Auffassungen, unsere Leistungsfähigkeit usw. verschaffen wollten. Leiter einer Arbeitsgruppe war Oberst Lovell, der leider im Korea-Krieg gefallen ist; er war vor dem Kriege Militär-Attaché in Berlin gewesen und erzählte wiederholt davon, wie anständig er bei Kriegsbeginn in der Internierung bis zur Abreise des diplomatischen Personals von der Wehrmacht behandelt worden wäre. Er versicherte, daß er sein Bestreben darein setze, uns auch nicht einen Deut schlechter zu behandeln. Ich habe seinerzeit Lovell als einen aufrechten amerikanischen Soldaten, mit dem man über alle Dinge offen und freimütig sprechen konnte, sehr schätzen gelernt. Auch der Rußland-Referent war ein besonders tüchtiger Mann mit gutem Urteil über alle Ostfragen. Die Amerikaner litten daran, daß die Kenntnisse über den Osten, seine Mentalität, seine positiven und negativen Seiten, nicht in genügender Genauigkeit vorhanden waren. Wir bekamen im Laufe der Zeit immer mehr Material zur Auswertung. Das dabei Geleistete hat sehr erheblich dazu beigetragen, die Amerikaner zu einem positiven Urteil über unsere Fähigkeiten und Möglichkeiten zu bestimmen.

Wenn die Sprache auf meine Vorschläge kam, so war noch um die Jahreswende 1945/46 die Reaktion ausweichend, da man offensichtlich zu diesem Zeitpunkt noch die damit verbundenen politischen Risiken scheute. Uns wurde gesagt, man müsse abwarten, bis sich die

öffentliche Meinung gegenüber Deutschland beruhigt und gegenüber den Russen abgekühlt habe. Die Öffentlichkeit müsse erst einmal die Sowjets und das sowjetische Problem so sehen, wie es in Wirklichkeit gesehen werden müßte, andernfalls würden in einem demokratisch geführten Staat wie den Vereinigten Staaten sowohl außenpolitische wie innenpolitische Schwierigkeiten eintreten.
Im Dezember 1945 traten die Amerikaner zunächst lediglich mit dem Angebot an mich heran, die Gegenspionage in kleinem Maßstab durch die Gruppe Baun freizugeben, falls ich einverstanden sei. Ich willigte ein, da die Möglichkeit gegeben war, die ersten Anfänge einer aktiven Arbeit einzuleiten.
Baun befand sich, wie erwähnt, in der Betreuung durch CIC (Counter Intelligence Corps), der Sicherheitsorganisation von G-2 USFET. Der CIC seinerseits wurde aus Geheimhaltungsgründen über die Gesamtplanung in Verknüpfung mit meiner Person nicht unterrichtet. So wurde ich selbst noch bis etwa 1949 vom CIC gesucht. Diese Geheimhaltung hatte zur Folge, daß Baun zunächst glaubte, daß der CIC ihm die erste Arbeit auf Grund seiner eigenen Vorschläge freigegeben habe.
Der Umschwung in der politischen öffentlichen Meinung kam plötzlich, als im Februar 1946 sowjetische Truppen den nördlichen Teil des Iran besetzten. Mir wurde dieses für uns überraschende Umschlagen damit erklärt: »The American doesn't like to be taken as a sucker« – dies soll heißen, daß der Amerikaner nicht liebt, »nicht für voll« genommen zu werden. Die Besetzung Nord-Irans stellte nach Ansicht der öffentlichen Meinung der USA eine ausgesprochene, durch nichts begründete Unrechtshandlung dar und führte nahezu schlagartig zu der Erkenntnis, daß sich die Sowjetunion nicht – wie man geglaubt hatte – von einem kommunistischen zu einem friedliebenden nationalen Staat mit etwas anderen Formen als denen der westlichen Demokratien entwickle. Man glaubte nun wieder, mit dem früheren expansiven Sowjetrußland rechnen zu müssen. Der öffentliche Stimmungsumschwung führte zwar nicht zu einer sofortigen Entscheidung, aber immerhin doch dazu, daß nun in etwas detaillierterer und gründlicherer Form als bisher mit uns zusammengearbeitet wurde. Auch in Europa, wo Wessel zurückgeblieben war, ergaben sich, wie bereits erwähnt, gewisse weitere Ansatzpunkte für eine spätere Aufnahme der Arbeit.
Wir konnten jetzt auch öfter einmal nach Washington fahren. Dabei wurden wir von einem amerikanischen Offizier begleitet, da wir alle noch nicht genügend Englisch sprachen, um uns durchzufinden. Wir konnten von der Kriegsgefangenenentschädigung, die wir laufend

bekamen, Einkäufe machen und wurden auch in Washington herumgeführt, um die Sehenswürdigkeiten und die Geschichte der Stadt kennenzulernen.

Captain Erikson zeigte sich in der gesamten Zeit um unsere Probleme rührend besorgt. Alles in allem war dieser mehrmonatige Aufenthalt besonders dazu geeignet, nicht nur von der fachlichen, sondern auch von der menschlichen Seite her die gemeinsame spätere Arbeit vorzubereiten und auch das beiderseitige Vertrauen zu gewinnen, das für diese diffizile und diskrete Tätigkeit notwendig ist.

Allmählich näherte sich die Stunde der Rückkehr. Nach Verabschiedung von den amerikanischen Herren, mit denen wir Kontakt gehabt hatten, traten wir am 1. 7. 1946 die Rückfahrt auf einem Liberty-Schiff an, einem Truppentransporter, mit dem wir in einer Woche Le Havre erreichten. Die ganze Fahrt über hatten wir wunderbares Wetter. Diesmal begleitete uns unser Freund Captain Erikson auf der Reise und blieb auch künftig noch längere Zeit bei uns. Wenn auch in der Enge eines Truppentransporters, war es doch eine wunderbare Fahrt. Die See blieb auf der ganzen Reise spiegelglatt, so daß wir Luft, Wasser und Sonne richtig genießen konnten. Verpflegung und Betreuung waren gut, abends wurden auf Deck für Kriegsgefangene und Besatzung des Schiffes Filme gezeigt. Dies alles und das Bewußtsein, wieder nach Deutschland heimzukommen, hob die Stimmung, wenn auch für manche, die nicht unserer Gruppe angehörten, Ungewißheit über allem lag, was sie zu Hause erwarten würde. Nach der Ausschiffung in Le Havre wurden wir in einem Truppentransportflugzeug nach Frankfurt gebracht und von dort mit zwei Wagen nach Oberursel gefahren, wo drei Häuser für die Arbeitsgruppe bereitstanden. Diese drei Häuser wurden in der nächsten Zeit vorübergehend unsere erste Arbeitsstätte, zugleich aber auch unsere Wohnung. In einem vierten Haus, dem sogenannten »Bluehouse«, war der amerikanische Verbindungsstab, bestehend aus dem Captain Erikson und einem neu hinzugetretenen Oberst D., gesondert untergebracht. Auch Captain Hallstedt, der zu seiner Stabsarbeit bei USFET zurückgekehrt war, sahen wir in den nächsten Tagen wieder.

Als erstes wurden die Formalitäten zur Entlassung aus der Kriegsgefangenschaft durchgeführt, so daß wir nunmehr frei und lediglich durch unsere Arbeit gebunden waren. Die ersten Tage galten Besprechungen mit den beiden amerikanischen Offizieren, Oberst D. und Captain Erikson, über die Frage, wie unsere Arbeit zu organisieren sei und wie die amerikanischen und deutschen Wünsche am besten auf einen Nenner gebracht werden konnten.

Die Häusergruppe, in der wir arbeiteten, war – um unerwünschte Besucher abzuhalten – mit Stacheldraht eingezäunt, und das Ganze wirkte wie ein Teil des Lagers Oberursel, in dem sich die verschiedenartigsten Gefangenen befanden, die verhört werden sollten, insbesondere politisch Verdächtige. Das war eine gute Tarnung und auch gar nicht so schwierig zu ertragen. Wir gewöhnten uns auf diese Weise sozusagen allmählich an die Tatsache, uns frei bewegen zu können. Ähnlich wie bei mir spielte sich auch bei den anderen Familien das Wiedersehen ab.

An einem der ersten Tage nach unserer Ankunft besuchte mich General Sibert, der G-2 von USFET, um die Arbeitsmodalitäten endgültig zu klären. Wir unterhielten uns lange über die Arbeitskonzeption, sowohl von deutscher wie von amerikanischer Seite, und die damit verbundenen Probleme. Ich fand bei diesem klugen General volles Verständnis für die Voraussetzungen, von denen nach meiner Ansicht die Arbeit bei voller Berücksichtigung der Interessen unserer neuen, wenn auch nicht offiziellen Bundesgenossen und Partner abhing. Wir waren uns darüber klar, daß gegenüber den politischen Zielen des Ostblocks Amerikaner und Deutsche, aber auch die anderen europäischen Staaten in einem Boote säßen und an eine gemeinsame Verteidigung denken müßten. Allein diese Tatsache rechtfertige unsere Zusammenarbeit. Das weitere mußten wir der großen Politik überlassen. Die Entwicklung wurde von uns als eine zwangsläufige angesehen. Die Erfahrung der letzten 25 Jahre hat unsere damalige Einschätzung bestätigt. Im übrigen waren alle diese Gedanken schon während unseres ersten Aufenthaltes in Wiesbaden mit Captain Hallstedt besprochen worden; sie waren öfter Gegenstand der Besprechungen in Washington gewesen und wurden mit den amerikanischen Verbindungsoffizieren, die gleichzeitig unsere Betreuung durchführten, in vielen Diskussionen immer erneut erörtert. Der Inhalt dieses Gespräches war also nichts Neues für meinen Gesprächspartner, den General Sibert, sondern die Zusammenfassung einer langen vorhergegangenen Diskussion. Wir wiederholten lediglich noch einmal alle Gedankengänge, um endgültig zu einer klaren Grundlage zu kommen. Das Gespräch endete mit einem »Gentlemen's Agreement« zwischen General Sibert und mir über unsere Arbeit, das aus vielerlei Gründen nicht schriftlich niedergelegt wurde. Immerhin hatte sich durch die intensive persönliche Berührung mit dem Kreis des G-2 von USFET und des G-2 des War Department das Vertrauen zwischen beiden zukünftigen Partnern, insbesondere zwischen General Sibert und mir, so positiv entwickelt, daß beide Seiten nicht zögerten, die Arbeit auf einem mündlichen »Gentlemen's

Agreement« aufzubauen, das im übrigen in den späteren Jahren einen schriftlichen Niederschlag fand. Dieses unbedingte Vertrauen war entscheidend.

Das zwischen General Sibert und mir abgeschlossene »Gentlemen's Agreement« legte fest:

1) Es wird eine deutsche nachrichtendienstliche Organisation unter Benutzung des vorhandenen Potentials geschaffen, die nach Osten aufklärt, bzw. die alte Arbeit im gleichen Sinne fortsetzt. Die Grundlage ist das gemeinsame Interesse an der Verteidigung gegen den Kommunismus.
2) Diese deutsche Organisation arbeitet nicht »für« oder »unter« den Amerikanern, sondern »mit den Amerikanern zusammen«.
3) Die Organisation arbeitet unter ausschließlich deutscher Führung, die ihre Aufgaben von amerikanischer Seite gestellt bekommt, solange in Deutschland noch keine neue deutsche Regierung besteht.
4) Die Organisation wird von amerikanischer Seite finanziert, wobei vereinbart wird, daß die Mittel dafür nicht aus den Besatzungskosten genommen werden. Dafür liefert die Organisation alle Aufklärungsergebnisse an die Amerikaner.
5) Sobald wieder eine souveräne deutsche Regierung besteht, obliegt dieser Regierung die Entscheidung darüber, ob die Arbeit fortgesetzt wird oder nicht. Bis dahin liegt die Betreuung dieser Organisation (später »trusteeship« genannt) bei den Amerikanern.
6) Sollte die Organisation einmal vor einer Lage stehen, in der das amerikanische und das deutsche Interesse voneinander abweichen, so steht es der Organisation frei, der Linie des deutschen Interesses zu folgen.

Besonders der letzte Punkt mag verwundern, da hier doch zur Diskussion stehen könnte, ob der Vertreter der Amerikaner dem Deutschen nicht zuviel zugestanden habe. Gerade dieser Punkt zeugt jedoch von der Weitsichtigkeit des Generals Sibert. Er übersah klar, daß die Interessen zwischen den Vereinigten Staaten und der Bundesrepublik auf lange Zeit identisch sein würden. Ich glaube, es war sehr wichtig, daß gleich von Anfang an eine Übereinkunft getroffen wurde, die tragfähig genug war, auch Schwierigkeiten und Probleme, die sich in der Zukunft in umfangreichster Form einstellen konnten und auch eingestellt haben, überwinden zu können. Ich habe heute noch die allerhöchste Hochachtung vor diesem General, der das Wagnis auf sich genommen hat, die nachrichtendienstlichen Kräfte des ehemaligen Gegners für das eigene Land in einer Lage mit auszunutzen, die politisch voller vieler schwieriger Probleme war. Auch der Mitwirkung der anderen amerikanischen Offiziere, die mit unserer Betreuung befaßt waren, ist es zweifellos zu danken, daß die psychologischen und vertrauensmäßigen Voraussetzungen von amerikanischer Seite gegeben waren, ein solches Unternehmen zu beginnen.

# 4. KAPITEL

# Die »Organisation Gehlen«

In der Zeit vor meiner Rückkehr aus den Vereinigten Staaten waren die Zurückgebliebenen nicht müßig geblieben. Wessel hatte kurz nach meiner Abreise zunächst einmal die Verbindung mit Baun hergestellt, der ähnliches wie wir erlebt hatte. Er hatte sich, wie verabredet, freiwillig den Amerikanern gestellt, war ebenfalls hin- und herverlegt worden und schließlich nicht allzuweit von Wiesbaden in dem Vernehmungslager bei Oberusel in der Obhut des CIC angelangt und dort geblieben. Hier herrschten strenge Bräuche, da das Lager zum Teil auch Gefangene fragwürdiger Art zu Vernehmungszwecken beherbergte. Es unterstand dem G-2 USFET (United States Forces European Theatre). Baun ertrug diese Lage, ebenso wie einige seiner Mitarbeiter, mit dem notwendigen Schuß Galgenhumor und erklärte sich bereit, entsprechend unseren Abreden in Bad Elster, mit dem CIC zusammenzuarbeiten. Ich selbst hatte bereits im Laufe meiner Washingtoner Gespräche, wie schon erwähnt, Ende des Jahres 1945 mein grundsätzliches Einverständnis erklärt, daß Baun und die in Deutschland zurückgebliebenen Mitarbeiter sozusagen probeweise aktiv werden sollten. Bei dieser Entscheidung leiteten mich zwei sich berührende und ergänzende Überlegungen. Einmal kam es darauf an, die von ihrem Standpunkt aus berechtigterweise skeptischen Amerikaner möglichst bald davon zu überzeugen, daß wir außer unseren Unterlagen, die auf längere Sicht dem unausweichlichen Prozeß der Veraltung unterworfen sein würden, noch andere, nämlich aktuelle und wertvolle Erkenntnisse bieten konnten. Solche Ergebnisse mußten um so eindrucksvoller sein, als in Deutschland noch immer das Chaos herrschte, die Verbindungen durch die Zonengrenzen erschwert waren und sich Millionen von Deutschen noch immer ohne festes Ziel auf einer erzwungenen Wanderschaft befanden. Zum anderen mußte es immer schwieriger werden, den Stamm von Mitarbeitern, den wir benötigten, heranzuziehen und zur Mitarbeit einzusetzen. Wenn sie erst einmal aus der Gefangenschaft entlassen und im Erwerbsleben verschwunden waren, konnte es bei den herrschenden katastrophalen Zuständen kaum gelingen, viele der dringend benötigten Fachkräfte wieder ausfindig zu machen.

Mein Einverständnis wurde Wessel durch die Amerikaner übermittelt; Baun wurde durch die Dienststelle in Oberursel ins Bild gesetzt. Jedoch wurde Baun, was weder Wessel noch ich *damals* wußten, durch die ihn betreuenden Amerikaner vom CIC nicht restlos über meine weitergehenden Gedankengänge informiert, da CIC noch bis 1949 über meine Person und die beabsichtigten Maßnahmen weitgehend im unklaren gelassen wurde, wie im vorigen Kapitel kurz erwähnt. Später stellte sich heraus, daß Baun in seinen Gesprächen mit den Amerikanern eigene Gedanken über die Durchführung der praktischen Aufklärungsarbeit entwickelt hatte, die sich etwa an den Organisationsformen der Abwehr zwischen 1933 und 1941 orientierten. Er strebte eine unabhängige Beschaffungsorganisation unter seiner Führung an, die nach eigenem Ermessen und in eigener Verantwortung arbeiten und die ihre Ergebnisse einer ebenfalls selbständigen Auswertung übergeben sollte. Dies entsprach schon deshalb nicht meinen in Washington von den Amerikanern gebilligten Plänen, weil bei dieser Lösung die Amerikaner eine deutsche Stelle gegen die andere hätten ausspielen können. Es hätte auch keine Garantie dafür gegeben, daß die Amerikaner nur solches Material erhielten, für das *ich* mit gutem Gewissen hätte geradestehen können. Die bereits erwähnten Erfahrungen mit einzelnen Meldungen der Abwehr gaben hier zu denken. Das Bestehen von zwei Organisationen nebeneinander mußte schließlich später einmal die Übernahme in deutsche Verantwortlichkeit unnötig komplizieren, ganz abgesehen davon, daß sich gerade mit dieser Zweigleisigkeit im Kriege jene Fehlerquellen ergeben hatten, auf die ich gleichfalls schon hingewiesen habe.

Bauns Lösungsvorschlag entsprach aber auch nicht den amerikanischen Vorstellungen von G-2 USFET. Vornehmlich die europäischen Dienststellen arbeiteten mit uns auch nach Abschluß meines Washingtoner Aufenthaltes zum Teil zunächst auf eigenes Risiko zusammen. Washington hatte zwar, wie schon im einzelnen ausgeführt wurde, nach langen Verhandlungen seine generelle Zustimmung zu unserer Arbeitsaufnahme gegeben. Aber die praktische Durchführung der Zusammenarbeit blieb, wie ich bestimmt weiß, General Sibert überlassen, der letztlich geradezustehen hatte, wenn sich das Experiment als Fehlschlag erweisen oder sich doch noch ein politischer Skandal ergeben sollte. Sibert und seine Mitarbeiter wollten sich daher lieber mit einem für das Ganze verantwortlichen Deutschen abgeben, der dazu noch der rangälteste Offizier unter den in Frage kommenden Persönlichkeiten war, also mit mir. Es kam hinzu, daß Baun für die Amerikaner eine von der Mentalität her nur schwer zu begreifende Persönlichkeit war. Seine Zwei-Naturen-Individualität, seine Vergangenheit, von der Kindheit in Odessa angefangen bis hin zu seiner langjährigen Tätigkeit im Rahmen des Amtes Ausland/Abwehr, all das erschwerte unseren amerikanischen Freunden das Verständnis und führte zu gewissen, im übrigen nicht ganz berechtigten Vorbehalten.

Daß Baun, nachdem sich die Art der zukünftigen Zusammenarbeit zwischen der amerikanischen Armee und uns im großen geklärt hatte, nicht von Anfang an unmißverständlich erklärt wurde, er habe sich mir zu unterstellen, war jedoch in erster Linie, wie schon bemerkt, darauf zurückzuführen, daß CIC nicht voll in die Zusammenhänge eingewiesen war. Die in diesem Falle erforderliche und wünschenswerte Offenheit Baun gegenüber hätte ohne Zweifel einige später auftretende Schwierigkeiten verhindert. Es ist auch denkbar und jedenfalls nicht auszuschließen, daß es im Interesse der Amerikaner liegen konnte, in Anbetracht der unklaren Verhältnisse zunächst einmal zwei Eisen im Feuer zu haben. Außerdem waren sicherlich durchaus nicht alle Mitarbeiter im G-2-Stab von USFET so rückhaltlos bereit, sich die gemeinsam erarbeitete Konzeption zu eigen zu machen, wie dies bei Colonel Rusty, Captain Hallstedt und Captain Erikson der Fall war. Schon die Tatsache, daß das sogenannte »Gentlemen's Agreement« erst viel später in der Abmachung mit dem amerikanischen Nachrichtendienst (CIA) seinen Niederschlag fand, zeigt, wie labil im ganzen die damalige Situation trotz allen guten Willens auf beiden Seiten war. Diese Tatsache beweist aber auch die Verantwortungsfreudigkeit General Siberts in ihrer ganzen Tragweite.

Die Schwierigkeiten, denen sich Wessel und Baun etwa ab Anfang 1946 bei den ersten Versuchen, einen Apparat für Auswertung und Nachrichtengewinnung aufzubauen, gegenübersahen, waren auf die angedeuteten, in jeder Hinsicht außergewöhnlichen Verhältnisse zurückzuführen. Trotzdem – und das war erstaunlich – versagte sich in dieser Zeit keiner, der angesprochen und in irgendwelcher Beziehung für eine künftige Mitarbeit gewonnen werden sollte. Obwohl fast jeder Deutsche, der aus den Ostgebieten kam, alles verloren hatte, fanden sich gerade unter den Heimatvertriebenen in den kommenden Jahren immer wieder Persönlichkeiten, die bereit waren, sich für das Ganze einzusetzen, auch wenn sie inzwischen einen Beruf gefunden hatten. Es war dabei auch gleichgültig, welcher Parteirichtung sie sich angeschlossen hatten.

Der Einwand, es habe gerade der Verlust nicht nur der beruflichen Existenz, sondern auch der persönlichen Habe den Entschluß zur Mitarbeit erleichtert, in der Organisation seien also mehr oder weniger lediglich Desperados und Abenteurer zusammengekommen, um einem finsteren Gewerbe zu dienen, zeugt von völliger Unkenntnis und falscher Einschätzung der Gegebenheiten und Zustände. Dieser Vorwurf ist übrigens seitens der SBZ-Propaganda bis zum Jahre 1954 immer wieder erhoben und in Einzelfällen von westlichen Presseorganen ungeprüft und damit zumindest fahrlässig übernommen worden. Die entstehende Organisation hatte ja nichts im landläufigen Sinne Wertvolles zu bieten. Ihre Existenz war streng geheim. Sie mußte auch, um Erfolge zu gewährleisten und um sich gegen Infiltrierungsversuche abzuschirmen, geheim bleiben. Der Aufbau eines neuen bürgerlichen Daseins war für den Mitarbeiter also äußerst erschwert. Er mußte seine Tätigkeit aus Sicherheitsgründen sogar gegenüber seinen Angehörigen verschweigen. Einen staatlichen Schutz konnte er nicht erhalten, denn Deutschland hatte ja zu existieren aufgehört. Aber auch der Schutz, den die Besatzungsmacht bieten konnte, war mehr als dürftig. Die Jurisdiktion der USA war auf die eigene Zone – auch nach Entstehen der Bi- und Trizone – beschränkt. Außerdem wußte zunächst nur der G-2-Stab von USFET um die Organisation, ein Zustand, der möglichst lange anhalten sollte. Unsere Mitarbeiter waren daher zunächst auch dem Mißtrauen anderer US-Stellen, insbesondere dem wachsamen Auge von CIC und dem der Militärpolizei, hilflos ausgesetzt, wovon mancher ein Lied singen konnte. Die Entlohnung war gering; mein eigenes Gehalt z. B. belief sich noch 1952 auf ca. 1200,– DM netto. Die Betriebsmittel bestanden aus den an und für sich vor dem 20. Juni 1948 (Währungsreform) hochgeschätzten US-Dollar, die aber aus naheliegenden Gründen nur mit Schwierigkeiten, und zwar nicht bei den Banken, eingewechselt werden durften, um unbequemen Fragen nach der Herkunft auszuweichen. Sie wurden deshalb zumeist mit Hilfe unserer amerikanischen Freunde gegen deutsche Währung getauscht, damit wir die Versorgung der Organisation sichern konnten. Es gehörte schon viel Idealismus dazu, sich nach Krieg, Gefangenschaft, Vertreibung und vielen anderen persönlichen Erschwernissen, von denen keiner verschont blieb, zur Mitarbeit bereit zu erklären.

Ab 1. 4. 1946 liefen die ersten Probeeinsätze der Beschaffung an. Die Ergebnisse fanden eine zustimmende Reaktion. Nach der Besprechung mit General Sibert im Juli 1946, die zu dem erwähnten »Gentlemen's Agreement« geführt hatte, wurde dann das Signal zur vollen Aufnahme der Arbeit gegeben. Dazu war zunächst der Aufbau einer kleinen, aber leistungsfähigen Führungsspitze für die Gesamtorganisation nötig, ferner mußte ein gut arbeitender Führungsstab für die nachrichtendienstlichen Operationen aufgestellt und eine zuverlässige Auswertung gebildet werden. Diese wichtigen Vorarbeiten erforderten bei aller Einsatzfreude sämtlicher Beteiligten ihre Zeit, zumal zunächst sämtliche Voraussetzungen fehlten, sowohl technischer, räumlicher, organisatorischer und in gewissem Umfange auch personeller Art. Die weitere Ergänzung des Personals war zunächst das vordringlichste Problem. Die vorhandenen Kräfte reichten nicht aus; zu vielen, früher auf den verschiedenen Fachgebieten tätigen Persönlichkeiten war die Verbindung verlorengegangen. Außerdem mußten natürlich auch Hilfskräfte für die Bearbeiter in ausreichendem Maße eingestellt werden. Der Wiederanfang am Punkt »Null« hatte allerdings auch seine Vorteile. Denn es ist sehr viel schwieriger, eine bestehende und arbeitende große nachrichtendienstliche Organisation umzubauen und sie zu modernisieren, als eine Organisation unter Berücksichtigung aller Erkenntnisse nach neuen Gesichtspunkten wieder aufzubauen. Das Ziel war mir und Wessel klar: Den Kern eines künftigen deutschen Nachrichtendienstes zu schaffen, wobei die bei anderen Diensten wie auch bei uns vorliegenden Erfahrungen sowohl aus dem Kriege wie aus der Vergangenheit verwertet werden sollten. Abgesehen davon, daß ein Nebeneinander mehrerer auf verschiedenen Gebieten arbeitender Auslandsnachrichtendienste fast zwangsläufig zu einem Gegeneinander, zu Überschneidungen und Sicherheitsgefährdungen führen muß, bietet eine solche Entwicklung den gegnerischen Nachrichtendiensten günstige Möglichkeiten, zwischen den verschiedenen Trägern der eigenen Auslandsaufklärung zu operieren und in sie einzudringen. Ich beabsichtigte daher vom Beginn meiner Tätigkeit an, in den Jahren, die vergehen mußten, bis eine neue deutsche Regierung wieder existieren würde, die Voraussetzungen für einen Gesamtdienst zu schaffen, der auf *allen* Gebieten das Potential des Gegners aufzuklären hatte. Er sollte also die außenpolitische Aufklärung, die Wirtschaftsaufklärung, die militärische Aufklärung und die Gegenspionage in einem zusammenfassen. Ein solcher Dienst – darüber war ich mir im klaren – würde nach dem Gesamtumfang seiner Aufgaben in Zukunft eine zivile Behörde sein müssen. Aus diesem Grunde wurde von Anfang an versucht, neben den noch zur Verfügung stehenden ehemaligen Soldaten vor allem hochwertiges ziviles Personal, wie z. B. ehemalige Beamte des Auswärtigen Dienstes, ehemalige Angehörige der staatlichen Verwaltung usw., als Mitarbeiter zu gewinnen, soweit sie nach ihrer Vergangenheit und ihrem Verhalten im Dritten Reich und nach Kriegsende für eine Verwendung geeignet waren. Das Tempo und die Möglichkeiten für die Verwirklichung der neuen Organisationsform hingen weitgehend von den zur Verfügung stehenden Räumlichkeiten, den Geldmitteln und der technischen

Ausrüstung ab. Für die Amerikaner war das ganze Unternehmen zunächst ein Experiment, bei dem man noch nicht wissen konnte, wie es sich entwickelte.
Provisorien und Improvisationen kennzeichneten die ersten »Gehversuche« der »Organisation Gehlen«, wie wir sehr bald von unseren Freunden genannt wurden. Zu gleicher Zeit aber mußte neben dem Versuch, ein Mindestmaß an organisatorischen Grundlagen zu schaffen, erfolgreiche Aufklärung geleistet werden, um unsere amerikanischen Freunde zu überzeugen, daß unsere Arbeit eine Zukunft haben würde.
Nächst der Aufgabe, die Arbeitsfähigkeit des Führungsstabes der Beschaffung herzustellen, um die Nachrichtengewinnung zu intensivieren, war die Unterbringung Bauns in der Nähe der Organisationsleitung vordringlich. Sie fand sich schließlich in einem Gasthaus in Schmitten, eine Viertelstunde Autofahrt von Oberursel im Taunus entfernt. Die Zentrale blieb weiterhin in der Häusergruppe »Bluehouse« einquartiert. Hier war auch zunächst die Auswertung untergebracht; sie wurde später nach Schloß Kranzberg verlegt und fand dort günstige Bedingungen für ihren Auf- und Ausbau vor.
Die Zusammenarbeit mit dem amerikanischen Verbindungsstab, der zunächst aus zwei Offizieren – Oberst D., Captain Erikson – und dem notwendigen Hilfspersonal bestand, entwickelte sich freundschaftlich und verständnisvoll. Oberst D. war ein prachtvoller Frontsoldat, der sich im Krieg bewährt, aber mit Nachrichtendienst bislang nichts zu tun gehabt hatte. Er sollte in der Hauptsache durch das Gewicht seiner Persönlichkeit für und mit dem Dienst wirken. Der eigentliche Träger der Zusammenarbeit auf dem nachrichtendienstlichen Gebiet war Captain Erikson. Diesem Offizier hat der Dienst sehr viel zu verdanken, wie ich schon hervorgehoben habe. Er hat selbst dann, wenn amerikanische höhere Stellen nicht einsichtig waren, seine ganze Person für die nachrichtendienstlichen Notwendigkeiten eingesetzt und dabei persönliche Nachteile in Kauf nehmen müssen. Aus der bisherigen nachrichtendienstlichen Unerfahrenheit des Oberst D. ergaben sich anfangs einige kleine Schwierigkeiten. Als ich z. B. einmal versuchte, dem Oberst D. die Notwendigkeiten der Ausgabe von Kennkarten mit Decknamen klarzumachen, erhielt ich zunächst die mich überraschende Antwort: »That's against the law.« Es dauerte einige Zeit, bis ich meinem Gesprächspartner klargemacht hatte, daß dieses Ansinnen nicht gegen das Gesetz verstieße und daß der Gebrauch von Deckausweisen in nachrichtendienstlichen Verhältnissen international allgemein üblich sei. Nachdem es mir nach und nach gelungen war, Oberst D. auch in anderen Punkten von den

Besonderheiten der nachrichtendienstlichen Arbeit zu überzeugen, schwenkte der hochbewährte Offizier ein und stellte sich mit dem ganzen Gewicht seiner Persönlichkeit hinter uns. Damit erwuchs uns, neben Erikson, ein zweiter »Mentor«, der sich gleichfalls große Verdienste um unser Zusammenwirken erworben hat. Ich habe deshalb die Laufbahn des früheren Obersten D., der heute eine einflußreiche Generalsstelle in den USA wahrnimmt, stets mit Dankbarkeit verfolgt.

Ernstere Schwierigkeiten ergaben sich während der Aufbauzeit vor allem dadurch, daß der Leiter der Beschaffung, Herr Baun, in wesentlichen Fragen anderer Ansicht war als ich. Er sah als Beschaffer die Dinge nur nachrichtendienstlich und ließ immer wieder den politischen Aspekt unserer Organisation außer acht. Dieser bedingte, daß wir uns auf das beschränken mußten, was möglich und was in unserer Situation besonders wichtig war. Es zeigte sich aber auch, daß er über die Entwicklung der Organisation auf längere Sicht andere Vorstellungen hatte als ich und daß er diese Konzeption gegen mich durchzusetzen versuchte. Die Neigung Bauns, sich nicht mit den festgelegten und notwendigen Unterstellungsverhältnissen abzufinden, trug auch nicht dazu bei, die gemeinsame Arbeit zu erleichtern. Ich war daher im April 1947 gezwungen, die Stelle des Leiters der Beschaffung durch einen anderen Mitarbeiter zu besetzen. Herr Baun hatte sich jedoch durch seine auf langjährige Erfahrungen gestützte Tätigkeit so viele Verdienste erworben, daß er von mir mit einer anderen wichtigen Aufgabe betraut wurde. Das ist ein weiterer Beweis dafür, daß ich Herrn Baun nicht, wie in den bereits erwähnten Veröffentlichungen behauptet wurde, »beiseitegestoßen«, sondern im Gegenteil unserer Arbeit in anderer Funktion erhalten habe.

Sein Nachfolger, Herr Dillberg, war ein erfahrener und besonders loyaler Generalstabsoffizier mit einem klaren Blick, vor allem für die organisatorische Seite. Er hatte an leitender Stelle in der Nachrichtenbeschaffung bereits vor dem Kriege Erfahrungen gesammelt und war auch während des Krieges überwiegend auf dem Ic-Gebiet tätig gewesen. Er hat das Verdienst, die Entwicklung der Beschaffung in der Zeit, in der er ihr vorstand, erheblich vorwärts getrieben zu haben.

Es ist schwierig darzustellen, unter welchen außergewöhnlichen Umständen die Beschaffungsarbeit in den Jahren 1947/48 vor sich ging. Die jetzige Bundesrepublik war damals ein besetztes Land, geteilt in drei Zonen, mit einer scharfen Überwachung des gesamten Personen- und Materialverkehrs. Unser Apparat mußte schon dies-

seits der Demarkationslinie konspirativ arbeiten, was ohne amerikanische Mithilfe nicht möglich war. Es war keine Seltenheit, daß Leute von uns, die sich diesseits der Zonengrenze unvorsichtig benahmen oder irgendwie anders auffielen, vom CIC oder den Sicherheitsbehörden der Engländer verhaftet wurden. Sie mußten dann mit Hilfe des amerikanischen Verbindungsstabes wieder aus ihrer Haft herausgeholt werden, ohne daß dabei eine Enttarnung der Tätigkeit dieser unserer Mitarbeiter erfolgte, ein oft schwieriges Unterfangen. Die Bahnverbindungen waren schlecht, die Fernsprechverbindungen, soweit sie überhaupt funktionierten, mangelhaft. Sie wurden zudem seitens der Alliierten abgehört. Die Wirtschaftslage war an und für sich schon katastrophal. Die Organisation aber wuchs und mußte entsprechend versorgt werden, wobei erschwerend hinzukam, daß ihre Ausgangsbasen für die Arbeit jenseits der Grenzen über das gesamte Gebiet der jetzigen Bundesrepublik verteilt waren und nach außen hin abgedeckt werden mußten. Unsere Mitarbeiter konnten bei Behörden, bei denen sie in irgendwelchen Angelegenheiten, etwa im Zusammenhang mit ihren Familien oder aus sonstigen Gründen, vorsprechen mußten, keine Auskünfte über ihre Verhältnisse geben. Es bestand auch bis zum Jahre 1956 nicht die Möglichkeit, sie in die staatlichen Versicherungen aufnehmen zu lassen, denn einen Arbeitgeber gab es offiziell nicht, ein Nachteil, der mir auch nach der Übernahme in den Dienst der Bundesrepublik noch manches Kopfzerbrechen bereitet hat.
Die Ausrüstung mit technischem Material von der Schreibmaschine bis zum Funkgerät mußte von der amerikanischen Armee gestellt werden. Aber auch hier bestand immer die Gefahr der Enttarnung mit allen unerwünschten Folgen. Große Verzögerungen mußten daher oft hingenommen werden.
Auch die Regelung des Kurier-, Schrift- und Telefonverkehrs über die Zonengrenzen hinweg warf manche Fragen auf. Kurz, es gab Probleme über Probleme, deren erfolgreiche Lösung mir manchmal heute noch als ein Wunder erscheint.
Unsere Aufklärungstätigkeit beschränkte sich zuerst auf militärische Fragen. Dies war natürlich, da wir auf den Resten der Frontaufklärungseinheiten aufgebaut hatten. Sehr bald zeigte sich jedoch, daß parallel mit der wachsenden Entfremdung unter den Alliierten das Interesse an politischen Problemen wuchs. So begannen wir bereits ab Ende 1946, auch Vorgänge auf politischem Gebiet zu beobachten. Und schließlich ergab sich eigentlich von selbst, daß wir das Gebiet der Wehrwirtschaft und Rüstungstechnik in unsere Arbeit einbezogen. Gerade auf diesem Gebiet, dessen Aufklärung die Dienste der

USA erst verhältnismäßig spät in ihre planmäßige Arbeit einbezogen, konnten wir unseren Freunden immer wieder Ergebnisse vermitteln, die von ihnen hoch bewertet wurden. Meine Konzeption des Gesamtnachrichtendienstes, die auf den Erfahrungen beruhte, die die Gruppe 2 der Abteilung Fremde Heere Ost (langfristige Lagebeurteilung) während des Krieges gesammelt hatte, wurde damit schon in den ersten Anfängen der Organisation durch die Praxis bestätigt.

Im Herbst 1947 verloren wir leider den amerikanischen Oberst D., der seine Verbindungsaufgabe mit wachsendem Verständnis und großer Hilfsbereitschaft erfüllt hatte. Er wurde durch den amerikanischen Oberst L. ersetzt, der viel guten Willen hatte, aber die Grundlage unserer Zusammenarbeit mit den Amerikanern wohl nicht ganz richtig sah und sie damit ungewollt gefährdete. Er war ein tüchtiger Soldat, der auch als Oberst noch regelmäßig seine Fallschirmabsprünge machte, der aber seinen Posten – wie sich später zeigte – als eine Kommandeur-Stelle auch uns Deutschen gegenüber betrachtete, eine Einstellung, die nicht dem »Gentlemen's Agreement« zwischen General Sibert und mir entsprach. Colonel L. lebte in den Vorstellungen von Befehl und Gehorsam, so wie er dies sein ganzes Leben lang im militärischen Dienst praktiziert hatte. Folgerichtig versuchte er, uns als Untergebene der amerikanischen Armee zu betrachten, die Order zu parieren hatten. Während seiner Amtstätigkeit sind verschiedene an das Grundsätzliche rührende Reibungen aufgetreten, die mit dieser Einstellung zusammenhingen.

Eine in dieser Form auftretende Persönlichkeit war zu einem Zeitpunkt, in dem der Dienst bereits eine gewisse Größe erreicht hatte, für den Leiter der Organisation nicht der geeignete Partner. Es ist sicher von beiden Seiten das Beste versucht worden, um zu einer echten Zusammenarbeit zu gelangen, aber es gab viele Einzelpunkte, in denen die Ansichten auseinandergingen, zum Nachteil unserer Arbeit.

Trotz aller Reibungen gebührt Oberst L. jedoch ein entscheidendes Verdienst: Als wir in unseren bisherigen Unterkünften buchstäblich bereits aus allen Nähten platzten, gelang es ihm, die heute noch als Zentrale des Bundesnachrichtendienstes benutzte Siedlung in Pullach, in der zu diesem Zeitpunkt die amerikanisch-englische Civil Censorship Division untergebracht war, für uns freizumachen, so daß der Dienst im Dezember 1947 in dieses Lager einziehen konnte. Die Verlegung in die Siedlung Pullach brachte unterbringungsmäßig eine erhebliche Erleichterung für die Zentrale. Da die Existenz der Organisation immer noch sorgfältig getarnt wurde, mußten umfangreiche Maßnahmen getroffen werden, um die Tätigkeit nach außen hin so gut wie möglich abzudecken. Es war deshalb erforderlich, daß auch die Familien der dort beschäftigten Mitarbeiter in der Zentrale wohnten; es war im Zusammenhang damit notwendig, diese Zentrale »autark« auszustatten; wir verfügten damals über eine eigene Schule, einen eigenen Kindergarten und auch alle sonstigen Einrichtungen, so daß sich Kontakte mit der Außenwelt stark begrenzen ließen.

Die Bevölkerung glaubte zu diesem Zeitpunkt, daß in diesem Lager, das ursprünglich eine Partei-Wohnsiedlung, dann kurze Zeit das Hauptquartier des Generalfeldmarschalls von Rundstedt und später ein amerikanisches Gefangenenlager gewesen war, deutsche Zivilinternierte festgehalten wurden. Es hatte einige Mühe gekostet, die Amerikaner davon zu überzeugen, daß die Unterbringung der Familien notwendig und ohne interne Schwierigkeiten möglich war. Von vornherein war jedoch klar, daß diese Lösung nur für einen begrenzten Zeitabschnitt von wenigen Jahren andauern konnte. Vorerst ergab sich durch den Einsatz mehrerer Ehefrauen, die nicht durch Kleinkinder häuslich gebunden waren – es waren auch Akademikerinnen unter ihnen – eine schnelle und beachtliche Verstärkung unseres Arbeitspotentials. Es muß besonders anerkannt werden, daß die deutschen Familien, die hier zusammen wohnten, unter enger Ausnutzung der vorhandenen Unterkünfte außerordentlich gute Disziplin hielten. Es erwies sich im Nachhinein, daß gerade in dieser Zeit, in der noch keine geordneten Verhältnisse in Deutschland herrschten, die getroffene Entscheidung richtig und vorteilhaft war. Die Mitarbeiter hatten ihre Familien bei sich und waren nicht mehr den Belastungen durch das getrennte Leben zusätzlich zu den sonstigen, dienstlich gegebenen Schwierigkeiten ausgesetzt. Natürlich konnte sich jeder frei bewegen, konnte auch das Lager verlassen, war aber gehalten, in einem gewissen Umkreis keinerlei Kontakte zu unterhalten und Einkäufe nur außerhalb dieses Sicherheitsbereiches durchzuführen. Um aber den Anreiz zu solchen Verstößen gar nicht erst entstehen zu lassen, wurde ein eigener Lebensmittelladen eröffnet, der sich viele Jahre hindurch bewährt hat und als Kantine auch heute noch die Bedürfnisse der im Lagerbereich untergebrachten Inhaber von Dienstwohnungen befriedigt.

Die Verlegung fiel in eine Zeit, in der innerhalb der Mitarbeiter die erste Vertrauenskrise schwelte. Sie stellte erhöhte Anforderungen an mich und meine engsten Mitarbeiter, um die Schwierigkeiten ohne Schaden für die Organisation zu überwinden. Die Krise wurde durch den Umstand ausgelöst, daß den Forderungen nach besseren Unter-

künften und einer den gestellten Aufgaben entsprechenden Ausstattung mit Kraftfahrzeugen, Funk- und anderen technischen Geräten nicht immer im gewünschten Maße entsprochen wurde. Auch die Ausstattung mit Büromaterial und last but not least mit Geld, das wir für unsere Operationen benötigten, ließ erheblich zu wünschen übrig. Wir hatten zwar einen »Etat«, der mit den amerikanischen Stellen ausgehandelt wurde. Er erwies sich jedoch immer wieder als ungenügend. Über all diese Fragen gab es langwierige Verhandlungen, die in den ersten Jahren fast immer durch mich geführt werden mußten. Dieses schreibt sich in der Rückerinnerung leicht nieder, es entzieht sich jedoch der Darstellung, welche Unmengen von Detailfragen in diesem Zusammenhang behandelt und zuweilen regelrecht durchkämpft werden mußten. Wir führten über unsere Wünsche und Anliegen sehr genau Buch. Ich entnehme meinen Unterlagen, daß wir im Jahre 1948 allein vier Zusammenstellungen offener und dringlicher Wünsche den amerikanischen Dienststellen übersandt haben. Die Außenmitarbeiter sahen natürlich nichts oder nur sehr wenig von unseren Bemühungen, die Voraussetzungen und Möglichkeiten der Arbeit zu verbessern. Ihr Murren war daher zuweilen nur allzu verständlich. Es verdient ausdrücklich festgestellt zu werden, daß unsere amerikanischen Freunde, insbesondere der Verbindungsstab, gegenüber unseren Wünschen stets aufgeschlossen waren. Indessen, auch die »Army« hatte ihre Bürokratie und bestand auf dem »Dienstweg«; der Weg von Pullach über Frankfurt nach Washington war lang und zeitraubend.
Die Auseinandersetzungen mit Oberst L. führten schließlich dazu, daß ich im März 1948 die Annahme eines bestimmten »Befehls« strikt verweigerte. Die Organisation sollte ihre Selbständigkeit verlieren.
In der Aussprache mit Oberst L. wies ich mit Nachdruck darauf hin, daß die Führung des Dienstes unter den im »Gentlemen's Agreement« festgelegten Vorbedingungen ausschließlich bei mir läge und daß ich keine »Befehle«, die in Angelegenheiten des Dienstbereiches eingreifen wollten, annehmen könnte. Darüber hinaus sähe ich mich wohl in der Lage, Empfehlungen anzunehmen, an deren Durchführung ich mich aber nicht unbedingt gebunden fühle, solange insgesamt das gemeinsame deutsch-amerikanische Interesse gewahrt bliebe. Er zog daraufhin den »Befehl« zurück.
Dieser und andere Fälle mangelnden nachrichtendienstlichen Verständnisses von Oberst L. veranlaßten mich schließlich trotz der Achtung vor dieser soldatisch und militärisch verdienten Persönlichkeit, um seinen Ersatz durch eine nachrichtendienstlich erfahrene Persönlichkeit als Verbindungsoffizier zu bitten.

Die Verhandlungen waren nicht ganz einfach, da die amerikanischen Stellen zwar durchaus einsichtig waren, andererseits aber zunächst einmal die natürliche Neigung hatten, das eigene Prestige zugunsten von Oberst L. in die Waagschale zu werfen. Schließlich lenkten sie ein und lösten ihn im August 1948 ab. Er wurde im Dezember desselben Jahres durch Oberst Rusty ersetzt. Diese Lösung erwies sich insofern als besonders glücklich, als die folgenden acht Monate viele neue Belastungen für die Organisation brachten. Sie ergaben sich vor allem im Zusammenhang mit der Währungsreform auf geldlichem und wirtschaftlichem Gebiet; gewisse Schwierigkeiten waren wohl auch inneramerikanisch bedingt. Gerade die Tätigkeit von Oberst Rusty, der bei allen Schwierigkeiten stets ausgleichend wirkte und der sich immer wieder als eine starke Stütze der Zusammenarbeit erwies, ist beispielhaft für die Bedeutung, die auf dem Gebiet des Nachrichtendienstes einer Vertrauen ausstrahlenden Persönlichkeit vor allem dann zukommt, wenn verschiedene Nationen zusammenarbeiten.

Daß unsere Arbeit geschätzt wurde, bewiesen die sich rasch vermehrenden Aufträge. Ein ständiges Anwachsen der Mitarbeiterzahl war die zwangsläufige Folge. Dieses Wachstum brachte auch zahlreiche organisatorische Probleme mit sich. Ich war von Anfang an der Ansicht, daß eine Organisation wie die unsere, die sofort mit der Arbeit zu beginnen hatte, mit einem Mindestmaß an »Bürokratie« auskommen müsse. Dies gebot schon die Knappheit unserer Geldmittel, die produktiv wirken sollten und mußten und nicht in einem mit allen Raffinessen ausgebauten Führungs- und Verwaltungsapparat versickern sollten. Darüber hinaus besteht immer die Gefahr, daß nach dem Parkinsonschen Gesetz solch Steuerungsapparat schließlich zum Selbstzweck wird. Dem mußte von vornherein entgegengetreten werden. Schließlich konnte ich aber auch 1948 noch nicht sicher sein, ob der Dienst auf die Dauer Bestand haben würde. Auch aus diesem Grunde mußte die Zahl der sozusagen Festangestellten möglichst klein gehalten werden. Darüber hinaus gebot das in einem Nachrichtendienst immer aktuelle und heikle Sicherheitsproblem, den Kreis der Beteiligten nach Möglichkeit klein zu halten. Je kleiner und überschaubarer die Führungskader blieben, desto größer war die Gewähr dafür, daß wir »undichte Stellen«, wenn schon nicht vermeiden, so doch schnell erkennen könnten.
Die schwierigsten Führungsprobleme wirft innerhalb eines Nachrichtendienstes stets der Bereich der Nachrichtenbeschaffung auf. Mit dem Prinzip von »Befehl und Gehorsam«, selbst wenn sich der Befehl

auf den Auftrag beschränkt, wie es gute deutsche Führungstradition war und ist, kann im Nachrichtendienst in den meisten Fällen wenig erreicht werden. Vor allem die letzten Glieder einer langen Kette, die vordersten Teile des Dienstes also, sind häufig auf sich allein gestellt. Oft können nur sie beurteilen, ob und auf welchem Wege ein Auftrag gelöst werden kann. Ähnliches gilt für die Zwischenstellen, die nicht selten zu Entscheidungen gezwungen werden, die ein hohes Maß an Eigenverantwortung und Initiative erfordern. Die Aufträge werden daher im allgemeinen in Form von Weisungen gegeben werden müssen, und es ist in erster Linie eine Frage des gegenseitigen Vertrauens, ob man sich darauf verlassen kann, daß im Sinne des Ganzen gehandelt wird. Vom Führer in einer Beschaffungsorganisation muß unter diesen Umständen erwartet werden, daß er neben politischem Weitblick, Organisationsvermögen, Neigung zur Improvisation, um rasch auftretende Gelegenheiten ausnützen bzw. Schwierigkeiten umgehen zu können, vor allem psychologisches Fingerspitzengefühl hat und es versteht, am langen Zügel, aber trotzdem bestimmt zu führen. Geeignete Mitarbeiter, die sich der Idealvorstellung eines ND-Führers annähern, findet man nur verhältnismäßig selten. Infolgedessen ist eine entsprechende Personalfrage und regelmäßiger Wechsel, etwa im Abstand von etwa 2–6 Jahren, meist die angemessene Lösung, wenn man nicht über ideal für diese Stellungen veranlagte und erfahrene Persönlichkeiten verfügt. Herr Dillberg, der die Nachrichtenbeschaffung ein Jahr führte, hatte sich dadurch große Verdienste erworben, daß er mit seiner Aktivität, die auf ein starkes Echo stieß, Schwung in die Arbeit brachte. Zuviel Schwung kann aber, vor allem in den Anfangsphasen des Aufbaus, zu Entwicklungen führen, die gewisse Gefahren – vor allem auf dem Sicherheitsgebiet – heraufbeschwören. Sie erschweren auch die nach einer gewissen Anlaufzeit notwendige Phase der Konsolidierung.
Die im Zusammenhang mit der Berlin-Krise entstandene allgemeine kritische Gesamtlage veranlaßte mich, Herrn Dillberg eine sehr vorsichtige und überlegen taktierende Persönlichkeit als Führer der Nachrichtenbeschaffung nachfolgen zu lassen. Meine Wahl fiel auf einen der Senioren des beschaffenden Bereiches, Herrn Schack, einen alten Abwehroffizier. Dieser verfügte über viele Erfahrungen bereits aus der Vorkriegszeit, war außerordentlich gründlich und traf seine Entscheidungen, sowohl in den Fragen der Sicherheit wie auch in den Fragen der Planung und Führung, erst nach sehr reiflicher Überlegung. Es war mir dabei klar, daß Herr Schack nicht für immer diese Stelle bekleiden würde, denn es hing auch von den jeweiligen außenpolitischen Verhältnissen ab, ob jeweils der Schwerpunkt auf

größere Aktivität oder größere Vorsicht zu legen war, oder ob, um einen Soldatenausdruck zu gebrauchen, Wirkung vor Deckung oder umgekehrt zu gehen hatte. Herr Schack ist verhältnismäßig lange Zeit in der Stelle der Beschaffungsführung tätig gewesen. Er hat erfolgreiche Arbeit geleistet, was besonders hervorzuheben ist, weil er bei Übernahme seiner Aufgabe schon in vorgeschrittenem Alter stand.

Die Währungsreform brachte auch für uns schwerwiegende Probleme. In der Reichsmarkzeit lag unserem Haushalt ein fester Dollarbetrag und die Zuteilung von Sachwerten zugrunde, mit denen wir fest rechnen konnten.

Der volkswirtschaftlich so günstige Wegfall der Dollar-, Zigaretten- usw. Währungen als eine Folge der Währungsreform mußte uns deshalb empfindlich treffen. Wir erhielten ab sofort unseren Geldbedarf in DM ausgezahlt, und zwar zu einem Zwangskurs von 1 US-Dollar = 3 DM. Das bedeutete gegenüber dem amtlich festgesetzten Kurs von 1 Dollar = 4,20 DM eine Einnahmenminderung von nahezu 30 %, gegenüber den Beträgen, die wir vor der Währungsreform erhielten, jedoch eine Einnahmenminderung von nahezu 70 %. Dazu kam, daß die DM, die zunächst noch kein allgemein gültiges Vertrauen fand, in ihrem Werte schwankte. Die Folge war, daß die Organisation längere Zeit nicht mehr liquid genug war, um ihren Verpflichtungen sofort nachzukommen. Dies hätte nur dadurch ausgeglichen werden können, daß der von den Amerikanern ausgeworfene Betrag um mindestens 50 % bis 100 % erhöht worden wäre; auch dann wäre noch ein erheblicher Teil ungedeckt geblieben.

Man muß sich dabei immer wieder vor Augen halten, daß wir in dieser Zeit selbst an der Spitze keine behördenähnliche Organisation waren, hinter der eine Staatsführung oder eine Besatzungsmacht stand. Dies verbot allein schon neben anderen Gründen die notwendige Tarnung auf allen Ebenen. Wir waren daher in unserem wirtschaftlichen Gebaren von unserem fachlichen Ansehen abhängig. Die Außenstellen mußten in zahlreichen Fällen wichtige Quellen abschalten; sie waren daneben gezwungen, von sich aus neue Verpflichtungen, die oft von den Leitern persönlich übernommen wurden, in der Hoffnung einzugehen, daß diese Schwierigkeiten in der Zukunft nachträglich bereinigt werden könnten. Auf der anderen Seite war 1948 in der deutschen Bevölkerung die Hilfsbereitschaft groß; von finanzkräftigen Kreisen erhielten wir viele Hilfe, die zum Teil in Form von Darlehen, zum Teil in Form von Sachwerten erfolgte, aber vor allem unterstützten uns Menschen, die im Grunde selbst wenig hatten, was sich in ideeller Hilfestellung auswirkte. Ich war oft überrascht und gerührt von der positiven Gesinnung, der wir damals in einer Zeit begegneten, die so oft als eine Phase der ausschließlich materiellen Orientiertheit charakterisiert wird. Es war natürlich schwierig, den Außenstellen und den der Führung ferneren Unteragenturen begreiflich zu machen, warum das zahlungskräftige Amerika nicht seinerseits mehr Geld geben konnte. Aber die geführten Verhandlungen hierüber beanspruchten Zeit, denn die Währungsreform war auch für die amerikanischen Stellen, mit denen wir zusammenarbeiteten, so überraschend gekommen, daß Vorausplanungen nicht möglich gewesen waren.

Aus dieser Krise konnte uns auf die Dauer nur eine Herauslösung aus dem militärischen Bereich der Amerikaner und die Übernahme des Dienstes durch die amerikanische Koordinierungs- und Fachstelle, die 1947 errichtete Central Intelligence Agency, heraushelfen. Diese Stelle, die auf Grund ihrer weltweiten politischen, wirtschaftlichen und militärischen Aufgaben nach unserer Ansicht auch einen weiten Horizont haben mußte, würde alle Möglichkeiten, die in einer nachrichtendienstlichen deutsch-amerikanischen Zusammenarbeit steckten, besser verstehen und auch die Einschätzung der benötigten Mittel mit einem richtigen Maßstab vornehmen können. Bereits seit November 1948 liefen daher Verhandlungen mit einem Beauftragten der CIA, die sich natürlich zuerst einen Überblick und umfassende Kenntnisse über die von meinem Dienst geleistete Arbeit verschaffen wollte. Diese Feststellungen und Überprüfungen nahmen erhebliche Zeit in Anspruch. Auf der anderen Seite drängte diese zunehmend schwierigere Weiterentwicklung: Unsere Lage wurde vom Wirtschaftlichen her gesehen immer bedrohlicher, so daß ich mich im Februar 1949 genötigt sah, dem amerikanischen Verbindungsoffizier zu erklären, daß ich im Hinblick auf die finanzielle Lage und die nicht ausreichenden Mittel die aufgebaute Organisation verkleinern müßte, was natürlich eine Herabsetzung der Leistungsfähigkeit bedeute. Zugleich legte ich in einem Brief an den G-2 des amerikanischen Oberkommandos in Europa die Lage dar, bot ihm meinen Rücktritt an und schlug vor, im Hinblick auf das Mißverhältnis zwischen den zur Verfügung stehenden Mitteln und den gestellten Aufgaben die Organisation aufzulösen.

Während dieser Vorgänge war ein sehr zugänglicher Oberst des War Department bei uns, um sich auf Grund der kritischen Lage ein Bild darüber zu verschaffen, wie die Dinge lagen. Er erkannte die Schwierigkeiten an, wies aber auf die zum Teil durch die Berlin-Krise entstandenen budgetären Schwierigkeiten des amerikanischen Verteidigungssektors hin. Er beschwor mich, unter keinen Umständen unsere für die Amerikaner wertvolle Organisation aufzulösen oder zu verkleinern. Er sicherte zu, daß etwas geschehen würde, um uns zu helfen. Der gute Wille bei unseren nunmehrigen Bundesgenossen war ohne Zweifel nach wie vor da; die Gründe der Schwierigkeiten lagen zum Teil in den bürokratischen Gegebenheiten, die uns ja auch aus dem deutschen Bereich nur allzu vertraut sind.

Ein Nachrichtendienst ist ein äußerst feinfühliges Instrument. Sobald an der Spitze Schwierigkeiten irgendwelcher Art auftreten, spürt dies jedes Mitglied bis zum letzten hinunter, auch wenn Einzelheiten derartiger Probleme nach außen hin und in der Außenorganisation nicht bekannt sind. So wirkte sich die von mir geschilderte fünfmonatige Krise vor allem deshalb nachteilig aus, weil sie die unsichere Gesamtsituation, unter der unsere Organisation zu arbeiten gezwungen war, noch verstärkte. Die Verhandlungen mit der CIA führten schließlich zu einem für beide Seiten positiven Ergebnis. Die Vereinbarungen wurden am 13. 5. 1949 in englischer Fassung, am 23. 5. 1949 in deutscher Fassung als neues »Gentlemen's Agreement« schriftlich niedergelegt. Am 1. 7. 1949, dem Beginn des amerikanischen Budget-Jahres 1949/50, übernahm die CIA unsere Betreuung. Aber damit waren unsere Schwierigkeiten noch nicht zu Ende. Einmal eingetretene Erschütterungen sind in einem solch empfindlichen Apparat nicht von heute auf morgen aufzufangen. Der Leiter des Verbindungsstabes zu CIA, Mr. M., erwies sich als eine besonders gradlinige und charaktervolle Persönlichkeit. Natürlich mußten auch in der Zusammenarbeit mit diesem so verständnisvollen Partner gewisse Anfangsschwierigkeiten überwunden werden, ehe sich das notwendige gegenseitige Vertrauen in vollem Umfange einstellte. Er versuchte, alles zu tun, um die Dinge in Gang zu halten und uns zu helfen. Die wirtschaftlichen Schwierigkeiten des Dienstes setzten sich trotzdem noch einige Monate fort. Wir kamen daher überein, aus der Not eine Tugend zu machen und auf lange Sicht hin den Dienst zu reorganisieren und ihn bis zum äußersten zu rationalisieren. Dieser Absicht kam entgegen, daß die erfahrenen CIA-Leute nicht so sehr nach Ergebnissen drängten, als vielmehr darauf, einen wirklich guten und organischen Aufbau durchzuführen.

Bei der im Spätsommer 1949 anlaufenden Umorganisation stellten sich folgende kurz- bzw. langfristigen Probleme, die alle irgendwie miteinander zusammenhingen. Erstens: Maßnahmen waren zu treffen, um die verminderte Finanzierung mit der Struktur des Dienstes in Einklang zu bringen, ohne daß der Dienst zuviel an Leistungsfähigkeit verlor. Zweitens: Die Organisation mußte in großen Zügen an die bei CIA üblichen Verfahrens- und Verwaltungsweisen

angepaßt werden. Drittens: Es waren Vorbereitungen einzuleiten sowohl für ein entscheidendes Gespräch mit der im September 1949 gebildeten Bundesregierung wie auch für die Angleichung der Organisation an die Notwendigkeiten im Rahmen der deutschen Verwaltung, falls die Regierung einer Übernahme der Organisation als Stamm für einen eigenen Auslandsnachrichtendienst zustimmte.
In Übereinstimmung mit Mr. M., der, ein junger Oberst noch, Verläßlichkeit ausstrahlte, baute ich den Dienst bis Oktober 1949 mit dem Ziel um, durch noch rationellere Arbeit als bisher die Geldmittel so wirkungsvoll als möglich einzusetzen. Dies hieß unter anderem Stellen zusammenzulegen, die Aufgaben zu überprüfen, die Melde- und Kurierwege zu verkürzen usw., um – nach einem amerikanischen Schlagwort – ein »streamlining« der Organisation herbeizuführen. Diese Periode wurde ferner dazu benutzt, um den Verwaltungsteil den im staatlichen deutschen Bereich üblichen Methoden und Ordnungen nach Möglichkeit so weit anzunähern, wie sich dies mit den Gepflogenheiten der CIA vertrug.
Die Verwaltung eines Nachrichtendienstes ist ein schwieriges Problem, das häufig nicht mit den bei anderen staatlichen Stellen erprobten und bewährten Verfahrensweisen gelöst werden kann. Die Aufgabe vieler staatlicher Dienststellen ist verwaltungsmäßiger Natur. Der Nachrichtendienst jedoch hat lediglich den allerdings lebenswichtigen Zweck, die Durchführung der Nachrichtengewinnung und -auswertung zu ermöglichen und hierzu – unter Innehaltung einer verwaltungsmäßigen Grundordnung – die notwendigen Mittel technischer und sonstiger Art, insbesondere das Geld, bereitzustellen. Wichtig ist hierbei auch, daß die Beweglichkeit beim Einsatz der Mittel gewahrt bleibt, um schnelle Operationsentschlüsse realisieren zu können. Jeder Staat steht hierbei früher oder später vor der Wahl, entweder den Nachrichtendienst in die Einschränkung und Zwänge der allgemein gültigen staatlichen Verwaltungsbestimmungen hineinzupressen, oder für den Nachrichtendienst Ausnahmeregelungen zu schaffen. Im ersteren Falle wird man zwar die allen Verwaltungsbehörden höchst erwünschte, in anderen Bereichen übliche Schematik der Organisation erreichen, aber ihre Schlagkraft entscheidend reduzieren. Im zweiten Falle wird die notwendige Wendigkeit des Nachrichtendienstes nicht nur erhalten bleiben, sondern entscheidend gefördert werden, ohne daß die notwendige Kontrolle der Mittelverwendung darunter leiden müßte.
Alle großen Staaten haben sich für die zweite Lösung entschieden, übrigens ohne die Verwaltungsbestimmungen für den Nachrichtendienst gesetzlich festzulegen, um auch hierdurch die größtmögliche

Elastizität für den Dienst und seine Verwaltung zu sichern. Ich werde auf dieses Problem später noch einmal zurückkommen. Wir praktizierten, ohne daß ich hier auf die Details, die nur langweilen würden, eingehe, das von der Abwehr im Einverständnis mit dem Reichsrechnungshof angewendete Verfahren. Über die Personal- und Sachkosten wurde genau wie bei anderen Behörden bis in die kleinste Einzelheit Rechnung gelegt. Die sogenannten ND-Kosten hingegen wurden pauschal abgerechnet. Für diese mußten die operationellen Führer die Verantwortung übernehmen. Sie unterlagen der besonderen Kontrolle der vom Organisationsleiter beauftragten Organe. Dieses Verfahren wurde später auch nach der Übernahme in den Bundesdienst vom Bundesrechnungshof mit kleinen Abänderungen gebilligt.
Das im Anfang sehr bürokratische Verhalten der CIA in der Finanzierung des Dienstes, insbesondere das »Projektverfahren«, hatte zur Folge, daß größere Planungen im allgemeinen lange liegenblieben, weil die Frage, ob die Gelder dafür ausgeworfen werden sollten, zentral in der CIA in Washington entschieden wurde. Das »Projektverfahren« bestand darin, daß der wahrscheinliche Ablauf, der Zeit-, Menschen- und Geldbedarf für geplante Operationen zur Genehmigung gemeldet werden mußte. Erst wenn die Operation bewilligt worden war, konnte sie durchgeführt werden – meist war sie dann bereits überholt. Wir bevorzugten auf Grund der Erfahrungen der Abwehr Verfahren, bei denen die Entscheidung über die Durchführung einer Operation sowie über die Mittelzuteilung bei den oberen Führungsstellen lag. Diese hatten hierfür einen operationellen Verfügungsfonds und ihre Aufklärungsanweisungen, an denen sie sich orientieren konnten, falls ich mir nicht für besondere Fälle die Entscheidung vorbehielt. Die immer wieder auftretenden Verzögerungen und Reibungen, die in der ersten Zeit allerdings auch mit der Umstellung der Betreuung von der Army auf die CIA zusammenhingen, führten innerhalb der Organisation zu einer neuerlichen, der dritten Vertrauenskrise. Charakteristisch dafür ist der Brief des Leiters einer Außenorganisation, den ich hier im Auszuge anführe. Herr R. schrieb folgendes an mich:

». . . Ich möchte Sie persönlich über die Situation in meiner Organisation unterrichten. Die ganze politische und wirtschaftliche Lage und das Verhalten der Alliierten bei der Markabwertung, die hilflose und klägliche Rolle unserer jetzigen Regierung und Deutschlands überhaupt, erhöhen die Arbeitsfreudigkeit natürlich nicht. Dazu kommt die ganze Ungewißheit über die endgültige Stellung unserer

Organisation der jetzigen Regierung gegenüber. Wird die Organisation deutsch oder ganz amerikanisch? Eher hat man den Eindruck, daß das letztere der Fall sein wird, weil unsere Freunde immer mehr und genauer bis ganz nach unten Einblick verlangen – oder entsteht dieser Eindruck vielleicht nur dadurch, daß die nach der ›Tschistka‹ Verbliebenen durch erhöhten Papierkrieg ihre Existenzberechtigung nachweisen wollen?

Die Hergabe von Mitteln, Fixum, Vernehmer- und Pflegegeldern ist wohl bis zum 1. 1. 50 gesichert, aber nicht hoch genug, um richtig arbeiten zu können, und wiederum zu hoch, um mit gutem Gewissen nichts tun zu können, besonders, weil man auch nicht weiß, wie lange und in welcher Höhe die Mittel weiter gegeben werden, und deshalb ein richtiges Planen unmöglich ist. Wüßte ich, daß es mit den Mitteln so weiter bleibt, so würde ich meine Organisation noch einmal um ein Drittel oder um die Hälfte zusammenschneiden, um die Verbliebenen besser bezahlen und dann auch gute Arbeit verlangen zu können.

Von der Finanzierung der Projekte, die erst in Washington genehmigt werden müssen, hielt ich von vornherein nichts und habe so wenig wie möglich Projekte eingereicht. Leider sind meine Befürchtungen, daß mindestens 3 Monate hingehen werden, bevor die Projekte genehmigt werden, nicht nur bestätigt, sondern übertroffen worden. Es sind bereits 5 Monate vergangen, seit ich die ersten Planungen eingereicht habe, und noch keines ist genehmigt. Mittlerweile sind die meisten Männer, die für die Projekte vorgesehen waren, sauer geworden und haben das Vertrauen verloren. Leider sind das gerade die besten, die es mit ihrem Einsatz ernst meinen. Verblieben sind diejenigen, denen es mit dem Einsatz nicht so ernst war und nicht so eilte. Dazu kommt, daß die Einsatzplanungen meist darauf abgestellt waren, im Sommer oder spätestens im Herbst durchgeführt zu werden, ja sogar von den Männern diese Bedingung gestellt wurde. Denn es ist ein Unterschied, ob man im Sommer oder Winter in den Osten zum Einsatz geht. Wenn sogar jetzt sofort die Projekte genehmigt würden, so kommen wir nach einer Überholung der Leute in den Winter hinein und mancher wird dann noch abbröckeln.

Dadurch wird der Eindruck bei unseren Freunden natürlich der denkbar schlechteste sein, wenn von den vielen eingereichten Projekten vielleicht nur ein ganz geringer Prozentsatz durchgeführt wird. (Ich werde diese Auffassung auch Mr. St. gegenüber, der mich am 21. 10. mit Herrn W. besuchen will, zum Ausdruck bringen.) Jedenfalls möchte ich nicht in den Geruch kommen, daß ich die Projekte bloß eingereicht habe, um Geld herauszuschinden.

Durch die ganzen Verhältnisse in unserer Organisation werde ich nunmehr darin bestärkt, daß es besser ist, rechtzeitig und ganz auszusteigen. Da aber meine Organisation nur auf persönlichem Vertrauen aufgebaut ist, möchte ich dies erst tun, wenn ich die Weiterarbeit meiner Mitarbeiter, die dazu noch Lust haben, gesichert und in guten Händen weiß. Es ist jedenfalls eine Vertrauenskrise, die diesmal noch weiter nach oben reicht als seinerzeit. Bei allen Verhandlungen mit den Mitarbeitern kann man seine eigene Unsicherheit natürlich nicht vollständig verbergen, oft will man es auch nicht, weil man den Mitarbeitern, die zu einem Vertrauen haben, einen schlechten Dienst erweisen und der Sache nichts nützen würde.

Ich schildere Ihnen die Situation genauso, wie sie ist, und trage keinesfalls schwarz auf. Der Brief ist für Sie persönlich bestimmt und ich überlasse es Ihnen, diesen nach Ihrem Ermessen zu verwenden . . .«

Dieser Brief charakterisiert die damalige Lage, wie sie mir auch aus den übrigen Teilen unserer Organisation bekannt war. Ich führte noch eine Unterhaltung mit Herrn R., weihte ihn in die Schwierigkeiten ein, die auch ich persönlich mit den amerikanischen Freunden hatte und die sicher noch eine Weile anhalten würden. Leider ließ er sich nicht überzeugen und verließ nach einiger Zeit den Dienst. Ich habe außerordentlich bedauert, diesen erfahrenen, tüchtigen und sympathischen Nachrichtenoffizier zu verlieren.
Der Brief und der anschließende Weggang von Herrn R. verfehlten ihre Wirkung auf unsere Partner nicht. Mr. M., der amerikanische Verbindungsoffizier, verstärkte wo irgend möglich seine Anstrengungen und suchte seinerseits intensiv nach neuen Wegen, um die Situation zu vereinfachen.

Am 14. 4. 1949 hatten die drei westlichen Militärgouverneure den sogenannten »Polizeibrief« an den Parlamentarischen Rat erlassen. Er genehmigte eine Stelle zur Sammlung und Verbreitung von Auskünften über umstürzlerische, gegen die (zukünftige) Bundesrepublik gerichtete Tätigkeiten. Diese Stelle durfte keine polizeilichen Befugnisse haben. Der Erlaß genehmigte also den Aufbau der späteren Verfassungsschutzbehörden. Am 12. 9. 1949 bildete Bundeskanzler Dr. Adenauer die erste deutsche Nachkriegsregierung. Deutschland begann, als Staat wieder aus eigenem Vermögen heraus handlungsfähig zu werden. Dies war für mich, entsprechend den Abmachungen, die wir 1946 mit unseren amerikanischen Freunden getroffen hatten, die Veranlassung, erste Erwägungen über eine Kontaktaufnahme mit der deutschen Regierung anzustellen. Wenn sie auch noch nicht die volle Souveränität zuerkannt erhalten hatte, so war es für uns doch eine Verpflichtung, diese deutsche Regierung zumindest über unsere Tätigkeit zu informieren. Dies galt um so mehr, als in unserem »Gentlemen's Agreement« festgelegt war, daß eine wiedergebildete deutsche Regierung über das weitere Schicksal der Organisation entscheiden solle. Ich hatte bereits am 14. 8. 1949, nach den Wahlen zum Bundestag, einen bayerischen Minister, von dem ich annahm, daß er gute Verbindungen zur kommenden deutschen Bundesregierung hatte, über unsere Tätigkeit orientiert. Hierdurch ergab sich zusätzlich die Möglichkeit, mit der bayerischen Regierung, vor allem mit dem bayerischen Ministerpräsidenten und dem bayerischen Minister des Innern, die schon bestehenden Verbindungen zu intensivieren. Am 12. Oktober 1949 besuchte ich Ritter von Lex, damals Ministerialdirektor, später Staatssekretär im Bundesinnenministerium, und erhielt über ihn die Verbindung zum damaligen Bundesinnenminister Dr. Heinemann, den jetzigen Bundespräsidenten. Über Lex und Globke ging am 17. 10. 1949 eine Vortragsnotiz mit Vorschlägen für einen künftigen deutschen Auslandsnachrichtendienst an Bundeskanzler Dr. Adenauer. Am 14. 11. 1949 trug ich dem Vizekanzler Blücher, dem Bundesminister des Innern und dem damaligen Ministerialrat Blankenhorn vom Bundeskanzleramt über die »Organisation Gehlen« vor. In dem etwa eine Stunde dauernden Gedankenaustausch wurden die Geschichte der Organisation, ihre bisherigen Erfolge sowie schließlich meine Überlegungen, die mich seit Kriegsende bewegten und die sich nun zu ersten grundsätzlichen Vorschlägen wandeln konnten, erörtert. Dieser ausführliche Gedankenaustausch verlief äußerst positiv; ich fuhr von dieser Unterredung zufrieden zurück nach Pullach.

Die entsagungsvolle Tätigkeit meiner Mitarbeiter war – so hoffte ich nun mit mehr Berechtigung als noch vor einem Jahre – nicht umsonst gewesen. Die deutsche Regierung begann, sich für uns zu interessieren. Zunächst verbot mir zwar, am 21. 12. 1949, Mr. M., wohl auf Weisung von Washington, weitere Verhandlungen mit deutschen Regierungsstellen zu führen, die Zukunft der Organisation sei ausschließlich US-Angelegenheit. Es wurde befürchtet, daß wir die Interessen der späteren Verbündeten stören könnten. Dieses Verbot stand nicht im Einklang mit unseren Abmachungen. Es wurde von mir stillschweigend nicht akzeptiert.

Anfang 1950 hatte sich die Situation gebessert, so daß auch von amerikanischer Seite einer Weiterverfolgung meiner Kontakte mit der deutschen Regierung nichts mehr in den Weg gelegt wurde. Die Erkenntnis der amerikanischen Dienststellen, daß diese Verbindung

auf die Dauer doch nicht verhindert werden konnte und daß es daher besser sei, sie freizugeben und auf diese Weise über den Ablauf unserer Kontakte »informiert« zu bleiben, mag diesen für mich günstigen Entschluß beschleunigt haben.
So kam im Frühjahr 1950 die erste offizielle Verbindung zu Dr. Globke, dem späteren Staatssekretär des Bundeskanzleramtes, zustande. Ich fand sofort einen guten Kontakt und gewann den Eindruck, daß er die Bedeutung meiner Organisation richtig einschätzte.
Globke wollte sich diese Verbindung persönlich vorbehalten, versprach jede mögliche technische Unterstützung und bat mich, den Verfassungsschutz während der Aufbauzeit zu unterstützen. Diese Hilfeleistungen wurden mit dem Bundesministerium des Innern und dessen Staatssekretär Ritter von Lex im einzelnen abgesprochen.
Am 20. September 1950 fand ich Gelegenheit, Konrad Adenauer das erste Mal zu begegnen. Es ist verständlich, daß ich mich auf diesen Besuch, von dem für meine Organisation nun alles abhing, eingehend vorbereitet hatte. Ich fragte mich, ob er wirklich der Fuchs und schreckliche Vereinfacher sei, wie er so oft betitelt wurde, und ob der ihm von seinen Bewunderern zuweilen nachgesagte autoritäre Patriarchalismus ein echtes Gespräch ermöglichen würde. Andererseits kam ich nicht mit leeren Händen – waren wir doch die erste deutsche Nachkriegsorganisation, deren Anfänge noch vor die Errichtung der englisch-amerikanischen Bizone zurückreichten. Mein Ruf als sogenannte »legendäre Persönlichkeit«, als die ich mich freilich nicht fühlte, mochte vielleicht sein Interesse wecken.
Der Bundeskanzler empfing mich mit einer Herzlichkeit und Aufgeschlossenheit, die sofort alle Bedenken zerstreute. Ihm, der sich in fortgeschrittenem Alter zur Übernahme der höchsten Verantwortung in unserem Lande bereit erklärt hatte, brauchte ich die Notwendigkeit eines Auslandsnachrichtendienstes nicht besonders zu erklären. Er zeigte ebenso wie Globke ein ungewöhnliches Einfühlungsvermögen in den schwierigen Aufgabenbereich meiner Organisation und bewies für unsere Probleme besonderes Verständnis. Adenauer begriff sofort, welchen außerordentlichen Wert dieses Instrument, das ihm angeboten wurde, für jede Regierung bedeutete, wenn man es richtig zu nutzen verstand.
Ich informierte Dr. Adenauer darüber, daß ich auch den Vorsitzenden der Oppositionspartei, Herrn Dr. Schumacher, unterrichten und um seine Unterstützung bitten werde. Die schwierige Aufgabe eines Auslandsnachrichtendienstes könne nur gelöst werden, wenn sie als eine überparteiliche Aufgabe empfunden werde und infolgedessen

auch von der jeweiligen Opposition mitgetragen werde. Der Bundeskanzler stimmte sofort nachdrücklich zu.
Ich verließ Konrad Adenauer nach diesem ersten Vortrag in der Überzeugung, daß wir von ihm die entscheidende Unterstützung erhalten würden. Ich schied zugleich in dem Bewußtsein, daß ein großer Deutscher bereit war, das ganze Gewicht seiner Persönlichkeit für das höchste Ziel einzusetzen, das auch uns vorschwebte: Den Wiederaufstieg unseres so schwer geprüften Vaterlandes.
Das Verhältnis zu Adenauer entwickelte sich im Laufe der Jahre zu einer sachlich-vertrauensvollen Beziehung.
Als ich ihm eines Tages einen Sicherheitsfall innerhalb des Dienstes unterbreitete, fragte er mich: »Sagen Sie, Herr General, können Sie denn überhaupt noch jemandem vertrauen?« »Ohne Vertrauen, Herr Bundeskanzler, ist ein Nachrichtendienst nicht möglich. Wir nennen es allerdings ein waches Vertrauen.« Eine Formulierung, die ihn sichtlich amüsierte.
Dr. Globke hatte ich schon durch meine vorhergehenden verschiedenen Besuche näher kennengelernt. Meine Zusammenarbeit mit ihm bis zum Jahre 1963 war so erfreulich und für mich anregend, daß ich sie nicht missen möchte. Er entsprach dem Typ des alten deutschen Verwaltungsbeamten, der ausschließlich der Sache diente, ohne eigensüchtige Ziele zu verfolgen. Alles Gerede von der »grauen Eminenz« ist nach meiner Kenntnis unbegründet, es sei denn, man tadle zu unrecht sein Bestreben, bei allem Eifer, mit dem er die Politik Adenauers innerhalb der Bundesressorts durchzusetzen trachtete, stets im Hintergrund zu bleiben. Globke beherrschte nicht nur die gesamte Verwaltungsmaschinerie souverän, sondern er übersah auch das außenpolitische Feld und beurteilte es mit großem Feingefühl. Diese Fähigkeit erleichterte es ihm, sofort den Nutzen zu erkennen, den man aus unserer Organisation ziehen konnte.
Dr. Kurt Schumacher besuchte ich wenig später am 21. September 1950 in Gegenwart von Herrn Ollenhauer, Frau Renger, Professor Carlo Schmidt und Herrn Erler. Er bejahte wie Adenauer das Prinzip der Überparteilichkeit, d. h. einer sich auf alle Parteien – außer den Kommunisten – abstützenden Arbeit des Auslandsnachrichtendienstes. Man könne und dürfe ein solch empfindliches Instrument nicht bei jedem Regierungswechsel neu besetzen. Dies würde eine unerträgliche Unruhe und Unsicherheit in die Mitarbeiterschaft hineintragen, die dieses Instrument lähmen und letztlich nur die Opportunisten nach oben spülen würde. Ich hatte das gute Gefühl, daß ich in allen wesentlichen Punkten eine Übereinstimmung mit Kurt Schumacher erzielen konnte. Zuletzt sicherte er mir zu, daß die SPD die Arbeit der Orga-

nisation unterstützen und daß sie eine spätere Überführung in die Dienste einer souveränen deutschen Bundesregierung befürworten werde.

Dr. Schumachers überzeugende, klare Intelligenz eilte den vorgetragenen Gedanken oft voraus, so daß er mit erstaunlicher Sicherheit auch schwer verständliche nachrichtendienstliche Zusammenhänge sofort in der richtigen Weise einordnen konnte. Es ist eine Tragik, daß dieser Mann sein Leben beenden mußte, ohne eine politische Rolle übernehmen zu können, die seiner Persönlichkeit und seiner Hingabe an das deutsche Volk entsprochen hätte.

Kurz nach meinen Besuchen beim Regierungschef und beim Oppositionsführer wurde am 27. 9. 1950 das Verfassungsschutzgesetz verabschiedet. Es legalisierte die in den Anfängen in den Ländern und beim Bund vorhandenen vorläufigen Einrichtungen und führte zum Ausbau des Verfassungsschutzes des Bundes und der Länder. Als Präsident des Bundesamtes für Verfassungsschutz wurde Dr. Otto John eingesetzt. Im Oktober 1950 wurde das »Amt Blank«, der sogenannte »Regierungsbeauftragte für die Verstärkung der alliierten Truppen in Deutschland« gebildet. Oberstleutnant a. D. Heinz übernahm im Amt Blank zunächst die Ic- und nachrichtendienstlichen Aufgaben.

Am 12. 12. 1950 teilte mir Staatssekretär Dr. Globke mit, daß die Bundesregierung die Absicht habe, die Organisation in ihrer Gesamtheit in den Bundesdienst zu übernehmen, sobald der politische Zeitpunkt (Souveränität) und der verwaltungsmäßig mögliche Zeitpunkt (Finanzierung) herangekommen seien. Die Finanzierung war damals die Hauptschwierigkeit. Die Regierung hatte wohl zunächst die Hoffnung, daß die Amerikaner, die bislang Nutznießer der Organisation waren, einen Teil der Finanzierung für eine gewisse Zeit auch weiterhin übernehmen würden. Mein persönlicher Standpunkt war allerdings, daß mit der Überführung des Dienstes in die Verantwortung der Bundesregierung die Finanzierung durch die Vereinigten Staaten beendet werden müßte, damit keine Zweifel an unserer Loyalität auftreten konnte. Diese Einstellung, deren Berechtigung von der Bundesregierung anerkannt wurde, war einer der vielen Gründe, die zur Verzögerung der Übernahme der »Organisation« oder, wie ich sie intern immer schon nannte, des »Dienstes«, noch bis zum Jahre 1956 führten.

In diese Entwicklung fiel die erste Phase des Korea-Krieges. Sie begann mit einer schweren Schlappe für die Amerikaner, bis es später dem hervorragenden Strategen McArthur gelang, durch eine klassische Operation das Gleichgewicht wiederherzustellen.

Trotz der räumlichen Entfernung hatte die Korea-Krise, ebenso wie die vorhergehende Berlin-Krise, zu einer erheblichen Erhöhung der Forderungen an den Nachrichtendienst, sowohl im amerikanischen wie auch in unserem deutschen, formal noch von den Amerikanern abhängigen Bereich, geführt. Auch dieser Zeitabschnitt zeigte, daß der Dienst sich befriedigend abwickelte. Obwohl die Aussicht auf baldige Übernahme durch die Bundesregierung eine Reihe von organisatorischen und administrativen Änderungen erforderte, um sich auch in den Einzelheiten an den Verwaltungsmechanismus des Bundes vorhaltend anzupassen, wurde die Leistungsfähigkeit des Dienstes nicht beeinträchtigt.
Nach der ersten Unterredung mit Dr. Adenauer teilte ich dem amerikanischen Verbindungskommando mit, daß ich künftig durch regelmäßige mündliche Vorträge den Bundeskanzler, ebenso wie die Oppositionsführung, über den Dienst und seine Arbeitsergebnisse unterrichten würde. Ferner wurde der amerikanische Stab darüber orientiert, daß alles Material, das über die Sicherheit der Bundesrepublik anfiel, an den neu gebildeten künftigen Verfassungsschutz abgegeben würde. Diese Absicht wurde auch in einer Unterredung mit Dr. Otto John, die am 13. 12. 1950 durch Vermittlung des Staatssekretärs Ritter von Lex zustande kam, durchgesprochen.
Zur Weitergabe und Bearbeitung aller Meldungen, die für die deutsche Regierung wichtig waren und sie besonders interessieren mußten, wurde Ende 1950 in der Zentrale eine besondere Stelle gebildet. Ferner wurde am 6. 2. 1951 in Oberpleis bei Bonn eine Verbindungsstelle eingerichtet, welche die Kontakte zu denjenigen Stellen der Bundesregierung, die mit dem Dienst zu arbeiten hatten, pflegen und wahrnehmen sollte.
Um den Leser nicht zu ermüden, kann ich nicht die vielen Verhandlungen und Besuche zwischen Bonn und Pullach aufführen, die alle dem Zweck dienten, die »Organisation« immer näher an die Bundesregierung heranzuführen und so Schritt für Schritt unsere Überführung in die Hoheit des Bundes vorzubereiten. Es soll lediglich erwähnt werden, daß am 7. 5. 1951 Dr. Globke zum ersten Male die Zentrale in Pullach besuchte. Er unterrichtete sich eingehend über Konzeption, Arbeit und Organisation sowie über personelle Fragen. Er besichtigte ferner die einzelnen Abteilungen und verschaffte sich einen umfassenden Überblick über den Dienst in seiner damaligen Form.
Am 12. Juli 1951 fand eine erneute Besprechung bei dem Vorsitzenden der SPD, Dr. Schumacher, in Anwesenheit von Ollenhauer, Prof. Carlo Schmidt und den Generalen Heusinger und Speidel statt,

bei der die jetzige Situation des Dienstes, einschließlich der Konzeption und der früher schon vorgetragenen grundsätzlichen Fragen, eingehend und umfassend erörtert wurde. Diese Zusammenkunft hatte hauptsächlich den Zweck, dem Vorsitzenden der SPD die Gewißheit zu geben, daß der Verteidigungsbereich und der Bereich eines künftigen deutschen Auslandsnachrichtendienstes koordiniert werden konnten, zumal die Generale Heusinger und Speidel zunächst im Amt Blank und später in der Bundeswehr die militärischen Schlüsselstellungen einnehmen sollten.

Nach Unterzeichnung des Deutschlandvertrages im Mai 1952 entwickelte sich die Arbeit des Bundesnachrichtendienstes auf den vorgezeichneten Linien planmäßig ebenso weiter wie der Gedankenaustausch mit der deutschen Regierung über die notwendige Angleichung des Dienstes an den Bundesdienst. Nun konnte die Übernahme des Dienstes zum 1. 4. 53 erwogen werden.

# 5. KAPITEL

# Rückschläge und Erfolge

Über die großangelegten Versuche der östlichen Geheimdienste, unsere Organisation vor ihrer Übernahme als Bundesbehörde in der Öffentlichkeit zu diffamieren und in ihrer Substanz zu zerschlagen, ist viel geschrieben worden. Wie kaum ein anderer Zeitraum nach 1945 bot die sich ständig zuspitzende nachrichtendienstliche Auseinandersetzung auf deutschem Boden mit und um den zentralen Punkt Berlin am Anfang der 50er Jahre der Presse Möglichkeiten zu spannenden, ja sensationellen Darstellungen. In der Tat ballte sich hier in einem kurzen Zeitabschnitt so viel an nachrichtendienstlicher Aktion auf beiden Seiten, an Angriffen und Gegenzügen zusammen, daß auch ein nur vordergründig informierter Autor diesem Geschehen mehr als genug an Farbe und Dramatik abzugewinnen vermochte.

In den ersten Aufbaujahren war es der Organisation gelungen, durch sorgfältige Tarnung und vorsichtiges Verhalten in der Öffentlichkeit jede Publizität zu vermeiden. Die wenigen Vertrauensleute an der Spitze der demokratischen Parteien in der Bundesrepublik, die ich über die Existenz und die Tätigkeit des Dienstes unterrichtet hatte, schwiegen ebenso wie die Persönlichkeiten, zu denen ich in den ersten Jahren unseres Bestehens Kontakt gewonnen hatte. Auch die östlichen Geheimdienste hielten mit ihren Erkenntnissen zurück, um einerseits ihren vermeintlichen Wissensstand noch zu vergrößern, andererseits aber vor allem, um einen günstigen Zeitpunkt für den Beginn massiver Angriffe gegen die »Organisation Gehlen« abzuwarten. Daß dieses Verhalten der östlichen Geheimdienste gegenüber einem nachrichtendienstlichen Gegner, der sich in wenigen Jahren zu einer vielbeachteten und schließlich der meistbekämpften westlichen Organisation entwickelt hatte, auf übergeordnete politische Entscheidungen zurückzuführen war, ließ sich aus der späteren Entwicklung und dem Ablauf der auf östlicher Seite bis in die letzten Einzelheiten koordinierten Aktionen unschwer nachweisen.

Da der Osten schwieg, blieb es einem westlichen Journalisten vorbehalten, den Dienst ins Blickfeld der Öffentlichkeit zu ziehen: Am 17. März 1952 veröffentlichte der bekannte Publizist Sefton Delmer im »Daily Express« unter der Überschrift »Hitlers General spioniert jetzt für Dollars« einen Artikel, der eine Flut von weiteren Veröffentlichungen auslösen sollte. Sefton Delmer war mit den deutschen Verhältnissen gut vertraut, da sein Vater, Professor Hobart Delmer, als Lektor für Englisch an der Berliner Universität gewirkt und er selbst als Korrespondent des »Daily Express« von 1928 bis 1933 in Berlin gearbeitet hatte. Als Kriegsberichterstatter im Spanischen Bürgerkrieg, in Polen und Frankreich sowie gegen Kriegsende beim »Soldatensender Calais« hatte Sefton Delmer scharfzüngige Propaganda gegen das Deutschland Hitlers betrieben. Nun ließ ihn seine damals noch deutschfeindliche Einstellung vergessen, daß unser Land sich nach dem Kriege erfolgreich bemüht hatte, von den ehemaligen Kriegsgegnern, den drei Westmächten, als Partner und Bundesgenosse gegen die zerstörenden Kräfte des Kommunismus anerkannt zu werden. Mit dem Dienst, das mußte Sefton Delmer eigentlich wissen, traf er eine der wenigen Institutionen, die schon vor den Vertragsabschlüssen im gleichen Jahre 1952 im Gesamtinteresse des Westens und der freien Welt tätig waren.

Sefton Delmer stellte den Dienst als eine Gefahr für die Zukunft Europas dar und gab damit unbewußt das Stichwort für die östliche und westliche Presse. Er untermauerte dies mit der Behauptung, der Dienst habe unter meiner Anleitung bereits zu diesem Zeitpunkt (1952) alle Regierungsstellen der Bundesrepublik penetriert; er habe ferner versucht, seine Position ständig auszubauen und Einfluß auf die Politik zu gewinnen. Der Führung des Dienstes wurde von Sefton Delmer außerdem unterstellt, sie entziehe ehemalige Nazis und ss-Leute bewußt und planmäßig der Strafverfolgung.

Delmer, dessen nicht zu belegende Attacken gegen den Dienst von kompetenter, besser orientierter westlicher Seite nicht angenommen wurden, fand in der in- und ausländischen Presse dennoch ein starkes Echo. Zum Teil in gehässiger Weise zusätzlich aufgebauscht wurden Delmers »Enthüllungen« zum Spielball einzelner sensationsgieriger Journalisten, die sich geprellt fühlten, weil ihrem Spürsinn die Existenz des Dienstes verborgen geblieben war.

Die gedanken- und kritiklose Übernahme der diffamierenden Behauptungen Sefton Delmers durch einen Teil der Presse veranlaßten mich, erste Kontakte zu einzelnen führenden Journalisten aller Parteirichtungen aufzunehmen. Diese anfänglichen Gespräche dienten vorerst nur der Richtigstellung, bildeten aber den Auftakt vielseitiger Bemühungen der Organisation und später des Dienstes, mit Vertretern der Presse und der anderen Massenmedien eine geeignete und für beide Seiten vertretbare Form des Zusammenwirkens zu finden. Ich werde auf unsere Pressearbeit noch wiederholt zurückkommen, vor allem auch deshalb, weil der Dienst damals um diese

Beziehungen vielfach beneidet und in diesem Zusammenhang auch Mißdeutungen unterworfen wurde.
Diese Aktion traf die Bundesrepublik und ihren zukünftigen, unter amerikanischer Protektion entstandenen und gefestigten Auslandsnachrichtendienst zu einem Zeitpunkt, der den Verdacht einer Sefton Delmer selbst unbewußten Fernsteuerung nicht nur nahelegt, sondern geradezu aufdrängt. Bis in die jüngste Zeit gehört es zu den Gepflogenheiten der Agitationsapparate und nicht etwa nur der Nachrichtendienste – soweit diese mit Beeinflussungsaufgaben durch ihre Regierungen betraut sind –, vermeintlich oder tatsächlich belastende Angaben über unliebsame Gegner oder Konkurrenten in einem dritten Land veröffentlichen zu lassen, um sich dann – unter Berufung auf derartige Enthüllungen – mit zusätzlichem Material einzuschalten. Delmers Schritt – von ihm selbst mit seinen subjektiven Sorgen vor der Zukunft begründet – rückt ihn jedenfalls in die Nähe solcher Praktiken.

Obwohl die Existenz des Dienstes in der Öffentlichkeit bekanntgeworden war, liefen die Vorbereitungen für die Übernahme durch die Bundesregierung mit Nachdruck weiter. Sie erhielten entscheidenden Auftrieb durch die im Mai 1952 vor aller Welt vollzogene West-Integration der Bundesrepublik mit dem Abschluß des Deutschlandvertrages und den Vereinbarungen über die Bildung der Europäischen Verteidigungsgemeinschaft. Durch diesen Schritt der BRD an die Seite der Westmächte war zugleich der mit allen Mitteln verfolgte Versuch der Sowjets vorläufig gescheitert, neben der sowjetisch beherrschten Zone auch den westlichen Teil Deutschlands in den kommunistischen Machtbereich einzubeziehen. Die in Jalta und Teheran beschlossene Demarkationslinie mitten durch Deutschland war damit als Abwehrfront der westlichen Welt bestätigt worden.
Nachdem mit dem Abschluß der Westverträge die erste Phase der auf die Einbeziehung *ganz* Deutschlands in den sowjetischen Machtbereich ausgerichteten Deutschlandpolitik Moskaus gescheitert war, beschleunigten die Sowjets die vollständige Inbesitznahme der sowjetischen Besatzungszone Deutschlands, die fortan als eines der wichtigsten Glieder des sowjetischen Herrschaftssystem in Europa ausersehen war. Auch wenn die sowjetisch besetzte Zone als »DDR« später auf allen Gebieten integriert wurde und vor allem als wirtschaftliche Potenz den Platz hinter der Sowjetunion einnehmen konnte, ist ihre Bedeutung als militärisches Aufmarschgebiet bis heute ein dominierendes Element jeder nachrichtendienstlichen Beurteilung geblieben.

Mitten in die sowjetischen Bestrebungen, die sowjetische Besatzungszone für die Auseinandersetzung mit der Bundesrepublik zu rüsten, fiel am 5. März 1953 Stalins Tod. Der plötzliche Ausfall des später von Moskau selbst verteufelten Diktators erweckte in allen Teilen der Welt Hoffnungen auf eine Lockerung der sowjetischen Zwangs- und Unterdrückungspolitik im kommunistischen Machtbereich.

Auch in der sowjetischen Besatzungszone häuften sich in den ersten Monaten nach Stalins Tod die Anzeichen für eine scheinbare politische »Liberalisierung«. Ihr standen die unverrückbar harten Forderungen auf wirtschaftlichem Gebiet mit immer neuen und überhöhten Ansprüchen an die Arbeitsleistung der Werktätigen gegenüber. Als Ende Mai 1953 überraschend weitere Normenerhöhungen angeordnet wurden, trafen sich die Wünsche der Gesamtheit nach größerer persönlicher Freiheit mit der Empörung der Schaffenden über die fortgesetzte Verschlechterung der Arbeitsbedingungen. Am 16. Juni 1953 demonstrierten erstmalig Berliner Bauarbeiter gegen die Regierung des ersten »deutschen Arbeiter- und Bauernstaates« in Ost-Berlin. Die Proteste setzten sich am Morgen des 17. Juni mit einem Generalstreik fort. Er entwickelte sich schnell zu einer ständig anwachsenden Massenbewegung gegen das Ulbricht-Regime. Breite Bevölkerungsteile in der gesamten sowjetisch besetzten Zone schlossen sich dem Aufstand an. Für Stunden schien das Schicksal der Machthaber in Pankow besiegelt; da griffen die Sowjets ein, um die Volkserhebung in Mitteldeutschland mit Waffengewalt niederzuschlagen. Sowjetische Panzer überrollten wehrlose Menschen; sie retteten Ulbricht, während die Bevölkerung der Zone aus kurzem Freiheitsrausch in die graue Lethargie des kommunistisch diktierten Alltags und die Trauer um die Opfer des Widerstandes zurückfiel. Ohne eine zentrale Steuerung des Aufstandes, ohne hilfreiche Zeichen von außen zerbrach an diesem 17. Juni ihre Hoffnung auf ein wiedervereinigtes Deutschland.

Es gibt viele Beweise dafür, daß die Volkserhebung, deren wir noch heute in Achtung und Trauer gedenken, ein spontaner und elementarer Akt war, vergleichbar nur der Aufstandsbewegung in Ungarn gut drei Jahre danach. Daß dennoch von sowjetischer Seite versucht wurde, den Dienst der planmäßigen Vorbereitung des 17. Juni zu verdächtigen, ließ erkennen, daß er zum Hauptziel einer umfangreichen und permanenten östlichen Diffamierungswelle bestimmt war. Einige Monate zuvor, im April 1953, hatte das Außenministerium der »DDR« die alliierten Nachrichtendienste noch in ihrer Gesamtheit beschuldigt, für die Zunahme der Spannungen in

Berlin verantwortlich zu sein. Nach dem 17. Juni konzentrierten sich die Angriffe auf unseren Dienst. Sie steigerten sich, als Ernst Wollweber im Juli 1953 die Leitung des ostzonalen Staatssicherheitsdienstes (SSD) übernahm.

Als international berüchtigter Berufsrevolutionär und Sabotage-Experte gehörte Wollweber bis zu seinem bitteren Ende zweifellos zu den farbigsten und skrupellosesten Figuren in der Spitze des Ulbricht-Regimes. Weder sein Vorgänger Wilhelm Zaisser, der sich auf seinen Einsatz auf rotspanischer Seite berufen konnte, noch sein Nachfolger Erich Mielke vermochten Wollweber diesen Ruf streitig zu machen. Gegen ihn blieb selbst der heute noch amtierende General Mielke, der sich noch immer rühmt, die Polizeihauptleute Anlauf und Lenk auf dem Berliner Bülowplatz eigenhändig erschossen zu haben, ein Mann der zweiten Garnitur.

Als Wollweber sein neues Amt antrat mit dem Hauptauftrag, unseren Dienst zu zerschlagen und seine Übernahme durch die Bundesregierung ein für allemal zu verhindern, war Wilhelm Zaisser ein erledigter Mann, ein Opfer heftiger parteiinterner Kritik an den mangelhaften Ergebnissen bei der Bekämpfung unseres Dienstes. Wollweber wußte, was ihn erwartete: Schon in den ersten Tagen zerstörte er die subtilere Konzeption seines glücklosen Vorgängers, den er mit Hohn und Spott überschüttete. Für Wollweber kam es darauf an, in raschem Zugriff vermutete Mitarbeiter des Dienstes in der SBZ auszuheben und die Erfolge vor der Öffentlichkeit auszubreiten.

Lange hatte Wollweber auf die Chance warten müssen, vom Dunkelmann wieder zum gefeierten Agentenjäger von Moskaus Gnaden aufzusteigen. Dem Dienst war er seit langem kein Unbekannter. Nachdem sich Wollweber als Angehöriger der kaiserlichen Marine bei der Kieler Matrosenmeuterei von 1917/18 seine Sporen als Revolutionär verdient hatte, verschwand er 1920 in die Sowjetunion, um eine Fachausbildung besonderer Art zu erhalten: eine intensive Schulung als Sabotage-Experte und Spezialist für die Vernichtung wertvoller Schiffstransporte. Nach mehrjähriger Tätigkeit als Sekretär der »Internationale der Seeleute und Hafenarbeiter« erhielt er reichlich Gelegenheit, in den 30er Jahren Anschläge auf wichtige Versorgungsschiffe verschiedener Nationalitäten vorzubereiten und durchzuführen. Viele geheimnisvolle Explosionen, vor allem in nordischen Häfen, gingen auf sein Konto. 1940 wurde Wollweber mit anderen in Schweden verhaftet und zu drei Jahren Zuchthaus verurteilt. Er brauchte sie nicht zu verbüßen. Die Sowjetregierung intervenierte und holte den erfolgreichen Saboteur zu neuer Verwendung zurück.

1946 tauchte Wollweber als Staatssekretär für Schiffahrt im sowjetisch besetzten Teil Deutschlands wieder auf, von Moskau für größere Aufgaben empfohlen.
Der also abgestützte und mit Vorschußlorbeeren geschmückte neue Chef des sowjetzonalen Staatssicherheitsdienstes begann seinen Angriff gegen den Dienst bereits zwei Monate nach der Amtsübernahme. Ende September 1953 setzten in der SBZ schlagartig koordinierte Aktionen gegen angebliche »westliche Spionage-, Terror- und Sabotagegruppen« ein. Beinahe täglich erfolgten Zugriffe, die von sowjetzonalen Presse- und Rundfunkorganen entgegen der bisherigen Praxis in jedem Einzelfalle sofort propagandistisch ausgeschlachtet wurden. Bis Ende Oktober wurden in fortgesetzten »Erfolgsmeldungen« insgesamt 98 Verhaftungen von angeblichen Mitarbeitern verschiedener westlicher Nachrichtendienste bekanntgegeben, ab Anfang November 1953 brachten Wollwebers Agentenjäger nach ihren eigenen Angaben nur noch »Gehlen-Agenten« zur Strecke. Wollweber begründete diese propagandistisch untermauerte Bekämpfung des »Gegners Nr. 1« mit der »besonderen Gefährlichkeit des Gehlen-Dienstes«, der über einen straff organisierten Apparat verfüge und gegen zahlreiche wichtige Ziele in der »DDR« operiere.

### *Der Fall Geyer*

Am 9. November 1953 erreichten Wollwebers Angriffe auf den Dienst ihren ersten Höhepunkt. In einer Pressekonferenz in Ost-Berlin wurde ein Hans-Joachim Geyer vorgestellt, der seit 1952 für den Dienst in der SBZ tätig gewesen war. Geyer war Anfang 1953 von seiner Führungsstelle aus Sicherheitserwägungen herausgelöst und als Mitarbeiter in dem (Einmann-)Büro eines Verbindungsführers in West-Berlin eingesetzt worden. Diese Verwendung stand im Widerspruch zu dem von mir erlassenen Verbot, aus der SBZ zurückgekehrte Mitarbeiter in bestimmten Funktionen weiterarbeiten zu lassen. Erst nach seiner Flucht nach Ost-Berlin, die Ende Oktober auf Weisung des Staatssicherheitsdienstes erfolgte, stellte sich heraus, daß Geyer bereits vor seinem Einsatz in West-Berlin, wahrscheinlich sogar schon vor Beginn seiner Tätigkeit für den Dienst, in der sowjetischen Besatzungszone vom SSD angeworben bzw. »umgedreht« worden war. Auf der mit großem Spektakel veranstalteten Pressekonferenz verlas Geyer, der sich fälschlich als »stellvertretender Filialleiter des Gehlen-Dienstes in West-Berlin« bezeichnete, ihm unterschobene Erklärungen. Danach habe er »aus Gewissensgründen« die Front gewechselt und seinen Ost-Berliner Auftraggebern als »Morgengabe« Originaldokumente und Personalunterlagen aus seinem West-Berliner Büro mitgebracht. Geyers Verrat löste eine sorgfältig vorbereitete neuerliche Verhaftungswelle in der SBZ aus. Es ist später nachgewiesen worden, daß bei diesen schlagartig durchgeführten Zugriffen die Masse der verhafteten Persönlichkeiten weder mit dem Dienst noch einer sonstigen westlichen Organisation irgend etwas zu tun hatte. Sie waren mißliebig, darum wurden sie im Zuge der Aktionen verhaftet. Schon die veröffentlichten phantastischen Zahlen von mehreren hundert Verhafteten ließen jeden objektiven Betrachter den propagandistischen Charakter der Gesamtaktion erkennen. Sie trugen für den Fachmann von vornherein den Beweis der Unglaubwürdigkeit und Verfälschung in sich, weil Geyer selbst bei fehlerhafter Wahrnehmung der Sicherheitsbelange nur Kenntnis von einem Bruchteil der zahlenmäßig aufgebauschten Agentenarmee gehabt haben konnte. In Wirklichkeit hatte Geyer in seinem kleinen Büro, das eines unter Dutzenden war, nur wenige Mitarbeiter des Dienstes in der SBZ derart identifizieren können, daß ihre Verhaftung erfolgte. Es gelang dem Dienst, durch sofort durchgeführte Abriegelungsmaßnahmen den gegnerischen Einbruch auf den erwähnten Sektor zu beschränken. Trotz der im einzelnen bedauerlichen Verluste blieb die volle Leistungsfähigkeit der in der SBZ tätigen Teile des Dienstes erhalten.

Es bedarf kaum des Zusatzes, daß ich mit meinen engsten Mitarbeitern unverzüglich alle nur erdenklichen Maßnahmen eingeleitet habe, um vor ähnlichen Rückschlägen in Zukunft gesichert zu sein. Meine Anordnungen enthielten vor allem eine Verschärfung aller Bestimmungen, die ein Übergreifen von Pannenfällen, welche bei der großen Zahl der im Einsatz stehenden Mitarbeiter nicht völlig zu vermeiden waren, auf andere Teilbereiche unmöglich machen sollten. Alle eigenen Schutzmaßnahmen wurden mit größter Beschleunigung durchgeführt, um die Gefährdung der Mitarbeiter bei der erwarteten Fortsetzung der Wollweber-Kampagne auf ein Mindestmaß zu beschränken.

### *Die Entführung des Major a. D. Haase*

Als unsere Bemühungen in allen beschaffenden Zweigen des Dienstes in vollem Gange waren, gelang Wollweber ein zweiter Schlag. In der Nacht vom 13./14. November 1953 wurde der Berliner Verbindungsführer einer anderen Operationsgruppe des Dienstes, Major a. D.

Werner Haase, an der Sektorengrenze, jedoch den Spuren nach einwandfrei auf West-Berliner Territorium, von einem SSD-Trupp überfallen und nach Ost-Berlin verschleppt. Ganz im Gegensatz zum Verräter Geyer, dessen Preisgabe vom Gegner auf propagandistischer Bühne ausgenutzt wurde, war es im Falle Haase der Wagemut eines einzelnen, der zu einem weiteren Verlust für den Dienst führte. Haase, ein besonders zuverlässiger, einsatzfreudiger und ideenreicher Mitarbeiter, hatte den Auftrag erhalten, die Verlegung eines Telefonkabels durch einen Kanal an der Sektorengrenze zwischen West- und Ost-Berlin zu erkunden. Es war ausdrücklich angeordnet, daß die riskante Verlegungsaktion erst auf besondere Weisung hin erfolgen sollte. Mit Hilfe des Kabels, einer sogenannten »Drahtschleuse«, sollte die Verbindung mit V-Leuten in Ost-Berlin sichergestellt und der immer gefährlicher werdende Kurierweg ersetzt werden. Obwohl Haase die Folgen des Verratsfalles Geyer und die Schutzvorkehrungen des Dienstes bekannt waren, entschloß er sich aus eigenem Antrieb, die Verlegung des Kabels auch ohne Genehmigung seiner vorgesetzten Stelle zu wagen. Haase transportierte das Kabel in der Dunkelheit mit Hilfe eines Spielzeugdampfers über den Kanal. Ihm assistierte ein Mitarbeiter aus Ost-Berlin, der – wie sich später herausstellte – kurz vorher der in der gesamten sowjetischen Besatzungszone verbreiteten Aufforderung des SSD an alle Westagenten, sich unter Zusicherung von Straffreiheit zu stellen, gefolgt war. In einem Schauprozeß wurde Haase am 21. 12. 1953 zu lebenslänglicher Zuchthausstrafe verurteilt. In zahlreichen Vernehmungen vor und während des Prozesses war er zu Aussagen über Vorgänge gezwungen worden, die ihm in seiner begrenzten nachrichtendienstlichen Tätigkeit überhaupt nicht zur Kenntnis gelangt sein konnten. Haase hat es verstanden, seine Aussagen bewußt so zu formulieren, daß der Gegner in vielen Punkten getäuscht wurde und daß andererseits wir diese Täuschungen aus den Prozeßberichten erkennen konnten. Nach langwierigen Bemühungen gelang es erst Anfang 1957, Haase auszutauschen. Ich habe ihm für seinen unerschrockenen Einsatz und seine vorbildliche Standhaftigkeit die besondere Anerkennung des Dienstes ausgesprochen.

### *Fall Höher und weitere Maßnahmen des* SSD

Ende November 1953 wurde durch den sowjetzonalen »Deutschlandsender« und die Presse das »Vernehmungsprotokoll« eines »neu festgenommenen Gehlen-Agenten« Wolfgang Höher veröffentlicht.

Höher, der für den Dienst in West-Berlin gearbeitet hatte, war bereits im Februar 1953 unter mysteriösen Umständen verschwunden. Sein »Absetzen« wurde zunächst als Entführung getarnt. Nach dieser dem Dienst zugespielten Version sollte ein Unbekannter Höher in ein renommiertes West-Berliner Lokal gelockt, in einem günstigen Augenblick Pulver in Höhers Getränk geschüttet und den Bewußtlosen alsdann als »Betrunkenen« abgeschleppt haben. Was bei Höher zur Täuschung des Dienstes vorgespielt war, wurde in anderen Fällen bittere Wirklichkeit. Bekanntlich gelang es dem sowjetischen Geheimdienst im Zusammenwirken mit dem SSD im April 1954, den profilierten Leiter der russischen Emigrantenorganisation NTS in Berlin, Dr. Alexander Truchnowitsch, in einen Teppich gerollt nach Ost-Berlin zu verschleppen. Glücklicherweise scheiterte ein anderer Versuch des SSD, einen wichtigen Mitarbeiter des Dienstes, dessen Frau zuvor mit einer fingierten Nachricht in die SBZ entführt worden war, in den Ostsektor Berlins zu locken.

Im Falle Höher konnte jedenfalls alsbald nachgewiesen werden, daß er vom SSD nach Ost-Berlin abgezogen worden war, offenbar um der Gefahr einer Entlarvung als Doppelagent vorzubeugen. Es paßte in Wollwebers Konzept, Höher neun Monate nach seiner Flucht als »Kronzeugen« gegen den Dienst auftreten zu lassen. Dabei begingen Wollweber und seine Gehilfen schwerwiegende Fehler, die – zumindest in der nachrichtendienstlichen Fachwelt – sofort erneutes Mißtrauen gegen diese Art von »Enthüllungen« aufkommen lassen mußten. Auch einer breiteren Öffentlichkeit mußte dubios erscheinen, daß Höher sich als früherer »Experte des Dienstes« für eine nachrichtendienstliche Tätigkeit gegen Frankreich bezeichnete. Höher behauptete in diesem Zusammenhang u. a., der Dienst lasse französische Persönlichkeiten bespitzeln und unterhalte »ein weit verzweigtes Agentennetz im Saarland«.

Es gehörte in den Plan Wollwebers, daß im Dezember 1953 vor dem polnischen Militärgericht in Stettin ein Schauprozeß gegen drei V-Leute des Dienstes begann. Ihre Festnahme war schon vor längerer Zeit erfolgt, so daß der zeitliche Zusammenhang mit der Wollweber-Offensive offenkundig wurde. Im Verlaufe des Prozesses wurde der Dienst nicht nur beschuldigt, seine »verbrecherische Tätigkeit auf die Volksdemokraten ausgedehnt«, sondern auch planmäßig Sabotageunternehmen, vor allem in Häfen, durchgeführt zu haben. Da die beschuldigten Mitarbeiter ausschließlich für Aufklärungsaufgaben eingesetzt waren, konnte nachgewiesen werden, daß sie zu ihren »Aussagen« über die Durchführung von Sabotageakten erpreßt worden waren.

Mit großer Hektik trieb Wollweber die ihm unterstellten Organe immer wieder zu neuen Aktionen. Schon Ende November 1953 war ihm klargeworden, daß die Einschaltung der gesamten sowjetzonalen Propaganda und Agitation für die Zwecke des Geheimdienstes und die breite publizistische Unterstützung in den osteuropäischen kommunistischen Staaten nicht ausgereicht hatte, um aus einzelnen Teilerfolgen bei der Bekämpfung der »Organisation Gehlen« die verkündete Vernichtung des Dienstes glaubhaft zu machen. Noch bevor ihm Gegenmaßnahmen des Dienstes deutlich machten, daß die Schlagkraft und Effektivität des Dienstes ungebrochen waren, entschloß sich Wollweber zu einem weiteren, höchst ungewöhnlichen Schritt: Er setzte eine Kopfprämie von einer Million Ostmark für denjenigen aus, der mich tot oder lebendig dem SSD übergeben würde. Diese Aufforderung Wollwebers ist in ihrer Ungeheuerlichkeit wiederholt in Zweifel gezogen worden. Es steht jedoch einwandfrei fest, daß Wollweber auf mich persönlich und auch auf andere derartige »Kopfprämien« ausgesetzt hat. Aus späteren Andeutungen wird für den aufmerksamen Leser zu erkennen sein, daß der Dienst durchaus in der Lage war, solche und ähnliche interne Anordnungen zuverlässig zu erfahren.

Aus dem weiteren Verlauf der Wollweber-Aktionen gegen den Dienst ergab sich immer eindeutiger die zeitliche Abstimmung mit sowjetischen Bemühungen, die für Januar 1954 vorgesehene Außenministerkonferenz in Berlin zu stören.

Im Dezember 1953 wurden in rascher Folge zahlreiche, meist überholte Einzelheiten über den Aufbau, die Gliederung und die personelle Zusammensetzung des Dienstes über Presse und Rundfunk der SBZ veröffentlicht, eine in dieser Ausführlichkeit wiederum ungewöhnliche Maßnahme, die sich nur mit der gebotenen Vorrangigkeit der politischen Zielsetzung und im Zusammenhang mit der nachfolgend geschilderten sowjetischen Aktion erklären läßt. Bis zum Zeitpunkt der umfangreichen »Enthüllungen« über den Dienst, die Wollweber persönlich veranlaßt hatte, gehörte es zu den ungeschriebenen Gesetzen der Nachrichtendienste, alle wesentlichen Erkenntnisse aus der Aufklärung anderer Dienste geheimzuhalten, um dem Gegner keine Anhaltspunkte oder gar Hinweise über den Erkenntnisstand zu geben und ihn dadurch zu veranlassen, seine Organisation umzuändern.

Am 11. Dezember 1953 beschuldigte der sowjetzonale »Deutschlandsender« Bundeskanzler Dr. Adenauer, Vorbereitungen zur Störung der Berliner Zusammenkunft der Außenminister getroffen zu haben.

Gleichzeitig liefen sowjetische Bemühungen, die westlichen Nachrichtendienste in die Rolle permanenter Friedensstörer zu manövrieren.
In der Mitte dieses bewegten Monats gelang dem Dienst bei der Abwehr der koordinierten sowjetischen und sowjetzonalen Diffamierungskampagne ein bedeutender Erfolg. Aus der sowjetischen Botschaft in Ost-Berlin beschaffte eine Operationsgruppe des Dienstes das Original eines in russischer Sprache verfaßten »Weißbuches«. Das raffiniert bearbeitete Machwerk enthielt eine Zusammenfassung der bisherigen Beschuldigungen gegen westliche Dienste. Es sollte den vier Außenministern (Molotow, Dulles, Eden und Bidault) als vertrauliche Unterrichtung auf den Berliner Verhandlungstisch gelegt werden. Der Schwerpunkt richtete sich, was nach dem bisher Vorgefallenen zu erwarten war, gegen unsere Organisation. Sie wurde als eine suspekte Vereinigung ehemaliger Abwehroffiziere und alter Nazis dargestellt, deren friedensgefährdende Tätigkeit die westlichen Tagungsteilnehmer abschrecken sollte. Erneut wurde dem Dienst eine weitverzweigte, über Europa hinausreichende Spionage-, Sabotage- und Untergrundtätigkeit zugeschrieben, die längst auch von anderer Seite hätte unterbunden werden müssen. Das in seiner Zielrichtung und Zweckbestimmung eindeutige »Weißbuch« ließ jedenfalls erkennen, daß der von Wollweber totgesagte Dienst offenbar immer noch als beachtenswerter Gegner eingeschätzt wurde.
Nach eingehender Beratung mit meinen engsten Mitarbeitern habe ich mich in diesen Weihnachtstagen entschlossen, der sowjetischen Zusammenstellung mit einem eigenen »Weißbuch« zu begegnen, das – gleichfalls nicht zur Veröffentlichung bestimmt – als Gegenstück zu der sowjetischen Broschüre zur vertraulichen Aushändigung an die Außenminister bereitgehalten werden sollte. In unserem »Weißbuch« sollten selbstverständlich nur Erkenntnisse Verwendung finden, deren Freigabe vertretbar war. Ich habe mir deshalb die Entscheidung über die Einfügung bestimmter Punkte persönlich vorbehalten.
In den Tagen vor Weihnachten und während des Festes wurde in Pullach fieberhaft gearbeitet. Seite um Seite der sowjetischen Broschüre wurde übersetzt und sofort analysiert. Im Gegenzug entstand, Seite um Seite in der Endfassung von mir freigegeben, das »Weißbuch über die sowjetisch-kommunistische Offensive gegen die Bundesrepublik«. Im ersten Teil der Zusammenstellung wurde die politisch-organisatorische Aktivität (Propaganda und Infiltration) mit Einzelbeispielen belegt, wärend der zweite Teil über die Tätigkeit der östlichen Geheimdienste gegen und in der Bundesrepublik aus-

sagte. War im sowjetischen »Weißbuch« West-Berlin als Ausgangspunkt nachrichtendienstlicher und subversiver Aktionen des Westens angeprangert worden, so enthielt die von uns gefertigte Gegendarstellung umfangreiches Beweismaterial über die Ausnutzung der Basis Ost-Berlin gegen die Bundesrepublik. Besonderer Wert wurde darauf gelegt, die Methoden und Mittel der sowjetischen Deutschlandpolitik mit ihrer damaligen Zielrichtung auf die Gewinnung einer Massenbewegung in der Bundesrepublik aufzuzeigen. Aus der Gesamtdarstellung ergab sich das geschickt koordinierte Wechselspiel zwischen politischen Aktivitäten und geheimdienstlichen Aktionen der Gegenseite.

Als die Viererkonferenz am 21. 1. 1954 in Berlin begann, wurden die Sowjets auf geeigneten Wegen über die Fertigstellung eines »Gegen-Weißbuches« informiert. Sie zogen es vor, von der vorbereiteten Übergabe ihres vertraulichen Materials abzusehen. Die Gegendarstellung des Dienstes blieb gleichfalls im Panzerschrank – sie hatte ihren Zweck allein durch ihre Existenz erfüllt.

Die Berliner Außenministerkonferenz endete am 18. Februar mit einer Enttäuschung für alle Deutschen: Die Vertreter der vier Großmächte hatten nicht den geringsten Fortschritt in der Deutschlandfrage erzielt.

Während Wollweber seine Anfangsergebnisse bei der Bekämpfung des Dienstes mit lautstarker Agitation bekanntgab, liefen mehrere Operationen der Organisation, die erst später – und erwünschterweise niemals in allen Einzelheiten – zur Kenntnis der Öffentlichkeit gelangt sind. Einige besonders bemerkenswerte Erfolge, auf die ich kurz eingehe, fielen mit offenkundigen Fehlgriffen und Pannen Wollwebers zusammen. Am Ende dieser Kette von schweren Rückschlägen stand der Sturz des mehrere Jahre für allmächtig gehaltenen sowjetzonalen Spionagechefs. Über Wollwebers ruhmlosen Abgang von der politischen Bühne der »DDR« werde ich berichten, wenn ich die Ereignisse der Jahre nach 1956 behandle.

### *Der Fall Brutus*

Wollweber persönlich wurde am stärksten betroffen, als Ende November 1953 einer seiner engsten Mitarbeiter, der Ministerialrat W. G., aus seiner unmittelbaren Umgebung verschwand. Als Wollweber erfuhr, daß sich G., ein besonders bewährter und unerschrockener Mitarbeiter des Dienstes, mit seiner Familie planmäßig nach West-Berlin abgesetzt hatte, kannte seine Empörung keine Grenzen.

Die unter der Bezeichnung »Brutus« inzwischen aus einigen Veröffentlichungen bekanntgewordene Gewinnung eines Mitarbeiters im engsten Kreis um Wollweber und seine rechtzeitige Herauslösung gehören zweifellos bis heute zu den interessantesten Operationen des Dienstes.
Wollweber hatte zu G., der als hervorragender Verkehrsexperte galt, schon 1946 als Staatssekretär für Schiffahrt gute Kontakte gefunden. Er hatte G. im Laufe der Jahre immer näher an sich herangezogen und ihn mit Anerkennungen überhäuft, zuletzt am 28. März 1953 mit einem Dankschreiben für seine verdienstvolle Tätigkeit in der »Zentralen Transportkommission«. Längst hatte G. seine laufende Berichterstattung über den gesamten Bereich des Transportwesens durch Unterrichtungen des Dienstes über geheimdienstliche Aktivitäten seines Chefs erweitert. G., der Wollwebers skrupellose Praktiken seit Jahren verachten und als entscheidende Hindernisse auf dem Wege zu einer Zusammenführung aller Deutschen werten gelernt hatte, gab alle Erkenntnisse in der Überzeugung an den Dienst, durch sein Handeln gegen die Intentionen des Ulbricht-Regimes wirken und damit seinem Volke am besten dienen zu können. G. hatte – dies zeigt am besten seine Einstellung – seine Anstrengungen verstärkt, nachdem der Volksaufstand zur Befreiung am 17. Juni zusammengebrochen war. Die Beendigung der Operation »Brutus« war notwendig geworden, weil sich erste Anzeichen für ein gegen G. aufkommendes Mißtrauen ergeben hatten.

### *Fall Gänseblümchen*

Etwa gleichzeitig verfügte der Dienst neben der schon erwähnten wichtigen »Spitzen-Quelle« in der sowjetischen Botschaft, der die Beschaffung des russischen Organisationsmaterials vor der Viererkonferenz zu danken war, über zwei weibliche Informantinnen von hohem Wert. Sie waren an besonders wichtiger Stelle placiert und in ihrer Einsatzbereitschaft für die Sache der freien Welt nicht zu übertreffen. Um eine der beiden, eine Spitzenfunktionärin der sowjetzonalen »Freien Deutschen Jugend (FDJ)«, einer Organisation, deren Aktivität vornehmlich auf die Zersetzung westdeutscher Jugendorganisationen und die Gewinnung von Stützpunkten in der Bundesrepublik ausgerichtet ist, soll und muß für immer ein Schleier gelegt bleiben.
Über die Tätigkeit der anderen Mitarbeiterin, E. B., die als Chefsekretärin des Ministerpräsidenten Otto Grotewohl tätig war, ist

inzwischen einiges an die Presse durchgesickert. Auf die außerordentliche Bedeutung dieser als »Fall Gänseblümchen« geführten Operation werde ich noch näher eingehen, wenn ich über die Auseinandersetzungen zwischen Grotewohl und Wollweber und die Ausschaltung Grotewohls berichte. Die wesentlichen Erkenntnisse aus der Operation »Gänseblümchen«, die sich ausschließlich auf Informationen stützte, deren E. B. als Chefsekretärin habhaft werden konnte, fielen in die Zeit, in der Wollweber lauthals die Vernichtung der »Organisation Gehlen« verkündete.

*Operation Uranus*

In einem groß angelegten Täuschungsmanöver gelang es Mitte der 50er Jahre, auch den sowjetischen Geheimdienst empfindlich zu treffen. Die unter der Deckbezeichnung »Uranus« vor Jahren schon in der Presse erwähnte Operation nahm ihren Ausgangspunkt im Uran-Bergwerk Aue, aus dem der Dienst wertvolle Gesteinsproben erhielt. Als der Träger der Operation nach Ost-Berlin überwechselte, stellte er sich mit Wissen und unter Steuerung des Dienstes einer Führungsstelle des sowjetischen Geheimdienstes in Karlshorst zur Verfügung. Mit Hilfe des Dienstes gelang es ihm, den Sowjets sein Eindringen in eine fiktive »große Leitstelle« des Dienstes in West-Berlin glaubwürdig vorzuspielen. Wiederholt berichtete K. V. seinem sowjetischen Führungsoffizier, dem zu zweifelhafter Berühmtheit gelangten Obersten Petrow, über eine große Zahl der in weiten Teilen Sachsens tätigen »Gehlen-Mitarbeiter«, deren »gute Ergebnisse« die Sowjets veranlaßten, Maßnahmen zur Zerschlagung des gesamten Netzes zu treffen. Als sowjetische Organe nach mühevollen Vorbereitungen zum Zugriff auf breiter Front ansetzten, löste sich das Agentenheer in ein Nichts auf. Das größte Netz des Dienstes bestand aus Löchern ...

*Professor Kastner*

Zu den Informanten des Dienstes in diesen Jahren gehörte auch eine so hochgestellte Persönlichkeit wie der ehemalige stellvertretende Ministerpräsident der »DDR«, Professor Hermann Kastner. Als Mitbegründer und Vorsitzender der »Liberaldemokratischen Partei Deutschlands (LDPD)« war er als »bürgerliches Aushängeschild« ebenso in eine staatliche Spitzenposition berufen worden wie der

Als Chef der Abteilung »Fremde Heere Ost«

◀

Reinhard Gehlen nach dem Ausscheiden aus dem Dienst. 1971

Die Offiziere des Stabes der Abteilung »Fremde Heere Ost«
(1. Reihe Mitte: Der Verfasser, rechts daneben Oberstlt. Wessel)

Bei einer Inspektion

Am Divisions-Gefechtsstand Niercze in Polen. September 1939

Besuch von General Köstring, dem deutschen Militärattaché in Moskau, beim Chef des Generalstabes, Generaloberst Halder (Mitte). 1940

Im Gespräch mit Offizieren des Stabes Dabendorf (in der Mitte Hauptmann Strik-Strikfeldt, rechts vorn General Malyschkin)

Rechts: Martin Bormann, Leiter der NS-Parteikanzlei. Ein Verräter im Solde Moskaus

Unten: General Wlassow nach seiner Gefangennahme

Hitler verläßt das Stabsquartier der Heeresgruppe Mitte. Aus Furcht vor einem Attentat mußten alle Offiziere ihre Waffen ablegen, oben am Fenster ein schußbereiter Scharfschütze.

Linke Seite: Zwei unserer 44 Stabshelferinnen für die umfangreiche Büroarbeit. Ostpreußen März 1944. Stabsquartier »Fremde Heere Ost« in Ostpreußens Wäldern. März 1944

Admiral Wilhelm Canaris, Leiter des Amtes Ausland/Abwehr im OKW

Oberstleutnant Gerhard Wessel, mein erster Mitarbeiter beim Stab »Fremde Heere Ost«

Generaloberst Heinz Guderian, Generalinspekteur der Panzertruppen und Chef des Generalstabs des Heeres

▶

US-General Sibert, der Betreuer der »Organisation Gehlen«

Hans Globke, Staatssekretär im Bundeskanzleramt unter Adenauer

General Heusinger, 1940–44 Chef der Operationsabteilung, zuletzt Vors. des Ständigen Militärausschusses der NATO in Washington

Allan W. Dulles,
Leiter der CIA

Bundeskanzler Konrad Adenauer zur Zeit der Übernahme des Dienstes

Dr. Kurt Schumacher, Führer der sozialdemokratischen Opposition

Alexander Scheljepin, als Leiter des sowjetischen Sicherheitsdienstes KGB

Ernst Wollweber, Minister für Staatssicherheit in der »DDR«

Ritter v. Niedermayer, dessen Foto seit 1945 fälschlich immer wieder – im »Spiegel« wie in dem »DDR«-Pamphlet gegen den Bundesnachrichtendienst »Nicht länger geheim« – als Gehlen-Porträt veröffentlicht wurde

Beim Segelsport nach dem Ausscheiden aus dem Dienst. Sommer 1970

langjährige Vorsitzende der ostzonalen CDU, Otto Nuschke, der unter Grotewohl gleichfalls stellvertretender Ministerpräsident war, und Außenminister Lothar Bolz, der Vorsitzende der »Nationaldemokratischen Partei Deutschlands (NDPD)«. Die sogenannten »bürgerlichen Parteien« der SBZ waren eigens zu diesem Zweck geschaffen worden, vor dem Ausland eine gewisse Alternative gegenüber der Staatspartei (SED) vorzuspiegeln und in diesem Sinne auch in die »Westarbeit gegen die BRD« einzugreifen. Hinter der SED sind diese Scheinparteien, deren Abgeordnete vorher festgelegt waren, niemals zu innenpolitischer Bedeutung gelangt.
Kastner hatte sich dem Dienst und vorher schon den Amerikanern zur Verfügung gestellt, nachdem er sich in persönlichen Auseinandersetzungen mit Ulbricht und anderen SED-Funktionären aufgerieben und das Ende seiner politischen Ambitionen erkannt hatte. Auch seine hervorragenden Beziehungen zur Sowjetischen Militär-Administration (SMA), die ihn für den Dienst zu einem wertvollen Wissensträger machten, vermochten ihn nicht an der Regierungsspitze zu halten. Aus alldem erwuchs bei Professor Kastner die Bereitschaft, sich dem Westen nicht nur durch Lieferungen von Material, sondern auch als Antipode gegen Ulbricht vor der Öffentlichkeit zur Verfügung zu stellen. Nachdem Bundeskanzler Dr. Adenauer auf meinen Vortrag hin zunächst sein Interesse an einer Herausstellung Kastners als prominentesten Zonenflüchtling erklärt hatte, wurde das Ehepaar in einer aufregenden Absetzoperation von Ost- nach West-Berlin übergeführt. Hermann Kastners Eintreffen in der BRD fand starke publizistische Beachtung, die sich jedoch bald zwiespältig entwickelte. Während ein Teil der Presse den Übertritt Kastners als einen schweren Schlag für Pankow wertete, bezeichneten andere Zeitungen Kastner als langjährigen Nutznießer des Ulbricht-Regimes, dem ein politischer Auftritt in der Bundesrepublik versagt werden sollte. Diese Angriffe kamen hauptsächlich aus dem Lager der FDP, deren Vorstöße zu Gesprächskontakten mit Kastners LDPD ohne Entgegenkommen geblieben waren. Als sich die kritischen Pressestimmen mehrten, entschloß sich die Bundesregierung, auf Kastners öffentliche Erklärungen gegen Ulbricht zu verzichten und seine Kenntnisse und Erfahrungen auf andere Weise zu nutzen.

## *Verhaftungsaktion in Rostock-Warnemünde*

Eine schlimme »Panne« erlebte Wollweber Mitte November 1953, als es ihm darum ging, die Diffamierungskampagne gegen den Dienst mit allen Mitteln aufrechtzuerhalten und zugleich die an sich schon gespannte Atmosphäre vor der Berliner Konferenz noch mehr zu vergiften. Hierzu benötigte Wollweber fortlaufend Material für neue Veröffentlichungen. Mit der breit ausgewalzten Darstellung einer eineinhalb Jahre zurückliegenden Verhaftungsaktion in Rostock-Warnemünde wurde dem Dienst erneut ein Vorgang angelastet, der ihn überhaupt nicht betraf. Den sensationell aufgemachten Berichten war zu entnehmen, daß drei angebliche »Gehlen-Agenten« beim Einbau von Sprengkörpern auf frischer Tat ertappt worden seien. Damit sei die verbrecherische Tätigkeit des Dienstes nun auch bei Sabotage- und Sprengstoffanschlägen festgestellt worden. Es fiel uns nicht schwer, diese von Wollweber über Presse und Rundfunk verbreiteten »neuen« Verhaftungen als identisch mit Zugriffen nachzuweisen, die bereits im Mai 1952 erfolgt, seinerzeit allerdings der »Kampfgruppe gegen Unmenschlichkeit«, von deren Methoden sich der Dienst stets distanziert hatte, zugeschrieben worden waren.

## *Emil Bahr*

Noch nachteiliger für Wollweber wirkte sich die »Panne« mit einem Emil Bahr aus, der – zunächst von der sowjetzonalen Propaganda als eine Art Himmelsgeschenk empfunden – Wollwebers Organen unmittelbar vor Beginn der Viererkonferenz in die Hände fiel. Bahrs »Enthüllungen« waren denn auch am 24. Januar 1954, also einen Tag vor Konferenzbeginn in Berlin, über den sowjetzonalen Rundfunk ausgestrahlt und in allen Zeitungen der SBZ veröffentlicht worden, sozusagen als Willkommensgruß für die westlichen Delegierten. Daß in das »Bahr-Geständnis« Erkenntnisse über »umfangreiche Störvorbereitungen des Gehlen-Dienstes gegen die Konferenz« aufgenommen wurden, ließ keinen Zweifel an der Absicht, den angeblich »wichtigen Gehlen-Mitarbeiter« Bahr als Vorläufer für die Übergabe des »Weißbuches« auftreten zu lassen. Ein »Zeuge« wie Bahr, der sich als »reuiger Sünder« vorstellte, um seine bisherigen Auftraggeber zu entlarven, ist natürlich Gold wert, zumindest solange man ihn hat ... Der SSD-Chef Wollweber war fassungslos, als Bahr – seine Existenz war damit immerhin bewiesen – am 1. Februar aus dem Ost-Berliner Gewahrsam entschlüpfte und nach West-Berlin zurückkehrte. Hier erklärte der »Wanderer zwischen den Welten«, daß kein Wort seines »Geständnisses« von ihm selbst gesagt worden sei; seine »Aussagen« seien vielmehr in ihrer Gesamtheit und sozusagen »nach Bedarf« vom SSD zusammengestellt worden.

### *Bilanz dieses Zeitabschnittes*

Schon im Laufe des Jahres 1954 wurde auch Pankow klar, daß Wollweber keines seiner Ziele erreicht hatte. Der Dienst war nicht zerschlagen – meine Mitarbeiter und ich hatten vielmehr aus den Veröffentlichungen und Verlautbarungen in vielen Fällen nachrichtendienstlichen Nutzen ziehen, schwache Stellen erkennen, bisherige Fehler abstellen und die Sicherheitsmaßnahmen ständig verbessern können. Die Stimmung unter den V-Leuten in den Operationsgebieten blieb gut; standhaft und entschlossen setzten sie in der überwiegenden Mehrheit ihre Arbeit fort, unbeeindruckt von der östlichen Propaganda und Hetze.

Ebensowenig wie die Vernichtung der operativen Substanz des Dienstes gelang Wollweber dessen Diskreditierung gegenüber der Bundesregierung. In regelmäßigen Unterrichtungen habe ich in dieser Zeit Richtigstellungen zu den sowjetzonalen Behauptungen und Fälschungen abgegeben. Wenn sich auch die Übernahme des Dienstes hinauszögerte, so bedeutete doch mein Vortrag vor einem Ausschuß des Bundestages im Dezember 1953 eine erneute indirekte Anerkennung der Existenz und bisherigen Leistungsfähigkeit des Dienstes. Durch die von mir schon erwähnte Aufnahme erster Beziehungen zu Herausgebern und Chefredakteuren westdeutscher Zeitungen und Zeitschriften aller Parteirichtungen war es uns ferner gelungen, einige zunächst feindselige und der Ostpropaganda zugängliche Pressestimmen zu neutralisieren. In verschiedenen Gegendarstellungen konnten die wahren Zusammenhänge aufgezeigt und damit auch Organe gewarnt werden, die weiterhin geneigt sein mochten, Ost-Material unüberprüft zu übernehmen.

Auch die von Wollweber beabsichtigte Diffamierung des Dienstes im westlichen und neutralen Ausland, insbesondere bei unseren Verbündeten, hatte sich als ein Schlag ins Wasser erwiesen. Die zahlreichen entstellten oder falschen Behauptungen über den Dienst hatten sich durch die aufgebauschte und übertriebene Form der »Enthüllungen« häufig von selbst entwertet.

Wollweber und der von ihm geleitete Staatssicherheitsdienst hatten sich darüber hinaus dadurch selbst geschädigt, daß sie eigene Agenten preisgegeben und aufwendige Schauprozesse inszeniert hatten, die sich eher gegen die Initiatoren denn gegen die »Angeklagten« auswirken mußten.

Eine erstaunliche »Bilanz« der gesamten Wollweber-Offensive gegen den Dienst im Jahre 1953 zog das »Neue Deutschland«, als es – sicherlich nicht zur Freude Wollwebers – am 24. 2. 1954 unter der Überschrift »Gehlen kommt in Bonner Dienst« folgendes veröffentlichte: »Inzwischen wurde in Bonn mitgeteilt, daß die Spionage-Organisation Gehlen, die bisher im Auftrage der Amerikaner und im Einverständnis mit der Bundesregierung tätig war, jetzt ganz in den Verantwortungsbereich des Bundes, also der Adenauer-Regierung, übernommen werden soll.«
Damit wurde vom offiziellen Zentralorgan der SED zugegeben, daß Wollwebers vielseitige Anstrengungen, die Übernahme des Dienstes durch die Bundesregierung zu verhindern, gescheitert waren.

# 6. KAPITEL

## Die Übernahme in den Bundesdienst

Die ursprünglich bereits für die Jahre 1952/53 erwogene Übernahme der Organisation in die Hoheit des Bundes hatte sich, wie ich darlegte, nicht verwirklichen lassen. Die Angriffe aus dem Osten sowie die »Pannen«, die wir im Jahre 1953 hinnehmen mußten und gegen die kein Nachrichtendienst der Welt gefeit ist, mögen innerhalb der politisch interessierten westdeutschen Öffentlichkeit und wohl auch bei einigen Bundestagsabgeordneten vorübergehend Bedenken geweckt haben, ob die Organisation ihrem Ruf gerecht werden und mit der Übernahme ihre Aufgaben als ein schlagkräftiges Instrument der Bundesrepublik erfüllen könne. Bei der Ahnungslosigkeit und Skepsis, mit denen viele Deutsche der im Staatsinteresse notwendigen und unverzichtbaren Aktivität gegenüberstanden und gegenüberstehen, war dies nicht verwunderlich. Auch der Verfassungsschutz von Bund und Ländern weiß ein Lied von den psychologischen Schwierigkeiten zu singen, mit denen er dann rechnen muß, wenn bestimmte Maßnahmen in »Affären« verwandelt und in der Öffentlichkeit zu seinem Nachteil behandelt werden. Die führenden Persönlichkeiten der Bundesrepublik, in erster Linie Bundeskanzler Adenauer und Staatssekretär Globke, ließen sich indes nicht beirren. Sie waren und blieben, ebenso wie die Oppositionsführung, davon überzeugt, daß die »Organisation Gehlen« so bald wie möglich in die Zuständigkeit des Bundes zu überführen sei. Der Zeitpunkt hierfür war nach ihrer Ansicht, die mit meiner und meiner amerikanischen Partner Absichten übereinstimmte, allerdings erst gekommen, wenn die Bundesrepublik die Souveränität uneingeschränkt wieder erlangt haben würde und mit dem Wegfall des Besatzungsstatutes auch die Vorbehaltsrechte der Alliierten mit geringen Ausnahmen* erlöschen würden. Dieser Zustand wurde mit der Aufnahme der Bundesrepublik in die NATO sowie mit der Unterzeichnung des Vertrages über gegenseitige Verteidigungshilfe mit den USA am 5. Mai 1955 erreicht, d. h. also fast drei Jahre nach Unterzeichnung des sogenannten Generalvertrages. Wie schon erwähnt, war das lange Warten auf die »Übernahme« in mancher Hinsicht einer Zerreißprobe vergleichbar; trotzdem möchte

* Vorbehaltsrechte im Interesse der Sicherheit der alliierten Truppen.

ich auch an dieser Stelle wiederholen, daß sich das Warten bei rückschauender Betrachtung gelohnt hat. Zahlreiche Mitarbeiter hätten es sicherlich im Interesse ihrer privaten Zukunftssicherung lieber gesehen, wenn die Übernahme zu einem früheren Zeitpunkt erfolgt wäre, als es tatsächlich geschah. Auf der anderen Seite blieben aber dem Dienst alle die Kinderkrankheiten erspart, denen die Bundesverwaltung zwangsläufig ausgesetzt war. Als dann der Übernahmetag herankam, war der notwendige Konsolidierungsprozeß der Bundesbehörden im wesentlichen abgeschlossen. Diese günstige Entwicklung hat dazu beigetragen, daß die Übernahme unter geordneten und gesicherten Verhältnissen vor sich gehen konnte.
Nun mußte es sich erweisen, ob meine zahlreichen Bemühungen, auf die Besonderheiten der nachrichtendienstlichen Arbeit hinzuweisen, vor allem bei den von mir persönlich unterrichteten Politikern der großen Parteien auf fruchtbaren Boden gefallen waren. Mit ihrer aller Unterstützung, dies war mein Anliegen, sollte der Übergang gelingen. Dabei spielten wichtige Grundsatzfragen eine so entscheidende Rolle, daß ich sie in kurzer Zusammenfassung nochmals aufgreifen möchte.
Ein Nachrichtendienst ist ein äußerst diffiziles Instrument, das auf Störungen, ja schon auf geringe Unregelmäßigkeiten im gewohnten Ablauf der Arbeit empfindlich reagiert. Seine Organisationsform unterscheidet sich grundsätzlich von der anderer Behörden; sie ist nichtsdestoweniger ebenfalls bestimmten Prinzipien unterworfen, die nicht mutwillig zugunsten falsch verstandener Vereinheitlichungstendenzen mißachtet werden dürfen. Bei der Übernahme kam es daher darauf an, den Dienst so in die Zuständigkeit des Bundes überzuführen, daß einerseits die unbedingte Eigenständigkeit in Organisation und Arbeitsmethoden gewahrt blieb, andererseits gut funktionierende Verbindungen zu den verschiedenen Ministerien, Behörden und Bundeseinrichtungen, die sich in der einen oder anderen Form mit dem Dienst zu beschäftigen hatten (Bundestag, Bundeskanzleramt, Bundesministerium für Verteidigung, Bundesministerium des Auswärtigen, Bundesministerium des Innern, Bundesfinanzministerium, Bundesamt für Verfassungsschutz, Bundesrechnungshof usw.), hergestellt wurden. Schließlich waren die allgemeinen Verwaltungsrichtlinien daraufhin zu überprüfen, wann und wie geltende Bestimmungen angewendet oder durch Sonderregelungen den Bedürfnissen des künftigen Bundesnachrichtendienstes entsprechend – selbstverständlich im Rahmen der geltenden Gesetze – ersetzt werden mußten. Dies war um so wichtiger, als die Aufklärungstätigkeit während des gesamten Überleitungsprozesses lückenlos und ohne Unterbrechung,

ja sogar mit sich steigernder Intensität und Ausweitung der Aufgaben, fortgeführt werden mußte. Es ließ sich hierbei gar nicht vermeiden, daß der Dienst während dieser Zeit sozusagen zwei Herren zu dienen hatte, ein Zustand, der de facto bereits 1951 einsetzte und erst am Tage der Übernahme, dem 1. 4. 1956, beendet wurde.
Alle Fragen der Überleitung spielten daher bei den Besuchen, die ich Staatssekretär Globke ab Ende 1950 im Abstand von 1–2 Wochen abstattete, neben den selbstverständlichen Lageorientierungen die wesentliche Rolle. Ich muß in der Erinnerung dankbar feststellen, daß Globke stets volles Verständnis für die unabdingbaren Notwendigkeiten, die sich aus den Aufgaben des Dienstes ergaben, aufbrachte. Er stimmte insbesondere mit mir darin überein, daß eine im Interesse der »Transparenz« perfektionierte Bürokratie den Tod jedes Nachrichtendienstes herbeiführen muß. Sie verstößt nicht nur gegen elementare Sicherheitserwägungen, sie verhindert darüber hinaus schnelle Entscheidungen und erzieht dazu, Verantwortung und Entschlußfassung nach oben abzuschieben.
Globkes zielbewußte Anordnungen und Hinweise an die mit der Erarbeitung der Einzelheiten beauftragten Beamten erleichterten die Verhandlungen wesentlich. Ich habe bereits erwähnt, daß ich als ersten Schritt für eine Übernahme ab 1. 1. 1950 das Abrechnungsverfahren den in der früheren Abwehr üblichen Gebräuchen angepaßt hatte. Bis zu diesem Zeitpunkt hatten wir uns der amerikanischen Abrechnungsmethoden, und zwar auf der Grundlage der doppelten Buchführung, bedient. Alle »offenen Kosten« wurden nunmehr bis in die letzten Einzelheiten nachgewiesen, wobei wir uns an die Bestimmungen der alten Reichshaushalts- bzw. Bundeshaushaltsordnung hielten. Die des besonderen Geheimhaltungsschutzes bedürftigen operationellen Kosten wurden pauschal unter Verantwortung der Dienststellenleiter nachgewiesen und im Wege der Dienstaufsicht überprüft. Der Nachweis im einzelnen konnte bei den Operationsführern durch besondere Beauftragte eingesehen werden. Ich errichtete am 1. 2. 1951 die schon erwähnte ständige Verbindungsstelle in Oberpleis bei Bonn. Sie sicherte, mit einer Reihe für diese Aufgaben besonders geeigneten Mitarbeitern besetzt, den ständigen Kontakt zu den einzelnen Ressorts, so daß die Fahrten zwischen Pullach und Bonn auf ein Mindestmaß eingeschränkt werden konnten, zugleich aber die äußerst wichtige enge persönliche Verbindung zwischen der Organisation und den Bonner Dienststellen vertieft wurde. Besonders erfreulich war für mich, daß die damalige Oppositionspartei, die SPD, trotz aller scharfen Auseinandersetzungen auf anderen Gebieten mit der Regierung auch nach dem Tode Dr. Schuma-

chers unverändert positiv gegenüber dem Dienst und seinen Belangen blieb. Die Bundestagsabgeordneten Ollenhauer, Heine und Erler erwiesen sich nicht nur als wohlwollende Beobachter, sondern leisteten auch tatkräftige Hilfestellung, wenn es sein mußte. Ich erinnere mich einer kleinen, für die Einstellung Erlers bemerkenswerten Episode. In einer Sitzung des Bundestagsausschusses für Europäische Sicherheit am 10. 12. 1953, dem ich Rede und Antwort stehen sollte, befragte Erler mich betont kritisch über die Organisation und den Fall Geyer. Ich konnte daraufhin dem Ausschuß in einem längeren, allgemein verständlichen Fachvortrag Aufgaben, Struktur und Arbeitsweise darlegen und auch zum Fall Geyer ausführlich Auskunft geben. Erler ermutigte mich zum Schluß zur Fortsetzung der Arbeit im gleichen Sinne. Trotz unserer späteren wechselseitigen Wertschätzung war Fritz Erler keineswegs immer ein bequemer Gesprächspartner. Er nahm seine Aufgabe, die er als eine Kontrollfunktion im Auftrage seiner Partei und des Bundestages empfand, sehr ernst. Auch hierzu sei eine Episode erwähnt, die sich allerdings erst 1959 abspielte. Im Verlauf einer seiner Besuche in Pullach meldete Herr Erler Bedenken über den »Wochenbericht« an. Der »Wochenbericht« war eine fortlaufende, wöchentlich erarbeitete Synopse der politischen Lage, deren Hauptteil »Sowjetpolitik« sich bei den zuständigen Stellen in Bonn positiver Beachtung erfreute, da es einen derart gestrafften und doch erschöpfenden Bericht damals sonst nicht gab. Bundestagsabgeordneter Erler meinte, in diesem Bericht spiegelten sich subjektive Ansichten des Verfassers wider. Er bezweifelte, daß der Inhalt restlos aus dem eigenen Informationsaufkommen zusammengestellt sei. »Wenn das so ist«, sagte Erler, »muß ich feststellen, daß hier der Versuch unternommen wird, Bonn subjektiv zu beeinflussen.« Nun war ich zwar von der Objektivität der Analyse meines verantwortlichen Mitarbeiters überzeugt, aber immerhin, hier sollte und mußte aus naheliegenden Gründen eine schlüssige Beweisführung erfolgen. Der Bearbeiter wurde zitiert, und Herr Erler wiederholte seine Bedenken. Der Beamte bat daraufhin Herrn Erler, ihm einige, von ihm auszusuchende x-beliebige »Wochenberichte« anzugeben, damit er ihm innerhalb von 30 Minuten, von denen 20 Minuten für den Hin- und Rückweg benötigt wurden, die vollständige Dokumentation für die angegebenen Berichte vorlegen könne. So geschah es. Herr Erler war an Hand der ihm übergebenen Dokumentation über die ausgewogene und vorsichtige Darstellung der von ihm überprüften Zusammenstellungen beeindruckt. Er hat sich, wie ich weiß, von diesem Zeitpunkt an immer des »Wochenberichtes« für seine eigene Lagebeurteilung bedient und diesen Bericht gegen Zwei-

fel in Schutz genommen. Nach Übernahme des Dienstes wurde übrigens aus Sicherheitsgründen die Berichterstattung abgeändert und für den jeweiligen Empfängerkreis differenziert.
Auch mit den Fraktionsvorsitzenden der Regierungsparteien entwickelte sich schnell eine vertrauensvolle Zusammenarbeit.
Häufige Besucher aus dem Bundeskanzleramt waren ab 1952 vornehmlich die beiden Ministerialdirigenten Gumbel und Grau, mit denen eingehend alle anstehenden Fragen besprochen wurden und die allen unseren Problemen und Wünschen besonderes Verständnis entgegenbrachten. Diese Besuche sowie meine und meiner Mitarbeiter Arbeitsgespräche in Bonn ermöglichten es, daß ich am 16. Mai und Ende August 1952 dem Bundeskanzler Memoranden über Aufgaben und Struktur des Dienstes, das bei der Übernahme anzuwendende Verfahren, sowie über sonstige, bei der Umgliederung notwendig werdende Modalitäten vorlegen konnte. Die beiden umfangreichen Schriftstücke stehen mir nicht mehr zur Verfügung, sie enthielten etwa folgende Vorschläge für die Überführung in den Bundesdienst:

1) Abklärung der Frage eines künftigen Bundesnachrichtendienstes mit den Vertretern der großen Parteien.
2) Mit dem Wirksamwerden des Deutschlandvertrages Übernahme des Generals Gehlen und eines kleinen Stabes als »Amt für Bundesnachrichtendienst« mit der Aufgabe, die Aufstellung des Bundesnachrichtendienstes aus der bestehenden Organisation und anderen Gruppen sowie sonst geeigneten Persönlichkeiten nach den Weisungen des Bundeskanzleramtes durchzuführen.
3) Gleichzeitig mit der Bildung des »Amtes für Bundesnachrichtendienst« Bildung von Sonderreferaten in allen beteiligten Ministerien für die Überführung der Organisation.
4) Schrittweise Überführung der bestehenden Organisation nach den noch zu erarbeitenden Ausführungsbestimmungen und den geltenden deutschen Verwaltungsbestimmungen – soweit nicht im Einzelfall Sonderregelungen zweckmäßig waren – in den Bundesnachrichtendienst so, daß die gegenwärtige Nachrichtengewinnung in Fluß blieb und die kontinuierliche Berichterstattung aufrechterhalten werden konnte.
5) Gleichzeitig mit 4) Eingliederung etwaiger sonstiger geeigneter Gruppen respektive Koordinierung ihrer Tätigkeit.

Diese Gedankengänge wurden im Laufe der Zeit bis zum Inkrafttreten des Generalvertrages 1955 selbstverständlich laufend modifiziert und verfeinert. Sie bildeten jedoch die Grundlagen, nach denen gearbeitet wurde.

Dem Leser mag aufgefallen sein, daß in meinem Vorschlag auch von der Eingliederung anderer Gruppen in den künftigen Dienst die Rede war. Hierbei war selbstverständlich weder von der Bundesregierung noch von mir an die Verfassungsschutzämter des Bundes und der Länder gedacht worden, sondern an solche kleineren, personell deutsch besetzten Stellen mit ND-Aufgaben, welche von den Alliierten unterhalten und eingesetzt wurden. Ihre Übernahme hat sich aber mit einer Ausnahme nicht als zweckmäßig erwiesen.
Der »Auslandsnachrichtendienst« hat die alleinige Aufgabe, Informationen über andere Staaten zu beschaffen, die für die eigene Außenpolitik von Bedeutung sind. In manchen Fällen wird er freilich auch Erkenntnisse – z. B. bei der Beobachtung der kommunistischen Weltorganisation – gewinnen. Sind diese für die innere Sicherheit des eigenen Staates von Bedeutung, so wird er sie an das Bundesamt für Verfassungsschutz abgeben. Erkenntnisse über Weltkommunismus sind jedoch in erster Linie für die Aufklärung der Sowjetpolitik von Wichtigkeit. Das Schwergewicht der Erkenntnissuche des Dienstes muß »im Auslande« liegen, auch wenn diese Erkenntnisse zuweilen auf dem Wege über das Inland gewonnen werden.
Anders als beim Auslandsnachrichtendienst sind die Verfassungsschutzämter in erster Linie »Sicherheitsbehörden«. Sie sollen die Gefährdung im Inneren, wie etwa verfassungsfeindliche Umtriebe, Spionage, Sabotage usw., abwehren. Ihre Erfolge werden daher häufig als Folgemaßnahmen das Eingreifen der Strafverfolgungsbehörden auslösen, soweit die Sicherheitsdienste nicht selbst – wie z. B. das Federal Bureau of Investigation (FBI) der Vereinigten Staaten – exekutive Vollmachten haben. Der Schwerpunkt des Verfassungsschutzes liegt also im Inneren des eigenen Staates. Überschneidungen kann es bei klarer Trennung der Aufgaben nur in wenigen Ausnahmefällen geben.
Bei der Beobachtung der subversiven Tätigkeiten in der BRD bedarf es der Koordination und Zusammenarbeit, nicht aber der organisatorischen Vereinigung. Tatsächlich sind beide Institutionen auch in nahezu sämtlichen Ländern der Welt getrennt. Insbesondere die Sowjetunion wacht streng darüber, daß keine Kompetenzkonflikte zwischen ihren Aufklärungs- und Sicherheitsapparaten entstehen.

Inzwischen war in der Bundesrepublik die Frage eines militärischen Wiederaufbaues akut geworden. Im Rahmen der Vorbereitungen wurde zunächst der General Graf Schwerin als Militärberater des Bundeskanzlers eingesetzt, als zweiter Schritt wurde das Amt Blank unter dem späteren Verteidigungsminister Blank zur Vorbereitung der Aufstellung einer Bundeswehr geschaffen. Da der Bundesnachrichtendienst noch keine offizielle Bundeseinrichtung war, ergab sich die Notwendigkeit, im Rahmen der Bundeswehr vorerst eine kleine Dienststelle für die Wahrnehmung der Aufgaben eines militärischen Nachrichtendienstes und einer begrenzten militärischen Auswertung einzurichten, die ebenfalls von den Amerikanern betreut wurde. Das Bundeskanzleramt ordnete im Einverständnis mit Minister Blank eine enge Zusammenarbeit an, bis der neu aufzustellende Bundesnachrichtendienst diese Aufgabe übernehmen könnte. Minister Blank hatte sich auf Grund eines eingehenden Gedankenaustausches mit dem Bundeskanzleramt und mehrerer Vorträge von mir die Konzeption eines einheitlichen Auslandsnachrichtendienstes zu eigen gemacht und unterstützte in der Folgezeit unsere Bemühungen, zu einer engen und reibungslosen Zusammenarbeit zwischen dem Amt Blank und dem Dienst zu kommen. Mein zweimaliger Nachfolger Wessel stellte hierbei das Bindeglied dar; er übernahm die Aufgabe des G-2 der Bundeswehr.

Die Frage einer Verlegung der Zentrale des Dienstes von Pullach nach Bonn ist nie ernsthaft erwogen worden. An und für sich war die Wahl Pullach als Dienstsitz der Zentrale ein reiner Zufall gewesen. Sie ergab sich einfach daraus, daß die Gesamtanlage für unsere Belange hervorragend geeignet war und daß sie – was 1947 ebenso wichtig war – ohne wesentliche Schwierigkeiten für uns durch Verlegung einer alliierten Dienststelle freigemacht werden konnte.

Die räumliche Trennung zur 560 km entfernten Hauptstadt erschwerte unsere Tätigkeit in keiner Weise. Wurden wir zu persönlichen Rücksprachen benötigt, so gab es Schlafwagen- oder Flugverbindungen, notfalls den Pkw, den ich oft benutzt habe, um zur vorgesehenen Zeit in Bonn sein zu können. Außerdem sorgte ich dafür, daß meine Bonner Verbindungsstelle stets mit hochwertigen, gut informierten Mitarbeitern besetzt war, die gegebenenfalls sofort Rede und Antwort stehen konnten.

Das Abgesetztsein hatte in meinen Augen den großen Vorteil, daß der Dienst als Ganzes wie auch die Mitarbeiter als Einzelpersönlichkeiten dem hektischen Getriebe des politischen Alltags der Hauptstadt entrückt waren und ungestört ihren Aufgaben nachgehen konnten. Wir sind immer wieder von Angehörigen aller Ressorts um diesen unschätzbaren Vorteil beneidet worden.

Die diffizilsten Fragen ergaben sich naturgemäß vor allem im Personalwesen. Konnten alle Mitarbeiter übernommen werden? Wo mußten Trennung und Beendigung der Mitarbeit, wenn auch zuweilen schweren Herzens, man denke an die Fürsorgepflicht des Vorgesetzten, erwogen werden? Welchen Status sollten die Übernommenen erhalten? Konnte die Arbeit für die »Organisation Gehlen« als Tätigkeit im öffentlichen Dienst angesehen werden und sich je nach Bejahung oder Verneinung positiv oder negativ für die Betroffenen auswirken? So ergaben sich auf diesem Gebiete Fragen über Fragen, die bei ihrem ersten Aufgreifen zumeist nicht beantwortet werden konnten und deren Regelung in einzelnen Härtefällen auch heute noch nicht gänzlich abgeschlossen ist. Immerhin konnten wir die Besoldung unserer ständigen Mitarbeiter im Februar 1953 auf die Tarifordnung für Angestellte im öffentlichen Dienst (TOA, jetzt BAT) umstellen, so daß wenigstens auf dem Gebiete der Besoldung die Gleichschaltung mit den Bundesbehörden bereits drei Jahre vor unserer Übernahme erfolgt war.

Die Umstellung bedingte, daß wir uns bei der Eingruppierung der Mitarbeiter an die in der TOA vorgesehenen Tätigkeitsmerkmale halten mußten. Das war, abgesehen von Schreibkräften, Kraftfahrern oder den vorwiegend auf den technischen Sektoren Beschäftigten, oft nicht ganz einfach. Meine Mitarbeiter und ich verdanken hier den bei uns tätigen Angehörigen des Bundesrechnungshofes, die damals in ihrer Eigenschaft als Mitarbeiter des »Bundesbeauftragten für Wirtschaftlichkeit in der Verwaltung« tätig waren, manchen guten Rat, wie unseren Anliegen ohne Verstoß gegen Geist und Buchstaben der Bestimmungen nachzukommen sei. Insgesamt ergab sich zu unserer verständlichen Freude eine Verbesserung der Bezüge, was nicht ohne positive Folgen für die Werbung von Mitarbeitern blieb. Der hierfür notwendige Mehrbedarf an Geldmitteln sowie eine im November 1953 von Washington angeordnete Kürzung der Zuweisungen mußten innerhalb des Gesamtbudgets aufgefangen werden. Mit Hilfe eines »Vereinfachungsausschusses« und im ständigen Kampf gegen die auch bei uns zuweilen sichtbar werdende Neigung der Bürokratie, alles krebsartig zu überwuchern, gelang es doch immer wieder, die finanziellen Probleme ohne Beeinträchtigung der Aufklärungsarbeit zu meistern.

Zur gleichen Zeit begannen wir auch, die Zentrale Pullach auf die ausschließlich dienstliche Benutzung umzustellen. Die Familien der Mitarbeiter mußten ausziehen, Einrichtungen wie Kindergarten und eigene Schule wurden geschlossen. Auch diese dienstlich notwendigen und unvermeidlichen Maßnahmen warfen ihre Probleme auf. Wohnungen mußten gesucht und gefunden werden, bei der herrschenden Wohnungsnot oft in weiter Entfernung, da der Ort Pullach selbst als Wohnsitz aus Tarnungsgründen ausfiel. Die Verkehrsverbindungen nach Pullach waren nicht die besten, also waren Transportmöglichkeiten zu schaffen, denn noch standen wir am Anfange der privaten Motorisierung. Viele der bisher mitarbeitenden Angehörigen mußten nunmehr ihre Arbeit aufgeben. Dies wiederum warf Ersatzfragen sowie Sicherheitsprobleme auf. Und schließlich brachte die Maßnahme auch eine psychologische Umstellung mit sich. Bisher waren wir sozusagen wie eine große Familie; die enge, Tag und Nacht dauernde Gemeinsamkeit in Dienst und Alltag hatte uns zusammengeschweißt. Jeder kannte nahezu jeden, nahm teil an Freuden und Nöten und half dem anderen, wo es irgend anging. Natürlich gab es auch Reibereien – sie sind schon in einer kleinen Familie nicht zu vermeiden, – wieviel weniger also in dieser großen Gemeinschaft. Um so dankbarer muß ich feststellen, wie sehr in all den Jahren das positive Element des Gemeinschaftslebens die Querelen überwog. All das hatte nun ein Ende. Die Stunde der Umstellung zur »Behörde«, damit vielleicht zu einer größeren Versachlichung der täglichen Arbeit, aber auch des Verlustes an innerer Wärme und echtem Zusammengehörigkeitsgefühl, hatte geschlagen.

In der Einstellung unserer amerikanischen Freunde zum weiteren Schicksal der »Organisation Gehlen« hatte sich ab Ende 1950 ein bemerkenswerter Wandel vollzogen. Sie hatten – vor allem Mr. M., aber auch die beiden Chefs der CIA, zuerst General Walter Bedell Smith, dann Allan Dulles (ab Januar 1953) – erkannt, daß ich meine Konzeption von 1945 realisieren würde, zu der sich als erster General Sibert im »Gentlemen's Agreement« bekannt hatte. Sie zogen daraus den Schluß, die Überführung der Organisation in die Hände der Bundesregierung mit allen Kräften zu unterstützen. Amerikanische Beauftragte führten deshalb im Laufe der Jahre mehrere Gespräche mit dem Bundeskanzleramt über technische Fragen der Überführung und bewogen auf den verschiedensten Wegen auch die anderen Alliierten dazu, die gleiche zustimmende Haltung einzunehmen. Sie taten dies in der selbstverständlichen Erwartung, daß die enge Zusammenarbeit des Dienstes mit ihnen und den anderen Alliierten auch in Zukunft bestehen bleiben würde. Die CIA war darüber hinaus davon überzeugt, daß sich diese positive Haltung später in der zukünftigen politischen Partnerschaft der Bundesrepublik mit den Westalliierten bezahlt machen würde. Diese Rechnung ging selbstverständlich auf; die vertrauensvolle, kameradschaftliche Partnerschaft trug für alle Teile reiche Frucht. Im übrigen zeigten sich schon in den frühen fünfziger Jahren die Vorteile, die in einer recht verstandenen Arbeitsteilung liegen konnten. Es wird sich immer wieder herausstellen, daß sich in einer ausgewogenen Zusammenarbeit befreundeter Dienste die Erfolgsmöglichkeiten und Ergebnisse vervielfachen. Aber hiervon abgesehen ist der regelmäßige Austausch von Erkenntnissen in jedem Falle von erheblichem Wert. Er läßt die Bestätigung von Informationen, die Vermeidung von Fehlschlüssen, wie auch den verbesserten Schutz von Infiltrationsversuchen des Gegners erwarten. Ich kann verständlicherweise nicht aufzeigen, wie sich das Zusammenspiel mit anderen NATO-Diensten abwickelte und in den Jahren 1953 bis 1956 immer weiter verbesserte. Ich kann aber immerhin feststellen, daß sich in allen wichtigen Krisen, wie 1953 dem Suez-Konflikt, 1958 während der Vorgänge um Berlin, in der Kuba-Krise sowie auch bei manchen Vorgängen in Asien unsere Zusammenarbeit, abgesehen von gelegentlichen kleinen Reibungen, voll bewährt hat.

Die enge, auch durch die Überführungsmaßnahmen nicht beeinträchtigte Zusammenarbeit war für mich um so wichtiger, als die Bundesregierung, obwohl sie noch nicht als Dienstherr fungieren konnte, ab 1952 häufig Aufklärungswünsche anmeldete, die sich durchaus nicht nur auf den Osten beschränkten, sondern auch auf die übrige Welt bezogen. Ich habe dieses wachsende Interesse sicher mit Recht als Anerkennung der bisherigen Ergebnisse unserer Arbeit gewertet und, wenn irgend möglich, für eine rechtzeitige Beantwortung gesorgt. So ergab es sich von selbst, daß in immer stärkerem Maße Unterlagen für die außenpolitische Lagebeurteilung angefordert wurden, wenn die Bundesregierung vor irgendwelchen schwerwiegenden Überlegungen stand. Wir mußten freilich anfangs gegen einige Ressentiments im Bereich des Auswärtigen Dienstes ankämpfen, der zunächst auf Grund seiner Erfahrungen mit einigen Vertretern der Abwehr und des RSHA während der Kriegszeit recht zurückhaltend war. Im Gegensatz hierzu wußten die verantwortlichen leitenden Persönlichkeiten des Amtes von Anfang an den Wert unserer Informationen zu schätzen; sie ermutigten uns vor allem nach 1956 immer wieder zu zusammenfassenden Analysen über geforderte Themen, die wir in der Pullacher Ruhe und Abgeschiedenheit zur Zufriedenheit des Auswärtigen Amtes erarbeiten konnten. Die zunächst vorhandenen Vorbehalte konnten zuweilen zu grotesken Vorfällen führen – auch darauf mußten wir uns einstellen. So befragte einmal ein deutscher Botschafter einen seiner ausländischen Kollegen über eine ihm vom Auswärtigen Amt zur Stellungnahme zugeleitete, von uns stammende Information, die sich mit einigen äußerst geheimen Aktivitäten dieses Herrn beschäftigten. Der Angesprochene, nebenbei selbst ein ehemaliger Angehöriger des Nachrichtendienstes des betreffenden Landes, verneinte selbstverständlich entrüstet die Richtigkeit der Information, worauf der deutsche Botschafter dies dem Auswärtigen Amt mit der Bitte meldete, man möge ihn in Zukunft mit ähnlichem Unfug verschonen. In dem betreffenden Lande setzte sofort eine fieberhafte Suche nach der Quelle ein. Die Information war im übrigen eine der wertvollsten, die wir je gewinnen konnten. Sie wurde etwa zwei Monate nach dem Vorfall in vollem Umfange durch die Ereignisse bestätigt.

Die Anforderungen der Bundesregierung veranlaßten mich, bereits ab 1952, dann intensiviert ab Anfang 1954, Einrichtungen zu schaffen, die nahezu ausschließlich zum Nutzen der Bundesrepublik arbeiteten.

Neben den Besprechungen mit den Ressorts der Bundesregierung, einschließlich dem Bundesamt für Verfassungsschutz, liefen unsere Bemühungen, auch mit den Länderregierungen nicht nur Kontakte aufzunehmen, sondern sie auch zu halten und ständig weiter zu entwickeln. Diese Aufgaben hatten in den ersten Jahren der Organisation aus verständlichen Gründen im allgemeinen die amerikanischen Behörden für ihren eigenen Besatzungsbereich wahrgenommen; in der französischen und der britischen Besatzungszone waren diese Beziehungen stets rudimentär geblieben, in Berlin wurden sie über die alliierte Kommandantur abgewickelt. Es war wegen einiger Ungeschicklichkeiten auf beiden Seiten des öfteren zu unliebsamen, vor allem psychologisch bedingten Reibungen gekommen. Daher war es auch durchaus im Sinne unserer amerikanischen Partner, als ich 1953 im Einverständnis mit dem Staatssekretär des Bundeskanzleramtes begann, den Ministerpräsidenten der Länder meinen Besuch zu machen. Neben der Orientierung über die »Organisation Gehlen« und den zukünftigen Bundesnachrichtendienst entwickelte ich dabei meine Gedanken, wie uns die Länder in technischen Fragen Amtshilfe leisten könnten. Bei diesen Gesprächen wurden die Grundlagen für die Einrichtung der »Verbindungsreferenten des BND« zu den Ländern gelegt, die in den nächsten drei Jahren eingesetzt wurden und die sich als äußerst nützlich erweisen sollten. Lebhaft erinnere ich mich noch an meinen am 20. 2. 1953 erfolgten Besuch bei dem Ministerpräsidenten von Hessen, Zinn, und seinem Innenminister Schneider. Beide waren an der Aufgabe des Bundesnachrichtendienstes sehr interessiert, zumal gerade in ihrem Lande durch verschiedene Unvorsichtigkeiten unserer amerikanischen Freunde wiederholt Ärger entstanden war. Sie waren allen Darlegungen außerordentlich zugänglich, zeigten viel Verständnis für die damalige Situation der »Organisation Gehlen« und boten ihre Hilfe an. Dieser Kontakt zu Hessen ist in den folgenden Jahren ständig verbessert worden.

Mit besonderer Dankbarkeit muß ich an dieser Stelle nochmals das Verständnis und die Hilfsbereitschaft des Landes Bayern erwähnen. Sowohl zu Ministerpräsident Erhard wie auch später zu Ministerpräsident Högner waren hervorragende persönliche Beziehungen entstanden, die uns die Lösung vieler, in der Aufbauzeit aufgetretener Probleme erleichterten. Ohne die verständnisvolle Hilfe der bayerischen Landesregierung hätten wir manche Schwierigkeit kaum bewältigen können.

Am 5. Mai 1955 wurde die Bundesrepublik als gleichberechtigtes Mitglied in die NATO aufgenommen und erhielt am gleichen Tage ihre Souveränität zurück. Damit waren alle formalen Hemmnisse, die einer Überführung der Organisation als Bundesnachrichtendienst in die Kompetenz der Bundesregierung im Wege standen, beseitigt. Die schon weit vorangetriebenen Vorbereitungen konnten nunmehr beschleunigt und in den Hauptfragen abgeschlossen werden. Aus Gründen, die auch heute noch der Geheimhaltung unterliegen, ist es mir allerdings nicht möglich, die Einzelheiten dieser Phase zu schildern. Ich muß mich darauf beschränken, einige wenige Punkte herauszustellen.

Die endgültige Übernahme der Organisation konnte auf zweierlei Weise durchgeführt werden. Sie konnte entweder durch ein Gesetz erwirkt oder auf Grund der Organisationsgewalt der Bundesregierung gemäß Artikel 86 des Grundgesetzes verfügt werden. Beide Wege waren innerhalb der Bundesregierung, in den damit befaßten Ausschüssen des Bundestages, sowie auch in Besprechungen mit mir und meinen engsten Mitarbeitern eingehend erörtert worden. Ein Gesetz hätte zwar den zukünftigen Bundesnachrichtendienst fest innerhalb der Bundesverwaltung verankert, mögliche Zweideutigkeiten und Unklarheiten von vornherein beseitigt, andererseits aber auch Regierung und Parlament wie schließlich auch den Dienst in seiner Bewegungsmöglichkeit erheblich eingeengt. Denn alle sich in Zukunft als notwendig erweisenden Änderungen in Struktur, Organisation und Arbeitsweise hätten dann ebenfalls ständiger gesetzlicher Änderungen bedurft – es sei denn, man hätte das Gesetz so allgemein gehalten, daß im Endeffekt alle Maßnahmen dem Ermessen des Bundeskanzlers überlassen geblieben wären. Das Gesetz wäre dann doch nur eine Hülle ohne rechten Inhalt geblieben. Auch der Zeitbedarf, den das Gesetzgebungsverfahren erforderte, spielte eine gewisse Rolle bei den Überlegungen. In Übereinstimmung mit der Opposition, deren Mitwirkung meiner Ansicht nach auch unbedingt erforderlich war, entschloß sich die Bundesregierung zur zweiten Lösung. Sie beschloß am 21. 2. 1956 die Bildung einer Dienststelle »Bundesnachrichtendienst«, die dem Bundeskanzleramt angegliedert werden sollte. Die Überführung der Organisation in den Bundesnachrichtendienst sollte mit dem Beginn des Rechnungsjahres 1956/57, also am 1. 4. 1956, nach Weisung des Bundeskanzlers beginnen.

Die für den Bundesnachrichtendienst gewählte Lösung schloß jedenfalls nicht aus, irgendwann doch einmal zu einer gesetzlichen Regelung und Festlegung zu kommen. Sie ermöglichte es, daß während meiner Amtszeit Regierung wie auch Führung des Dienstes in Organisation, Handhabung der Arbeit und in der Dienstaufsicht beweglich blieben und gegebenenfalls schnell und ohne bürokratische Hemmungen nachrichtendienstliche Entschlüsse im Rahmen der erhaltenen politischen Weisungen nicht nur fassen, sondern auch verwirklichen konnten.

Ein besonderes Problem bildete die Einordnung des Dienstes in die bestehende Struktur des Bundes. Die *An*gliederung an das Bundeskanzleramt bedeutete, daß der Bundesnachrichtendienst etwa den Status einer Obersten Bundesbehörde hatte, wie z. B. das ebenfalls angegliederte Bundespresseamt. Eine *Nach*ordnung unter das Bundeskanzleramt hätte, ebenso wie eine *Ein*gliederung in dieses Amt, den jeweiligen Chef des Bundeskanzleramtes zum voll verantwortlichen Vorgesetzten des Bundesnachrichtendienstes gemacht und ihn damit mit der gesamten und unteilbaren Verantwortung für alle Handlungen und Unterlassungen des Dienstes belastet. Nun ist es ein von allen Staaten streng praktizierter unabdingbarer Grundsatz, den Nachrichtendiensten – selbstverständlich im Rahmen ihrer Aufträge – ein Höchstmaß an Ermessensfreiheit zu gewähren. Die Gründe liegen auf der Hand: Die Tätigkeit der Dienste ist extrem geheimhaltungsbedürftig. Eine *fachliche* Aufsicht durch Nichtfachleute ist illusorisch. Die Arbeit der Dienste kann aber weiterhin bei »Pannen«, die auch bei größter Vorsicht niemals auszuschließen sind, ärgerliche, die Beziehungen zu anderen Staaten belastende Zwischenfälle veranlassen. Man denke an den U-2-Zwischenfall im Jahre 1960, der von Chruschtschow dazu ausgenutzt wurde, die für ihn uninteressant gewordene Pariser Konferenz zu torpedieren. Präsident Eisenhower deckte damals den Geheimdienstchef Allan Dulles. Dies stellt der soldatischen Denkweise dieses hervorragenden Mannes ein untadeliges Zeugnis aus; es entsprach aber nicht den in solchen Fällen üblichen Gepflogenheiten und erweckte selbst im eigenen amerikanischen Bereich erhebliche Kritik. Die englische und die französische Regierung hätten aus den von mir schon angedeuteten Gründen anders gehandelt.

Das spezifische Berufsrisiko der Chefs der Nachrichtendienste und ihrer Mitarbeiter ist es, daß sie in solchen Fällen persönlich geradezustehen haben und im höheren Staatsinteresse nicht auf Deckung und Billigung rechnen können. Das heißt, daß jede Regierung jederzeit auf die Möglichkeit bedacht sein muß, sich von »Ermessensüberschreitungen« distanzieren zu können. Erwägungen dieser Art führten zu der gewählten Lösung einer »Angliederung« des Dienstes an das Bundeskanzleramt. Hierbei wurde ich für meine Person dem Chef des Bundeskanzleramtes und damit auch dem Bundeskanzler unmittelbar unterstellt. Zugleich blieb die Möglichkeit, ohne Zwischeninstanzen mit allen einschlägigen Bundesressorts sowie mit den Länderregierungen, selbstverständlich unter jeweiliger Orientierung des Bundeskanzleramtes, unmittelbar zu verkehren. Diese Möglichkeit der unmittelbaren Verbindung, die für eine erfolgreiche Arbeit wie für eine rasche Auswertung der gewonnenen Erkenntnisse unbedingt erforderlich ist, wäre im Falle einer Einstufung als nachgeordnete Behörde mehr oder weniger entfallen. Die Nachordnung hätte außerdem einen erheblichen Bedarf an Verwaltungskräften im Bundeskanzleramt ausgelöst. Bei der gewählten Organisationsform genügte es, lediglich die Stelle eines Verbindungsreferenten zu schaffen, der ähnliche Funktionen zu erfüllen hatte, wie sie die Referenten für die einzelnen Bundesministerien im Bundeskanzleramt wahrnehmen.

Schließlich bot die »Angliederung« auch die Möglichkeit, den Dienst – ebenso wie dies in anderen Ländern gehandhabt wird – zu unverbindlichen Sondierungen und Erkundungen, bevor der eigene diplomatische Dienst aktiv werden soll, zu verwenden. Dieses Verfahren, das sich unter Umständen auf die Verbindungen zu anderen befreundeten Diensten abstützen kann, hat für die eigene Außenpolitik den Vorteil, schwierige Probleme zuerst einmal vorsondieren zu können, ohne sich in diesem Vorstadium bereits amtlich zu binden. Es ist international üblich, daß der Weg über Nachrichtendienste stets unverbindlich ist und jederzeit abgestritten werden kann. Das trifft auf politische Vorsondierungen in besonderem Maße zu. Man kann einen solchen Versuch infolgedessen jederzeit ohne Prestige-Einbußen abbrechen, wenn sich dies als zweckmäßig erweist. Bundeskanzler Adenauer hat gelegentlich diese Möglichkeiten ausgenutzt und zu schätzen gewußt.

Die Übernahme des Personals der Organisation in den Bundesdienst erfolgte nicht pauschal, sondern individuell. Die Übernahme hat etwa zwei Jahre gedauert, sie wurde gleichzeitig dazu benutzt, das Personal noch einmal sowohl nach der fachlichen, nach der Sicherheitsseite sowie nach der charakterlichen Eignung sorgfältig zu überprüfen. Dabei spielte im damaligen Zeitpunkt auch die Frage der nationalsozialistischen Vergangenheit eine Rolle. In den Jahren nach dem Kriege war zwar niemand eingestellt worden, der nicht ordnungsgemäß entnazifiziert war, aber bei einigen Persönlichkeiten, die gewissen Gliederungen der NSDAP angehört hatten, war eine nochmalige sorgfältige Überprüfung zweckmäßig. Diese wurde auch, insbesondere was die wenigen im Dienst vorhandenen ehemaligen Angehörigen der SS betraf, in den folgenden Jahren mehrfach wiederholt.

Aus Gründen, die nicht erörtert werden können, hatte der Dienst im Einvernehmen mit den amerikanischen Dienststellen einige frühere Angehörige der SS, soweit sie politisch nicht belastet waren, für spezielle Auslandsaufgaben eingesetzt. Ihre Zahl war gering. Die verschiedentlich erhobenen Behauptungen von einer großen Zahl ehemaliger SS-Leute im Dienst, die vor allen Dingen die »DDR« in die Welt setzte und die gelegentlich von Teilen der Ost[1] und Westpresse aufgegriffen wurden, entstammen dem Fabelreich. Diese Frage wurde auch wiederholt mit dem für den Bundesnachrichtendienst zuständigen Ausschuß abgestimmt.

Der Fall Geyer im Jahre 1953 und seine Behandlung vor dem Verteidigungsausschuß hatten gezeigt, daß der künftige Bundesnachrichtendienst vor allem das Vertrauen der Abgeordneten des Bundestages benötigte. Ich bin daher wohl einem Gedanken des Staatssekretärs Globke entgegengekommen, als ich vorschlug, einen kleinen Ausschuß des Bundestages mit unseren Angelegenheiten zu betrauen. Hieraus entwickelte sich ab 1956 das sogenannte, inzwischen auch in der Öffentlichkeit bekannte »Vertrauensmännergremium« – ein Ausschuß, der sich aus den Fraktionsvorsitzenden der im Bundestag vertretenen Parteien zusammensetzte und der Tätigkeit des Dienstes in allen Fragen von Bedeutung verständnisvoll und unterstützungsbereit gegenüberstand.

Am 1. 4. 1956 erfolgte planmäßig die Überführung der »Organisation Gehlen« als Bundesnachrichtendienst in die Kompetenzen der Bundesregierung. Die Aufgabe, die ich mir und meinen Mitarbeitern mitten im Zusammenbruch von 1945 gestellt hatte, den Kern für einen deutschen Auslandsnachrichtendienst neu zu schaffen, war gelöst.

# 7. KAPITEL

# Der geheime Nachrichtendienst

*»Das Wissen um die Zukunft kann man nicht von Göttern und Dämonen erlangen; man kann es auch nicht durch Nachahmung oder Messungen und Berechnungen erwerben. Die Kenntnis des Gegners wird nur durch Menschen vermittelt.*
*Es werden fünf Arten von Spionen verwandt: es gibt ortsansässige Spione; es gibt innere Spione; es gibt zurückkehrende Spione; es gibt Spione des Todes; es gibt Spione des Lebens.*
*Wenn alle fünf Arten von Spionen eingesetzt sind, kann niemand die geheimen Wege erfahren. Das wird das göttliche Geheimnis genannt. Es ist der kostbarste Besitz des Herrschers.*
*Die Arbeit der Spione muß der Herrscher persönlich leiten. Die zurückkehrenden Spione ermöglichen die Kenntnis des Gegners; darum verhalte dich ihnen gegenüber besonders großzügig.«*

Dieses Zitat wurde dem »Traktat über die Kriegskunst« von Ssun-Dsi* entnommen. Ssun-Dsi lebte zwischen 550 und 470 vor Christus. Sein Traktat ist das älteste, voll erhaltene theoretische Werk über die Kriegskunst. Es ist damit noch etwa 130 Jahre älter als die Anabasis von Xenophon und etwa zur Zeit der Schlacht an den Thermopylen entstanden, die durch Verrat, die negative Seite der Spionage, zugunsten der Perser entschieden wurde. Das Werk Ssun-Dsi's fand Dutzende und aber Dutzende von Kommentatoren, deren Aussagen zusammen mit den Lehren des Meisters selbst einen vollständigen, in übertragenem Sinne auch heute noch anwendbaren Leitfaden für Aufgaben, Aufstellung, Organisation und Führung eines Auslandsnachrichtendienstes abgeben könnten. Man nennt daher mit Recht den Nachrichtendienst eine der ältesten staatlich gelenkten Tätigkeiten der Welt.

Gemeinsam ist allen alten Erzählungen und Darstellungen, in denen von Spähern, Kundschaftern, also von der Nachrichtengewinnung, berichtet wird, daß diese Tätigkeit als etwas Notwendiges und Selbstverständliches angesehen wird. In den völlig unberechtigten

* Erschienen im Verlag des Ministeriums für Nationale Verteidigung der DDR 1957 (Übersetzung aus dem Altchinesischen ins Russische und ins Deutsche).

Ruf der Zwielichtigkeit gerät diese Aktivität schließlich wohl dadurch, daß nahezu automatisch, aber dennoch unberechtigterweise mit ihr der »Verrat« in enge Verbindung gebracht wird. Landesverrat wurde allerdings immer, anders als der Hochverrat, als eine schändliche Handlung angesehen.

Meine Erfahrung führte mich zur Erkenntnis, einerseits mit Verdammungsurteilen behutsam zu sein, andererseits mich zu bemühen, nach Kräften zur Beseitigung der Zwielichtigkeit, die den geheimen Meldedienst so oft umgibt, beizutragen. Landesverrat und Spionage werden als strafwürdige Vergehen betrachtet und unterliegen daher in jedem Staate strenger Bestrafung. Ich selbst habe mich, wie ich im 5. Kapitel aufzeigte, auch in den eigenen Reihen mit Verratsfällen abfinden müssen und soweit es – wie im Falle Felfe – in meiner Macht stand, alles Erdenkliche getan, um diese Fälle aufzuklären bzw. durch ständig verbesserte Sicherheitsmaßnahmen, wenn nicht gänzlich zu verhindern, so doch immer weiter zu erschweren.

Es ist selbstverständlich, daß Verrats- und Spionagefälle abgewehrt und mit Härte abgeurteilt werden müssen, denn sie gefährden die Sicherheit eines jeden Staates.

Die im juristischen Sinne als Verräter überführte Persönlichkeit kann ebensowenig wie der gefaßte Spion darauf rechnen, Gnade vor den Richtern zu finden. Er muß für seine Handlungen vor Gericht geradestehen, gleichgültig, ob er aus eigenen ideellen Motiven oder aus Geldgier handelte. Meine Lebens- und Berufserfahrung lehrte mich jedoch, auch im Blick auf unsere jüngste Geschichte, mit der moralischen Verurteilung in solchen Fällen vorsichtig zu sein, denn für die moralische Beurteilung jeder Tat – also auch für diejenige der Spionage- und Verratsfälle – sind völlig unabhängig von der juristischen Beurteilung die Motive, die zur Aktion veranlaßten, ausschlaggebend. Die aus Überzeugung geschehene Tat, gleichgültig, ob es sich hierbei um unsere Gegner handelte oder ob sie zu unserem Nutzen und im Interesse unseres Staates ausgeführt wird, verdient – welches auch die Folgen sein mögen – keine ethische Verdammung. Wenn man versucht, diesen Maßstab anzulegen, dann können nicht nur Oleg Penkowsky und andere, die im kommunistischen Machtbereich zu hohen Strafen verurteilt wurden, unsere Anerkennung und unser Mitgefühl erwarten. Wir sind unter diesen Umständen auch gehalten, die Tätigkeit sowjetischer Spione, wie Klaus Fuchs, die Rosenbergs, Sorge und andere, nicht nur unter rein juristischen Gesichtspunkten zu beurteilen. Sie waren sich der Tatsache bewußt, daß sie sich strafbar machten – sie handelten trotzdem, soweit ich es beurteilen kann, aus ihrer kommunistischen Überzeugung heraus. Ich

betrachte den Kommunismus als eine tödliche Gefahr und lehne sein Gedankengebäude vollkommen ab. Trotzdem ist es anders zu werten, wenn sich Persönlichkeiten aus ideeller Überzeugung für diese Weltanschauung unter Gefahr für Leib und Leben einsetzen, als wenn sie dies nur aus Gewinnsucht und Geldgier tun. Die ersteren sind zugleich die gefährlichen, die meist erst nach längerer Tätigkeit aufgespürt und gefaßt werden können. Diese ethische Wertung darf jedoch die juristische Wertung nicht grundsätzlich beeinflussen.
Solche Überlegungen sollten aber gerade dazu beitragen, unsere generellen Vorurteile gegenüber dem Nachrichtendienst abzubauen. Auch zugunsten der Bundesrepublik setzen sich zahlreiche Persönlichkeiten ein, die aus ihrer Pflicht dem eigenen Volke gegenüber und aus ihrer Abneigung gegen das totalitäre System des Kommunismus heraus ihre eigene Sicherheit, Gesundheit und ihr Leben riskieren.

Über die Geschichte des geheimen Meldedienstes ist viel geschrieben worden, so daß ich es mir versage, auf diese ausführlich einzugehen. Im allgemeinen wird behauptet, der Nachrichtendienst habe im Altertum, Mittelalter und bis weit in die Neuzeit hinein hauptsächlich militärischen Zwecken gedient. Diese Auffassung ist meines Erachtens falsch, denn gegen sie spricht schon die Tatsache, daß es – abgesehen von Byzanz nach dem Zerfall des Römischen Weltreiches im 6. Jahrhundert nach Christus – fast 900 Jahre lang kein stehendes Heer mehr gab, gegen das man – außer wenn in Spannungszeiten Aufgebote ergingen – Spionage hätte treiben können. Die in diesen Zeiträumen nachweisbare Aufklärung diente vielmehr in großem Umfange politischen Zwecken. Sie war selbstverständlich nicht straff organisiert, jedoch zentral gesteuert, nämlich von den Kanzleien der Könige und Fürsten aus – genauso, wie es Ssun-Dsi empfiehlt. So wissen wir von Ludwig XI. von Frankreich (1461–1483), der die Vorherrschaft des französischen Hochadels brach und als erster kontinentaler europäischer Fürst wieder ein kleines stehendes Heer (schottische Bogenschützen) unterhielt, daß er ständig über zahlreiche Agenten in den wichtigsten Städten Europas verfügte. Diese »Agenten« dienten zwei Zwecken, sie besorgten Nachrichten, zugleich waren sie aber auch angewiesen, die Stimmung zugunsten Frankreichs positiv zu beeinflussen. Auch der sogenannte Beeinflussungsagent ist also durchaus keine moderne Erfindung. Einer von diesen Agenten, »Le Mauvais« aus Gent, stieg bis zum Geheimen Sekretär des Königs auf. Er hat in einem Bestseller der zwanziger Jahre, »Der Teufel« von Robert Neumann, die dichterische Überhöhung, die allerdings seine historische Bedeutung übertreibt, gefunden. Ähnlich wie Ludwig XI. von Frankreich verfuhren auch andere Fürsten, insbesondere die britischen Könige. Friedrich der Große unterhielt neben seinen offiziellen Vertretern an den europäischen Fürstenhöfen eine Reihe von Agenten des geheimen Meldedienstes, die unabhängig von den akkreditierten Gesandten über die Lage berichteten. Im übrigen ist im Mittelalter und der beginnenden Neuzeit eine planmäßige, nicht für die Öffentlichkeit bestimmte politisch orientierte Nachrichtengewinnung unter vielen anderen Beispielen für den Bereich der beiden italienischen Stadtstaaten Venedig und Genua nachzuweisen. Die geheimen Berichte der diplomatischen Vertreter und sonstigen Emissäre sind in Inhalt, Form und oft auch ihrer Technik (Benutzung von Chiffren und Geheimtinten) durchaus Vorläufer des geheimen Meldedienstes. Abgesehen von den italienischen Seestadtstaaten verfügt Großbritannien über den traditionsreichsten geheimen Nachrichtendienst. Die Anfänge liegen etwa 600 Jahre zurück. Die Insellage des Königreiches schränkte den allgemeinen Verkehr, der ja zugleich Informationen vermittelt, ein. Dies mag die englische Krone veranlaßt haben, sich auf jede nur mögliche Weise zusätzliche Informationen, die an Ort und Stelle gewonnen wurden, zu sichern. Hierzu wurden vor allem hochrangige Persönlichkeiten verwendet, die Zugang zu den Notabeln des jeweiligen Landes und damit auch zu den primären Informationsquellen fanden.

Wie auf so vielen anderen Gebieten des englischen Lebens ist auch auf dem Gebiet des britischen Nachrichtendienstes die Tradition ungebrochen. Dies ist auch heute noch immer wieder zu spüren. In meinen Augen ist auch aus diesem Grunde im Westen der englische Dienst zwar nicht mehr der größte, aber eine der leistungsfähigsten Organisationen, dessen Effektivität lediglich die Dienste der USA und Israels erreichen können. Der englische Dienst kommt mit einem Mindestmaß von Bürokratie aus. Dafür ist er mit einem Höchstmaß an Vertrauen durch Parlament und Regierung ausgestattet. Er wird mit äußerster Diskretion behandelt, nicht einmal der Name des jeweiligen Chefs wird bekanntgegeben. Diese Diskretion wird selbstverständlich von der gesamten englischen Presse beachtet – gleichgültig, ob Massenblatt oder seriöse Zeitung, gleichgültig aber auch, ob es sich um eine Labour- oder konservativ orientierte Zeitung handelt. Auf die sogenannten D-Notizen sollte in diesem Zusammenhang hingewiesen werden. D-Notizen sind zur Orientierung der Massenmedien bestimmte Mitteilungen der Regierung, deren Veröffentlichung nicht gewünscht wird. Die Presse pflegt sich an dieses Agreement zu halten. Ob dies wohl bei uns möglich wäre?

Die Entwicklung des deutschen geheimen Nachrichtendienstes ist durch zahlreiche Schriftsteller, unter ihnen Oberst a. D. Nicolai, den Geheimdienstchef des Ersten Weltkrieges, und Dr. Gert Buchheit, beschrieben worden. Der Werdegang unterscheidet sich nicht wesentlich von dem anderer kontinental-europäischer Dienste – abgesehen von der Tatsache, daß der deutsche Dienst im Vergleich zu jenen ständig gegen seine Vernachlässigung und Nichtbeachtung anzukämpfen hatte. Er ist in dieser Hinsicht etwa mit den entsprechenden Einrichtungen der USA in der Zeit zwischen den beiden Weltkriegen vergleichbar.

Der Erste Weltkrieg hatte gezeigt, daß der geheimen Nachrichtengewinnung im Zeitalter der alle Bereiche des gesellschaftlichen Lebens umfassenden Kriegführung, die primär auf die totale Zerschlagung des Gegners ausging und mithin, um mit Clausewitz zu sprechen, das militärische Ziel gleichsam zum politischen Zweck erhoben hatte, eine im Vergleich zu früher noch erhöhte Bedeutung zukam. Es genügte jedenfalls nicht mehr, vornehmlich militärische Geheimnisse auszuspähen. Die Beschaffung rechtzeitiger Erkenntnisse über die Außenpolitik des Gegners, das Wirtschaftspotential, sowie auch über die psychopolitische Lage, d. h. also über den Durchhaltewillen, sowie über andere politische Vorkommnisse wurden im Vergleich zu früheren Zeiten immer interessanter. Zwar hatte schon im Kriege 1870/71 der Chef der Abteilung Feindlage im Großen Generalstab, Oberstleutnant von Verdy du Vernois, sorgfältige Überlegungen über die Widerstandskraft des französischen Volkes und insbesondere der Bevölkerung von Paris angestellt. Dies war aber doch noch die Ausnahme von der Regel gewesen.

Um ein Beispiel aus dem Ersten Weltkrieg anzuführen: Es steht fest, daß der deutschen obersten Heeresleitung das Ausmaß des Stimmungstiefs in Frankreich nach der gescheiterten Nivelle-Offensive im Jahre 1917 verborgen geblieben ist. Das exakte Wissen über diese Krise hätte möglicherweise dazu geführt, an der französischen Front offensiv zu werden, anstatt auf einem Nebenkriegsschauplatz, nämlich Italien, anzugreifen und Lenin nach Rußland zu bringen. Auf diese Weise konnte Frankreich die notwendige Atempause gewinnen. Auf der anderne Seite waren die Alliierten über die Stimmungslage in Deutschland genau orientiert. Sie vermochten das Absinken des deutschen Widerstandswillens, das sich in dem großen Munitionsarbeiterstreik sowie in der ersten Flottenmeuterei ankündigte, exakt einzuschätzen und konnten daher die verschiedenen Friedensinitiativen des Jahres 1917 leichteren Herzens ablehnen, als es ohne diese Kenntnis möglich gewesen wäre.

Auf jeden Fall brachte der Erste Weltkrieg die Erfahrung, daß man auf dem Gebiete der Nachrichtendienste zu einer, wenn auch nicht immer einheitlich gesteuerten, so doch zumindest gut koordinierten Arbeit auf allen Gebieten kommen müsse. Dies war in Großbritannien immer der Fall gewesen. In Frankreich wurde ursprünglich das sogenannte »Deuxième Bureau« des französischen Generalstabes mit dieser Aufgabe betraut. Deutschland war durch den Versailler Frieden ausdrücklich der Aufbau und Unterhalt eines eigenständigen Nachrichtendienstes, nicht aber die Spionageabwehr untersagt. Es suchte sich mit dem Ausbau einer hochleistungsfähigen »Abwehr« unter den Chefs Gemp, Patzig und Canaris so gut es ging zu behelfen. Auf die Sowjetunion wird in anderem Zusammenhang eingegangen werden.

Die Zeit zwischen den beiden Weltkriegen sowie schließlich der Zweite Weltkrieg selbst bestätigten die im Ersten Weltkrieg gewonnenen Erkenntnisse. Sie wurden ergänzt durch die Erfahrung, die die Alliierten in der Zusammenarbeit, wir Deutschen in der Abwehr der Sowjets gesammelt hatten, daß nämlich auch die Gebiete der Sabotage und Sabotageabwehr, sowie der psychopolitischen Aktion und Gegenaktion zu den Aufgabengebieten der geheimen Nachrichtendienste gehörten.

Seit 1945 ist jedenfalls die Erkenntnis Allgemeingut geworden, daß nur der alle Gebiete staatlichen Interesses umfassende, nach einheitlichen Gesichtspunkten geführte Auslandsnachrichtendienst Aussichten hat, den in ihn gesetzten Erwartungen gerecht zu werden.

Jeder geheime Nachrichtendienst hat den Auftrag – um dies noch einmal zu wiederholen –, die Staatsführung mit all den geheimen Informationen in ausgewerteter Form zu versorgen, die für die Führung der eigenen Politik von Nutzen und deren Kenntnis für die äußere Sicherheit des eigenen Staates von Bedeutung sind. Die durch die Arbeit der Dienste gewonnenen Erkenntnisse sollen die bereits vorhandenen Grundlagen für die Entschlußfassung der Regierung verbessern bzw. durch neue Erkenntnisse modifizieren. Die vom Dienst gelieferten Unterlagen sollen – dies kann nicht deutlich genug betont werden – niemals die alleinigen Grundlagen für die Entschlußfassung bilden, wohl aber besondere, manchmal neue Akzente setzen, die unter Umständen das Gesamtlagebild auch verändern können.

In der Praxis wird es sich für den Nachrichtendienst stets darum handeln, der eigenen Staatsführung Absichten, Möglichkeiten, Entwicklungen, sowie schließlich auch die gegenwärtigen und zukünftigen Tendenzen in Politik, Rüstungstechnik, militärischer Planung, sowie in der Stimmungslage der beobachteten Staaten zu melden. Die Ergebnisse sind »Daten«. Diese wiederum können »Fakten«, Tatsachen sein, wenn z. B. eine neue Waffe, Produktionszahlen, Angaben über militärische Transportbewegungen, geheimes schriftliches Material, wie Sitzungsprotokolle, Stellenbesetzungen usw., um wahllos einige Beispiele zu nennen, beschafft werden. Aber auch Erkenntnisse, die sich sozusagen der Meßbarkeit entziehen, die aber trotzdem relevant sind, z. B. Äußerungen wesentlicher Funktionäre, Stimmungsberichte und ähnliches, können wertvolle Erkenntnisse und damit »Daten« sein. Auch die Beurteilung des Kampfwertes der fremden Armeen ist ein wichtiger Erkenntnisgegenstand.

Jeder Dienst übernimmt mit der Weitergabe seiner Erkenntnisse erhebliche Verantwortung. Genaue Basiserkenntnisse auf allen Gebieten, einschließlich der Volksmentalität und der kommunistischen Ideologie, in den aufzuklärenden Staaten sind daher die unerläßliche Voraussetzung für eine zuverlässige Arbeit. Die Frage, wie weit Ideologie das staatliche Handeln der kommunistischen Regierungen beeinflußt, wie weit sie nur als »Rauchvorhang« benutzt wird, welche Rolle der Verkehr der kommunistischen Parteien untereinander für die sowjetische Außenpolitik spielt, all dies zu beurteilen ist wesentlich; von besonderer Wichtigkeit ist jedoch, daß die Mitarbeiter des Dienstes daran gehindert werden, die eigenen westlichen Wertmaßstäbe an das mutmaßliche Handeln des Gegners anzulegen und so zu falschen Schlüssen kommen.

Selbstverständlich will die eigene Regierung möglichst umfassend, exakt und frühzeitig darüber informiert werden, womit sie zu rechnen hat. Der Wunsch nach genauen Zeitangaben, das heißt also, wann mit einer bestimmten, vom jeweiligen Dienst als möglich gemeldeten Maßnahme zu rechnen ist, spielt immer eine ausschlaggebende Rolle. Und Vorwürfe, daß dieser oder jener Dienst wieder einmal versagt habe, entzünden sich zumeist an Ereignissen, die zumindest für die Öffentlichkeit überraschend gekommen sind. Nun ist die geheime politische und zu einem Teil auch die militärische Berichterstattung in ihrer Auswertung sozusagen eine Prognose; diese kann eintreten, sie muß es aber nicht. Zum anderen zerfällt jede politische und militärische Aktion in drei Teile: Erstens den Entschluß zur Aktion, zweitens die Vorbereitung der Aktion und drittens die Auslösung der Aktion. Der geheime Meldedienst kann im allgemeinen nur den mittleren Teil, die Vorbereitung der Aktion, erkennen und aus den weiterhin beobachteten Anzeichen die Fortschritte sowie schließlich auch den Abschluß der Vorbereitungszeit feststellen und entsprechend melden. Selbstverständlich gibt es Sternstunden, in denen einem Dienst der große Wurf gelingt, schon den »Entschluß« zu erfassen oder auch das Datum der Aktionsauslösung zu erkennen. So war der Bundesnachrichtendienst in der Lage, den Entschluß Chruschtschows, die Gipfelkonferenz von 1960 scheitern zu lassen, rechtzeitig der Bundesregierung zu melden. Aber diese Fälle sind im wahrsten Sinne des Wortes Glückssache. Sie bestimmen auch nicht den Wert eines Nachrichtendienstes. Dieser wird vielmehr durch die gleichmäßige Qualität und den regelmäßigen Fluß der Informationen bestimmt. Allein diese beiden Eigenschaften des geheimen Meldedienstes bieten die Gewähr, daß die empfangende Regierung in die Lage versetzt wird, vorhaltend richtige Maßnahmen zu treffen. Der Wert einer Meldungsvoraussage ist im übrigen nicht allein daran zu messen, ob die in ihr enthaltene Voraussage auch eintrifft. Es ist durchaus möglich, daß in der Information Absichten gemeldet werden, die zur Zeit der Feststellung bestanden, die in der Folge aber aufgegeben wurden, z. B. weil sie erkannt worden waren. Ende Oktober 1940 fielen die Unterlagen für den von Hitler für den 12. 11. 1940 geplanten Angriff gegen die Westmächte in belgische Hände. Hitler gab daraufhin den Plan auf. Leider ist der umgekehrte Fall der häufigere, daß nämlich die Dienste Meldungen vorlegen, die von den empfangenden Stellen als unseriös abgetan werden, da sie nicht in das eigene, allzu oft vom Wunschdenken geprägte Lagebild passen. Einen Teil meiner Erfahrungen in dieser Hinsicht aus dem Kriege habe ich im ersten Kapitel erwähnt (Novemberoffensive der Russen 1942 zur Einschließung Stalingrads, Operation »Zitadelle«).

Die Aufklärungsgebiete eines geheimen Nachrichtendienstes umfassen heute:

- Außenpolitik
- Innenpolitik (des aufzuklärenden Staates)
- Stimmungslage (Psychopolitik)
- Militärisches Potential
- Wirtschaftspotential mit Schwerpunkt auf der Rüstungstechnik, sowie
- Technische und Naturwissenschaften.

Hinzu treten andere Aufgaben und Aufträge – je nach der Interessenlage der einzelnen Staaten. Die Nachrichtendienste der kommunistisch regierten Staaten verfügen z. B. über ausgedehnte Apparate zur aktiven Beeinflussung der politischen Bewußtseinsbildung des Westens. Sie haben nichts mit den Agitprop-Apparaturen der Parteien und Staaten zu tun – sie ergänzen diese und verzeichnen in allen westlichen Staaten einschließlich der Bundesrepublik Erfolge.

Außerdem gehören zu den Aufgabengebieten der Nachrichtendienste die Gegenspionage sowie die Maßnahmen für die eigene Sicherheit.

Die Organisation der Nachrichtendienste muß den Aufträgen entsprechen. Dies bedingt im groben die Dreigliederung in Beschaffung, Auswertung und Verwaltung. Unter diesen drei Zweigen beanspruchen die Beschaffung und die Auswertung die Vorrangstellung. Ihren Bedürfnissen ist alles andere nachzuordnen. Insbesondere hat die Verwaltung nur den einen Zweck, die Voraussetzungen dafür zu schaffen, daß der Dienst frei von allen bürokratischen Hemmungen mit einem Höchstmaß an Effektivität arbeiten kann.

Nachrichtendienste unterscheiden sich hier grundlegend von anderen Zweigen der staatlichen Exekutive, bei denen, wie z. B. bei der Finanzverwaltung, dem Innenministerium usw., die verwaltende und regulierende Funktion überwiegt. Für die Dienste gilt – ebenso wie für die bewaffnete Macht –, daß Bürokratie, die über die begrenzteste Regelung der eigenen Erfordernisse hinausgeht, die Leistungsfähigkeit des Dienstes entscheidend beeinträchtigen und schließlich zum Erliegen bringen muß. Hier liegt eine der wichtigsten Grundaufgaben für den Leiter des Dienstes.

Aus diesen Erfahrungen heraus hat ein westlicher Nachrichtendienst im Einverständnis mit der eigenen Regierung vor einer Reihe von Jahren dasjenige Verwaltungspersonal, das aus der übrigen staatlichen Verwaltung stammte, jedoch ohne nachrichtendienstliche Erfahrung war, gegen nachrichtendienstliches Personal ausgetauscht, das zu diesem Zwecke vorher auf Verwaltungsakademien ausgebildet worden war.

Ein weiteres Problem für die Organisation der Dienste bildet die Wechselbeziehung zwischen Wirkung und Sicherheit. Nachrichtendienstliche Arbeit ist geheime Arbeit. Sie spielt sich im verborgenen ab. Hieraus leitet sich die Notwendigkeit ab, auf die in der übrigen Exekutive – diesmal einschließlich der Streitkräfte – angebrachte »Transparenz« der Organisation und Tätigkeit unter allen Umständen zu verzichten. Als Grundsatz muß man formulieren: Während sonst jede gute Organisation klar und übersichtlich sein soll und jeder wissen muß, was er zu tun hat, gilt für den Nachrichtendienst: Die Organisation muß nach außen *unklar* und *unübersichtlich* sein und *trotzdem* muß jeder wissen, was er zu tun hat. Es muß, vornehmlich aus Sicherheitsgründen, durch diese Organisationsform möglich gemacht werden, daß gelegentlich eine gesteuerte Doppelarbeit stattfindet, um gewisse Fragen von zwei Stellen gleichzeitig beobachten zu lassen und dadurch auf mögliche Fehlerquellen aufmerk-

sam zu werden. Wenn die Organisation eines Geheimdienstes für den Außenstehenden »transparent« ist, dann wird in Kürze der Gegner Eingang gefunden haben.
In der Außenorganisation darf, das hat die Erfahrung erwiesen, unter keinen Umständen mit wenigen großen Dienststellen gearbeitet werden; richtig ist die Verwendung zahlreicher kleiner Operationsgruppen (nicht über 10 Mann). Abgesehen davon, daß große nachrichtendienstliche Gebilde nicht beweglich genug operieren können, gewähren kleinere, flexible Gruppen eine größere Sicherheit. Sie zersplittern die gegnerische Aufklärung, sie sind außerdem vom Haushalt her gesehen billiger (Verlegungen, Sicherheitsmaßnahmen usw.). Außerdem muß der Apparat eines Geheimdienstes sich in planmäßiger langsamer Veränderung befinden, so daß die Erkenntnisse der Aufklärung des Gegners von gestern morgen wertlos werden. Das kostet natürlich auch Geld, aber Sicherheit und Tarnung kosten immer ihren Preis. Aus ähnlichen Gründen dürfen von der Zentrale unmittelbar keine nachrichtendienstlichen Verbindungen geführt werden.
Die entwickelte organisatorische Form muß außerdem alle Teile des Dienstes so miteinander verzahnen, daß kein Teil unabhängig von anderen Teilen arbeiten kann. Nur so ist zu erreichen, daß nicht manipuliert werden kann und daß Unstimmigkeiten sowie Sicherheitsfehler sich automatisch bemerkbar machen.
Aus gutem Grunde lassen daher die Regierungen unserer Verbündeten den Chefs ihrer Dienste im Rahmen ihrer Aufträge weitgehend freie Hand in der Organisation der Apparate und der Durchführung ihrer Aufträge. Als Beispiel bietet sich hier die amerikanische Regelung des geheimen Meldedienstes an. Bei Erwähnung dieses Beispieles begehe ich keine Indiskretion, da zahlreiche Presseveröffentlichungen sowie solche in Buchform ebenso wie die gesetzlichen Grundlagen zu diesem Gebiet öffentlich vorliegen. Die eigentliche Geschichte des amerikanischen Nachrichtendienstes beginnt erst mit dem Zweiten Weltkriege. Bis dahin hatte dieser, abgesehen vom Ersten Weltkriege, ein Schattendasein geführt, er bestand, in getrennten Organisationen bei der Armee (Army Intelligence), Marine (Office of Naval Intelligence – ONI) und beim State Department (Bureau of Intelligence and Reserach), jeweils nur aus einer geringen Anzahl von Offizieren, Beamten und Zivilangestellten. Im Zweiten Weltkriege wurde sodann unter tatkräftiger Hilfe der britischen Alliierten das »Office of Strategic Services (OSS)« unter Leitung des (Reserve-)Generals William J. (Wild Bill) Donovan gegründet, für das bei Schluß des Krieges etwa 12 000 Menschen tätig waren und das die Tätigkeit der anderen Nachrichtendienste koordinierte. Allan

Dulles leitete in der Schweiz das europäische Büro des OSS. Dem OSS kommt z. B. das Verdienst zu, schon frühzeitig die Bedeutung von Wissenschaft und Technik für den modernen Nachrichtendienst erkannt und diese für die Aufklärung nutzbar gemacht zu haben.
Das OSS wurde nach Kriegsende aufgelöst, jedoch stellte sich bald die Notwendigkeit heraus, die verschiedenen Dienste, einschließlich FBI, so eng zu koordinieren, daß ein Neben- und Gegeneinander nicht nur verhindert, sondern daß ein Miteinander ermöglicht wurde. Dies geschah 1947 durch den Erlaß des »National Security Act«, durch den zugleich die Gründung der CIA (Central Intelligence Agency) angeordnet wurde. Das Gesetz bestimmt die Bildung eines Nationalen Sicherheitsrates (National Security Council), in dem der Präsident den Vorsitz führt und der der Beratung des Präsidenten über alle Fragen der äußeren und inneren Sicherheit dient. In seiner Abwesenheit wird der Präsident durch eine von ihm bestimmte Persönlichkeit als Vorsitzender vertreten. Der Nationale Sicherheitsrat besteht aus dem Präsidenten, dem Vizepräsidenten, dem Außenminister, dem Verteidigungsminister, dem Vorsitzenden des National Security Resources Board und dem »Director of Central Intelligence«, der dem Sicherheitsrat ohne Stimmberechtigung angehört, sowie aus Vertretern einzelner anderer Ministerien.
In dem erwähnten Gesetz wurde ferner die Einrichtung der »Central Intelligence Agency« (»CIA«, d. i. der geheime Auslandsnachrichtendienst der USA) angeordnet. Der Präsident ernennt den Direktor der Central Intelligence Agency mit Zustimmung des Senates aus den Reihen der aktiven Offiziere der Streitkräfte oder der Persönlichkeiten des zivilen Bereiches. Das Gehalt des Direktors ist durch dieses Gesetz festgelegt.
Der »Director of Central Intelligence« hat in seiner Funktion als Mitglied des Sicherheitsrates die Aufgabe, sämtliche Stellen des Landes, die nachrichtendienstlich arbeiten oder bei denen Nachrichten anfallen, zu koordinieren. Er ist zugleich als »Director of Central Intelligence Agency« Leiter der CIA. Abweichend von den für den übrigen Behördenappparat geltenden Bestimmungen ernennt und entläßt er die Beamten der Central Intelligence Agency, bestimmt Organisation und Stellenpläne in eigener Zuständigkeit, er setzt die Gehälter fest mit der alleinigen Begrenzung, daß er kein Gehalt festsetzen darf, das über sein eigenes hinausgeht. Für ihre Verwaltung hat die Central Intelligence Agency, die nur begrenzt an die Bedingungen des zivilen Dienstes gebunden ist, eigene Prüforgane. Die Gründe für die freizügige Regelung der Befugnisse des Direktors der Central Intelligence Agency sind, wie bei allen anderen größeren

Diensten, folgende: Führen kann der Leiter eines Nachrichtendienstes nur durch Entscheidungsfreiheit in Personal-, Geld- bzw. Verwaltungs- und Organisationsfragen. Infolgedessen muß der Einfluß auf die Personalbesetzung und auf die Personalpolitik dem jeweiligen Leiter allein zugebilligt werden und gleichzeitig auch der Einsatz des Geldes nach seinem *Fach*urteil entsprechend den Gesamtaufgaben, die ihm von der Regierung gestellt sind. Das gleiche gilt für die durch nachrichtendienstliche Erfordernisse bestimmten Verwaltungs- und Organisationsprobleme. Die bei den Angelsachsen vorhandene selbstverständliche Erkenntnis, daß ein noch so hervorragender höherer Regierungsbeamter nicht ohne weiteres eine Führungsaufgabe in der mittleren oder höheren Ebene des Nachrichtendienstes übernehmen kann, wenn er nicht über eine jahrelange Erfahrung im Nachrichtendienst zusätzlich vieler anderer erforderlichen Eigenschaften verfügt, wird in Deutschland übersehen und hat bereits zu Fehlentwicklungen geführt.
Die Bestimmungen des »National Security Act« über die CIA zeigen, daß es den Amerikanern darauf angekommen ist, von vornherein einen so großzügigen Rahmen für den Auslandsnachrichtendienst zu schaffen, daß ein Höchstmaß an Leistungsfähigkeit gewährleistet war und daß man hoffen konnte, das Vorbild der westlichen Welt, den englischen Nachrichtendienst, in seinen Leistungen zu erreichen oder sogar zu überflügeln. Das Gesetz stellte vor allem folgende Punkte sicher: Die Zusammenfassung der Gesamtverantwortlichkeit des Chefs der CIA für alle nachrichtendienstlichen Operationen, insbesondere der eigenen, gegenüber der Regierung, daher seine Ermächtigung und Befugnis, das Personal für den Dienst einzustellen und nach eigenem Ermessen zu entlassen, die Bezüge festzusetzen, den Geldeinsatz für die Operationen, die zur Ausführung der politischen Weisungen des Präsidenten notwendig sind, selbständig zu regeln usw. Dort, wo es die Sicherheit oder der Schutz der Quellen verlangt, ist er nicht an die Verwaltungsbestimmungen, die für die öffentliche Verwaltung gelten, gebunden. Die Regelung dieser Fragen ist in allen großen Nachrichtendiensten ähnlich, mit kleinen Unterschieden.

Die dienstinterne Sicherheitsaufgabe ist wohl die entsagungsvollste Tätigkeit innerhalb der Nachrichtendienste. Gilt schon für die Arbeit der Dienste insgesamt, daß sie sich im verborgenen abspielen muß und daß den Mitarbeitern Zurückhaltung im Auftreten nach außen auferlegt ist, sowie daß ihnen offene Anerkennung im allgemeinen versagt bleiben muß, so trifft dies in noch verstärkterem Maße für die Angehörigen des Sicherheitsapparates zu. Nur bei »Pannen« wird ihr

Wirken sichtbar, und ihre Erfolge, die sich in der Bereinigung solcher Pannen manifestieren, sind zugleich paradoxerweise Niederlagen; es hatte also doch undichte Stellen gegeben, Verstöße gegen gegebene Bestimmungen waren begangen worden. Gerade der von mir noch zu schildernde Fall Felfe ist für die Problemfülle des Sicherheitsapparates ein hervorragendes Beispiel. Andererseits wirkt sich ein guter Sicherheitsapparat positiv auf die Leistungsfähigkeit des Gesamtdienstes aus. Er beeinflußt alle Gebiete der Arbeit, hat seine Auswirkungen auf die Weiterentwicklung von Organisation und Verwaltung und spricht ein entscheidendes Wort bei der Personalbetreuung und -werbung mit.

Der Dienst im »Dienst« ist entsagungsvoll, um so mehr muß Begeisterungsfähigkeit und Selbstbescheidung vom Mitarbeiter erwartet werden. Die Mitarbeiter sollten nicht nur schlecht und recht ihre Pflicht tun, sondern dazu bereit sein, mehr zu leisten, als formal verlangt wird.

Ich habe aus der Problematik moderner Nachrichtendienste nur einige wesentliche Punkte herausgegriffen. Werden diese Gesichtspunkte nicht beachtet, dann kann sich zwar der »Dienst« noch geraume Zeit als ein gut arbeitendes, bürokratisch vollkommen durchorganisiertes Gebilde präsentieren. Seine Erfolge freilich werden sich, auch wenn der Gegner nicht eingedrungen sein sollte, Schritt für Schritt verringern, bis an die Stelle eines zuweilen unbequemen, aber unter Einsatz aller Kräfte gewonnenen Lagebildes nur noch oberflächliche Erkenntnisse anfallen, die den Aufwand und den Einsatz an Menschen und Mitteln nicht mehr rechtfertigen. Diese Überzeugungen habe ich jedenfalls aus meiner 26jährigen Erfahrung im Nachrichtendienst gewonnen.

In der übrigen westlichen Welt sind die großen Auslandsnachrichtendienste umfangreiche hochwertige Einrichtungen, die nur von den Staatsoberhäuptern oder den Ministerpräsidenten selbst abhängig und diesen verantwortlich sind. Sie sind Einrichtungen, die sowohl in Amerika, in England und auch in Frankreich überparteilich geführt werden; sie sind, um nicht bei jedem Regierungswechsel einem Revirement zu unterliegen, von den Behörden getrennt, welche sich mit der inneren Sicherheit beschäftigen und dabei zwangläufig ins innenpolitische Kraftfeld geraten. Alle Staaten, die Erfahrungen auf dem Gebiet des Auslandsnachrichtendienstes gesammelt haben, wie insbesondere Großbritannien und die USA, wissen, daß der Austausch leitender Persönlichkeiten im Dienst stets zum mindesten ein zeitweises Absinken der Leistung zur Folge hat. Dies gilt vor allem, wenn Persönlichkeiten in Führungspositionen kommen, die nicht

bereits über die nötige Erfahrung auf dem speziellen Arbeitsgebiet des ND verfügen. Sonstige Behördenerfahrung verleiht keineswegs von vornherein eine ausreichende Qualifikation, sich innerhalb eines Dienstes als Vorgesetzter zu bewähren. Ein Auslandsgeheimdienst ist gewissermaßen ein wissenschaftliches Instrument besonderer Art, das mit hochwertigen wissenschaftlichen Spezialisten arbeitet, um ein klares und übersichtliches Bild aller derjenigen Faktoren zu sammeln, die ein Urteil über das Gesamtpotential – sei es des Gegners, sei es eines wichtigen Partners – erlauben. Ich weiß, daß ein westlicher Ministerpräsident, als er 1964 sein Amt übernahm, nahezu als erste Amtshandlung einen Tag lang bei seinem Auslandsnachrichtendienst zubrachte, um sich über die Weltlage aus der Sicht seines Dienstes unterrichten zu lassen. Gerade dieses Beispiel, das durch andere vermehrt werden kann, zeigt die außerordentliche Bedeutung, die der auslandsnachrichtendienstlichen Tätigkeit, ihren Ergebnissen und Eigenarten von anderen Regierungen zugemessen wird.
Zahlreiche Staaten, außer Deutschland, verwenden ihren Nachrichtendienst zur Ergänzung der Arbeit ihrer auswärtigen Dienste. Es herrscht international stillschweigend Einverständnis darüber, daß die abgeschirmte Tätigkeit der Nachrichtendienste offiziell nicht zur Kenntnis genommen wird und infolgedessen von der betreffenden Regierung jederzeit abgeleugnet werden kann. Gewisse größere Staaten benutzen dies, heikle Fragen, die später auf diplomatischer Ebene verhandelt werden sollen, zunächst einmal durch den Nachrichtendienst sondieren zu lassen. In diesen Staaten wäre wahrscheinlich der Mission des Staatssekretärs Bahr in ihren ersten Phasen eine Vorklärung durch eine geeignete, von der Regierung besonders ausgesuchte Persönlichkeit des Nachrichtendienstes vorausgegangen. Indiskretionen in der erlebten Weise wären dann sicher nicht möglich gewesen. Natürlich ist es hierzu Voraussetzung, daß der Nachrichtendienst seinen ihm zukommenden Platz im Staate besitzt, daß die entsprechende Ermessensfreiheit des Chefs gewährleistet ist und daß das Personal nach Qualität wie nach Quantität den Spitzenanforderungen entspricht. Das kann mit einem Nachrichtendienst nicht erreicht werden, der an nachgeordneter Stelle angesiedelt ist und in den eine Reihe von Leuten ohne umfassende Erfahrung hineinregieren. Ein Nachrichtendienst muß von dem vorgesetzten Minister oder Ministerpräsidenten, der ja immer ohne die notwendigen Fachkenntnisse sein wird, *politisch* geführt werden; die fachliche Führung des Dienstes in allen seinen Bereichen muß ausschließlich in der Hand des Leiters liegen.
Ein weiteres Kennzeichen für die Wichtigkeit, die andere Staaten

dem geheimen Nachrichtendienst zumessen, sind die für den Nachrichtendienst vorgesehenen finanziellen Aufwendungen. Von unseren Verbündeten werden im allgemeinen Mittel in Höhe von etwa 4–5% der für Wehr- und Rüstungsausgaben vorgesehenen Geldmittel zugunsten ihrer Nachrichtendienste eingesetzt, bei den Amerikanern liegt der Betrag um ein Vielfaches höher. Allerdings muß dabei einschränkend bemerkt werden, daß Qualität und Leistung nicht allein vom Geld abhängen, sondern in erster Linie vom Niveau und der Leistungsfähigkeit des Personals und von der Führung des Nachrichtendienstes.

Ich verrate kein Geheimnis, daß die für den BND aufgewendeten Mittel während meiner Amtszeit unter den Verhältniszahlen lagen, die ich angegeben habe. So sehr ich mich im Interesse des Steuerzahlers stets für größtmögliche Sparsamkeit eingesetzt und deshalb von mir aus niemals überhöhte Forderungen gestellt habe, es fehlte bei denen, die letztlich über das finanzielle Volumen des Dienstes zu entscheiden hatten, häufig an den elementaren Kenntnissen über die Möglichkeiten des Dienstes.

# 8. KAPITEL

# Die Mitarbeiter im Dienst

In diesem Buch ist viel über die Mitarbeiter des Dienstes zu lesen. Ihre oft unter schwierigsten Umständen erzielten Leistungen, ihre Erfolge gebührend hervorzuheben, ist eines meiner besonderen Anliegen.

In ihrer Gesamtheit erscheinen mir jedoch alle damit zusammenhängenden Fragen so wichtig, daß sie in einem eigenen Kapitel behandelt werden sollen. Denn was könnte die Bedeutung der Mitarbeiter im Dienst besser umreißen als jener Satz, der Feststellung und Forderung zugleich einschließt: »Jeder Nachrichtendienst ist so gut wie seine Mitarbeiter«, oder etwas ausführlicher: »Jeder Dienst ist so gut wie die Menschen, die in ihm arbeiten, die ihn tragen und prägen.«

Es ist das Bild des »Spions«, mit dem die Mitarbeiter eines Nachrichtendienstes, insonderheit auch die Angehörigen unseres Dienstes, noch immer weitgehend identifiziert werden. Es ist und bleibt dabei vor allem erstaunlich, daß nicht nur der eifrige Kinobesucher und Leser reißerischer Spionageromane an diesem Klischee wie selbstverständlich festhält, sondern daß auch urteilsfähige Menschen sich von derartigen ganz und gar unzutreffenden Vorstellungen oft nicht freimachen können.

Natürlich ist der Einfluß der erwähnten Filme, gleichartiger Fernsehproduktionen und Spionageromane auf die Öffentlichkeit nicht zu verkennen und zu unterschätzen. Von den James-Bond-Filmen bis zum »Spion, der aus der Kälte kam« läßt die Fülle der Sensationen ein Gemisch von Horror, Brutalität, Nervenkitzel und anderen Effekten entstehen, aus dem die Einstellung nahezu folgerichtig und zwangsläufig zu erwachsen scheint. Nur wenige Filme und Bücher, die freilich auch nur einen sehr begrenzten Leserkreis ansprechen, heben sich von diesem geringen Niveau ab. Unter den Filmen dieser Gattung war es in erster Linie der »Canaris«-Film mit O. E. Hasse in der Titelrolle, der, in Inhalt, Aussage und Darstellung überzeugend und wirklichkeitsnah, besondere Beachtung verdiente.

Der Agent, der mit doppelbödigem Koffer, schallgedämpfter Pistole und kosmetischen Utensilien den »Superspion« darzustellen hat, gehört jedenfalls in das filmische und romanhafte Fabelreich, in das immer wieder auch attraktive Agentinnen einbezogen wurden.

Dagegen sind Geheimtinten, tote Briefkästen, Abhörmikrophone und andere technische Hilfsmittel, die zu den selbstverständlichen Bestandteilen der Spionagefilme gehören, in Wirklichkeit Handwerkszeuge, auf die kein Dienst beim Einsatz »echter« Agenten verzichten kann; es sind Hilfsmittel für die eigentliche Arbeit.
Die in der Öffentlichkeit bestehenden und fortgesetzt neubelebten Vorstellungen erfahren eine gefährliche Ergänzung, die oft fälschlich als Bestätigung gewertet wird, durch »Dokumentationen«, Memoiren und die sogenannte »Enthüllungsliteratur«. Derartige Veröffentlichungen sind meist dazu bestimmt, eine augenblickliche zweckbestimmte Wirkung zu erzielen. Vor allem die »Memoiren« berühmter Spione aus den letzten Jahren sind mit Vorsicht aufzunehmen. Ich erinnere in diesem Zusammenhang an die Lonsdale-Papers, die vom sowjetischen KGB in kürzester Frist herausgebracht wurden, nachdem die Sowjets von der Absicht der Amerikaner erfahren hatten, die Aufzeichnungen Penkowskys zu veröffentlichen. Es bedarf kaum der Feststellung, daß derart manipulierte Publikationen nicht geeignet sind, der Erforschung historischer Wahrheiten zu dienen.
Dies gilt in noch stärkerem Maße für alle Bücher und Broschüren, die im kommunistischen Machtbereich entstanden sind und sich mit den westlichen Nachrichtendiensten befassen. Aus bestimmten Gründen kann ich auf diesen Punkt nicht näher eingehen; es ist aber festzustellen, daß selten so konzentrierte Verzerrungen und Lügen produziert wurden wie in dieser sowjetischen Propaganda. Ich habe schon zum Ausdruck gebracht, daß mit solchen Propagandabüchern über Jahre hinweg der Zweck verfolgt wurde, den Dienst systematisch zu diffamieren, ihn unglaubwürdig zu machen und damit seine Übernahme durch die Bundesregierung zu verhindern. Um so unverständlicher ist, daß von Presseorganen der BRD, zuletzt auch in der Serie eines Nachrichtenmagazins, ganze Passagen aus diesen Pamphleten fast wortgetreu übernommen wurden – einschließlich falscher Bilder.
Angebliche Dokumentationen wie »Die graue Hand«, »Nicht länger geheim« und »Wer ist wer in CIA«, für die Julius Mader in Ost-Berlin verantwortlich zeichnet, sind typische Produkte aus dieser Kategorie tendenziöser und in vielen Fällen nachweisbar falscher Veröffentlichungen. Es lohnt sich nicht, sich mit diesen »Dokumentationen« weiter auseinanderzusetzen. Wenn ich es trotzdem in einem Falle tue, der nicht den Dienst betrifft, dann deshalb, weil hier das ganze Ausmaß einer vielfachen Fälschung auch für den Nichtfachmann offenkundig ist: In »Wer ist wer in CIA« werden fast alle Angehörigen des diplomatischen Dienstes der USA namentlich angeführt und

kurzerhand als »CIA-Angehörige« bezeichnet. Wenn dann bei näherer Durchsicht klar wird, daß, mit wenigen Ausnahmen ohnehin bekannter leitender Beamter z. B. in der Zentrale des CIA, die tatsächlichen Mitarbeiter nicht genannt werden, erkennt man den Sinn dieser Publikation. Als Hauptzweck dieses »Mach«werkes wird die Absicht deutlich, die Repräsentanten des auswärtigen Dienstes der USA in allen Ländern der Wrlt als CIA-Mitarbeiter abzustemplen und damit den diplomatischen Dienst in seiner Gesamtheit zu diskreditieren.

Wenn wir von Mitarbeitern sprechen, dann gehören dazu die festangestellten, die hauptamtlichen Angehörigen des Dienstes, die im In- und Ausland eingesetzt sind, und die große Zahl der Vertrauensleute und Agenten, die im Ausland für den Dienst arbeiten. Dieser letztere Bereich ist so vielfältig und individuell bestimmt, so stark den jeweiligen örtlichen Gegebenheiten und Einsatzerfordernissen und natürlich auch dem Wechsel unterworfen, er umfaßt so viele Informanten und »Quellen« in allen Bereichen und Ebenen, daß jeder Versuch einer kurzen, auf Vereinheitlichung ausgerichteten Zusammenfassung von vornherein lückenhaft bleiben muß. Nichts wäre zudem verfehlter, als gerade diese Mitarbeiter im Ausland, deren Motive für eine Mitarbeit noch dazu unterschiedlichster Art sind, in ein Schema pressen zu wollen. Daß gerade sie, die oft das größte Risiko auf sich nehmen müssen, in meinem Buch dennoch nicht zu kurz kommen, dafür sorgen die häufigen Beispiele und Hinweise auf unsere Auslandsverbindungen, denen der Dienst viele Erfolge verdankt.

So muß es für diesen Teil der Mitarbeiter bei einigen wenigen Bemerkungen bleiben. Galt in den Anfangsjahren der »Organisation« der Grundsatz, daß nur mit Vertrauensleuten im gegnerischen Machtbereich gearbeitet wurde, die sich aus freien Stücken, aus Idealismus, bereit erklärten, ihren Anteil an der Bekämpfung des Kommunismus und der östlichen totalitären Regime zu leisten, so änderten sich diese Motive im Laufe der Jahre. Vor allem die allseits bekannten und vielfach beschriebenen Entwicklungen in der »DDR« verringerten die Zahl derer, die sich zum Einsatz für den freien Westen zur Verfügung stellten. Mit der Ausweitung der Aufgaben des Dienstes traten neben die V-Leute, deren Einsatzbereitschaft und Opfermut in den 40er und 50er Jahren nicht zu übertreffen waren, auch bezahlte Agenten, wurden vermehrt Ausländer der verschiedensten Nationalitäten neben Deutschen tätig. Es ist außerdem sicher richtig, daß in den 60er Jahren auch bei V-Leuten, die vorwiegend aus ideellen Gründen arbeiteten, die materielle Seite eine zunehmend größere Rolle spielte. Dies alles führte zu einer gewissen Umschichtung unserer Auslandsverbindungen.

Ein Nachrichtendienst benötigt jedoch nicht nur v-Leute und Agenten im Ausland, er ist auch auf die Unterstützung von Verbindungsleuten im Inland angewiesen, die sich, in welcher Position auch immer, als freiwillige Helfer zur Verfügung stellen. Ich habe stets den Standpunkt vertreten, daß ihre Zahl gar nicht groß genug sein kann, wobei mir das angelsächsische Beispiel als nachahmenswert, wenn auch in unserem Lande wohl unerreichbar vorschwebte. In England und in den angelsächsischen Ländern überhaupt ist es selbstverständlich, daß viele und angesehene Persönlichkeiten Erkenntnisse, die ihnen zugänglich sind oder die sie zufällig gewinnen, an den Nachrichtendienst zum Nutzen ihres Landes weiterleiten. Die Franzosen haben für diese Persönlichkeiten, die wir ganz schlicht »Sonderverbindungen« genannt haben, die Bezeichnung »honorables correspondents« geprägt. Sie weist, so meine ich, die verdienstvolle Tätigkeit dieser freien Mitarbeiter als eine zugleich ehrenvolle aus.
Mein Bestreben, den Dienst außer auf die Nachrichtengewinnung mit v-Leuten in möglichst breiter Form auf solche Persönlichkeiten aus allen Bereichen des öffentlichen Lebens abzustützen, wobei im allgemeinen kein anderes Verhältnis zum Dienst besteht als eine Verbindung auf Treu und Glauben, ist gelegentlich, bewußt oder unbewußt, in Richtung auf ein innenpolitisches Interesse mißdeutet worden. Daß diese Auffassung unbegründet ist, brauche ich nicht zu betonen. Jeder Nachrichtendienst hat Sonderverbindungen und *muß* sie haben, um alle Möglichkeiten der Erkenntnisgewinnung auszuschöpfen.
Wenn es heute in der Presse heißt, der Dienst müsse »transparent« gemacht werden, ja er sei es unter neuer Konzeption schon geworden, dann erscheint mir eine Klarstellung notwendig: Ich habe mich immer um Freunde und Förderer für den Dienst bemüht, vor allem auch aus dem journalistischen Bereich; ich habe aber auch dem Einblick in die Organisation und die Arbeitsweise des Dienstes dort Grenzen gesetzt, wo mir eine »Durchleuchtung« nicht vertretbar und gefährlich schien. Der geheime Auslandsnachrichtendienst soll und darf keinen Platz im Blickfeld der Öffentlichkeit haben, mit Ausnahme einiger vernünftig gesteuerter »Public-Relations«-Maßnahmen (= Öffentlichkeitsarbeit). Deshalb habe ich auch den Fernsehfilm im Jahre 1964 über den Dienst gefördert. Ein »transparenter Geheimdienst« indes trägt den Widerspruch in sich selbst.
Inzwischen ist der Begriff der »Transparenz«, wir können es hören und lesen, auch im Zusammenhang mit dem hauptamtlichen Personal des Dienstes in die Diskussion geraten. Es heißt, daß übertriebene Sicherheitsbedenken und -vorkehrungen aus der Vergangenheit abgebaut und bei einzelnen Dienstverrichtungen selbst vermehrt

Bestimmungen übernommen werden sollen, die den Mitarbeiter des Dienstes in immer stärkerem Maße dem Beamten, Offizier und Angestellten anderer Bundes- und Landesbehörden angleichen. Daß die Forderung einer »Transparenz« auf den Auslandsnachrichtendienst nicht angewendet werden kann, ohne daß Leistungsfähigkeit und Sicherheit des Dienstes ernstlich in Frage gestellt werden, ist jedem Fachmann klar. Der englische Dienst ist auch nur deshalb der leistungsfähigste Dienst der westlichen Welt, weil er vom allgemeinen Vertrauen des englischen Volkes getragen wird, ohne daß de jure irgend jemand Einblick hat, außer dem Premierminister.

Ich habe in meiner Darstellung über die Entwicklung der »Organisation« schon geschildert, unter welchen Bedingungen wir in den Anfangsjahren Mitarbeiter des Stammpersonals gewinnen mußten. Damals wurde selbstverständlich zwar auch nach der allgemeinen Vorbildung eines zukünftigen Mitarbeiters gefragt, jedoch besonders seine nachrichtendienstliche Eignung überprüft und vor allem festgestellt, ob er über Kenntnisse und Erfahrungen über den aufzuklärenden kommunistischen Machtbereich in Osteuropa verfügte. Diese Fragen bildeten neben den Kriterien der Sicherheit und der politischen Unbedenklichkeit die wesentlichen Beurteilungsmerkmale, ob eine Zugehörigkeit zum Dienst erwünscht und vertretbar war. Die politische Unbedenklichkeit ergab sich aus den Ergebnissen der Sicherheitsüberprüfung, bei der in jedem Fall die politische Vergangenheit des einzelnen einbezogen wurde. Das Entnazifizierungsverfahren allein konnte bei allen derartigen Überprüfungen nur sehr bedingt berücksichtigt werden, nachdem sich alsbald offenkundige Mängel und Lücken herausgestellt hatten. Als Beispiel sei an das Entnazifizierungsverfahren gegen die in der »Organisation« zahlreich vertretene Gruppe der ehemaligen Generalstabsoffiziere, von denen keiner jemals der NSDAP angehört hatte, erinnert, die ausnahmslos nach Gruppe I und Gruppe II (als Angehörige des Ministeriums und höchster Wehrmachtsstäbe) angeklagt wurden. Manche von ihnen mußten schwere Nachteile und Belastungen auf sich nehmen, ehe sie als »nicht belastet« oder »vom Gesetz nicht betroffen« entnazifiziert wurden.

Die außerordentliche Bedeutung der Sicherheitsfrage gerade bei Neueinstellungen veranlaßt mich noch zu einigen weiteren Bemerkungen. Richtig durchgeführt, wird die Sicherheitsüberprüfung schon vor der Einstellung des Mitarbeiters alle Gefährdungen erkennen lassen, die den Mitarbeiter selbst, seine Familie und den Dienst bedrohen. Gelingt es nicht, sie auszuschalten oder wenigstens auf ein Mindestmaß zu verringern, wird auch auf solche Bewerber verzichtet werden müssen, die sonst alle Voraussetzungen mitbringen, ja unter Umständen besonders qualifiziert sind.

Einer meiner Grundsätze, an denen ich hartnäckig festgehalten habe, war, keine Mitarbeiter einzustellen, die erst vor kurzem aus dem kommunistischen Machtbereich in die Bundesrepublik gekommen waren. In den fünfziger und sechziger Jahren bis zur Errichtung der Mauer betrafen meine diesbezüglichen Anordnungen natürlich in erster Linie Flüchtlinge aus der SBZ, der heutigen »DDR«. Vor allem bei sogenannten »Selbstbewerbern«, die grundsätzlich abgelehnt wurden, bestand, besonders wenn sie von drüben kamen, die Gefahr, daß sie vor ihrem Überwechseln in die BRD Ausspähungsaufträge vom gegnerischen Nachrichtendienst erhalten hatten. In bestimmten Fällen lag der Verdacht nahe, daß einzelne Personen nach einer Eingewöhnungszeit in der BRD vom gegnerischen Nachrichtendienst unter Ausnutzung noch bestehender persönlicher Verbindungen angegangen, erpreßt und schließlich gegen den Dienst angesetzt werden sollten.

Aus den gleichen Gründen waren wir mit wenigen Ausnahmen zurückhaltend bei der Aufnahme von ehemaligen Kriegsgefangenen, die aus der Sowjetunion und aus anderen östlichen Ländern heimgekehrt waren. So sehr ich mich in vielen Fällen persönlich bemüht habe, ihr schweres Schicksal zu lindern, es bestätigte sich immer wieder, daß der sowjetische Geheimdienst in zahlreichen Fällen versucht hatte, Kriegsgefangene kurz vor ihrer Entlassung durch Drohungen, man werde sie noch länger zurückhalten, oder durch Versprechungen für eine nachrichtendienstliche Tätigkeit in der Bundesrepublik zu gewinnen. Es spricht für die Charakterstärke und Vaterlandsliebe der unter Druck gesetzten Offiziere, daß die allermeisten in der einzig möglichen Weise reagiert und die Vorfälle nach ihrer Rückkehr den zuständigen deutschen Stellen gemeldet haben.

Auch für Selbstbewerber aus der Bundesrepublik und dem westlichen Ausland habe ich mir in allen Fällen die persönliche Entscheidung vorbehalten.

Abgesehen von der Unmöglichkeit einer offenen Werbung waren es in erster Linie Sicherheitsüberlegungen, die mich veranlaßten, in die »Organisation« immer wieder Mitarbeiter einzustellen, die von Angehörigen des Dienstes empfohlen worden waren. Rückblickend stehe ich auf dem Standpunkt, daß sich dieses Verfahren, für das es im übrigen keine Alternative gab, bewährt hat. Der Dienst konnte sich bei seinen Überprüfungen auf bestimmte Grundkenntnisse stützen. Gerade auch verwandtschaftliche Beziehungen boten unter den damals bestehenden Verhältnissen eine gewisse Gewähr für die

Geschlossenheit der »Organisation«, auf die es doch in erster Linie ankam. Von allen möglichen Seiten ist aus diesen zwangsläufigen, für die frühere Entwicklung des Dienstes förderlichen Einstellungen auf Grund von Empfehlungen aus dem Mitarbeiterkreis der Vorwurf des »Nepotismus« erhoben worden. Ich nehme ihn gern in Kauf, zumal damit die vollständige Unkenntnis der damaligen Zustände bewiesen wird. Eine »Vetternwirtschaft« im Dienst war vor allem dadurch ausgeschlossen, daß der Einstellungsvorgang für alle Personen gleichmäßig von mehreren Stellen des Dienstes, wenn der Betreffende nicht abgelehnt wurde, aus ihrem Aufgabenbereich heraus vorgenommen wurde. Der eingestellte Mitarbeiter mußte sich dann wie jeder andere bewähren und seinen weiteren dienstlichen Weg durch seine Leistung selbst bestimmen.

Sobald sich die Möglichkeit bot, habe ich versucht, über Persönlichkeiten des öffentlichen Lebens neue Mitarbeiter, insbesondere geeignete Nachwuchskräfte für den höheren Dienst, zu gewinnen. Aus zunächst sporadischen Hinweisen entwickelte sich daraus bis zum Ende meiner Amtszeit eine rege und wertvolle Hilfeleistung, die – wie könnte es anders sein – gleichfalls auf Kritik in der Öffentlichkeit gestoßen ist. Wie sich indessen diese Kritiker eine gezielte Werbung für den Dienst vorstellen – vielleicht über Arbeitsämter oder durch Aufgabe von Annoncen? –, haben sie bisher nicht gesagt. Ich halte daher an der Überzeugung fest, daß der Dienst, wie übrigens die meisten befreundeten Nachrichtendienste, im Bereich des öffentlichen Lebens, in erster Linie an den Universitäten, über »Vertrauenspersonen« verfügen muß, die laufend Hinweise auf Personen geben, die sich als Nachwuchskräfte für den Dienst eignen könnten.

Während meiner Amtszeit haben einige hervorragende Persönlichkeiten, darunter vor allem der verstorbene Professor Bergstraesser, auf diesem Gebiet besonderes Verständnis gezeigt und große Hilfsbereitschaft erwiesen. Ihnen war klar, daß die für unser Land lebensnotwendige Aufklärung des Dienstes unter den sich ständig verändernden Verhältnissen nur von Mitarbeitern geleistet werden kann, bei denen Vorbildung und Eignung die Qualität bestimmen.

Für die Auswahl neuer Mitarbeiter des höheren Dienstes, aus denen sich das Führungspersonal bilden und ergänzen soll, gelten folgende Festpunkte:

- Der Dienst setzt sich aus Beamten, Soldaten, Angestellten und Arbeitern zusammen. Dies wird und muß so bleiben, solange die – nach meiner Überzeugung unverzichtbare – Integration der militärischen Beschaffung, Bearbeitung und Auswertung in den Gesamtdienst besteht.

- Während die Soldaten im Dienst in einem laufenden Austauschverfahren mit dem Bundesministerium der Verteidigung ergänzt werden können, stellt sich das Nachwuchsproblem für den zivilen Bereich (Beamte und Angestellte) in unverminderter Dringlichkeit.
- Für die Ergänzung der Beamten und Angestellten kommen, soweit ich das beurteilen kann, auch zukünftig Amtshilfen von anderen Behörden nur in sehr beschränktem Umfange in Frage.

Daraus ergibt sich, daß der Dienst auch in der Zukunft den größten Wert darauf legen muß, durch eigene Maßnahmen qualifizierte Kräfte aus dem zivilen, in erster Linie aus dem akademischen Bereich als Nachwuchskräfte zu gewinnen. Diese zivilen Mitarbeiter des höheren Dienstes werden nur zu einem kleineren Teil als Verwaltungsbeamte (mit juristischer Ausbildung), zu einem anderen in der technischen Abteilung des Dienstes benötigt. Daß in diesen Fällen ganz bestimmte Spezialkenntnisse als Voraussetzung für eine Einstellung in den Dienst vorhanden sein müssen, bedarf keiner weiteren Begründung.

Mir geht es in meiner Abhandlung in erster Linie um neue Mitarbeiter des Dienstes, die in der Nachrichtenbeschaffung und in der Auswertung verwendet werden sollen. Was von diesen Mitarbeitern erwartet werden muß, läßt sich nicht auf eine einfache Formel bringen. Die Vielgestaltigkeit der nachrichtendienstlichen Arbeit, in der Zentrale sowie in den Führungs- und Verbindungsstellen im In- und Ausland, bedingt einen ebenso vielseitigen Einsatz der Träger dieser Arbeit, der Mitarbeiter. So sehr im Interesse der Laufbahn des einzelnen wie auch zum Nutzen des gesamten Dienstes eine »Konvertierbarkeit« angestrebt werden sollte, Arbeitsplätze für besondere Spezialisten werden immer erforderlich und offen sein.

Dies ergibt sich ganz einfach aus der Tatsache, daß der geheime Meldedienst niemals in der Lage sein wird, die Gesamtheit der gegnerischen Absichten über einen längeren Zeitraum lückenlos zu erkunden. Initiative und Schwung, Energie und Zähigkeit, schöpferisches Planen und geschickter Einsatz, Improvisation und Phantasie werden, neben fachlichem Können, dem Nachrichtenbeschaffer zum Erfolg verhelfen. Geheime Informationen können nicht nur Akzente auf ein schon vorhandenes Lagebild setzen, sie können es bestätigen, modifizieren und im extremen Fall – aber das wird die große Ausnahme bleiben – auch von Grund auf verändern.

Nur wenn es gelingt, geheime Informationen in Form von Dokumenten zu erfassen, oder durch die technische Aufklärung zu gewinnen, treten jene Fragen in den Hintergrund, die sich vor allem bei der Beschaffung von Nachrichten, die Aussagen über Absichten enthalten, in jedem Falle stellen. Dies gilt insbesondere für das weite Feld der Politik, auf dem gemeldete Absichten, abhängig von vielen, oft nicht vorauszusehenden Entwicklungen, verwirklicht werden können, aber nicht verwirklicht werden müssen. Die Fragen nach der Echtheit der Information und nach der Möglichkeit der Quelle, eine derartige Information überhaupt zu gewinnen, rücken in den Vordergrund. Meldungen politischen Gehalts können für die militärische Entwicklung in einem bestimmten Raum interessant sein und umgekehrt. Politische Nachrichten können von militärischen Meldungen bestätigt und ergänzt werden, militärische Informationen durch zusätzliche Erkenntnisse auf dem politischen Gebiet erst ihre volle Bedeutung erhalten. Hier ließen sich zahlreiche Beispiele anführen; eines mag für viele stehen: Kurz vor meinem Ausscheiden spielte im Zusammenhang mit der Entwicklung in der Tschechoslowakei die Frage eine entscheidende Rolle, ob die politische Lage zur Durchführung vorbereiteter sowjetischer militärischer Drohmaßnahmen führen werde. Meine Mitarbeiter haben sie damals einhellig und ohne Einschränkung bejaht – ich komme im nächsten Kapitel noch darauf zurück.

Diese wenigen Hinweise sollen aufzeigen, daß ein Nachrichtendienst nicht nur in der Lage sein muß, geheime Informationen zu beschaffen. Er benötigt vielmehr ein umfangreiches Basiswissen, um die gewonnenen Informationen einordnen und in der richtigen Weise auswerten zu können. Das bedeutet, daß der Auswertung des Dienstes auch alle wesentlichen offenen Informationen, wo immer sie anfallen, zur Verfügung stehen und von ihr zusammen mit den geheimdienstlichen Ergebnissen zu einem Lagebild zusammengefügt werden müssen. Mit meinen ausländischen Freunden, vor allem den amerikanischen Partnern, habe ich stets in Übereinstimmung die Auffassung vertreten, daß nur eine systematische und fachgerechte Auswertung des gesamten offenen und geheimen Materials die Grundlage für eine kontinuierlich festgelegte, stets präsente Lagebeurteilung durch den Nachrichtendienst sein kann.

Meine Konzeption einer solchen alle Aufklärungsbereiche umfassenden Nachrichtenbeschaffung im Ausland und eine entsprechende Auswertung, im Sinne meiner Auffassung, erfordert deshalb, und damit spreche ich wieder die personelle Seite an, Spezialisten auf allen Gebieten.

Es gibt kaum einen Bereich modernen Wissens, der im Dienst nicht benötigt wurde und wird. Der wissenschaftlich ausgebildete Mitarbeiter ist jedenfalls, gleichgültig ob er aus dem Bereich der Gesellschafts-, Geistes- oder Naturwissenschaften stammt, für einen effektiven Dienst unentbehrlich. Daß der wissenschaftlich geschulte Mitar-

beiter bei aller Nüchternheit und Präzision, die eine systematische Auswertung von Nachrichten verlangt, nicht am Schreibtisch erstarren soll, habe ich immer gefordert. Im engen Zusammenwirken mit den korrespondierenden Stellen in der Nachrichtenbeschaffung sollte er seine Aufgabe vielmehr im lebendigen Gedankenaustausch und in der Anregung sehen. Nur wenn der nachrichtendienstliche Auswerter sich nicht in erster Linie als Sammelstelle mit Blickrichtung auf die Empfänger in Bonn versteht und fühlt, kann es zu einer optimalen Zusammenarbeit zwischen den beiden großen Teilen des Dienstes, der Nachrichtenbeschaffung und der Auswertung, kommen.
Seine Kenntnisse bedürfen von Zeit zu Zeit, etwa alle 5 Jahre, der Auffrischung und Erweiterung durch einen kurzen Hochschulbesuch, damit er auf seinem Wissenschaftszweig stets auf dem neuesten Stand bleibt.
Ebenso wie die leitenden Mitarbeiter der Nachrichtenbeschaffung tragen auch die leitenden Angehörigen der Auswertung große Verantwortung. Ist es im Bereich der Nachrichtengewinnung die stete Sorge um die anvertrauten Menschen, die oft unter schweren Einsatzbedingungen im Ausland arbeiten, so steht über jeder auswertenden Tätigkeit die unverzichtbare Forderung nach Objektivität. Es gehört zu den ungeschriebenen Gesetzen des Nachrichtendienstes, daß kein Mitarbeiter, auch nicht der Chef, die Entschlußfassung der Regierung beeinflussen darf. Dies verlangt die Bereitschaft und die Fähigkeit, sich selbst, seine eigene Meinung zurückzustellen. Andererseits verlangt eine solche Einstellung und Haltung aber auch jenes Maß an Zivilcourage, das vorhanden sein muß, um Informationen und Arbeitsergebnisse gegenüber der Regierung auch dann mit Nachdruck zu vertreten, wenn sie ihr unbequem sind. Jeder muß dies wissen, bevor er sich für eine berufliche Tätigkeit entscheidet, die ebenso entsagungsvoll wie faszinierend sein kann.

In den Jahren nach meinem Ausscheiden ist auch über eine notwendige Verjüngung im Dienst, insbesondere in seinen leitenden Positionen, geschrieben worden. Es bedurfte dieser Hinweise in der Öffentlichkeit nicht: Zu jeder Zeit habe ich – in selbstverständlicher und verantwortungsbewußter Vorsorge für zukünftige Entwicklungen – hochqualifizierten jüngeren Mitarbeitern jede Chance zum Weiterkommen gegeben. Eine Einschränkung muß ich freilich machen; sie sollte auch denen, die – sicherlich zumeist aus Unkenntnis – nach der Verjüngung rufen, zu denken geben: Im Nachrichtendienst geht es nicht ohne ein gerüttelt Maß an Erfahrung. »Senkrechtstarter«, die es in der Politik gelegentlich geben mag, sind im Nachrichtendienst sehr selten. Leitende Mitarbeiter, die, aus welchen Gründen auch immer, verantwortliche Positionen mit mangelhaften Vorkenntnissen und fehlenden Erfahrungen übernehmen müssen, stellen ein nicht zu unterschätzendes Risiko dar. Zweifellos gibt es berufliche Entwicklungen, z. B. auch in der Bundeswehr, die einen häufigen Wechsel in bestimmten Dienststellungen wünschenswert erscheinen lassen. Es gibt darüber hinaus in den verschiedensten Behörden Tätigkeiten, bei deren Wahrnehmung sich Ältere schnell abnutzen und Jüngere fortgesetzt nachrücken müssen.

Für den Auslandsnachrichtendienst können derartige Regelungen nicht übernommen werden. Hier kann es vielmehr durchaus geboten sein, besonders spezialisierte und vielbewährte Mitarbeiter über die festgelegte Altersgrenze hinaus zu beschäftigen, wenn damit ein besonderer Nutzen erreicht wird. Ich denke hier z. B. an ältere Mitarbeiter, die die östlichen Aufklärungsgebiete des Dienstes noch aus eigener Anschauung kennen und die Landessprachen beherrschen. Als Beispiel möchte ich anführen: Zwei im Ostraum arbeitende, inzwischen verstorbene Mitarbeiter haben ihre erfolgreichste Arbeit geleistet, nachdem sie bereits das 70. Lebensjahr überschritten hatten.

Ebenso wie auch der Arzt durch eine lange Praxis nur an Erfahrung und damit an Erfolg in der Behandlung seiner Patienten gewinnen kann, wird in vielen Fällen auch der leitende Mitarbeiter des Nachrichtendienstes erst nach Jahren intensiver Tätigkeit über Erfahrungen verfügen, auf die kein Dienst verzichten kann. Mit der Erfahrung hängt oft die Fähigkeit zur Menschenführung eng zusammen. Sie wirkt sich entscheidend für den Bereich der Nachrichtenbeschaffung aus; hier kommt es in erster Linie darauf an, durch Vorbild und Fürsorge den anvertrauten Menschen das Gefühl der Sicherheit zu geben und sie zugleich zu fortgesetzten Leistungssteigerungen zu veranlassen. Menschenführung ist in gleicher Weise wichtig für den Bereich der Auswertung, deren häufig ebenso hochwertige wie sensible Glieder mit Takt und Geduld zu echter Gemeinschaftsarbeit zusammengefügt werden müssen.

Mit Befehlen allein ist hier wenig getan. Die Anwendung rein militärischer Führungsmethoden ist unangebracht – ein auch in der Presse erörterter Fall eines westlichen Nachrichtendienstes gibt Veranlassung, hiervor zu warnen. Hier wurde ein hochverdienter Offizier zum Leiter des Dienstes berufen; er scheiterte schon nach kurzer Zeit, weil er den Dienst mit militärischen Methoden zu führen versuchte. Es kommt vielmehr darauf an, nachrichtendienstliche Richtlinien und Weisungen so zu erteilen, daß die zur Ausführung heran-

gezogenen Mitarbeiter nicht nur den Führungswillen verspüren, sondern auch den Sinn und nachrichtendienstlichen Zweck des Auftrages verstehen.
Ich glaube, Veranlassung zu haben, einige selbstverständliche anmutende Grundsätze der Menschenführung in diesem Zusammenhang besonders zu betonen. Es gehörte zu meinen Prinzipien, meinen leitenden Mitarbeitern ausreichenden Spielraum für die Durchführung ihrer Aufgaben zu lassen; sie haben es mir mit Leistung und Loyalität gedankt.
Wenn ich bisher nur von »Mitarbeitern« geschrieben habe, so könnte das die in der Öffentlichkeit verbreitete Meinung unterstreichen, daß Frauen nur bedingt für eine Mitarbeit in wichtigen nachrichtendienstlichen Positionen geeignet seien. Dieser Ansicht bin ich stets mit aller Entschiedenheit entgegengetreten. Auch hier ist das Bild in der Öffentlichkeit durch sensationell aufgemachte Bücher und Filme um die »großen Spioninnen« der Kriegsjahre – Mata Hari, »Mademoiselle Docteur«, »Die Katze« und andere – verzerrt. Einige Spionagefälle der 60er Jahre, in denen Agentinnen für östliche Nachrichtendienste vor allem im Bereich der Bonner Ministerien Spionageaufträge ausgeführt haben, wurden gleichfalls begierig von der Presse aufgegriffen und in die bestehenden Vorstellungen eingefügt.
Demgegenüber stelle ich auf Grund meiner langjährigen Erfahrung fest, daß viele Frauen in den verschiedensten Funktionen des Dienstes, in der Zentrale und im Außenbereich, sich ausgezeichnet bewährt haben. Auch bei ihrer Verwendung habe ich angestrebt, daß ausschließlich die nachrichtendienstliche Leistung, nicht aber das Geschlecht, bei der Besetzung von Dienstposten entscheiden sollte. Ich erinnere mich mit Anerkennung vieler Frauen im Dienst, die das ihnen eigene Einfühlungsvermögen mit großer Einsatzbereitschaft verbinden konnten.
Ich habe meine Forderungen an die leitenden Mitarbeiter des Dienstes auch in dieser Darstellung bewußt hochgeschraubt. Mag man mir nun vorwerfen, ich sei einer »Idealvorstellung« erlegen, es ist nach meiner Überzeugung unabdingbar, daß der nachrichtendienstliche Führer umfangreiche Fachkenntnisse, langjährige Erfahrungen und alle erwähnten Führungsqualitäten in sich vereinigt. Was ich von den leitenden Mitarbeitern verlangt habe, galt und gilt für mich zugleich und selbstverständlich auch als Anforderung an den Chef eines Nachrichtendienstes.
In den 26 Jahren meiner nachrichtendienstlichen Tätigkeit habe ich viele meiner »Kollegen« kennengelernt und in mehreren Fällen enge persönliche Verbindungen unterhalten. Admiral Canaris und mein

Freund Allan Dulles, der 1969 starb, waren wohl die hervorragendsten unter ihnen. Aber auch andere Partner, die noch leben und die ich daher nicht namentlich erwähnen will, kamen dem Vorbild dieser beiden Persönlichkeiten nahe. Fast alle Chefs der verschiedenen Dienste zeichneten sich durch eine jahrzehntelange Erfahrung im Nachrichtendienst und eine umfassende Allgemeinbildung aus. Sie waren fast ausnahmslos so sicher und souverän in ihrer Lagebeurteilung, vor allem auch auf außenpolitischem Gebiet, daß sie mancher Diplomat um ihre Fähigkeit zur Synopse hätte beneiden können und wohl auch beneidet hat. In sich ruhend und ausgewogen, verstanden es meine Kollegen, deren Warmherzigkeit ich zu schätzen wußte, durch eine vorausschauende und planende Führung das Vertrauen ihrer Mitarbeiter zu erwerben und durch viele Fährnisse zu erhalten.
Der Chef eines Nachrichtendienstes sollte, ganz abgesehen von seinem politischen Einfühlungsvermögen, allein kraft seiner Persönlichkeit durch besondere Facherfahrung und Begabung auf seine Mitarbeiter wirken. Er entscheidet innerhalb des Dienstes in letzter Instanz, ob und welche der zahlreichen Meldungen und sonstigen Informationen der Weitergabe an die Regierungsstellen wert sind. Der Chef eines Nachrichtendienstes trägt damit die Verantwortung für das Gemeldete ebenso wie für das Nichtgemeldete. Sein auf der Arbeit seiner Mitarbeiter basierendes Urteil kann einen wesentlichen Beitrag für die Entschlußfassung der Regierung liefern. Diese Verantwortung setzt natürlich unumschränktes Vertrauen der Regierung in die Loyalität und die Fähigkeiten ihres obersten ND-Leiters und seiner Organisation voraus. Sie bedingt aber auch, daß dem Chef eines Nachrichtendienstes auf seinem Fachgebiet ein Höchstmaß an Freiheit des Handelns unter der selbstverständlichen Voraussetzung gegeben wird, daß er die ihm zugebilligte Ermessensfreiheit nicht überschreitet. Ich bekenne dankbar, daß mir diese Freiheit stets gegeben wurde. Zeitweilige Verstimmungen Dr. Adenauers, die sich – unberechtigt – aus der »Spiegel«-Affäre ergeben hatten, konnten rasch beseitigt werden.
Die Tatsache, daß die Stellung des Leiters des Auslandsnachrichtendienstes zu den wichtigsten und verantwortungsvollsten im Staate gehört, darf keinesfalls dazu führen, diesen Amtschef nach parteipolitischen, also innenpolitischen, Gesichtspunkten auszuwählen. Der Nachrichtendienst muß von allen staatsbejahenden Parteien und allen die Gesellschaft bildenden positiven Kräften getragen werden. Dies bedeutet, daß für die Stellenbesetzungen an der Spitze des Dienstes nur fachliche Gesichtspunkte, nicht parteipolitische oder taktische Überlegungen und Entscheidungen ausschlaggebend sein sollten.

Alle Führungseigenschaften, die ich beim leitenden Mitarbeiter des Dienstes voraussetze, muß also auch der Leiter des Dienstes selbst besitzen. Auch für ihn, ebenso wie für seinen ständigen Vertreter, gilt, daß er auf der Basis des von ihm ausgestrahlten Vertrauens die ihm überantwortete Organisation steuern muß. Auftragstaktik und Delegierung der Verantwortlichkeit, ohne die Zügel schleifen zu lassen, und eine sorgfältige, durch den Chef persönlich gesteuerte Personalpolitik sind die methodischen Grundlagen, mit deren Hilfe der Chef den Kopf für das Wesentliche frei behält und sich seinen wichtigsten Aufgaben widmen kann. Gerade vom Chef des Nachrichtendienstes wird umfassendes Wissen, Vertrautheit mit allen Gebieten des Dienstes, Freude und Aufgeschlossenheit für technische und wissenschaftliche Fragen sowie Beherrschung der verwaltungstechnischen und personalpolitischen Bestimmungen und Notwendigkeiten erwartet. Er soll, last not least, außerdem auch ein Herz für alle Fragen der Betreuung, einschließlich der der ärztlichen und psychotherapeutischen Vorsorge, die bei den Belastungen dieses Berufes eine erhebliche Rolle spielen, besitzen. Ich überlasse es der rückblickenden Kritik meiner Leser, wie weit ich mich dem skizzierten Leitbild, wie es auch durch die Chefs der anderen großen westlichen Dienste verkörpert wird, angenähert habe.

# 9. KAPITEL

# Zwölf Jahre Bundesnachrichtendienst

## 1956–1968

Bei der Vorbereitung dieses Buches, das dem Dienst gewidmet ist, habe ich lange gezögert, ein Kapitel über die Tätigkeit des BND selbst zu schreiben. Sechsundzwanzig Jahre durfte ich an leitender Stelle im Nachrichtendienst wirken, davon 22 Jahre als Leiter der »Organisation Gehlen« und Chef des aus ihr hervorgegangenen Bundesnachrichtendienstes. Die zwölf Jahre an der Spitze des deutschen Auslandsnachrichtendienstes waren wie alle vorhergehenden von weltpolitischen Geschehnissen geprägt, die mir genauso lebendig in Erinnerung geblieben sind wie die Tätigkeit des Dienstes in dieser Zeit. Es ist mir schwergefallen, aus der Überfülle der Eindrücke, aus Höhen und Tiefen bewegter Jahre, die begleitet waren von vielen Erfolgen, aber auch von manchen Rückschlägen, eine Auswahl zu treffen.

Wie meinen Partnern und Kollegen – ich denke hier in erster Linie an Allan Dulles – muß ich es auch mir versagen, Einzelheiten über geheime Auslandsoperationen des Dienstes zu berichten. Noch Jahre danach kann eine solche Preisgabe operationeller Zusammenhänge und Abläufe fremden Nachrichtendiensten wichtige Erkenntnisse vermitteln und schweren Schaden nach sich ziehen. Andererseits war und bin ich mir bewußt, daß viele Leser von mir Aussagen und Stellungnahmen erwarten, die über das hinausgehen, was aus Veröffentlichungen bisher bekannt wurde. Es ist naheliegend, daß hierbei auch an Richtigstellungen zu Vorgängen gedacht wird, die, bewußt oder aus Unkenntnis falsch dargestellt, die Öffentlichkeit irritiert und das Vertrauen in den Dienst vorübergehend gefährdet hatten.

Unter Wahrung der gebotenen Einschränkungen habe ich mich dafür entschieden, einige mir besonders wichtig erscheinende Ereignisse in chronologischer Folge zu schildern und die damit verbundenen Aufträge an den Dienst mit einzelnen Ergebnissen anzuführen, soweit dies vertreten werden kann. Ich weiß, daß meine oft sehr behutsame Darstellung manchen besonders interessierten Leser nicht ganz zufriedenstellen wird. Indes bin ich mir jedoch gerade in diesem Punkt des Verständnisses all derer sicher, die sich für unser Land einen leistungsfähigen Auslandsnachrichtendienst wünschen.

Bei der nachfolgenden Auswahl der politischen und militärischen Geschehnisse habe ich mich nach den Schwerpunkten der weltpolitischen Entwicklung zu richten versucht. Nahezu alle von mir behandelten Vorgänge gehören deshalb wie selbstverständlich in den großen Zusammenhang der Auseinandersetzung zwischen der freien und der kommunistischen Welt. Und fast alle spielten sich in jenen Räumen ab, die ich aus nachrichtendienstlicher Sicht die »permanenten Krisenzonen« genannt habe: In *Mitteleuropa* zuerst, mit der besonderen Situation des geteilten Deutschland und der Insellage Berlins; daneben in *Osteuropa,* dessen jüngste Geschichte von dem verzweifelten Ringen der Völker um Freiheit und den gewaltsamen Unterdrückungsmaßnahmen der Sowjets zur Behauptung ihres Machtbereiches bestimmt wird; im *Nahen Osten,* der als latentes Spannungsfeld die Welt im Jahre 1956 ebenso in Atem gehalten hat wie beim Übergang in die 70er Jahre; in *Asien,* wo es nach Korea zum Vietnam-Krieg kam und sich die Macht der Volksrepublik China ständig weiterentwickelte; in der *Mitte Amerikas* schließlich, wo es in Kuba gelang, eine kommunistische Basis für die Infiltration Lateinamerikas aufzubauen, die später je nach der politischen Konstellation auch als militärische Basis gegen die USA ausgebaut werden kann. Inzwischen zeichnen sich in Südamerika neue Krisenherde ab, zu denen seit längerer Zeit die Entwicklung Chiles zu einem Stützpunkt der Sowjetpolitik gehört.

Während sich bis zur Übernahme des Dienstes durch die Bundesrepublik meine Aufträge an die Nachrichtenbeschaffung im wesentlichen auf die Beobachtung und Aufklärung des kommunistischen Machtbereiches, seines Potentials, sowie wichtiger Entwicklungen und Veränderungen richteten, verlangten die erweiterten Aufgaben nach 1956 auch die Einbeziehung der erwähnten Krisengebiete in die eigene nachrichtendienstliche Bearbeitung. Diese bedeutsame Erweiterung wurde schrittweise bis 1960 vollzogen. Ich habe dabei besonderen Wert darauf gelegt, daß auch in entfernten Regionen Verbindungen des Dienstes aufgebaut wurden, um für jeden Fall auch einige von den Verbündeten unabhängige Möglichkeiten zur Informationsgewinnung sicherzustellen. Vor allem für Bereiche, in denen eine intensive Aufklärung auf Grund allzu weiter Entfernungen und dementsprechend hoher Kosten nur unvollkommen möglich war, kam der Tätigkeit der nachrichtendienstlichen Auswertung (mit ihrer häufig aus vielen Mosaiksteinen zusammengesetzten Analyse durch

Experten) eine wachsende Bedeutung zu. Es bedarf kaum der Erwähnung, daß ich versucht habe, die modernen technischen Hilfsmittel, deren Kenntnis und Anwendung mir persönlich zum Hobby geworden waren, der breiten Aufklärungstätigkeit des Dienstes in allen Einsatzräumen nutzbar zu machen.

Eines möchte ich hier auch noch zur Klarstellung unserer Aufklärungstätigkeit unterstreichen. In der Presse ist wiederholt behauptet worden, zuletzt in jüngster Zeit, daß wir eine umfangreiche innenpolitische Aufklärung betrieben hätten. Die legale Aufgabe des Bundesnachrichtendienstes ist die Auslandsaufklärung. Man soll mich doch nicht für so töricht halten, daß ich durch eine innenpolitische Aufklärungsarbeit, welche Aufgabe der Verfassungsschutzämter ist, die Existenz des Dienstes aufs Spiel gesetzt hätte. Natürlich haben wir vor Neubildung einer deutschen Regierung und vor Aufbau des Verfassungsschutzes gegen die kommunistische Partei in der späteren Bundesrepublik aufgeklärt, diese Arbeit aber eingestellt, sobald die Verfassungsschutzämter arbeiteten. Alle Meldungen, die den Dienst verließen, liefen über ein meinem Stabe angegliedertes Büro. Es hatte die strikte Anweisung, unter anderem auch auf den überparteilichen Inhalt der Meldungen zu achten. Dieses Büro hat nach meiner Auffassung ausgezeichnet gearbeitet; ich bin davon überzeugt, daß nicht eine einzige Meldung mit innenpolitischen Aufklärungsergebnissen zu meiner Amtszeit nach Bonn gegangen ist.

Natürlich ist mir nur zu gut bekannt, daß die östliche Seite immer wieder diese Behauptung aufgestellt und damit gerechnet hat, daß sie dem Dienst dadurch entscheidend schaden könnte. Die verschiedensten Kanäle sind dazu benutzt worden, solche Unterstellungen mit angeblich praktischen Beispielen den deutschen Parteien und Publikationsorganen zuzuschieben, die dann solche falschen Behauptungen guten Glaubens aufgenommen und verbreitet haben. Ebensowenig haben wir jemals einen deutschen Politiker überwacht, auch nicht, wie kürzlich z. B. behauptet wurde, Ollenhauer, der ein Mann war, dessen absolute Integrität auch von seinen politischen Gegnern uneingeschränkt anerkannt wurde.

Nur durch ein enges Zusammenwirken aller Teile ist es möglich gewesen, den weit gespannten Anforderungen an den Dienst gerecht zu werden. Es ist mein Wunsch, daß die von mir in diesem Kapitel geschilderten Vorgänge und nachrichtendienstlichen Maßnahmen wenigstens eine gedrängte Vorstellung von der Breite und Vielgestaltigkeit der Tätigkeit des Bundesnachrichtendienstes während meiner Amtszeit geben.

Es begann mit einem Akt der Besinnung und Mahnung zugleich.

Als am ersten Morgen nach der Übernahme des Dienstes die schwarzrotgoldene Fahne des Bundes am Flaggenmast in Pullach emporstieg, wußten wir alle, daß die entscheidende Phase der Bewährung begonnen hatte. Nun mußte es sich erweisen, ob der Dienst nicht nur für die besonderen Verhältnisse der inoffiziellen »Organisation«, sondern auch für die zukünftige Arbeit als deutsche Bundesbehörde zweckentsprechend konzipiert und zusammengesetzt war. Schon kurze Zeit danach erwies die bayerische Staatsregierung dem Dienst ihre Reverenz: Sie hieß den BND in Bayerns Hauptstadt willkommen und stiftete eine weißblaue Fahne, die seitdem neben der Bundesfahne weht. Ich habe diese Geste als Beweis des großen Verständnisses und des Vertrauens in unsere Arbeit immer dankbar empfunden, zumal der bayerische Ministerpräsident Högner die kleine Einweihungsfeier mit seiner Anwesenheit und einigen an uns gerichteten Worten der Verbundenheit beehrte.

Die sorgfältigen Vorbereitungen für die Umstellung und die damit verbundene Umgliederung des Dienstes ermöglichten einen so raschen Übergang, daß der neu entstandene BND schon im Jahre 1956 erfolgreiche Proben seiner Leistungsfähigkeit ablegen konnte.

Ein heißer Sommer trieb an zwei Fronten die Zeichen auf Sturm: Im sowjetisch beherrschten Teil Europas mehrten sich zuerst in Polen, später in Ungarn die Hinweise auf neue Bekundungen jenes Verlangens nach Freiheit, das zuletzt am 17. Juni 1953 bei unseren Landsleuten in Mitteldeutschland von sowjetischen Panzern zerbrochen worden war. Während es den Sicherheitskräften in Polen gelang, die Unruhe der Bevölkerung zu lokalisieren, brachen Ende Oktober 1956 in Ungarn die Dämme. Mit elementarer Gewalt erhob sich das Volk und riß in der ersten Phase des Aufstandes die Macht an sich. Die Sowjets handelten schnell: Sie warfen mehrere Divisionen in das unglückliche Land und eroberten es ihren Satrapen zurück. Ein Flüchtlingsstrom ergoß sich nach Österreich und Bayern; in seinem Gefolge lief die bange Frage, ob die sowjetischen Panzer an der ungarischen Grenze haltmachen oder – unter dem Vorwand, angebliche Basen der Aufständischen zerstören zu müssen – in den freien Teil Europas weiterrollen würden. Sie zu beantworten, war eine der Forderungen der Bundesregierung an den Dienst. Aus einer Fülle von nachrichtendienstlichem Material ergab sich für uns die Möglichkeit, die militärischen Operationen und Bewegungen der Sowjets genau zu verfolgen und in einen größeren machtpolitischen Zusammenhang zu stellen. Nach meiner Überzeugung ging es den Sowjets im Jahre 1956 – ebenso wie 1953 und später 1968 bei der Besetzung der CSSR – nur um die demonstrative und gewaltsame Behauptung ihres Satellitenbereiches, der für die Sowjets Wall und Brücke zugleich ist und bleiben wird. Wir haben dementsprechend frühzeitig gemeldet, daß mit einem Übergreifen der sowjetischen militärischen Operationen auf Österreich und Bayern nicht gerechnet werden müsse.

Lag die ungarische Tragödie im unmittelbaren Beobachtungs- und Aufklärungsbereich des Dienstes, so verlangte die bedrohliche Zuspitzung der Nahost-Situation unsere besondere Aufmerksamkeit.

Sie war die erste Ausweitung der eigenen Erkundungsmöglichkeiten auf ein außereuropäisches Gebiet. Es war naheliegend, die eigenen Maßnahmen vorrangig auf dieses »klassische« Spannungsfeld mit seinen strategischen und wirtschaftlichen Schlüsselpositionen zwischen Europa, Asien und Afrika zu konzentrieren. Als sich die Kämpfe an der Suez-Front nach dem Eingreifen der Engländer und Franzosen zu einer weltweiten militärischen Kraftprobe zu entwickeln drohten, war der Dienst in der Lage, von den Brennpunkten des Geschehens schnell und zutreffend zu berichten. Dabei bewährten sich neu gewonnene Verbindungen, die ihren Wert in den folgenden Jahren behalten sollten.

In diesen Tagen, die in den Drohungen Bulganins gipfelten, London und Paris unter Raketenbeschuß zu nehmen, war auch auf unserem Arbeitsgebiet ein ständiger Gedankenaustausch mit unseren Verbündeten notwendig. In meinen Gesprächen erfuhr ich zu meiner Befriedigung, daß dem Dienst der »Sprung« in den Vorderen Orient gelungen war. Während viele Verbindungen der in diesem Raume traditionell stark vertretenen westlichen Dienste durch die Überwachung aller diplomatischen Vertretungen nicht voll zur Wirkung kommen konnten, z. T. sogar vollständig unterbrochen waren, bewährten sich unorthodox eingesetzte Mitarbeiter des Dienstes, deren ständige und uneingeschränkte Bewegungsfreiheit aufrechterhalten werden konnte.

Ein Zufall gab mir Gelegenheit, auf dem Höhepunkt der Krise mit meinem amerikanischen Kollegen und Partner Allan Dulles zu sprechen. Seine damalige Beurteilung der Gesamtsituation war vielleicht etwas pessimistischer als die meinige; wir waren uns jedoch darin einig, die sowjetische Drohung als eine Machtdemonstration anzusehen, von deren Ankündigung bis zum Beginn eines Krieges nach unserer Überzeugung damals noch ein weiter Schritt war.

Die dramatischen Geschehnisse in Ungarn und am Suez-Kanal mit den ersten großen Bewährungsproben für den jungen Auslandsnachrichtendienst der BRD erschienen mir so wichtig, daß ich sie einem Ereignis vorgezogen habe, das wie kaum ein anderes die weltpolitische Entwicklung der 50er Jahre beinflußt hat. Es war das gefährliche Spiel der Sowjets mit der »friedlichen Koexistenz«, das zu Beginn des an Krisen reichen Jahres 1956 seinen Anfang nahm.
Auf dem mit Spannung erwarteten XX. Parteitag der KPDSU hatte Parteichef Nikita Chruschtschow am 25. Februar die Thesen einer angeblich neuen sowjetischen Politik verkündet. Nach seinen Worten sollte die »friedliche Koexistenz« nicht nur zur Auflösung der andauernden Konfrontationen der Machtblöcke in Ost und West führen, sondern ein gewaltloses Nebeneinander in der Zukunft sichern. Schon bald ergab sich, daß diese verheißungsvollen Töne auf eine ganz besondere sowjetische Spielart abgestimmt waren, nämlich die Leitsätze Lenins über die »Umarmung« und Aufweichung des Gegners. Während die Sowjets nach außen die Prinzipien ihrer neuen »völkerverbindenden« Politik zu erläutern trachteten, rüsteten sie gleichzeitig ihre Kräfte zur Fortsetzung der großen Auseinandersetzung zwischen den Ordnungssystemen unserer Welt – durch Anwendung anderer Methoden und Mittel. Sie waren hierbei durchaus ehrlich, wenn sie von vornherein die friedliche Koexistenz auf ideologischem Gebiet ausschlossen; sie verheimlichten keineswegs, daß diese Politik dazu dienen sollte, Furcht und Mißtrauen zu beseitigen und das Bewußtsein der Massen in den nichtkommunistischen Ländern leichter zu erreichen als bisher.
Der gesamte vielschichtige kommunistische Apparat, Parteien, Weltorganisationen und zahllose getarnte Gruppen wurden aufgeboten, um die sowjetische Außenpolitik unter dem Schlagwort der »friedlichen Koexistenz« abzustützen. Kein Wunder, daß in allen Ländern nicht nur viele Menschen aus Bangen und Hoffen, sondern auch Regierungen nichtkommunistisch beherrschter Staaten den neuen Moskauer Parolen Glauben schenkten und ihnen vertrauten. Die Sowjets schienen ihre ersten Ziele nahezu mühelos zu erreichen.
Von den Sowjetexperten des Dienstes wurden Chruschtschows Erklärungen sofort einer sehr genauen Analyse unterzogen. Ihre Beurteilung ließ das ganze Ausmaß der Gefahr für die freie Welt erkennen. Ich habe viele Gesprächspartner, darunter auch ausländische Freunde, über die Ergebnisse unserer Untersuchungen unterrichtet und vor den Folgen einer Hinnahme der Thesen Chruschtschows gewarnt. Soweit sie Fachleute waren, waren sie meist zur gleichen Auffassung gelangt. Leider habe ich im eigenen Lande dabei

feststellen müssen, daß manche, die solche Hinweise nicht hören wollten, in meinen Mitarbeitern und mir unverbesserliche »kalte Krieger« sahen. Es gab nicht wenige, die dem schleichenden Gift der »friedlichen Koexistenz« so gebannt und zugleich arglos gegenüberstanden wie das Kaninchen der Schlange.
Als die Sowjets nur acht Monate später die Volkserhebung in Ungarn mit brutaler Gewalt niederwarfen, mußte auch für die größten Optimisten offenkundig werden, daß die Sowjets unter keinen Umständen bereit waren, die mit soviel Aufwand proklamierte »friedliche Koexistenz« auch auf ihren eigenen Machtbereich anzuwenden. Schneller ist nach meiner Ansicht niemals eine Legende zerstört worden; es ist unbegreiflich, daß die meisten Menschen diese Geschehnisse, ebenso wie die 1968 erfolgte überfallartige Besetzung der Tschechoslowakei durch die Sowjets, so schnell vergessen haben.

Hatte das erregende Jahr 1956 dem Dienst kaum Zeit gelassen, sich als Bundesbehörde zu konsolidieren, so verlief 1957 ungleich ruhiger. In der großen Politik mußten die Wogen des vergangenen Herbstes geglättet werden; in der BRD begannen sich die Parteien und die Öffentlichkeit an die Existenz des Bundesnachrichtendienstes zu gewöhnen.
Gleich zu Beginn des Jahres wurde der Dienst wieder einmal zur Zielscheibe einer sowjetzonalen Diffamierungsaktion, für keinen überraschend, der das propagandistische Trommelfeuer gegen die »Organisation« am Anfang der 50er Jahre miterlebt hatte. Das »Neue Deutschland«, Zentralorgan der SED in Ost-Berlin, setzte sich am 27. Januar mit einem Artikel »Gehlen half Konterrevolution in Ungarn vorbereiten« an die Spitze. Frei erfundene »Beweise« sollten den Eindruck hervorrufen, daß der Dienst hintergründige Fäden gesponnen und Einflußagenten eingesetzt hätte, um – ebenso wie angeblich vor dem 17. Juni 1953 in der »DDR« – regimefeindliche Kräfte in Ungarn bei ihren Umsturzbestrebungen zu unterstützen.
Die neuerlichen Attacken Pankows erinnerten an Wollwebers frühere Angriffe gegen den Dienst mit Hilfe der Massenmedien des Ostblocks sowie kommunistischer Zeitschriften und Tarnzeitschriften im Westen. Wie von mir schon geschildert, hatte Wollweber nur zu Beginn seiner jahrelang andauernden Kampagne Verhaftungen von Mitarbeitern des Dienstes zum Anlaß für seine oft phantastischen Beschuldigungen genommen. Als die »Verdächtigen« ausgeschaltet waren, griff Wollweber immer neue »Untaten« des Dienstes einfach aus der Luft. Am Ende des Jahres 1957 hatte Ernst Wollweber, der Berufsrevolutionäre und Sabotageexperte in den 40er Jahren, seine

verhängnisvolle Rolle ausgespielt: Am 1. November wurde er aus dem ZK der SED ausgeschlossen, nachdem er, ausgebrannt und einfallslos, abgewirtschaftet hatte. Die brüske Entfernung war zugleich die Quittung jener Funktionäre, die Wollweber – zu nennen ist hier vor allem der langjährige Ministerpräsident Grotewohl – mit seinem Spitzelsystem überwacht hatte. Als Wollweber im Februar des folgenden Jahres zusammen mit den Spitzenfunktionären Schirdewan und Oelssner auch seiner Position im Politbüro der SED verlustig ging, verschwand er endgültig in der Versenkung.
Es gehört wohl zu den merkwürdigsten Vorgängen im anderen Teil Deutschlands, daß Wollweber, jahrelang als unser größter »Gegenspieler« aufgebaut, seine revolutionären Erfahrungen schließlich gegen seine eigenen Genossen anzuwenden trachtete. Wollwebers letzte Handlungen sind von der »DDR«-Regierung in ein kaum durchdringliches Dunkel gehüllt worden Das ist nur zu verständlich. Denn es gibt keine Zweifel an den ehrgeizigen und skrupellosen Absichten und Plänen Wollwebers, der auch vor Ulbricht nicht haltmachen wollte.

Im Herbst des Jahres 1958 rückte die deutsche Hauptstadt von neuem in den Mittelpunkt des Interesses der Weltöffentlichkeit.
Am 27. Oktober erklärte Ulbricht »ganz Berlin zum Hoheitsgebiet der DDR«. Diese Anmaßung, von den meisten Politikern in Bonn zunächst als Alleingang gewertet, wurde schon kurz danach durch nicht weniger aggressive Erklärungen des sowjetischen Parteichefs Chruschtschow unterstützt: Am 10. November verlangte Chruschtschow die »Aufhebung des Viermächtestatus in Berlin«, am 24. November unterstrich er diese Forderung mit einer gleichlautenden Note.
Im Dienst wurde das offenkundig koordinierte Vorgehen Moskaus und Pankows nach den vorliegenden Nachrichten als weiterer Versuch beurteilt, die Ende der 40er und Anfang der 50er Jahre »bewährte« Hebelwirkung Berlins erneut anzuwenden. Als Ansatzpunkt der sowjetischen Außenpolitik nach dem Kriege hat Berlin diese Bedeutung bis heute behalten.
In Mitteldeutschland wurden die Berlin-Erklärungen als versteckte Drohungen erkannt. Zahlreiche Flüchtlinge verbreiteten Sorge und Angst auch in der BRD, wie so oft in ähnlichen Situationen. In Bonn kam es in einzelnen Kreisen verschiedentlich zu besorgten Reaktionen. Ihnen stand die nüchterne Lagebeurteilung der Regierung, gestützt auch auf die Arbeitsergebnisse des Dienstes, der in diesen Herbstwochen häufig zu Stellungnahmen gedrängt wurde, mit der

Erkenntnis gegenüber, daß Chruschtschow und Ulbricht zwar die Zuspitzung in Berlin suchen, eine gewaltsame »Lösung« jedoch nicht riskieren würden.
Schon im Januar des Jahres 1959 deutete der sowjetische Entwurf für einen deutschen Friedensvertrag darauf hin, daß die sowjetische Führungsspitze entschlossen war, ihre Bemühungen zur »Regelung« der Deutschland- und Berlin-Frage fortzusetzen. Die nächste Gelegenheit bot sich bei der Genfer Außenministerkonferenz der vier Großmächte, die fast drei Monate dauerte (11. Mai bis 5. August). Trotz massiver sowjetischer Drohungen, gegen den Widerstand der Westmächte einen separaten Friedensvertrag mit der »DDR« abzuschließen, brachte Genf für Ulbricht keinen Gewinn.
In Pankow war nach den beim Dienst eingegangenen Meldungen die Enttäuschung groß. Mit um so größerem Aufwand sollte nunmehr der 10. Jahrestag der Staatsgründung der »DDR«, der 7. Oktober, gefeiert werden. Ulbricht übernahm persönlich die Regie. Er entsandte Emissäre nicht nur in die Hauptstädte der Blockfreien, sondern auch nach London und Paris, um namhafte Politiker für eine Teilnahme an den Kundgebungen in Ost-Berlin zu gewinnen. Als Ehrengäste sollten sie der Welt beweisen, daß Ulbrichts Staat der Anerkennung wert war. Bald lagen die ersten Zusagen ehemaliger französischer Ministerpräsidenten und bekannter britischer Parlamentarier vor. Doch Ulbricht triumphierte zu früh: Einer seiner wichtigsten Abgesandten, E., hatte sich vor Jahren entschlossen, für den Dienst tätig zu werden. Durch ihn wurden dem Dienst alle Einzelheiten bekannt.
Selten habe ich als Chef des Dienstes eine schwierigere Entscheidung treffen müssen; ging es doch um die Frage, ob auf eine wertvolle »Quelle« mit ausgezeichneten Einblicksmöglichkeiten in Ost-Berlin verzichtet und durch eine Herauslösung versucht werden sollte, das Auftreten prominenter Politiker aus Frankreich und England in Ost-Berlin zu verhindern. Nach Unterrichtung und mit Zustimmung des Bundeskanzlers habe ich nach sorgfältiger Abwägung entschieden, daß E. mit seiner Familie in die BRD geholt und in sofortigem Gegenzug nochmals nach Paris und London entsandt werden sollte, diesmal allerdings mit dem Auftrag, die vor kurzem Eingeladenen zur Absage zu veranlassen. Die Überraschung gelang: Pankow mußte seine »Aufwertung« ohne prominenten Besuch aus London und Paris feiern.

Während die Jahre 1958/59 für die Bundesregierung und für den BND ganz im Zeichen der harten Auseinandersetzungen in der Deutschland-Frage standen, zeichnete sich schon zu Anfang des Jahres 1960 für die Sowjetunion eine andere, weit gefährlichere Konfrontation in ersten Umrissen ab. Immer neue nachrichtendienstliche Erkenntnisse bestätigten die zuerst noch vagen Prognosen der Politiker über eine zunehmende Verhärtung der Beziehungen zwischen der Sowjetunion und der zweiten großen Macht im kommunistischen Lager, der Volksrepublik China. Ich werde an anderer Stelle noch ausführlicher auf diesen Konflikt eingehen, der die Geschlossenheit des Weltkommunismus zerstört und die Vormachtstellung der Sowjetunion zeitweilig bedroht hat.

In zahlreichen Analysen hat der BND, habe ich als sein Chef zu dieser andauernden Machtprobe Stellung genommen. Ausgehend von der auch im Korea-Krieg verfolgten obersten Maxime des internationalen Kommunismus, die den Endsieg über den kapitalistischen Gegner nur einem weltweit koordinierten kommunistischen Apparat verhieß, haben einige erfahrene Beobachter im Dienst lange gezweifelt, ob es tatsächlich zu einem totalen Bruch zwischen den roten Großmächten kommen würde. Mehrere Informationen über »Stimmen der Vernunft« unter kommunistischen Spitzenfunktionären, die den breiter und tiefer werdenden Graben zwischen Moskau und Peking immer wieder zuzuschütten bestrebt waren, schienen diesen Zweiflern recht zu geben. Als jedoch die nachrichtendienstlichen Erkenntnisse der rasch wachsenden Gegensätze durch zuverlässige Meldungen über das Ausmaß der gegenseitigen Haßgefühle erweitert wurden, blieb in der Beurteilung des Dienstes keine Kompromißlösung mehr übrig. Der Dienst hat sich damals auf eine lange Auseinandersetzung eingestellt, eine militärische Kraftprobe großen Ausmaßes zwischen der Sowjetunion und der VR China jedoch immer ausgeschlossen. In unserer Beurteilung wurde der VR China keine Chance zugebilligt, die eklatante rüstungstechnische und wirtschaftliche Unterlegenheit in überschaubarer Zeit ausgleichen zu können.

Es war für mich verblüffend und auch bestürzend, daß die Reaktion im Westen lange, viel zu lange zögernd und uneinheitlich blieb. Nach meiner Überzeugung ist infolgedessen der vorher doch unvorstellbare Bruch zwischen den Großen im kommunistischen Lager nur unvollkommen und allenfalls im Randgeschehen genutzt worden.

Vor dem Hintergrund dieser Entwicklungen läßt sich besser verstehen, daß Chruschtschow mit dem Abschuß eines amerikanischen Aufklärungsflugzeugs vom Typ U 2 eine – höchst willkommene – Gelegenheit zur Ablenkung von der sich abzeichnenden Machtprobe mit der VR China in die Hand gegeben war.

Seit 1952 hatte der amerikanische Nachrichtendienst Aufklärungseinsätze mit sehr hoch fliegenden Maschinen über der Sowjetunion

durchgeführt. Die hervorragenden Ergebnisse rechtfertigten das hohe Risiko dieser außergewöhnlichen nachrichtendienstlichen Operation.
Als Powers am 1. Mai 1960 über sowjetischem Territorium abgeschossen wurde (er ist bekanntlich später gegen den in den USA verhafteten sowjetischen KGB-Residenten Abel ausgetauscht worden), blieb zunächst offen, ob der Treffer ein Zufallserfolg moderner sowjetischer Waffensysteme oder ein schon länger geplanter Schlag war, der zu einem bestimmten Zeitpunkt ausgelöst wurde. Es spricht vieles dafür, daß den Sowjets dieses spektakuläre Ereignis mehr als willkommen war.
Chruschtschow nahm den U-2-Zwischenfall jedenfalls zum Anlaß, zuerst die Gipfelkonferenz in Paris am 17. Mai 1960 und kurz darauf (28. Juni 1960) auch die Genfer Abrüstungskonferenz scheitern zu lassen. Seine bis zur Ekstase gesteigerte Erregung in Paris war demnach mit Gewißheit weit mehr als die laute Anprangerung einer gegnerischen Erkundungsmethode.

Im Jahre 1960 wurde die Diffamierungskampagne gegen den BND aus Ost-Berlin fortgesetzt. Waren es im Anfang des Jahres gezielte Einzelveröffentlichungen, so erfolgte im November mit der Herausgabe des Buches »Die graue Hand« (im Kongreß-Verlag, Ost-Berlin) eine Zusammenfassung aller bisherigen Angriffe gegen den Dienst. Als Autor für diese »Abrechnung mit dem Bonner Geheimdienst« (Untertitel des Buches) bezeichnete sich der berüchtigte Julius Mader, Spezialist für derartige Publikationen (s. auch sein Buch über die CIA). Das Machwerk enthielt eine derartige Fülle von unglaubhaften Unterstellungen und falschen Angaben, »angereichert« mit gefälschten Schriftstücken, daß es unmöglich, aber auch nicht nötig war, im einzelnen dazu Stellung zu nehmen. Allein die Tatsache, daß kaum ein Ereignis in der großen und in der auf Deutschland bezogenen engeren Politik unerwähnt blieb, ohne daß der Dienst für dessen, aus dem Blickpunkt des Ostens, negativen Ausgang verantwortlich gemacht wurde, ließ den Zweck allzu deutlich erkennen. Als Chef eines Unternehmens mit offenbar schier unerschöpflichen Möglichkeiten, Gift zu sprühen und Umstürze anzuzetteln, erschien ich in der Darstellung als eine Hintergrundfigur, gegen die selbst die großen Drahtzieher und Intriganten der Weltgeschichte verblassen mußten.
Zu diesem »Standardwerk der Diffamierung« befragt, habe ich mich deshalb darauf beschränkt, festzustellen, daß das Pamphlet offenbar in erster Linie dazu gedacht war, den Dienst in seiner Gesamtheit und mich als seinen Leiter im Ausland zu diskreditieren und das

Vertrauen bei unseren Verbündeten und Partnern zu untergraben. Diesem Ziel diente vor allem eine breite »Beweisführung« über die »Spionagetätigkeit des Dienstes im Westen«. Ein nicht weniger wichtiger Effekt wurde selbstverständlich darin gesehen, den Dienst in der BRD selbst zu verunglimpfen. »Politisch ambitiös«, von Hasardeuren mit zweifelhafter Vergangenheit beherrscht und seiner Agenten verlustig, wurde er als ein Staat im Staate dargestellt, der schnellstens liquidiert werden sollte.

Es spricht für das Verantwortungsgefühl des größten Teils der deutschen Presse, daß diese, freilich allzu durchsichtigen Absichten der Pankower Agit-Propagandisten durchschaut wurden. Die Folge war eine für Ost-Berlin peinliche Mißachtung der mit so viel Theaterdonner verteilten »Grauen Hand«.

Zu den Ereignissen, deren Verlauf und Auswirkungen erst später in die großen weltpolitischen Entwicklungen unserer Zeit richtig einzuordnen waren, gehört das Scheitern einer Invasion von Exilkubanern über See in Kuba, die mit dem Ziel, das Castro-Regime zu beseitigen, in den ersten Monaten des Jahres 1961 vorbereitet wurde. Nach dem Mißerfolg des Unternehmens, der von großer menschlicher Tragik für viele der Beteiligten begleitet war, erfolgten in der Öffentlichkeit scharfe Angriffe gegen den amerikanischen Nachrichtendienst, die CIA, der in der Öffentlichkeit nicht nur »völliges Versagen«, sondern, was viel schwerer wog, auch unterlassene Hilfeleistung für die zur Befreiung Kubas aufgebrochenen Gegner Castros zur Last gelegt wurde. Diese Vorwürfe wurden damit begründet, daß die angeblich von vielen Informanten »im Lande« (d. h. in Kuba) gewonnenen optimistischen Nachrichten über breite Bevölkerungskreise, die sich sofort den gelandeten Invasoren anschließen wollten, offenbar falsch waren. Ob, wie nachträglich behauptet wurde, durch die CIA für das Landeunternehmen ursprünglich umfangreiche militärische Hilfsmaßnahmen der USA zugesagt waren, ist viel diskutiert, aber niemals mit aller Sicherheit bewiesen worden. Vieles sprach seinerzeit dafür, daß die an dem Invasionsversuch beteiligten Exilkubaner eine derart riskante Operation ohne eine zugesagte Abstützung durch die USA wohl kaum unternommen hätten.

Unstreitig ist indessen, daß die dramatische Zuspitzung um Kuba 18 Monate später der Welt erspart geblieben wäre, wenn sich die USA zu jenem großen Entschluß hätten durchringen können, den viele Menschen in der freien Welt in diesen Tagen erwartet haben. Es gibt gewiß gewichtige Gründe, die es den USA im Interesse des Weltfriedens geraten erscheinen ließen, anders zu handeln, als es die Sowjets in einem vergleichbaren Falle selbstverständlich getan hätten. Sehr wahrscheinlich hat auch die Unterschätzung der Bedeutung des Inselstaates dazu beigetragen, der, zwar sozusagen »vor der Haustür« der USA gelegen, ihr jedoch aus eigener Kraft nicht gefährlich werden konnte.

Daß ich vor meinen engsten Mitarbeitern damals es als unbegreiflich bezeichnet habe, daß die USA auf ein militärisches Eingreifen zur Beseitigung Castros verzichteten, war das Ergebnis einer eingehenden Lagebeurteilung, die Kubas zukünftige Rolle im internationalen Kräftespiel deutlich gemacht hatte. Wir sahen das Kuba Castros damals als eine zweifache ernsthafte Gefährdung des Weltfriedens: Als eine Art überdimensionaler »Flugzeugträger« für die Sowjets, der es ihnen gestatten würde, nicht nur Flugzeuge, sondern auch Raketenwaffen und U-Boote in Kuba zu stationieren und damit aus unmittelbarer Nähe gegen die Hauptmacht des Westens einzusetzen. Zum anderen als Basis für die kommunistische Infiltration Lateinamerikas, die von Kuba nicht nur auf die Landbrücke Mittelamerikas, sondern auch auf ganz Südamerika wirksam werden konnte.

Es dauerte nach dem Fiasko des 17. April 1961 nur 18 Monate, bis die USA gezwungen waren, an den Rand eines Krieges zu gehen, um den Aufbau von sowjetischen Angriffsraketen auf Kuba zu verhindern. Ich werde noch darauf zurückkommen, wenn ich auf die große Kuba-Krise im Jahre 1962 eingehen werde. Inzwischen sind sowjetische militärische Berater auf Kuba zu einer Selbstverständlichkeit geworden. Daß auf Kuba übrigens zeitweise auch junge Deutsche für die tarnkommunistische Infiltrationsarbeit in der Bundesrepublik ausgebildet wurden, ist inzwischen auch der deutschen Öffentlichkeit ausreichend bekannt geworden.

Kuba bietet sich in seiner exponierten strategischen Lage direkt dazu an, den Sowjets als Stützpunkt für See- und Luftstreitkräfte zu dienen. Es stellt eine latente Bedrohung für die USA dar. Wenn auch ein sowjetischer Stützpunkt auf Kuba durch militärische Gegenmaßnahmen der USA auch in Zukunft, allerdings um den Preis einer erneuten schweren Konfrontation mit den Sowjets, allenfalls noch verhindert werden kann, so ist die Ausnutzung Kubas zur Infiltration Mittel- und Südamerikas bereits vollendete Tatsache. Längst sind die von Kuba in die verschiedenen lateinamerikanischen Staaten reichenden Verbindungen so dicht und effektiv, daß die Gewinnung von kommunistisch fest beherrschten »Festlandsbasen« nur eine Frage der Zeit ist.

Nach der Tragödie in der »Schweinebucht« habe ich es damals für notwendig gehalten, die Besonderheiten der von Kuba ausgehenden kommunistischen Aktivität in die Beobachtung des Dienstes und in die Analyse der weltkommunistischen Strategie und Taktik in allen Teilen der Welt einzubeziehen.

Am 12. August des ereignisreichen Jahres 1961 wurde das Publikum durch ein Ereignis überrascht, dessen Auswirkung die Weltöffentlichkeit nicht nur für den Augenblick hätte schockieren, sondern das wahre Gesicht des Kommunismus allen Menschen hätte enthüllen müssen.
An diesem Tage stellte sich der Agent des sowjetischen Geheimdienstes (KGB) Bogdan Staschinskyj und gestand, die bekannten ukrainischen Emigrantenpolitiker Lev Rebet (am 12. Oktober 1957) und Stefan Bandera (am 15. Oktober 1959) in München auf heimtückische Weise ermordet zu haben. Staschinskyj gab im einzelnen an, er habe im besonderen Auftrage des sowjetischen Geheimdienstchefs Alexander Nikolajewitsch Scheljepin beide »Zielpersonen« in München lange beschattet und schließlich »auf Befehl« mit einer besonders konstruierten Giftpistole auf kürzeste Distanz erschossen. Er erhielt dafür von Scheljepin persönlich einen Orden überreicht.
Das Ganze klang so ungeheuerlich, daß dem lähmenden Entsetzen über die offenbarten Verbrechen zahlreiche skeptische Presseberichte folgten. Sie gipfelten in der Überlegung, daß der friedliebenden Sowjetunion derart heimtückische Anschläge im Zentrum Münchens einfach nicht zuzutrauen seien. Der Tod Banderas und Rebets wurde, ebenso wie der Sprengstoffanschlag auf den Exilpolitiker Czermak, als angebliche Folge »der allenthalben bekannten internen Machtkämpfe unter den verschiedenen Emigrantengruppen« bezeichnet. In einigen Veröffentlichungen klang auch im Westen einiges von dem an, was die Ost-Propagandisten vorsorglich längst ausgestreut hatten: An der Beseitigung Banderas und Rebets war demnach angeblich niemand anders schuld als der Dienst.
Doch Staschinskyj, der durch seine Frau veranlaßt worden war, sein Gewissen zu erleichtern, stand zu seinen Aussagen. Seine Angaben überzeugten die Untersuchungsbehörden, die mit seiner Hilfe eine genaue Rekonstruktion der Verbrechensabläufe vornehmen konnten. Gespenstisch war die Szene vor allem in einem alten Geschäftshaus am Stachus, in dessen Treppenaufgang die Giftpistole ihr Ziel getroffen hatte.
Bei der Verhandlung vor dem Bundesgerichtshof lebte die Weltsensation nochmals auf. Staschinskyj blieb bei seinen Aussagen. In selbstverständlicher Konsequenz bezeichnete das Gericht in seinem Urteil vom 19. Oktober 1962 den skrupellosen Auftraggeber Schelje-

pin als Hauptschuldigen an den grauenvollen Anschlägen. Staschinskyj, der seine außerordentliche persönliche Belastung verständlich und sein Handeln unter dem Zwang des KGB glaubhaft machen konnte, erhielt eine verhältnismäßig milde Strafe. Er hat sie zu einem großen Teil verbüßt. Heute lebt der Mordschütze auf Scheljepins Befehl als freier Mann irgendwo in der freien Welt, die er an jenem 12. August, einen Tag vor dem Bau der Mauer in Berlin, gewählt hatte.

Der »Fall Staschinskyj« ist in mehrfacher Hinsicht so lehrreich, daß ich einige persönliche Bemerkungen anfügen möchte. Von außerordentlicher Bedeutung erscheint mir vor allem, daß es durch Staschinskyjs Geständnis und sein kooperatives Verhalten gelungen ist, die Vorbereitung und Durchführung zweier politischer Mordanschläge, für die der damalige KGB-Chef Scheljepin allein verantwortlich war, lückenlos nachzuweisen. Die sorgfältige Planung und die Exaktheit im Ablauf lassen den Schluß zu, daß ähnliche Methoden und Mittel zur heimtückischen Ermordung unbequemer Antikommunisten auch in anderen Fällen mit gleicher Präzision angewandt wurden. Mehrere politische Anschläge in westlichen Ländern, deren Hintermänner bisher im Dunkel geblieben sind oder aus naheliegenden Gründen gelassen wurden, konnten nach der Entlarvung Scheljepins unschwer als »Sonderoperationen« des sowjetischen oder anderer gleichgerichteter kommunistischer Geheimdienste aufgeklärt werden.

Daß dem BND, wie von mir schon erwähnt, von der Ost-Propaganda eine Mitwirkung an der Liquidierung prominenter Emigranten vorgeworfen wurde, war kein neuer Einfall. Wiederholt war der Dienst schon vorher und ebenso oft ist er nachher der Anwendung der brutalsten Methoden, Sabotage, Terror und Mord, bezichtigt worden. Diese Unterstellungen und Beschuldigungen erfolgten, obwohl sich der Dienst in seiner Konzeption und Arbeitsweise stets von Gewaltmethoden, in welcher Form auch immer, distanziert hat. Es gehört deshalb auch zu meinen widerwärtigsten Erinnerungen, daß Pankow selbst den Tod des FDP-Abgeordneten Wolfgang Döring zum Anlaß nahm, dem Dienst in der Öffentlichkeit mysteriöse Einwirkungen mit Todesfolge auf den bekannten Politiker anzudichten. Diese durch nichts zu belegende Beschuldigung stellt vor allem deshalb den Gipfel der Infamie dar, weil Wolfgang Dörings Interesse und Verständnis für den Dienst auch den Verantwortlichen in Ost-Berlin nur zu gut bekannt waren. Vom Dienst im Rahmen der gegebenen Möglichkeiten beraten, hatte er mit einigen Kollegen, u. a. auch mit Walter Scheel und Erich Mende, mutige Schritte nach Mitteldeutschland

gewagt, um die dortige »Liberaldemokratische Partei Deutschlands« (LDPD) über die deutschlandpolitischen Vorstellungen seiner FDP zu unterrichten. Enttäuscht hat Döring damals feststellen müssen, daß es einen Spielraum für Liberale nur in der BRD gab. Die LDPD konnte nicht über den Schatten springen, den die SED als die beherrschende Staatspartei auch für diese frühen, heute fast vergessenen Gespräche in beiden Teilen Deutschands geworfen hatte.
Doch nicht nur Gespräche und politische Ereignisse werden rasch vergessen, gewiß vor allem deshalb, weil manche Erinnerung eine bremsende Wirkung auf Entwicklungen von heute haben müßte. Auch die Morde an Bandera und Rebet in München möchten manche Zeitgenossen nur zu gerne aus ihrem Gedächtnis streichen. So muß es doch wohl sein, wenn erwogen wird, den vom höchsten deutschen Gericht als Auftraggeber für Mord angeprangerten Scheljepin, der inzwischen an der Spitze des sowjetischen Gewerkschaftsverbandes steht, als hohen Ehrengast in die BRD einzuladen. Man kann es sich nicht so leicht machen wie einzelne Politiker, die da denken und sagen: Was kümmert uns das Gestern, wir haben mit den Sowjets zu leben, und das Leben geht weiter.
Im »Falle Staschinskyj« verstößt eine solche Ansicht nicht nur gegen Stil und Anstand, sie ist ganz einfach unverständlich.

An den Arbeitsergebnissen des BND ist häufig vor allem dann Kritik geübt worden, wenn für die Öffentlichkeit überraschende Aktionen Pankows widerstandslos erfolgen konnten. Ich habe meine Mitarbeiter, die sich oft über das mangelnde Verständnis und offenkundig ungerechte Wertungen in der Öffentlichkeit verbittert zeigten, wiederholt beschwichtigen müssen, auch wenn ich selbst die über den Dienst verbreiteten Urteile gern widerlegt gewußt hätte. Es ist zu allen Zeiten das Los der geheimen Nachrichtendienste gewesen, mit vermuteten Mißerfolgen belastet zu werden, selbst dann, wenn in Wirklichkeit Erfolge zu verzeichnen waren. Daran wird sich auch in Zukunft nichts ändern.
Zu den ungerechtfertigten Vorwürfen, die vorübergehend auch von Politikern gegen den BND erhoben wurden, gehört vor allem das angebliche Versagen bei der Errichtung der Berliner Mauer. Ich habe noch im Jahre 1961 eine ausführliche Dokumentation erstellen lassen, aus der zweifelsfrei hervorging, daß der Dienst sehr wohl seine Aufgabe zur rechtzeitigen Unterrichtung der damaligen Bundesregierung erfüllt hatte. In zahlreichen Einzelmeldungen *vor* dem 13. August war auf die außerordentliche Zuspitzung der Situation an den Übergängen in Berlin hingewiesen worden. Die Massenflucht, die zum

Verlust vieler wertvoller Spezialisten geführt hatte, mußte demnach von Pankow unterbunden werden, sollte es nicht zu einer Katastrophe für das Ulbricht-Regime kommen. Viele Informationen zeigten in aller Deutlichkeit auf, daß der Zeitpunkt für rigorose Maßnahmen zur Abschnürung nicht mehr lange auf sich warten lassen würde. Als schließlich aus zuverlässigen Quellen berichtet wurde, daß Ulbricht von sowjetischer Seite freie Hand für die Unterbindung der Fluchtwelle gegeben war, blieb nur der Stichtag offen. Eine bevorstehende hermetische Abschließung der Zonengrenze, insbesondere in Berlin, wurde vorher gemeldet, auch über die Lagerung von leichtem Sperrmaterial wurde berichtet. Es ist später behauptet worden, daß der Aufklärung des Dienstes die Bereitstellung des zum Mauerbau erforderlichen schweren Materials verborgen geblieben sei. Diese Feststellung läßt außer acht, daß die Mauer in ihrer massiven Form erst am Ende einer Operation stand, von der die Initiatoren am Anfang selbst nicht wußten, ob sie gelingen würde.

Als die »X-Zeit« gekommen war – sie ist, wie nachträglich genau ermittelt wurde, nur ganz wenigen Spitzenfunktionären bekannt gewesen –, wurden zunächst lediglich Drahtrollen zur Absperrung ausgelegt. Erst nachdem die Panzer der Schutzmächte in West-Berlin keine Anstalten trafen, die Hindernisse niederzuwalzen, wurde festes Material angefahren. Auch was daraufhin an verstärkten Sperren entstand, war noch lange nicht die Mauer, wie wir sie heute kennen.

Ich habe dieses Beispiel vor allem auch deshalb erwähnt, weil es nach meiner Ansicht die Möglichkeiten, aber auch die Grenzen nachrichtendienstlicher Aufklärung in besonders verständlicher Weise aufzeigt: Gegen diktatorisch geführte Regime, die sich aller Mittel eines Polizeistaates bedienen können, wird es in vielen Fällen Aufklärungsorganen von hoher Qualität und Risikobereitschaft zwar gelingen, die Vorbereitungen für Aktionen der Gegenseite zu erfassen. Daraus werden sich häufig Schlüsse ziehen lassen, die auch zu einer Eingrenzung des zu erwartenden Zeitpunktes führen. Stark abgeschirmte exakte Stichtage werden sich jedoch nur in seltenen Fällen feststellen lassen, zumal sie in straff organisierten Bereichen erst im letzten Augenblick ausgelöst werden.

Es mag ein Trost für meine tüchtigen Mitarbeiter gewesen sein, daß manche Politiker, die in die erwähnte Dokumentation Einblick nehmen konnten, dem BND nachträglich seine erfolgreiche Arbeit bestätigt haben.

Zu den besonders einschneidenden und für den Dienst belastenden Geschehnissen am Anfang der 60er Jahre gehört zweifellos der »Fall Felfe«. Wochenlang lieferte der wichtigste Spion, der für die Sowjets in der Zentrale des Bundesnachrichtendienstes tätig war, der Presse Schlagzeilen, gaben Person, Vergangenheit und Handlungsweise des Verräters Anlaß zu vielfach mißverständlichen Darstellungen, häufig auch zu herber Kritik. Es müßte den Rahmen meines Rückblicks sprengen, wenn ich an dieser Stelle auf die zahlreichen falschen Behauptungen, Übertreibungen und Vereinfachungen eingehen würde. Ich will mich deshalb auf einige wenige Feststellungen beschränken, die nach meiner Ansicht dennoch geeignet sind, diesen schwerwiegenden Verratsfall in einem anderen Lichte erscheinen zu lassen.

Heinz Felfe, der unter dem Decknamen »Friesen« als Hilfsreferent und Regierungsrat auf Probe im damaligen Referat für Gegenspionage gegen die SU tätig war, ist in einer ebenso zielbewußten wie skrupellosen Weise von Organen des sowjetischen Geheimdienstes (KGB) aufgebaut und geführt worden. Während andere in der BRD eingesetzte und später gefaßte sowjetische Agenten grundsätzlich nur mit »Spielmaterial« von sehr begrenztem Wert ausgestattet wurden, erhielt Felfe auf persönliche Weisung des KGB-Chefs Scheljepin Hilfen, die in der nachrichtlichen Auseinandersetzung zwischen Ost und West bis heute ohne Übertreibung als einmalig bezeichnet werden können. Felfe bekam, nachdem er sich durch Berichte und »Lieferungen« aus der Zentrale des Dienstes das besondere Vertrauen seiner Auftraggeber gesichert hatte, wiederholt wertvolle politische Nachrichten, die ihm durch existente Informanten zugespielt wurden. Diese Meldungen enthielten zum Teil wichtige Staatsgeheimnisse der SBZ; ihre bewußte Preisgabe erfolgte aus einem einzigen Grunde: Mit diesem Material sollte die Position des Verräters Felfe im Dienst gestärkt und seine Bedeutung als Nachrichtenbeschaffer erhöht werden. Erfahrungsgemäß gehört es zu den besonderen Schwierigkeiten der sichtenden Bearbeiter nachrichtendienstlicher Informationen, von der Gegenseite gut aufbereitetes »Spielmaterial« mit echtem Gehalt als solches zu erkennen. Sind derart präparierte Nachrichten allerdings »zu gut«, können sie dem »Beschaffer« auch zum Verhängnis werden.

Im Fall Felfe gingen die Sowjets sogar noch weiter. Um die Aufwertung ihres Agenten zu beschleunigen und ihm damit bessere Einblicke zu verschaffen, opferte der KGB ohne Skrupel einen eigenen politischen Agenten in der BRD, eine auch für die Praktiken des sowjetischen Geheimdienstes höchst ungewöhnliche Maßnahme. Es waren Felfes geschickt dosierte Hinweise, die zur Verhaftung und späteren Verurteilung des Publizisten W. führten; der für die Sowjets besonders wertvolle Agent hatte den weniger wichtigen ans Messer geliefert.

Die massiven Eingriffe und Hilfen der Sowjets, die zu innerdienstlichen Anerkennungen für Felfe geführt hatten, vermochten jedoch auf die Dauer nicht von Ergebnissen dienstinterner Sicherheitsmaßnahmen und -untersuchungen abzulenken, die Felfe belasteten. Unter meiner persönlichen Leitung setzte eine kleine Gruppe ausgewählter Mitarbeiter die Überprüfung fort, bis sich nach monatelanger Mosaikarbeit die Verdachtsmomente zu einem Gesamtbild fügten. Das Ausmaß des Verratsfalles mit seinen wahrscheinlichen Auswirkungen wurde ermittelt.

In selbstverständlicher Befolgung der von mir stets auch für den Dienst bejahten rechtsstaatlichen Grundsätze habe ich keinen Augenblick gezögert, den Fall im eigenen Bereich zum unerfreulichen Ende zu führen und nicht irgendwie »unter den Teppich« zu treten: Am 6. November 1961 wurde Heinz Felfe in der Zentrale des BND verhaftet. Die befreundeten Dienste, im Wissen, daß kein Nachrichtendienst vor solchen Fällen trotz Sicherheitsmaßnahmen geschützt ist, gratulierten zu der erfolgreichen Sicherheitsoperation gegen einen wichtigen Feindagenten, in einem Falle mit dem Telegramm: »Wir gratulieren, wir haben unseren Felfe noch nicht gefunden.«

Die weiteren Sicherheitsuntersuchungen bestätigten, daß das bewußt engmaschig angelegte Sicherheitssystem (Schottensystem) meiner Amtszeit unter keinen Umständen gelockert werden darf.

Es ist damit zu rechnen, daß in Kürze unter Felfes Namen Memoiren erscheinen werden, für die das sowjetische KGB Material freigegeben hat. In Kenntnis aller Zusammenhänge und Hintergründe habe ich indes Anlaß zu der Ansicht, daß Felfe nicht so erfolgreich gearbeitet hat, wie seine Auftraggeber erwartet haben und wie es nach seinem geplanten Buch den Anschein haben wird.

Im Juli 1963 fanden dann die Massenmedien rasch ihre Sensation: Im Prozeß gegen Felfe und seine Komplicen, der leider in öffentlicher Verhandlung anlief, galt das Hauptinteresse nicht mehr dem Verräter und seinem Tun, sondern der angeblich »verfehlten Personalpolitik« des Dienstes. Felfes Vergangenheit – er war während des Krieges als Kriminalbeamter in den SD übernommen worden, was er verschwiegen hatte – stand im Mittelpunkt zahlreicher Presseartikel, in denen der Dienst mit einem ebenso subjektiven wie oberflächlichen Analogieschluß als »Sammelstelle für alte Nazis« bezeichnet wurde.

Kaum ein Ereignis hat die Rolle des BND in der Öffentlichkeit zunächst unklarer und zwielichtiger erscheinen lassen als die scheinbare Verstrickung in die aufsehenerregende »Spiegel«-Affäre. Unzählige Darstellungen sind in der Presse und in Büchern gegeben worden; so farbig und sensationell aufgemacht sie im einzelnen waren, erschöpften sie sich doch in Anspielungen, Unterstellungen und Vermutungen. Immer wieder, so schien es mir, versuchten interessierte Kreise die wahren Zusammenhänge zu verschleiern. So war es schließlich kein Wunder, daß in einigen Veröffentlichungen der Verdacht geäußert wurde, es habe ein gefährliches Komplott zwischen der Führung des Dienstes und dem »Spiegel« bestanden.
Es dient der historischen Wahrheit und liegt im Interesse des Dienstes, wenn ich gerade in diesem Falle mein bisheriges Schweigen breche. Fast genau acht Jahre, bevor die spektakuläre Aktion gegen den »Spiegel« erfolgte, hatte mein Titelbild als »des Kanzlers lieber General« den Kundigen zum ersten Mal erkennen lassen, daß Verbindungen zwischen dem Dienst und dem Hamburger Nachrichtenmagazin ebenso wie auch zu anderen Presseorganen bestanden. Meine Mitarbeiter und ich hatten sie aufgenommen, als die Wollweber-Offensive lief und die westdeutsche Presse die phantastischen Angaben über seine Jagderfolge gegen Gehlen-Agenten aus östlichen Quellen kritiklos zu übernehmen begann. Es ist und bleibt für mich ein legitimes Anliegen des geheimen Nachrichtendienstes, Pressekontakte zu seinem Schutz und Nutzen anzuknüpfen und zu unterhalten. Es ist dabei selbstverständlich, daß diese Verbindungen zur Presse, und analog auch zu den anderen Massenmedien, mit Behutsamkeit und Vorsicht behandelt werden müssen, um Mißdeutungen auszuschließen. Diese Gefahr besteht ständig, sie besteht überall dort, wo seitens der Presse der Versuch unternommen werden soll, das häufig nur allzu berechtigte Informationsbedürfnis der Öffentlichkeit mit Erkenntnissen zu befriedigen, die ganz oder teilweise mit den Mitteln des geheimen Nachrichtendienstes gewonnen werden konnten.
Als der verantwortliche Redakteur für den inkriminierten Artikel »Fallex 62« dem Hamburger Verbindungsmann des BND, Oberst Wicht, einige Wochen vor der Veröffentlichung seines brisanten Materials mehrere schriftlich fixierte Einzelfragen vorlegte, erfolgte die Bearbeitung nach den von mir aufgezeichneten Grundsätzen. In meiner Abwesenheit hatten leitende Angehörige des Dienstes überprüft, ob eine Beantwortung der Fragen ohne Verletzung der Geheimnisverpflichtungen möglich war. Was meine Mitarbeiter nicht wissen konnten, war, daß die Fragen nicht, wie der »Spiegel« bewußt irreführend angegeben hatte, im Zusammenhang mit einem beab-

sichtigten Artikel über den damaligen Generalinspekteur Foertsch gestellt waren, sondern für einen Artikel verwendet werden sollten, der sich in seinem Hauptteil auf streng geheime, besonders schutzbedürftige Manöver-Unterlagen, die aber nicht vom BND stammten, stützte.
Die verschiedentlich geäußerte Behauptung, der BND habe das entscheidende Material für den »Fallex«-Artikel geliefert, bricht damit in sich zusammen. Nicht weniger unzutreffend ist und bleibt die bis heute in der Öffentlichkeit nicht widerrufene Unterstellung, der Dienst habe den Artikel in seiner Gesamtheit und Endfassung gekannt und durch seine Mitprüfung quasi sanktioniert. Es ist ein offenes Geheimnis, daß diese Behauptung nur dazu dienen sollte, von einer politischen Persönlichkeit abzulenken, die offenbar jene Prüfungsfunktion wahrgenommen hat. Doch nicht genug mit diesen Verdächtigungen. Das Schlimmste stand dem Dienst, stand auch mir noch bevor, als es nach der Verhaftungswelle den Angeklagten nützlich, den Anklägern vorstellbar erschien, zu versuchen, den BND in die schon erwähnte Mitwisserschaft zu manövrieren. Die Beweise erschienen fast lückenlos, als leitende Angehörige des Dienstes und ich mit der Beschuldigung konfrontiert wurden, wir hätten den »Spiegel« vor den Maßnahmen der Bundesanwaltschaft gewarnt. Aus verschiedenen, zumeist allerdings stark übertriebenen Darstellungen ist bekannt, daß auch der damalige Bundeskanzler Dr. Adenauer eine kurze Zeit lang an eine düstere Hintergrundrolle des BND geglaubt hat. Er konnte nicht wissen, daß der BND als »Warner« nur vorgeschoben (und sogar in einem bei der Durchsuchung der Büroräume des »Spiegel« gefundenen Dokument vorsorglich genannt) wurde, um jene prominente Persönlichkeit zu decken, die sich nochmals hilfreich betätigt und die Leitung der Zeitschrift rechtzeitig informiert hatte. Und der Dienst, Gehlen – so kalkulierten die Initiatoren –, konnte die Öffentlichkeit über diese Persönlichkeit nicht aufklären.
Wie nicht anders zu erwarten war, ergab die von mir unverzüglich vom Bundeskanzler geforderte sofortige Untersuchung durch den Generalbundesanwalt gegen mich und den Dienst sofort die einwandfreie Rolle des Dienstes und ihres Leiters in dieser Affäre.

In jenem Oktober des Jahres 1962, in dem sich der Widerstreit um die »Spiegel«-Affäre in der BRD entzündete, wurden die USA durch Kuba in eine der gefährlichsten Krisen der Nachkriegsgeschichte gezogen.
Was bei der verunglückten Landeoperation in der »Schweinebucht« versäumt worden war, rächte sich nun bitter: Die Sowjets schickten sich an, die in Kuba einmaligen Möglichkeiten für den Aufbau von

Raketenabschußbasen gegen die USA auszunutzen und fertiggestellte Einrichtungen mit Raketen zu bestücken. Es gelang dem amerikanischen Nachrichtendienst, der CIA, die auf Kuba selbst getroffenen Vorbereitungen frühzeitig zu erfassen. So rechtzeitig jedenfalls, daß der Antransport der meisten Raketen über See verhindert werden konnte. Zahlreiche als harmlose Frachter getarnte Transportschiffe mit Raketen an Bord waren in Richtung Kuba unterwegs, als Präsident Kennedy dem Vorschlag seiner Berater folgte und eine Blockade Kubas von See her anordnete. Angesichts dieser Haltung, die mit einer eindrucksvollen Machtdemonstration der US-Flotte verbunden war, unterblieb die Zuführung eines Teils der Raketen. Diejenigen Schiffe, die noch unterwegs waren, drehten ab und brachten ihre verderbenbringende Fracht zurück. Viele, die in diesen Oktobertagen das Vertrauen in die Entschlossenheit der USA, die Freiheit zu verteidigen, zurückgewonnen hatten, fragten sich, ob nicht die ersten Sperren in Berlin am 13. August des Vorjahres auch zurückgezogen worden wären, wenn die Westmächte eine ähnlich feste Haltung bewiesen hätten.

Wie ernst die Lage von amerikanischer Seite beurteilt wurde, geht u. a. aus Erklärungen des damaligen Chefs der CIA, McCone, hervor, der von einer Krise sprach, die »einen Krieg hätte auslösen können, vielleicht sogar einen Atomkrieg«.

Es ist nur sehr wenigen bekannt geworden, daß auch über Verbindungen des Dienstes wertvolle Einzelfeststellungen über Ausbaumaßnahmen auf Kuba getroffen und in das umfassende Bild der CIA eingefügt werden konnten. Sie waren immerhin ein Beitrag zu einem nachrichtendienstlichen Erfolg der CIA, den ich stets besonders anerkannt und als eine der großen nachrichtendienstlichen Leistungen unserer Zeit gewürdigt habe.

Zu den Entwicklungen des Jahres 1962, die mich besonders berührt haben, gehörte die lang angestrebte Aussöhnung mit Frankreich, unserem großen Nachbarn im Westen, der damit vom »Erzfeind« endgültig zum Partner und Verbündeten von heute und morgen wurde. Es war in meinen Augen einer der wichtigsten Erfolge Adenauers, daß es ihm gelang, das Vertrauen General de Gaulles, des großen alten Mannes in Frankreich, in das neue Deutschland zu gewinnen. Als der deutsch-französische Vertrag am 22. Januar 1963 in feierlicher Form zu Paris unterzeichnet wurde, hatte der erste Bundeskanzler sein Lebenswerk gekrönt.

Für den Dienst bedeutete dieses historische Ereignis die Besiegelung der langjährigen freundschaftlichen Beziehungen zum französischen Auslandsnachrichtendienst SDECE (Service de Documentation

Extérieure et de Contre-Espionage). Auch wenn die Aufgaben des SDECE nicht in jeder Hinsicht mit denen des BND identisch waren, blieb ein breites Feld gegenseitiger Zusammenarbeit. Ich habe es immer dankbar empfunden, daß dieses Verhältnis zu keiner Zeit von den Spannungen beeinflußt worden ist, die sich im Bereich der großen Politik ab und zu beinahe zwangsläufig ergeben mußten. Ganz gleich, welcher Barometerstand für die französisch-deutschen Beziehungen gerade ablesbar war – die Verbindungen zwischen den Nachrichtendiensten beider Länder blieben davon unbeeinflußt.

Wenn ich an dieser Stelle unterstreiche, daß ich die Pflege der nachrichtendienstlichen Beziehungen zu den drei großen westlichen Verbündeten zu meinem besonderen persönlichen Anliegen gemacht habe, so soll dies den Wert vieler anderer Verbindungen nicht schmälern. Mein starkes Engagement ergab sich nur zum Teil aus der Überlegung, daß diese drei Mächte Verantwortung und Schutzfunktionen für Deutschland übernommen hatten. Sie hatten, so habe ich immer argumentiert, deshalb auch Anspruch auf unsere Unterstützung, wo immer sie möglich war. Ein für mich genauso wesentlicher Grund war jedoch die fachliche und menschliche Hochachtung und Wertschätzung, die ich den mir persönlich bekannten Chefs und führenden Exponenten dieser befreundeten Dienste entgegenbringen konnte. War es bei den Vertretern der CIA die klare, nüchterne, praktische und zupackende Art, mit der auch die schwierigsten nachrichtendienstlichen Probleme gelöst wurden, so beeindruckte mich beim britischen Secret Intelligence Service die aus beinahe schon legendärer Tradition erwachsene selbstbewußte, ja souveräne Art fachlich hochqualifizierter Nachrichtenoffiziere, die alles andere als einen James-Bond-Typ verkörperten. Dafür zeichnete die Repräsentanten des französischen Auslandsnachrichtendienstes etwas Unauswechselbares aus: Ich nenne es Vaterlandsliebe. Wenn heute bei uns das Wort »Vaterland« kaum mehr in den Mund genommen werden kann, ohne daß Mißdeutungen die Folge sind, ist (und bleibt) der im Staatsdienst tätige Franzose ganz bewußt ein ebenso aufrechter wie einsatzbereiter »Diener des Staates« mit allen Konsequenzen. Dieses wahrhaft stolze Gefühl meiner französischen Partner, ja aller Franzosen über die Parteien hinweg, hat mich häufig beeindruckt. Es drückte sich aus in den Worten eines französischen Freundes, der mir einmal sagte: »Nur der kann ein zuverlässiger Europäer werden, der zunächst einmal ein guter Franzose, ein guter Engländer, ein guter Italiener oder ein guter Deutscher ist und auf das Gute in der geschichtlichen Tradition seines Landes stolz ist.«

Das Jahr 1963, das mit dem Abschluß des deutsch-französischen Vertrages so verheißungsvoll begonnen hatte, brachte dem Dienst mit dem Felfe-Prozeß (im Juli) den äußeren Abschluß des unerfreulichen Verratsfalles. Ich habe darüber im Zusammenhang mit der bereits 1961 erfolgten Verhaftung Felfes und seiner Komplicen berichtet.
Stand der Felfe-Prozeß (nicht nur chronologisch) vorübergehend auch eindeutig im Mittelpunkt, so dürfen deshalb andere und größere politische Ereignisse keinesfalls in Vergessenheit geraten. In Deutschland verschärfte sich die permanente Krise um Berlin am 21. Juni durch die Anlage neuer Sperrzonen um West-Berlin; sie sollten den Mauerbau zwischen beiden Teilen Berlins ergänzen und weitere Fluchtversuche nach West-Berlin verhindern. Gegen diese neue Form der Abschnürung wirkte das »Passierscheinabkommen« im Dezember des Jahres wie ein allerdings allzu kurzer Lichtblick. In einem Protokoll wurde die »zeitweilige Regelung des Verwandtenbesuches von West-Berlinern in Ost-Berlin« festgesetzt. Eine vielfach erhoffte längerdauernde Entspannung blieb jedoch aus.
In anderen Teilen der Welt brachte das Jahr 1963 entscheidende Veränderungen in wichtigen Führungspositionen. In Griechenland begann mit dem Rücktritt des Ministerpräsidenten Karamanlis (11. Juni) eine Entwicklung, die das strategisch so bedeutsame Land an der Südflanke der NATO, unseren verläßlichen Partner, bis heute nicht hat zur Ruhe kommen lassen. Der griechische Nachrichtendienst hat, soweit von mir aus zu beurteilen war, ungeachtet aller Veränderungen an der Spitze, seine schwere Aufgabe stets mit außerordentlicher Hingabe und großem Geschick wahrgenommen. Jeder, dem das Schicksal Europas am Herzen liegt, kann, gleich mir, nur wünschen, daß das uralte Kulturland, als Bollwerk des Westens und des Friedens zugleich, wieder eine Bedeutung erlangen möge, die seiner großartigen Vergangenheit würdig ist. Gleichgültig, welchen Standpunkt man zu der politischen Entwicklung in Griechenland einnehmen mag, es ist festzustellen, daß Griechenland heute ein kommunistischer Staat wäre, wenn sich die Kräfte zur Gegenwehr nicht rechtzeitig formiert und behauptet hätten.
Nur wenige Tage später (am 18. Juni 1963) zog sich auch Israels großer alter Mann, David Ben Gurion, als israelischer Ministerpräsident von der politischen Bühne zurück. Sein Nachfolger wurde Levi Eschkol. Es bleibt Ben Gurions geschichtliches Verdienst, die Versöhnung zwischen dem israelischen und dem deutschen Volk durch seine Begegnung mit Bundeskanzler Dr. Adenauer vorbereitet und entscheidend beeinflußt zu haben. Ich habe es immer bedauert, daß nach dem Zusammenbruch am Ende des Krieges die BRD mit einer

Unausweichlichkeit, die an antike Beispiele erinnerte und aus der es kein Entrinnen geben konnte, in den Existenzkampf des Staates Israel gegen die arabischen Länder einbezogen wurde. Schien mir die traditionelle Freundschaft der Araber zu Deutschland für den Wiederaufbau unseres Staates wertvoll genug, so sah ich demgegenüber die politische Verpflichtung Deutschlands, zum Überleben des Staates Israel beizutragen. Hervorragende Persönlichkeiten aus beiden Lagern haben die Verbindung zur Bundesregierung und – im Einklang damit – auch die Beziehungen zu mir zu halten und zu verbessern versucht. Am Ende aber zwangen die politischen und militärischen Entwicklungen im Nahen Osten, die in der erneuten militärischen Kraftprobe im Juni 1967 kulminierten, die Bundesregierung und damit den Dienst zu einer eindeutigen Stellungnahme.

Am 15. Oktober 1963 erlebte die BRD eine schwerwiegende Veränderung an ihrer Führungsspitze: Bundeskanzler Dr. Adenauer trat zurück und überließ seinen Platz Professor Ludwig Erhard. Es steht mir nicht zu, das geschichtliche Verdienst Konrad Adenauers aus meiner Sicht zu würdigen. Viele Berufenere haben dies längst getan. Was ich aber beurteilen und deshalb auch aussagen kann, ist dieses: Wohl selten wird der Leiter eines Nachrichtendienstes das Glück haben, unter einem Regierungschef zu arbeiten, der sich mit so großem Verständnis für die Verwendung nachrichtendienstlicher Ergebnisse und mit einem daraus resultierenden so sicheren Beurteilungsvermögen seines Nachrichtendienstes zu bedienen wußte wie Dr. Adenauer. Es beeinträchtigt diese Feststellung nicht, daß der frühere Bundeskanzler in Staatssekretär Dr. Globke über einen Gehilfen verfügte, der in seiner kongenialen Mittlerrolle unübertrefflich und unersetzlich war. An dieser meiner Wertung habe ich selbst dann nichts zu ändern, wenn der Bundeskanzler – zweifellos zumindest unvollständig, wahrscheinlich aber falsch orientiert – seine Einstellung zum Dienst und mir während der »Spiegel«-Affäre für einen kurzen Zeitraum kritisch und zweifelnd veränderte.

Mit dem Wechsel an der Spitze der Bundesregierung ging jedenfalls nicht nur für die BRD, sondern auch für den Dienst eine Nachkriegsperiode zu Ende. Der von mir als Wirtschaftsfachmann hochgeschätzte Professor Erhard fand zunächst nicht die gleiche aktive Einstellung zum Dienst als einer wichtigen Institution des Staates, da Nachrichtendienst seinem Naturell und seinen Vorstellungen weniger lag als seinem Vorgänger.

Anfang November wurde im fernen Süd-Vietnam das Regime Diem von einer Militärjunta gestürzt; Diem selbst wurde ermordet. Militärrevolten und Regierungsumbildungen folgten. Sie lähmten die Staatsgewalt und die Schlagkraft der Armee, sie begünstigten damit Entwicklungen, die zur Ausweitung der Auseinandersetzungen in Vietnam und schließlich zum Vietnam-Krieg führten.
Das weltgeschichtlich bedeutendste Ereignis des Jahres war jedoch zweifellos die Ermordung des amerikanischen Präsidenten Kennedy am 22. November in Texas. Ich habe in diesen Tagen besonders engen Kontakt mit meinen amerikanischen Partnern gehalten, nicht nur, um ihnen die Anteilnahme des Dienstes zu versichern, sondern um für alle Fälle gegen etwaige sowjetische Versuche Vorkehrungen zu treffen, die schwere Erschütterung im Westen auszunutzen. Die sowjetische Führung stand indes selbst schon vor internen Schwierigkeiten, die zur Weltsensation des folgenden Jahres führen sollten.

Bevor sich in der zweiten Hälfte des Jahres 1964 die Ereignisse geradezu überstürzten und den Dienst bis zur äußersten Grenze seiner Belastbarkeit beanspruchten, lief am 26. Juni der seit Monaten vorbereitete Film »Von der Organisation Gehlen zum Bundesnachrichtendienst« über die westdeutschen Fernsehschirme. Der Film fand die – erwartete – hohe Sehbeteiligung und die erhoffte positive Aufnahme.
Nach einem Besuch der Fernsehredakteure Günther Müggenburg und Rudolf Rohlinger hatte ich mich – mit Zustimmung des Bundeskanzleramtes – entschieden, dem mir geschilderten Informationsbedürfnis der Öffentlichkeit durch einen ersten umfangreichen Filmbericht über den Dienst entgegenzukommen. Ich gab dazu die Anweisung, den beiden Herren Einblicke zu geben und Zugänge zu eröffnen, soweit dies sicherheitsmäßig zu vertreten war. Heute kann ich sagen, daß es damals an Warnungen nicht gefehlt hat. Sie bezogen sich vor allem auf die zahlreichen Aufnahmen, die in Pullach an mehreren Wochenenden gedreht werden mußten. Das ebenso kritische wie faire Verhalten der Herren Müggenburg und Rohlinger hat mich jedoch in meiner Auffassung bestätigt, daß ein verantwortungsvoller Journalist das ihm entgegengebrachte Vertrauen sehr wohl zu würdigen und zu erwidern weiß, wenn es um die behutsame Behandlung nachrichtendienstlicher Fragen geht.
Mit dem Fernsehfilm verfolgten meine Mitarbeiter und ich auch den Zweck, mehreren bereits angekündigten Einzeldarstellungen mit z. T. undurchsichtigen Hintergründen und bedenklicher Tendenz zuvorzukommen. Durch eine instruktive Zusammenfassung sollte ein Fest-

punkt in der Öffentlichkeitsarbeit des Dienstes gesetzt werden. Es kam mir vor allem darauf an, den sensationell aufgemachten Spionagereißern das nüchterne Bild des modern arbeitenden Auslandsnachrichtendienstes gegenüberzustellen. Waren es früher pikante Frauengeschichten, ohne die ein Spionagefilm nicht mehr denkbar war, so hatten in den 60er Jahren brutale Schlägertypen in der Vorstellungswelt der Außenstehenden ein Spionagemilieu entstehen lassen, das sich auch auf den Dienst nachteilig ausgewirkt hat. Es ist meine Überzeugung, daß dieser Fernsehfilm über den Dienst wesentlich dazu beigetragen hat, falsche Vorstellungen zu beseitigen und die Arbeit des Dienstes mit dem Zusammenwirken seiner verschiedenen Teilbereiche einem breiten Publikum verständlich zu machen.

50 Jahre nach dem Beginn des Ersten Weltkrieges brachte der Zwischenfall im Golf von Tonkin das Pulverfaß im Fernen Osten zur Entzündung. In rascher Folge entwickelten sich in Vietnam Kampfhandlungen, die bald den Charakter eines Bürgerkrieges verloren und schon zu Beginn des Jahres 1965 unter Umständen an den Rand eines neuen Weltkrieges hätten führen können. Denn direkt oder indirekt durch unterstützende Maßnahmen in verschiedenen Bereichen beteiligt, standen sich neben oder hinter den kämpfenden Vietnamesen im Süden und im Norden des geteilten Landes die USA, die VR China und die Sowjetunion gegenüber. Obwohl der Schauplatz des Geschehens für den Dienst so weit entfernt lag, daß er schwer in eine ständige Beobachtung einzubeziehen war, mußten alle Möglichkeiten ausgeschöpft werden, um die Kämpfe in Indochina in einen größeren Zusammenhang zu stellen und ihre Auswirkungen auf weltpolitische Entwicklungen in anderen Teilen der Welt richtig werten zu können. Bis in die jüngste Zeit haben sich immer wieder Wechselwirkungen ergeben, die den großen Einfluß der Geschehnisse im Südosten Asiens auch auf Europa erkennen ließen.
In den Lagebeurteilungen des Dienstes ist stets eindeutig festgestellt worden – und ich habe dies mit besonderem Nachdruck vertreten –, daß nur das Eingreifen der USA den Verlust des gesamten indochinesischen Raumes für die freie Welt verhindert hat. Es kann dabei offen bleiben, ob die Sowjets mit ihren starken Einwirkungsmöglichkeiten auf Nord-Vietnam eine chinesische Aggression zugelassen hätten, die zur Inbesitznahme ganz Indochinas, einschließlich Thailands, führen sollte. Aus zahlreichen zuverlässigen Informationen war bekannt, daß damals die rotchinesische Führung die Besetzung der an den Süden der VR China grenzenden Gebiete Indochinas und Burmas lediglich

als erstes Ziel ihrer expansiven Pläne vorgesehen hatte. In einer zweiten Phase sollten dann die »lästigen Randpositionen« von Süd-Korea und Taiwan (National-China) beseitigt werden.
Diese Pläne gingen davon aus, daß nach ihrer Verwirklichung der strategisch wichtige Inselstaat Indonesien dann wie von selbst dem kommunistischen China zufallen würde. Über 2½ Millionen organisierter Kommunisten warteten in Indonesien auf die Stunde der »Befreiung« (lies: Revolution).
Meine damalige Bejahung des amerikanischen Eingreifens bezog sich jedoch nur auf den Entschluß, Vietnam auch mit hohem Einsatz zu halten, nicht auf die Konzeption der Kriegsführung der USA und ihre Durchführung. In einer falsch verstandenen Rücksichtnahme auf die Weltöffentlichkeit und die eigene Bevölkerung sind in Vietnam von Anfang an stets nur halbe Maßnahmen getroffen worden. Sie konnten den Krieg nicht entscheiden, auch wenn die Stärke der amerikanischen Truppen zeitweise die Halbmillionengrenze überschritten hat.
Es ist zu Unrecht oft gesagt worden, daß die Amerikaner gar nicht den Krieg gewinnen *wollten;* gewinnen *konnten* sie ihn ohne jeden Zweifel, auch ohne den Einsatz atomarer Kampfmittel. Die Zukunft wird erweisen, ob die USA mit ihrem jahrelangen starken Engagement wenigstens erreicht haben, daß sich ein gefestigtes und modern bewaffnetes Süd-Vietnam auch nach dem vollständigen Abzug amerikanischer Truppen halten kann. Ich glaube, auf längere Sicht gesehen, vorläufig noch nicht daran, weil die Volksrepublik China – nach Überwindung ihrer inneren Schwierigkeiten – ihre expansiven Ambitionen weiterverfolgen wird, es sei denn, die gesamtpolitische Situation änderte sich.
Die Leistungen der amerikanischen Truppen waren wirklich beachtlich. Viele deutsche Truppenführer haben im Zweiten Weltkrieg vor hoffnungslosen Situationen gestanden, wenige aber in einer ähnlich belastenden Lage: Alle Mittel auch für koordinierte militärische Aktionen großen Stils standen zur Verfügung, und noch dazu greifbar nahe. Sie wurden jedoch nur teilweise und »dosiert« eingesetzt, während Kompanie um Kompanie sich im erbarmungslosen Dschungelkrieg aufzehrte.
Bei aller Würdigung übergewichtiger weltpolitischer Zusammenhänge und der großen Verantwortung für den Weltfrieden, der sich die USA in jeder Phase des Vietnam-Krieges deutlich genug bewußt waren, ist schwer zu begreifen, aus welchen Gründen man eine Kampfführung auf sich nehmen mußte, die nicht anders als verlustreich sein konnte. Ich frage mich, welche anderen Nationen bereit gewesen wären, derartige Opfer für die Erhaltung der Freiheit in der

nicht unter kommunistischer Diktatur stehenden Hälfte der Welt zu bringen.
Einschränkend und abschließend muß ich jedoch zu Vorstehendem bemerken, daß die neuerliche Annäherung zwischen den USA und China, wenn sie fortgesetzt wird, möglicherweise zunächst zu einer Selbstbeschränkung der chinesischen expansiven Interessen in Südostasien für eine gewisse Zeit führen kann. Ebenso wird die in der Sowjetunion mit Beunruhigung aufgenommene Hinwendung der USA zu China auch in Richtung auf das südostasiatische Interesse der Sowjetunion bremsend wirken. So scheint sich nun doch die Möglichkeit eines erfolgreichen Abschlusses der Konzeption Nixons auf Beendigung des amerikanischen Engagements in Vietnam am Horizont abzuzeichnen, was im gesamten westlichen Interesse wünschenswert wäre.

Am 21. September 1964 starb in Ost-Berlin Otto Grotewohl, der langjährige Ministerpräsident der »DDR« und Mitbegründer der »Sozialistischen Einheitspartei Deutschlands« (SED), die sich nach dem Kriege im anderen Teil Deutschlands aus Mitgliedern der alten KPD und SPD, deren wichtigster Exponent Grotewohl war, gebildet hatte. Otto Grotewohl, im letzten Jahre vor seinem Tode von schwerer Krankheit gezeichnet, war politisch schon länger ein »toter Mann«.
Grotewohl hatte sich lange bemüht, in seinem Kabinett Spitzenfunktionäre der sogenannten »bürgerlichen Parteien« als »Aushängeschilder« zu halten, z. B. Außenminister Lothar Bolz, den Vorsitzenden der ostzonalen »Nationaldemokratischen Partei Deutschlands« (NDPD). Er hatte einen relativ gemäßigten Kurs zu steuern versucht und es dabei an Fühlern in die BRD nicht fehlen lassen. Diese Fäden reichten jedoch nicht aus, um Grotewohl den Absprung in den Westen zu ermöglichen, so wie ihn sein stellvertretender Ministerpräsident, Prof. Hermann Kastner, als Repräsentant der »Liberaldemokratischen Partei« (LDPD) gefunden hatte.
Es ist nur wenigen bekannt geworden, daß Staatssicherheitsminister Erich Wollweber zu Grotewohls gefährlichsten Gegnern gehörte. Grotewohl, der sich zunächst des ebenso ehrgeizigen wie skrupellosen Rivalen zu erwehren vermochte, hatte verloren, als Wollweber den Fall »Elli B.« als Trumpf gegen ihn auszuspielen begann. Elli B., Grotewohls Chefsekretärin, hatte sich dem Dienst mehrere Jahre zuvor aus freien Stücken zur Verfügung gestellt, um durch Beschaffung wichtiger Informationen ihren Beitrag im Kampf gegen das von ihr gehaßte Ulbricht-Regime zu leisten. Was Elli B. und

andere seinerzeit an Risiko und Opfern auf sich nahmen, mag heute unwirklich klingen, da der aus Idealismus – und nicht des Geldes wegen – geleistete Einsatz für unser Land oft eher abgewertet denn als ehrenvoll bezeichnet wird. In den letzten Jahren sind in Moskau und Pankow wiederholt »Kundschafter«, d. h. Spione in nichtkommunistischen Ländern, mit Orden und anderen Anerkennungen ausgezeichnet worden. Diese Form nachträglicher Ehrungen mag umstritten sein. Es sei mir aber erlaubt, an dieser Stelle Elli B., einer der ersten wichtigen Verbindungen des Dienstes im anderen Teil Deutschlands, für ihre hingebungsvolle und erfolgreiche Tätigkeit zu danken.

Als Wollweber Elli B., die ihm durch eine Verkettung unglücklicher Umstände im privaten Bereich in die Hände gefallen war, liquidiert hatte, stand Grotewohl weiterhin unter erpresserischem Druck. Noch einmal durfte Grotewohl Genugtuung empfinden, als Wollweber stürzte. Doch er war schon der gebrochene Mann, der nur noch als Schatten seiner selbst eine repräsentative Rolle zu spielen hatte.

Drei Wochen nachdem Grotewohl gestorben war, starb der bis dahin mächtigste Mann im kommunistischen Lager einen »politischen Tod«. Die große Sensation des Jahres 1964 fiel auf den 14. Oktober: An diesem Tage wurde Chruschtschow, der vorerst letzte sowjetische Alleinherrscher, unter Umständen entmachtet, die selbst die kundigsten Beobachter der Vorgänge im Kreml vorher nicht für möglich gehalten hatten.

Es ist später eindeutig nachgewiesen worden, daß sogar die höchsten und einflußreichsten sowjetischen Funktionäre bis zuletzt gezweifelt hatten, ob die Überraschungsaktion gegen den angeschlagenen und zu seiner Rechtfertigung zitierten Chruschtschow gelingen würde. Als Chruschtschow nach dramatischen Stunden im Kreml sang- und klanglos von der Bildfläche verschwand, waren die Parteichefs in den kommunistischen Staaten ebenso unvorbereitet und ratlos wie die westlichen Regierungen. Trotzdem fehlte es – einmal mehr – nicht an Vorwürfen gegen die Nachrichtendienste, darunter auch den BND. Sie hatten – dieser Eindruck war in der Öffentlichkeit entstanden – Chruschtschows Sturz nicht präzise vorausgesagt.

In Wirklichkeit hatte der Dienst fortgesetzt über sich verschärfende Meinungsverschiedenheiten in der obersten sowjetischen Führung berichtet. Den Meldungen zufolge – sie stimmten im übrigen mit Erkenntnissen befreundeter Dienste in den wesentlichen Punkten überein – waren aus den unterschiedlichen Auffassungen im Laufe des Jahres 1964 schwerwiegende Differenzen und Konflikte entstanden, die in manchen Fällen kaum mehr überbrückbar schienen. Von jüngeren Funktionären der ersten Garnitur war dabei Chruschtschow immer wieder die Verantwortung für alle Rückschläge in außereuropäischen Bereichen, darunter die Zuspitzung des »Bruderkampfes« mit der VR China, den »schmachvollen Rückzug« von Kuba und Mißerfolge bei vorschnellen Aktionen in Afrika, zugeschoben worden. Die von Chruschtschow verkündete »friedliche Koexistenz« wurde in internen Beratungen als gescheitert, Chruschtschow selbst als deren glückloser und deshalb ungeeigneter Interpret bezeichnet. In zahlreichen Meldungen wurde als möglicher Nachfolger Chruschtschows ein führender Vertreter der jüngeren Generation genannt: Es war kein anderer als Alexander Scheljepin, dem vom höchsten deutschen Gericht die Urheberschaft und Verantwortung an zwei Mordanschlägen in der BRD nachgewiesen worden waren. Doch Scheljepins Stunde war noch nicht gekommen: Die »altgedienten« hohen Funktionäre versagten dem Jüngeren, der insgeheim schon als »neuer Stalin« bezeichnet worden war, die Gefolgschaft.

Auch von den renommierten »Kreml-Astrologen« nicht erwartet, kam es in Moskau nach Chruschtschow zu einer »Troika-Lösung«, deren langer Bestand fast noch mehr überrascht hat als der Kompromiß selbst. Indessen hatte auch das Moskauer »Dreigestirn« von vorneherein seinen »primus inter pares«. Es ist der vitale Parteichef Leonid Breschnew, der als stärkster Mann im Führungskollektiv die Alleinherrschaft auch formal übernehmen könnte, wenn er es wollte. So lange aber der joviale Staatspräsident Podgorny und der geschickte Ministerpräsident Kossygin ihren Part in der »Troika« so gut spielen wie bisher, braucht sich Breschnew nicht zu exponieren.

In vielen Beurteilungen habe ich betont, daß die sowjetische »Troika« seit Chruschtschows Entmachtung in Wahrheit ein Dreiergespann ist, in dem das Schwergewicht bei einem der drei liegt. Mit diesem einen wird der Westen immer zu rechnen haben.

Als der Oberste Sowjet und das Zentralkomitee der KPDSU ihr Verdammungsurteil über Chruschtschow sprachen, wußten sie längst, daß die Zündung der ersten chinesischen Atombombe als »Begleitmusik« bevorstand. Doch die Chinesen ließen der Welt zwei Tage die Chruschtschow-Sensation allein, ehe sie am 16. Oktober ihre Bombe zündeten. Damit reihte sich die VR China unter die atomaren Mächte ein, eine Entwicklung, die für die westlichen Regierungen nicht überraschend kam.

Seit langem hatten sich die westlichen Nachrichtendienste mit der chinesischen Bombe beschäftigt und deren Werte zu ermitteln versucht. Da Einzelinformationen spärlich flossen, bedurfte es der intensiven Arbeit nachrichtendienstlicher Analytiker, um die Vorausberechnungen rechtzeitig und exakt abschließen zu können. In den Beurteilungen dieses Ereignisses ist seinerzeit zutreffend festgestellt worden, daß es der VR China ohne Unterstützung der Sowjetunion nicht so schnell gelingen werde, den Anschluß an die beiden großen Atommächte zu finden. Diese Prognose hat sich bestätigt. Der VR China als atomarer Macht zweiten Ranges bleibt nur die Hoffnung, daß sich die »Großen« durch den Atomsperrvertrag gegenseitig neutralisieren und damit schwächen. Es ist verständlich, daß die VR China unter diesen Umständen einen Vertrag für die Begrenzung atomarer Waffen nicht unterschreiben wird.

Während sich die Blicke der Bundesregierung und des Dienstes in den vergangenen Monaten vor allem nach Moskau und Peking gerichtet hatten, verlagerte sich das Interesse an nachrichtendienstlichen Erkenntnissen zu Beginn des Jahres 1965 neuerdings auf den Nahost-Raum. Die BRD, bisher nur am Rande einbezogen, wurde durch die lange befürchtete Zuspitzung des deutsch-arabischen Verhältnisses vor Entscheidungen gestellt, die eine Kompromißlösung nicht mehr gestatteten.
Waffenlieferungen der BRD an Israel, über deren Zweckmäßigkeit auch in der BRD geteilte Meinungen bestanden, hatten schärfste polemische Reaktionen und Drohungen der arabischen Staaten hervorgerufen und einen gefährlichen, nur von der Mentalität her verständlichen Fanatismus ausgelöst. Die Bundesregierung stellte die Waffenlieferungen an Israel noch im Februar 1965 ein, die Entwicklung war jedoch nicht mehr aufzuhalten.
Vom 24. Februar bis 2. März hielt sich Ulbricht in Kairo auf, um Öl in das Feuer zu gießen. Er wurde mit höchsten Ehren empfangen und in jeder Phase seines ausgedehnten Besuches als Gegenpol zu der »imperialistischen, die Machtpolitik Israels fördernden Bundesrepublik« herausgestellt. Daß Ulbrichts Aufenthalt hinter der glänzenden Fassade, die von der traditionellen arabischen Gastfreundschaft errichtet war, für Nasser auch viele Enttäuschungen mit sich brachte, lag – so kam es in manchen Berichten deutlich zum Ausdruck – nicht nur an der im Grunde unzureichenden Wettbewerbsfähigkeit der »DDR,« die keinesfalls alle ägyptischen Wünsche zu befriedigen imstande war. Es mag überraschend klingen, wenn ich hinzufüge, daß ein weiteres Problem mit der Person Nassers selbst zusammenhing. Der Re'is der Ägypter hat stets ein sicheres Gespür für die Einschätzung seiner Partner bewiesen. Ich komme darauf noch

zurück, wenn ich beim Ablauf des Jahres 1967 ausführlich auf den Juni-Krieg eingehe. Weniger gegenüber dem spröde und ohne Ausstrahlung auftretenden Ulbricht als vielmehr bei seinen Kontakten mit den zahllosen Abgesandten der »DDR«, die im Laufe der Jahre in häufig penetranter Weise antichambriert hatten, war Nasser zurückhaltend und manchmal sogar peinlich berührt geblieben.
Im Frühjahr 1965 aber obsiegte die »Realpolitik«. Für Gefühle, so verächtlich sie gegenüber der SBZ auch gewesen sein mochten, blieb kein Platz mehr. Die Bundesregierung hatte sich entschlossen, die Aufnahme diplomatischer Beziehungen zu Israel für den Mai des Jahres anzukündigen.
Vom Dienst war wiederholt berichtet worden, daß eine diplomatische Anerkennung Israels von der Mehrzahl der arabischen Staaten mit dem sofortigen Abbruch ihrer Beziehungen zur BRD beantwortet würde. Daran konnten keine Zweifel bestehen, auch wenn von einigen Persönlichkeiten noch Chancen gesehen wurden, dieser ungünstigen Entwicklung entgegenzuwirken. Alle Bemühungen sind jedoch in den zum Abbruch entschlossenen Ländern gescheitert.
Als am 13. Mai die diplomatischen Beziehungen der BRD zu Israel aufgenommen wurden, hatte ein wichtiges Glied in der folgerichtig geplanten Politik Adenauers seine endgültige Form gefunden. Gleichzeitig aber mußten der BRD aus langer Tradition gewachsene Verbindungen und Freundschaften im arabischen Raum verlorengehen, die bis heute noch nicht wieder aufgenommen werden konnten.

Trotz der unangenehmen Entwicklungen im Nahen Osten wurde die Bundesregierung sehr schnell wieder in die harte gesamtdeutsche Wirklichkeit gezogen, als sich Berichte über beabsichtigte Störaktionen der »DDR« und auch der Sowjets gegen die vom Deutschen Bundestag für Anfang April 1965 vorgesehenen Sitzungen in Berlin häuften. Zusätzlich zu ernstzunehmenden Informationen wurde Berlin und wurde Bonn von Gerüchten überflutet, die – eindeutig zur Panikmache ausgestreut – eine hektische Betriebsamkeit der Parteispitzen und Gremien auslösten und zu einer Atmosphäre führten, die für nüchterne Beurteilungen immer weniger Raum ließ. Damit hatten die Initiatoren in Pankow und Moskau ihr erstes Ziel, Unruhe und Unsicherheit zu stiften, zunächst einmal erreicht.
Es ehrt den Bundestag, die Parteien und die Bundesregierung, daß eine Absage der Berliner Sitzungen trotz dieser massiven Beeinflussungsversuche niemals ernsthaft erwogen wurde. Zu dieser festen Haltung hat eine gleichbleibende, durch Meldungen vielfach gesicherte Lagebeurteilung des Dienstes nicht unwesentlich beigetragen.

Auf einen kurzen Nenner gebracht, lautete sie: Pankow und dahinter oder auch daneben Moskau werden alle Möglichkeiten und Mittel der Propaganda und Agitation, verbunden mit Einschüchterungsversuchen und Drohungen, anwenden, um die Sitzungen zu verhindern. Die Aktion soll dazu dienen, Bonn und Berlin durch einen Verzicht auf die Sitzungen zu dem indirekten Eingeständnis zu veranlassen, daß der Bundestag nichts in Berlin zu suchen habe. Sie werden daher auch Absperr- und Störmaßnahmen durchführen. Derartige Aktionen werden jedoch unter jener Grenze bleiben, die unausweichlich zur Konfrontation mit den Westmächten führen muß. Zu ernsten Zwischenfällen militärischen Charakters wird es deshalb nicht kommen.
Am 4. April erreichten die Nötigungen durch die Sperrung der Zufahrtswege nach West-Berlin zu Lande, insbesondere der Autobahn Helmstedt–Berlin, ihren ersten Höhepunkt. Während der Militärverkehr der Westmächte unbehindert rollte, mußten alle Abgeordneten auf die Luftverbindungen ausweichen. Sie hatten sich ohnehin in der Mehrzahl schon vorher dafür entschieden. Alle Volksvertreter erreichten die alte Hauptstadt. Zu der vielfach befürchteten Entführung einer mit Bundestagsabgeordneten besetzten zivilen Maschine durch »Umleitung« auf den Ost-Berliner Flughafen Schönefeld ist es nicht gekommen.
Zum zweiten Höhepunkt, der auch die Weltöffentlichkeit schockiert hat, kam es, als sowjetische Kampfflugzeuge im Tiefflug über die Tagungsstätten brausten. Auch in dieser Phase spektakulärer Störversuche aus der Luft haben die Berliner und die Abgeordneten Ruhe bewahrt. So wurde aus der von Pankow erhofften »Vertreibung« des Bundestages aus Berlin eine Demonstration der Festigkeit und der Zusammengehörigkeit zwischen Bund und Stadt.

Einige Monate erst waren seit der Intensivierung und Verhärtung der Kampfhandlungen in Vietnam vergangen, als sich in Indonesien ein großangelegter kommunistischer Umsturzversuch abzeichnete. Starke Kader wurden bereitgestellt, um zahlreiche hohe Offiziere schlagartig zu ermorden und damit die Armee, die tragende Kraft des Staates, ihrer Führung zu berauben. Die Beseitigung der Offiziere sollte die langjährige Auseinandersetzung mit den Streitkräften des Landes zugunsten der Kommunisten entscheiden. Für ihr Vorhaben hatten sich die Verschwörer der stillschweigenden Duldung des unentschlossenen Staatspräsidenten Sukarno versichert, der es lange Zeit verstanden hatte, eine gewaltsame Auseinandersetzung zwischen der Armee und der kommunistischen Partei Indonesiens zu verhindern und beide Machtfaktoren im Gleichgewicht zu halten.

Verschiedenste Anzeichen deuteten allerdings schon längere Zeit darauf hin, daß Sukarno mit den hinter diesen Vorbereitungen stehenden chinesischen Kommunisten insgeheim gemeinsame Sache machte. Die chinesischen Kommunisten hatten ihm für den Fall des Gelingens des Putsches die Führung einer indonesischen »Volksrepublik« angeboten; in Wirklichkeit aber beabsichtigten sie, diese Rolle dem Führer der indonesischen kommunistischen Partei, Aidit, unter Ausschaltung Sukarnos zu übertragen.
In der Nacht vom 30. September zum 1. Oktober 1965 ermordeten kommunistische Kommandos planmäßig auf bestialische Weise eine Gruppe der wichtigsten Offiziere. Der großangelegte Umsturzversuch scheiterte dennoch, weil andere Anschläge mißlangen. So vermochten der populäre Oberbefehlshaber der Streitkräfte, General Nasution, und der jetzige Staatschef Indonesiens, General Suharto, an der Spitze treu ergebener Truppen den Staatstreich der kommunistischen Kräfte niederzuschlagen.
Es verdient besondere Erwähnung, daß sich unter den ermordeten hohen Offizieren zwei bewährte Freunde Deutschlands befanden, der Oberbefehlshaber des indonesischen Heeres, General Jani, und der langjährige und hochgeschätzte Militärattaché in Bonn, Brigadegeneral Pandjaitan.
Der Dienst war in der glücklichen Lage, der Bundesregierung aus hervorragenden Quellen ebenso rechtzeitig und eingehend über den Ablauf der für Indonesien so entscheidenden Tage berichten zu können, wie er frühzeitig auf die sich zuspitzende Lage hingewiesen hatte. Der Erfolg der indonesischen Armee, die in der Folgezeit die Ausschaltung der gesamten kommunistischen Partei mit Konsequenz und Härte verfolgte, kann nach meiner Überzeugung in seiner Bedeutung gar nicht hoch genug eingeschätzt werden.

In den von mir skizzenhaft dargestellten Vorgängen auf weltpolitischer Bühne seit 1956 habe ich es vermieden, über die organisatorische und personelle Entwicklung des Dienstes wie über die nach Adenauer wechselhaften Beziehungen zwischen der Bundesregierung und dem Dienst zu berichten. Ich habe nur in sehr wenigen Bemerkungen anklingen lassen, daß dieses Verhältnis nicht immer frei von Mißverständnissen und gelegentlich auch von Spannungen war. Es ist und bleibt mit der komplizierten Materie des geheimen Nachrichtendienstes verbunden, daß eine bestimmte positive, persönlich interessierte Einstellung der Regierung zu einer solchen Einrichtung gegeben sein muß, um deren unterstützende Funktion voll zur Auswirkung kommen zu lassen. Fehlt es an Interesse und vor allem fachkundigem Verständnis, wird auch der gut und korrekt arbeitende Dienst nicht in der Lage sein, Vorurteile abzubauen, die trotz vielseitiger Bemühungen, sie zurückzudrängen, fast unausrottbar scheinen. »Transparenz« und »Image-Pflege« sind die neuen Begriffe, die auf den Dienst von heute Anwendung finden sollen. Sie führen nicht zum Ziel, wenn es bei der Staatsführung an der wichtigsten Voraussetzung mangelt: dem unbedingten Vertrauen in die Zuverlässigkeit und Loyalität des Dienstes. Darüber hinaus zweifle ich daran, ob Transparenz und noch so gut gemeinte Image-Pflege einem Dienste, der der Natur der Sache nach abgeschirmt arbeiten muß, nutzen oder ob sie nicht geradezu schädlich sind, zumindest aber die Arbeit erschweren.

Als der Bundesnachrichtendienst im April 1966 sein zehnjähriges Bestehen als amtliche Einrichtung feiern konnte, gab es keine rauschenden Feste. Aber vieler Gedanken und Erinnerungen kreisten um die wechselvollen Ereignisse in diesen zehn Jahren, die in der Geschichte des Dienstes immer ein besonders interessantes und vielfarbiges Dezennium bleiben werden.

Im Jahre 1966 häuften sich auch die Presseartikel, die sich mit zukünftigen Organisationsformen für die »drei Nachrichtendienste« (gemeint waren BND, BFV und MAD) befaßten. Einzelne Berufene, aber sehr viel mehr Unkundige meldeten sich zu Wort, stellten »katastrophale Verhältnisse« fest und machten ihre Vorschläge. »Geheimdienstexperten« schossen aus dem Blätterwald und redeten in Funk und Fernsehen, um ihre Mitwirkung anzubieten. Für den Außenstehenden mußte es so aussehen, als ob es niemals eine Koordinierung zwischen den »drei Nachrichtendiensten« gegeben hätte. Den Veröffentlichungen zufolge standen sie sich vielmehr feindselig gegenüber, jeder nur darauf bedacht, seine Kompetenzen zu erweitern und dem anderen zu schaden.

Es ist sehr bedauerlich, daß von Regierungsseite nur wenig gegen diese zumeist törichten Behauptungen unternommen wurde. Dieses Schweigen offizieller Stellen gab den »Experten« Anlaß und Auftrieb zu neuen Verdächtigungen und grotesken Kombinationen.

In vielen Veröffentlichungen, darunter auch bei ernstzunehmenden, fand sich der Vorschlag, die »Dienste« zusammenzufassen. Hierbei war bei der Verschwommenheit der Darstellung oft schwer zu unterscheiden, ob an eine organisatorische Zusammenführung unter einem »Dach« (als einem obersten Koordinierungsorgan) oder an eine vollständige Verschmelzung der drei bestehenden Einrichtungen zu einem »Superdienst« gedacht war. Zu diesen Überlegungen stelle ich aus der Rückschau folgendes fest:

Die »drei Dienste« (d. h. BND, BFV und MAD) haben so klar voneinander getrennte Aufgabenbereiche, daß eine Vermischung durch Verschmelzung, auch vom politischen Standpunkt gesehen, nicht zweckmäßig ist. Während die Aufgaben des BND in der Aufklärung *außerhalb* der Bundesrepublik liegen und nur von Leitstellen des Dienstes innerhalb der Bundesrepublik aus gesteuert werden, haben BFV und MAD im zivilen bzw. militärischen Bereich Schutz- und Abwehraufgaben *innerhalb* der Bundesrepublik wahrzunehmen. Diese an sich klare Unterscheidung und Aufgabentrennung ist auch für den Laien verständlich.
Da die »drei Dienste« in der Bundesrepublik drei verschiedenen Regierungsressorts unterstehen – der Bundesnachrichtendienst dem Bundeskanzleramt, das Bundesamt für Verfassungsschutz dem Bundesinnenministerium, der Militärische Abschirmdienst dem Verteidigungsministerium – war allenfalls diskutabel, sie unter ein besonderes Ministerium als koordinierender Instanz zusammenzufassen, selbstverständlich unter Belassung der Eigenstruktur. Eine solche »Lösung« hätte jedoch vorausgesetzt, daß das Bundeskanzleramt und die beiden Ministerien auf eine Integration »ihrer« Einrichtungen und damit auf eine direkte Einwirkung verzichten. Es liegt auf der Hand, daß ein Ministerium, dem »drei Dienste« zugeordnet wären, sehr rasch Angriffsflächen sondergleichen geboten hätte. Auch der redlichste Minister, genannt wurde damals häufig der Minister für besondere Aufgaben Krone, der bei allen Parteien in hohem Ansehen stand, hätte das Odium des »allmächtigen Geheimdienstoberen« nicht von sich wenden können.
Während derartige Spekulationen unter der Regierung Erhard üppig wuchern konnten, änderte sich mit der Bildung der Großen Koalition am Jahresende die Situation. Ganz abgesenen davon, daß das Bundeskanzleramt und die beiden Ministerien an »ihren« Einrichtungen festhielten, ließ die Konzeption der Großen Koalition keinen Raum für ein »Staatssicherheitsministerium«. Es spricht nichts dafür, daß sich seither andere Auffassungen in den Vordergrund geschoben haben. So wird es nicht nur bei einer klaren Aufgabenteilung, sondern auch bei der bisherigen organisatorischen Zuordnung des Auslandsnachrichtendienstes und der beiden Abwehrdienste in der Bundesrepublik bleiben.

Mein letztes volles Amtsjahr brachte dem Dienst nochmals einen Erfolg, der im In- und Ausland häufig erwähnt und in seltener Übereinstimmung und Einmütigkeit anerkannt wurde. In einer schriftlichen Lagebeurteilung für die Bundesregierung hatte ich mich wenige Tage vor dem Beginn der Kampfhandlungen im Nahen Osten dahingehend festgelegt, daß in den ersten Juni-Tagen mit einem israelischen Präventivangriff gegen Ägypten gerechnet werden müsse. Meine Mitarbeiter und ich waren von der Unausweichlichkeit dieser Entwicklung und damit eines erneuten Nahost-Krieges so fest überzeugt, daß darüber eine Gruppe von Bundestagsabgeordneten unterrichtet wurde, die sich in Pullach aufhielt. Diese Abgeordneten haben sich später immer wieder als »Kronzeugen« bezeichnet. Sie haben freilich auch freimütig bekannt, daß sie die Lageunterrichtung trotz ihrer zwingend erscheinenden Schlußfolgerung für eine nachrichtendienstliche »Schwarzmalerei« gehalten hätten.

Die vielzitierte Lagebeurteilung des BND mit der abschließenden Prognose war das tpyische Produkt eines besonders engen Zusammenwirkens zwischen den aufklärenden Teilen des Dienstes und der nachrichtendienstlichen Auswertung, deren Analyse sich in diesem Falle auf sehr viele Einzelerkenntnisse stützen konnte. Daß diese Vorhersage trotz der vielfältigen Untermauerung dennoch gewagt war, beweist das Fehlen bestätigender nachrichtendienstlicher Ergebnisse bei den befreundeten westlichen Diensten. Selbst die CIA, die über die besten Verbindungen zum israelischen Dienst verfügte, war offenbar davon überzeugt, daß es den USA gelingen würde, den Ausbruch eines Krieges zu verhindern.

Die Absichten und Kriegsvorbereitungen der Ägypter begannen sich im Meldungsbild des Dienstes deutlich abzuzeichnen, nachdem Gromyko vom 29. 3. – 1. 4. Kairo einen Besuch abgestattet hatte. Aus Informationen wurde deutlich, daß er dabei gar nicht beabsichtigt hatte, die kriegerischen Töne im arabischen Lager zu dämpfen. Im Gegenteil, es gab seinerzeit Hinweise, die erkennen ließen, daß Gromyko es bei seinen Gesprächen mit Nasser unterlassen hat, die beim sowjetischen Geheimdienst bestehende Beurteilung des militärischen Kräfteverhältnisses offen auszusprechen. Auch die Sowjets waren davon überzeugt, daß die qualitative Überlegenheit der zahlenmäßig weit unterlegenen israelischen Streitkräfte von den Arabern nicht aufgeholt werden konnte. Es bleibt rätselhaft, aus welchen Gründen Gromyko die zum Kampf entschlossenen arabischen Führer eher ermutigt hat, ihre Kriegsvorbereitungen zu steigern.

Der israelische Nachrichtendienst Shin Beth, der sich in 20 Jahren zu einem der effektivsten Dienste der Welt entwickelt hatte, blieb seinem Ruf nichts schuldig: Mit größter (später in allen Einzelheiten nachgewiesenen) Genauigkeit konnte er die Kriegsvorbereitungen in den angrenzenden arabischen Ländern erfassen und der eigenen militärischen Führung wertvolle Unterlagen für den richtigen Ansatz

der israelischen Streitkräfte zur Verfügung stellen. Bei dem bestehenden Kräfteverhältnis kam es für Israel darauf an, durch einen Präventivschlag seiner hervorragend ausgerüsteten und ausgebildeten Luftwaffe eine frühzeitige Entscheidung zu suchen, um damit einem für das kleine Land möglicherweise vernichtenden arabischen Angriff zuvorzukommen.
Die präzisen Feststellungen des Nachrichtendienstes ermöglichten es dem israelischen Oberkommando, mit überraschenden Luftangriffen von See her bereits am ersten Angriffstag (5. Juni) die wichtigsten ägyptischen Flugplätze ohne Gegenwehr zu erreichen und die Masse der einsatzfähigen Flugzeuge am Boden zu zerstören. Unter kompromißloser Schwerpunktbildung geführte Panzeroperationen folgten diesen Anfangserfolgen und besiegelten das Schicksal der arabischen Gegner. Die Israelis errangen den Sieg in einem nur sechs Tage währenden »Blitzkrieg«, wie ihn die waffentechnische Entwicklung der letzten Jahre nur bei einem Einsatz atomarer Waffen hatte erwarten lassen.
Seit dem Abschluß der Kampfhandlungen, der durch die Einwirkung der Großmächte erreicht werden konnte, hat Israel die besetzten arabischen Gebiete als Faustpfänder für die endgültige Friedensregelung behalten. Auf der anderen Seite haben die Sowjets die Verpflichtung übernommen, den betroffenen arabischen Ländern nicht nur die materiellen Verluste zu ersetzen, sondern ein Übergewicht an modernen Waffen herzustellen. Mit den nach Kriegsende erfolgten Waffenhilfen, deren Durchführung von den westlichen Nachrichtendiensten beobachtet wurde, hat sich die Sowjetunion einen zunehmend stärkeren Einfluß auf Ägypten gesichert. Es ist in diesem Zusammenhang sicher nicht abwegig, an Gromykos Besuch wenige Wochen vor Kriegsbeginn zu denken. Waren die mangelhafte Unterrichtung der ägyptischen Regierung über die Beurteilung des sowjetischen Geheimdienstes und die unterlassene Warnung etwa darauf zurückzuführen, daß besiegte Araber gezwungen sein würden, sich jeder Form der Abhängigkeit zu unterwerfen, daß mithin die Sowjetunion auf jeden Fall einer der Sieger in der Auseinandersetzung sein würde?
Im Zuge der sowjetischen Hilfsmaßnahmen sind seit drei Jahren Tausende von sowjetischen Beratern und Technikern nach Ägypten gekommen. Sie sind, daran gibt es keine Zweifel, von den nationalstolzen Arabern zwar als Helfer begrüßt, nicht immer aber auch als Freunde willkommen geheißen worden. Zwischen den fremden Instrukteuren, deren Hochmut verwünscht wurde, und ihren »Schülern« ist es wiederholt zu Reibungen und Auseinandersetzungen

gekommen. Nasser selbst und hohe ägyptische Offiziere haben die Niederlage als Schmach, die sowjetische Bevormundung als entwürdigende Fortsetzung empfunden.
Im Nahen Osten ist der Friede noch nicht abgesichert. Auch in der Zukunft wird deshalb die Aufmerksamkeit der Weltöffentlichkeit auf dieses Krisengebiet gerichtet bleiben. Die Kriege in diesem Raum bildeten am Anfang und vor dem Ende meiner Tätigkeit einen Schwerpunkt in der Beobachtungstätigkeit des Bundesnachrichtendienstes. Sie gaben ihm reiche Gelegenheit zur Bewährung.

Als Bundeskanzler Kiesinger im Dezember 1966 unter Bildung der Großen Koalition die Regierung übernahm, hatte ich bei meinem ersten mündlichen Vortrag vorgeschlagen, daß ich in Anbetracht der Erreichung der Altersgrenze im Jahre 1967, spätestens im Frühjahr 1968 in den Ruhestand treten sollte, damit die Frage der Neubesetzung nicht in das Klima eines Wahljahres geraten könne. Der Bundeskanzler stimmte dem zu. Als Nachfolger kamen in Frage General Wendland und General Wessel; die Entscheidung fiel zugunsten des letzteren.
Am 1. Mai 1968 übernahm General Gerhard Wessel meine Nachfolge als Präsident des Bundesnachrichtendienstes. In einer Feierstunde richtete der damalige Chef des Bundeskanzleramtes, Staatssekretär Prof. Dr. Carstens, vor leitenden Angehörigen des Dienstes Abschieds- und Dankesworte an mich. Zugleich führte er den neuen Präsidenten in sein Amt ein.
Diese warmen Dankesworte, die Staatssekretär Carstens im Namen des Bundeskanzlers und der Bundesregierung fand, ebenso wie die Verleihung des höchsten Ordens der Bundesrepublik, entschädigten mich für die Schwierigkeiten der letzten 5½ Jahre seit dem Weggang von Adenauer. Diese letzten Jahre trug mich in der Erfüllung meiner Aufgaben zwar das Wohlwollen der Bundeskanzler Erhard und später Kiesinger sowie seiner Staatssekretäre, auf der anderen Seite war die Arbeit in unerfreulicher Weise getrübt durch einzelne höhere Beamte, die – nicht kundig der Notwendigkeiten des Dienstes – stets bürokratische Schwierigkeiten machten, so daß ich wiederholt bei dem Versuch, wichtige Fragen zu lösen, die Bundestagsausschüsse und den Präsidenten des Bundesrechnungshofes auf meiner Seite, die Verwaltungsbürokratie jedoch gegen mich hatte.

10. KAPITEL

# Sowjetische Politik und kommunistische Ideologie

## *Erkenntnisse und Erfahrungen*

In den vorangegangenen Kapiteln habe ich über die Entstehung und Entwicklung des Dienstes berichtet und dabei versucht, den roten Faden, der dieses Buch durchziehen sollte, immer wieder sichtbar werden zu lassen. Kaum ein Ereignis, das ich zu schildern hatte, war nicht beeinflußt von der großen Auseinandersetzung zwischen der freien und der kommunistischen Welt. Sie hat unser aller Schicksal in den letzten Jahrzehnten bestimmt, und sie wird, daran kann es für mich keinen Zweifel geben, die Zukunft unseres Landes noch für lange Zeit bestimmen. Diese Tatsache veranlaßt mich, die drei folgenden und abschließenden Kapitel nicht nur als zwangsläufig notwendige Ergänzung und Abrundung, zusammengesetzt aus eigenen Erkenntnissen und Erfahrungen, sondern auch als eine eindeutige Stellungnahme und Aussage anzulegen, wie sie gewiß viele Leser dieses Buches von mir erwarten.

Die politische Gegensätzlichkeit beider Welten – Ost und West – ist mit einer unaufhörlichen, oft lautlosen, häufig aber auch in aller Öffentlichkeit ausgetragenen Polemik verbunden, der sich keiner von uns entziehen kann und darf. Sie wird in allen Bereichen und auf allen Ebenen geführt. Noch steht auf unserer Seite eine breite Phalanx des demokratischen Westens, die entschlossen und bereit ist, sich für die Erhaltung unserer Freiheit einzusetzen. Die Träger der Verteidigung dessen, was uns wert und heilig ist, kämpfen in erster Linie mit geistigen Waffen gegen die zersetzende Wirkung der kommunistischen Ideologie vor allem dort, wo die lebendigen Kräfte und Mächte des Kommunismus zu neuen Zielen vorwärts streben. Mögen sie alle, die zur Verteidigung von Frieden und Freiheit berufen sind, nicht nachlassen, den Unentschlossenen und Getäuschten, Betrogenen und Betörten Mahner und Rufer zu sein!

Wenn ich mich mit meinen Ausführungen an ihre Seite stelle, erfülle ich damit eine selbstverständliche Verpflichtung unserem Staat, seiner Verfassung und meinen Mitarbeitern gegenüber, galt unsere Arbeit doch stets der Abwehr jedweder Gefahr für unser Land, ohne uns durch irgendeine Illusion einfangen zu lassen.

Es ist vor allem darauf hinzuweisen, daß die theoretisch-ideologischen Grundlagen des Kommunismus für die praktische Durchführung politischer Maßnahmen heute ebenso ausschlaggebend und richtungweisend sind wie je zuvor. An Beispielen werde ich versuchen, das Zusammenwirken der Elemente und Träger aufzuzeigen, die den Weltkommunismus zu seinem unveränderten Ziel führen sollen, mit seinem System die »Weltrevolution« in Gang zu bringen (»die Segnungen des Sozialismus der ganzen Welt zu bringen«, wie Kommunisten sagen). Mit einem Aufriß über die Ergebnisse der sowjetischen Machtpolitik in den letzten zwanzig Jahren meines Wirkens (1948–1968) und mit einem Blick auf die gegenwärtige Situation werde ich das Buch beschließen.
Zwei Zitate (Heinrich Heine und Manuilsky) sollen die letzten Kapitel einleiten. Sie haben mich in ihrer eindeutigen und besonderen Aussagekraft mehr beeindruckt als die Vielzahl der von Marx und Lenin übermittelten Äußerungen.
Im Jahre 1832 schrieb ein Mann, der bestimmt nicht in den Ruf zu bringen ist, ein Reaktionär gewesen zu sein, über den Kommunismus: »Kommunismus ist der geheime Name des furchtbaren Antagonisten, der die Proletarierherrschaft in allen ihren Konsequenzen dem heutigen Bourgeoisie-Regimente entgegensetzt. Es wird ein erbitterter Zweikampf sein. Wie möchte er enden? Das wissen die Götter und Göttinnen, denen die Zukunft bekannt ist. Nur so viel wissen wir: Der Kommunismus, obgleich er jetzt wenig besprochen wird und in verborgenen Dachstuben auf seinem elenden Strohlager hinlungert, so ist er doch der düstre Held, dem eine große Rolle beschieden in der modernen Tragödie und der nur des Stichworts harrt, um auf die Bühne zu treten, worin er sich zu seinem Debut vorbereitet. Solche Hindeutungen sind vielleicht wichtiger als alle Mitteilungen über Wahlumtriebe, Parteihader und Kabinettsintrigen.«
Heinrich Heine, der diese prophetisch erscheinenden Sätze niederschrieb, kannte zu dieser Zeit noch nichts von Marx. Er konnte nicht ahnen, daß 85 Jahre später ein Mann namens Lenin den Kommunismus im ehemals zaristischen Rußland, in einem Land also, für welches Marx und Engels keinerlei Sympathien hatten, einführen würde. Um so erstaunlicher ist Heines Weitblick angesichts der damals noch unbedeutenden und im Dunkel operierenden, sich »kommunistisch« nennenden Splittergruppen.
Hundert Jahre später (1931) verkündete der sowjetische Ideologe und langjährige Leiter der Komintern, Manuilsky, in einer Grundsatzerklärung: »Gewiß, heute sind wir noch nicht stark genug, um anzugreifen. Unsere Zeit wird in 20 oder 30 Jahren kommen. Um zu

siegen, brauchen wir ein Element der Überraschung. Die Bourgeoisie muß eingeschläfert werden. Wir werden deshalb damit beginnen, die theatralischste Friedensbewegung zu entfachen, die jemals existiert hat. Es wird elektrisierende Vorschläge und außerordentliche Zugeständnisse geben. Die kapitalistischen Länder, stupide und dekadent, werden mit Vergnügen an ihrer eigenen Zerstörung arbeiten. Sie werden auf den Leim der Gelegenheit zu neuer Freundschaft kriechen. Und sobald sich ihr Schutzgürtel entblößt, werden wir sie mit unserer geballten Faust zerschmettern.«

Als Manuilsky sich mit dieser für die freie Welt vielsagenden Ankündigung hinter sein großes Vorbild Lenin stellte, der dem Kapitalismus in gleicher Tonart Verderben und Untergang verheißen hatte, kämpfte Stalin noch um die Einmann-Herrschaft in der Sowjetunion. Vierzehn Jahre später hatte der rote Diktator im Bunde mit den Westmächten über Deutschland gesiegt. Er stand an der Elbe und hatte mit der einzigen Ausnahme der Inbesitznahme der Meerenge von Kostantinopel nicht nur die kühnsten Ambitionen der Zaren, sondern nahezu alle Träume des Panslawismus verwirklicht. Die Umwandlung der in den Einflußbereich der Sowjets geratenen Staaten Ost- und Südosteuropas in kommunistische Staaten war die unabänderliche Konsequenz. Sie war bis 1949 vollzogen.

Die Unveränderlichkeit der sowjetischen Machtpolitik zeigte sich in den nun kommenden Jahren besonders deutlich. Für meine Mitarbeiter und mich bedeutete diese Entwicklung am Ende der 40er Jahre, die mit dem Entstehen der Bundesrepublik Deutschland zusammenfiel, die Übernahme neuer und wichtiger Aufgaben. Hatten wir bis dahin mit eindeutigem Schwerpunkt die militärischen Absichten und das Wehrpotential der Sowjets und ihrer Satelliten aufgeklärt und darüber berichtet, so erweiterte sich nunmehr der uns gestellte Auftrag auf die Beobachtung und Bewertung der sowjetischen Machtpolitik in all ihren Aspekten, auf die kurzfristigen Aktionen ebenso wie die mittel- und langfristigen Planungen und Maßnahmen großräumiger Strategie. Dabei nahm die Aufklärung der inneren Situation im sowjetischen Machtbereich unsere Aufmerksamkeit ebenso in Anspruch wie die nach außen gerichtete expansive sowjetische Politik.

Hatte schon das Ergebnis von Jalta Schrecken und Vernichtung am Wege der zukünftigen kommunistischen Weltmacht befürchten lassen, so brachte wenige Jahre danach ein Ereignis für mich den endgültigen Beweis für die Konsequenzen sowjetischer Politik: Der gewaltsame Sturz Beneschs, mit dem im Juni 1948 die Tschechoslowakei in eine kommunistische »Volksdemokratie« umgewandelt wurde. Zwanzig Jahre später, am Ende meiner dienstlichen Lauf-

bahn, wurde von den Sowjets den Tschechen und Slowaken der »eigene Weg zum Sozialismus« mit Gewalt verwehrt, statt ihnen den Weg zur Freiheit freizugeben. Es ist für mich kein Zufall, sondern im Gegenteil eine überzeugende und schlüssige Bestätigung der Kontinuierlichkeit und Unveränderlichkeit sowjetischer Machtpolitik, daß am Anfang und am Ende der unter meiner Leitung durchgeführten politischen Aufklärung gewaltsame Aktionen standen, die ein fast wehrloses Land in ein unentrinnbares Schicksal zwangen. Was den Tschechen und Slowaken geschehen ist, den Ungarn und Polen und unseren Landsleuten in Mitteldeutschland davor und danach, hat in der westlichen Welt, hat vor allem auch in unserem Lande nicht jene nachhaltige Beachtung und andauernde Verurteilung gefunden, die zum Selbstverständnis hätte werden müssen. Wie anders ist es zu erklären, daß heute, nur drei Jahre nach den erregenden Vorgängen im August 1968, bei uns nicht allein Vergessen und Arglosigkeit die militärische Besetzung unseres Nachbarlandes überdecken, sondern darüber hinaus eine raffinierte kommunistische Propaganda die damalige Gewaltaktion in eine Verständnis erheischende Maßnahme zur »Wahrung des Besitzstandes« des Ostblocks verfälscht hat?
Es war für uns im Anbeginn nicht einfach, die wesentlichen politischen Entwicklungen im Sowjetblock ebenso wie die von der sowjetischen Weltmacht ausgehenden Initiativen und Aktivitäten lückenlos zu erfassen. Auf der einen Seite stand der potentielle Gegner selbst, der über einen gigantischen Apparat, ein »Instrumentarium« verfügt (und bis heute gebietet), das ihn zu einer Vielfalt und Flexibilität in den Abläufen und zu schier unerschöpflichen Möglichkeiten in der Anwendung der verschiedensten Mittel und Methoden befähigt. Im nächsten Kapitel sollen diese Elemente und Träger sowjetinterner und weltweiter Aktivitäten, die häufig nur dem Kundigen verständlich sind, im einzelnen aufgezeigt werden.
Unsere Arbeitsergebnisse wurden, so beweiskräftig und schlüssig sie auch sein mochten, nicht von allen politischen Persönlichkeiten gern gehört. Wenn ich an dieser Stelle mit Dank gegenüber meinen Mitarbeitern feststelle, daß wir nahezu alle bedeutenden Entwicklungen im Sowjetblock frühzeitig, oft Monate oder Jahre vorher, erkannt und in den meisten Fällen zutreffend analysiert haben, so stand dieser Tatsache die bedrückende Erkenntnis gegenüber, daß ein Auslandsnachrichtendienst, der nicht nur Günstiges zu berichten weiß, sehr leicht in den Ruf der Einseitigkeit, wenn nicht in den Verdacht bewußter Verteufelung geraten kann. Ich selbst fühlte mich nicht selten in die Rolle der Kassandra versetzt, wenn ich, unter Hinweis auf die Fakten, vor Illusionen und Fehlbeurteilungen warnen mußte.

Das Los, als »Kalter Krieger« gewertet zu werden, war uns vor allem in der zweiten Hälfte der sechziger Jahre beschieden, als auch in unserem Lande mehr und mehr Politiker die »Friedensliebe« der Sowjets unter den Vorzeichen von »Koexistenz und Entspannung« neu entdeckten. Ob dieser Vorwurf, »Kalter Krieger« gewesen zu sein, zu Recht bestand, kann ich getrost dem Urteil der Geschichte überlassen.

Die Zielstrebigkeit sowjetischer Politik wurde und wird noch oft verkannt. Eine erstaunliche Tatsache, mit der wir konfrontiert wurden, war die Ansicht mancher Politiker und hoher Regierungsbeamter, die sowjetische Politik sei nicht durchschaubar, sie trage geradezu irrationale Züge. Mir ist diese Ansicht niemals verständlich gewesen. Ich habe stets festgestellt und behaupte es noch heute, daß sich die kommunistische Politik im allgemeinen wie die sowjetische im besonderen durch eine geradezu faszinierende Klarheit und eine beispiellose Zielstrebigkeit auszeichnen. Es kommt hinzu, daß kommunistische Politiker, von der Richtigkeit ihres Glaubens überzeugt, ihre Ziele und Absichten oft mit brutaler Offenheit anzukündigen und festzulegen pflegen. Gerade derartige Ankündigungen und Verlautbarungen offizieller Art und inoffizieller Natur werden jedoch bei uns oft wenig ernst genommen oder dadurch ihres Wertes beraubt, daß mit der Materie allzu wenig Vertraute für sich die geeignet erscheinenden Passagen heraussuchen, womöglich solche, die eigene (mitunter besonders umstrittene) Auffassungen stützen könnten. Mangelnde Klarsicht und fehlendes Urteilsvermögen verhindern in solchen Fällen die richtige Einschätzung dessen, was uns, zumeist wohldosiert und präpariert, aus dem kommunistischen Machtbereich in Wort und Schrift erreicht.

Die dominierende Rolle der Ideologie wird meist vergessen oder angezweifelt. Vor Fehlschlüssen mit oft verhängnisvollen Folgen können nach meiner Überzeugung nur fundierte und gesicherte Kenntnisse schützen, die ein Mindestmaß von Wissen vermitteln, ohne welches eine politische Auseinandersetzung mit dem Kommunismus und der ihn repräsentierenden Weltmacht einfach nicht möglich ist. Hierzu gehören Kenntnisse über die Mentalität der Sowjetvölker und ihrer Verbündeten ebenso wie über die Theorien des Marxismus-Leninismus, die ja im kommunistischen Verständnis nicht nur die Welt erklären, sondern auch dazu dienen, sie zu verändern. Die kommunistische Ideologie ist auch heute noch, so heftig dies von manchen »Experten« angezweifelt werden mag, die Grundlage aller wichtigen Entscheidungen im kommunistischen Machtbereich, sie ist und bleibt die Anleitung zum Handeln.

Folgende Gegenüberstellung mag dies begreiflich machen:

1. Auf westlicher Seite wird von manchen Politologen behauptet:
   a. daß das »Zeitalter der Ideologien« zu Ende gegangen sei;
   b. daß infolgedessen auch die *Virulenz der Theorie von der Weltrevolution* im Erlöschen, wenn nicht gar schon erloschen sei;
   c. daß in der weiteren Auswirkung dieser *objektiven* (historischen) Tatsache, wenn vielleicht auch noch nicht die Innen-, so doch die gesamte Außenpolitik der Kommunisten ideologieentbundene Ziele anstrebe;
   d. daß somit die Notwendigkeit entfalle, in dem eigenen außenpolitischen Kalkül Elemente »ideologischen«, und d. h. weltrevolutinären Denkens und Planens, auf seiten des kommunistischen politischen Partners einzusetzen;
   e. daß schließlich sich daraus die Erkenntnis ergebe, daß die *Beziehungen* mit kommunistischen *Staatswesen,* vorab mit der Sowjetunion, sich »normalisieren« könnten.
   Darunter wird, soweit es sich bisher übersehen läßt, verstanden, daß in diesen Beziehungen das *Staatsinteresse,* die *»raison d'Etat«,* immer stärker in den Vordergrund tritt, dagegen ideologische, und das heißt weltanschauliche Faktoren ihre bisher mitbestimmende außenpolitische Funktion verlieren würden. Hieraus ist ersichtlich, daß *diese* Grundposition auf der von einer Vielzahl der westlichen Sowjetologen vertretenen Überzeugung von der wachsenden *Konvergenz* der beiden heterogenen Gesellschaftssysteme beruht. Damit wird die Virulenz der marxistisch-leninistischen Weltrevolutionslehre in der sowjetischen Außenpolitik geleugnet.
2. Von kommunistischer Seite wird dagegen behauptet:
   a. daß die *hochentwickelten kapitalistischen Staaten* der modernen industriellen Konsumgesellschaft in einem bedeutsamen Entwicklungsprozeß stünden;
   b. daß dieser Prozeß zur Entstehung einer neuen und für den weiteren Geschichtsablauf entscheidenden *Existenzform des Kapitalismus* führe;
   c. daß diese neue Existenzform des Kapitalismus in der Akkumulation des Kapitals und damit der Macht in den Händen des Staates und der großen wirtschaftlichen Korporationen ihren Ausdruck finde – womit der bisherige Kapitalismus zum staatsmonopolistischen Kapitalismus geworden sei;
   daß aber auch dieser staatsmonopolistische Kapitalismus seine antagonistischen Widersprüche unverändert in sich berge und daher – trotz besser entwickelter Fähigkeiten, sozio-ökonomische Krisen zu meistern – dem Untergang geweiht sei;

d. daß dieser staatsmonopolistische Kapitalismus eine bedeutende Potenz besitze und durch planmäßige Förderung wissenschaftlicher Forschung und durch soziale Reformen die Anhebung des Lebensstandards und die Verbesserung der Existenzbedingungen der werktätigen Massen zu bewirken vermöge, womit zwar die *absolute*, aber nicht die *relative* Verelendung der arbeitenden Bevölkerung aufgefangen worden sei;
e. daß aber diese neue Existenzform des Kapitalismus nicht allein eine Folgeerscheinung der technischen Revolution, sondern auch des Druckes des sozialistischen Lagers auf die sozialen Prozesse in der Welt sei;
f. daß also alle Reformbewegungen innerhalb der modernen kapitalistischen Gesellschaftsordnung als *vorhersehbare Stufen* des weiter andauernden Weltrevolutionsprozesses zu beurteilen seien;
g. daß schließlich der staatsmonopolistische Kapitalismus als Ganzes die von Lenin vorhergesagte *»entscheidende Entwicklungsvorstufe«* des Übergangs vom Kapitalismus zum Sozialismus sei, was man als die kommunistische Auslegung der Konvergenztheorie bezeichnen könnte.

Hieraus ist ersichtlich, daß diese Grundposition auf der von allen kommunistischen Parteien der Welt unverändert vertretenen Überzeugung von der Gültigkeit und Wirksamkeit der im Marxismus-Leninismus kodifizierten Gesetzmäßigkeiten einer einheitlichen Entwicklung des *Weltrevolutionsprozesses* beruht. Die Übereinstimmung der westlichen Konvergenztheorie mit der politischen Wirklichkeit wird kommunistischerseits geleugnet. Die vorstehende Gegenüberstellung dürfte im Zusammenhang mit den Formulierungen der Ostpropaganda klar erkennen lassen, daß der Gedanke der Weltrevolution die Leitlinie allen kommunistischen Handelns ist.

Im übrigen ist diese in jüngster Zeit vermehrt in die Öffentlichkeit verlagerte Auseinandersetzung, ob die sowjetische Politik (noch) ideologieverhaftet sei oder primär, wenn nicht sogar ausschließlich, den imperialistisch-nationalistischen Interessen Sowjetrußlands diene, aus meiner Sicht ebenso fruchtlos wie im Grunde gegenstandslos. Ein Streit in dieser Frage ist deshalb müßig, weil sowjetische Politik sowohl den einen wie den anderen Belangen dient. Weist man die durch die Ideologie festgelegten Ziele dem Gebiet der politischen Strategie zu, wo sie auch bis zur Übernahme der Macht in einem Staate von den Kommunisten selbst eingeordnet werden, so lösen sich alle scheinbaren Widersprüche auf. Der Beweis dürfte jedenfalls kaum zu erbringen sein, daß irgendeine Aktion oder Entwicklungsphase in den Beziehungen zwischen kommunistischen und nichtkommunistischen Staaten, wie zum Beispiel auch der zwischen Moskau und Bonn am 12. August 1970 abgeschlossene Vertrag, mit der kommunistischen Ideologie nicht in Einklang zu bringen sei. Auch die spektakuläre Unterstützung der Vereinigten Arabischen Republik, sprich Ägypten, durch die Sowjetunion steht keineswegs im Widerspruch zu langfristigen ideologiebedingten Plänen Moskaus, obwohl in Ägypten die kommunistische Partei nach wie vor verboten ist und ihre Mitglieder, wenigstens zu Nassers Zeiten, verfolgt wurden. Der rasch wachsende Einfluß Moskaus im Nahen Osten mit seinem Schwerpunkt in Ägypten wird, so argumentiert die sowjetische Führungsspitze, früher oder später den »Sozialismus« arabischer Prägung der reinen, von Moskau repräsentierten Form eher nahebringen, als wenn die VAR, sozusagen als Strafe für die Unterdrückung der Kommunisten im Lande, ihrem Schicksal überlassen bliebe.

Ehe ich mich jedoch der gesamtkommunistischen Politik im allgemeinen und der sowjetischen im besonderen mit ihren Auswirkungen zuwende und auch deren ausführende Organe und wichtigste Kampfmittel behandle, halte ich in bezug auf den Zusammenhang zwischen kommunistischer Theorie und Praxis einige grundsätzliche Bemerkungen für angebracht. Ich sehe es allerdings nicht als meine Aufgabe an, mich zu weitgehend ideologischen Betrachtungen zu widmen und damit die kaum übersehbare Fülle des hierzu angebotenen Materials an dieser Stelle noch zu erweitern. Berufenere haben sich zu dieser Thematik unter allen nur denkbaren Gesichtspunkten geäußert; sie tun es noch immer und immer wieder, ohne oft das rechte Gehör zu finden. Mein Beitrag soll sich daher lediglich auf jene Fragen beschränken, bei denen der bereits nachdrücklich hervorgehobene Zusammenhang zwischen der kommunistischen Theorie, also der Ideologie, und der Praxis mit politisch bedeutsamen Ereignissen zweifelsfrei erkennbar ist.

Soll eine Politik, die das auf den Staat bezogene Handeln beinhaltet, Erfolge bringen und dem eigenen Volke nützen, dann muß sie, primär die Außenpolitik, zweckbestimmt und zielgerichtet sein. Kraft, Intensität und schließlich die Ergebnisse einer solchen Politik hängen von den eigenen Möglichkeiten, dem eigenen militärischen, wirtschaftlichen, technischen und psychopolitischen Potential ab, sowie von den entsprechenden Gegebenheiten, der Gesamtlage und den Absichten bei Freunden und Gegnern.

Aus der Zweckbezogenheit ergibt sich bereits, daß die Lagebeurteilung des aktiven Politikers häufig subjektiv beeinflußt sein kann. Sie wird die Situation daraufhin untersuchen, ob und auf welche Weise das angestrebte Ziel, der gewünschte Zweck verwirklicht werden kann, und sich aus der Reihe der sich anbietenden Möglichkeiten diejenigen aussuchen, die nach gewissenhaftem Ermessen am zweckdienlichsten zu sein scheinen. Der nachrichtendienstliche Analytiker, im Kriege der Beurteiler der Feindlage, hat hingegen bei seiner Wertung im allgemeinen nur in zweiter Linie die eigene Lage und die eigenen Absichten einzukalkulieren. Bei der Beurteilung der Lage des Gegners wird er daher häufig zu einem größeren Grad der Objektivität vordringen können als der verantwortliche Politiker, vorausgesetzt, er versteht es, sich in die Denkkategorien des Gegners hineinzuleben. Eine nachrichtendienstliche Lagebeurteilung wird beinahe unvermeidlich die Zustände und Entwicklungen meistens schärfer und klarer sehen, als dies auch der erfahrene Politiker, der oft mit einer Vielzahl eigener und anderer Probleme zusätzlich beschäftigt ist, zu tun imstande oder geneigt ist. Ein Politiker, der sich dessen bewußt ist und nicht wie Hitler nur annimmt, was in seine subjektive Vorstellung paßt, der sowohl die eigenen Möglichkeiten wie auch die »Feindlage« klar und nüchtern sieht, wird die richtigen Entschlüsse ohne Illusionen fassen.

Wie jedes Handeln beruht auch die Politik auf gewissen wertbezogenen Voraussetzungen und Grundlagen, die zugleich letzte Zielvorstellungen beinhalten. Diese Prämissen sind einerseits in Verfassungen, wie z. B. in unserem Grundgesetz, im Völkerrecht, und in allgemeinen Konventionen, wie der UNO-Charta, festgelegte Normen, die als verbindlich gelten. Sie ergeben sich aber auch, ohne daß uns dies immer bewußt sein mag, aus religiösen Bindungen, Weltanschauungen, Ideologien oder wie immer man solche Wertvorstellungen bezeichnen will.

Solange alle Handelnden auf der politischen Bühne den gleichen Voraussetzungen und Grundlagen folgen, treten die letztgenannten Bindungen nach außen zurück. Im freien Spiel der Kräfte gelten gleiche Normen und Rechte für alle. Politik ist in diesem Falle scheinbar nur auf den angestrebten Nutzen ausgerichtet, sie wirkt »entideologisiert«, um ein Modewort der ausgehenden sechziger Jahre zu gebrauchen. Dieser Zustand galt meines Erachtens für das 18. Jahrhundert und mit Einschränkungen – ich denke hier an die von der großen französischen Revolution ausgehenden Einflüsse – auch noch für das 19. Jahrhundert.

Sind jedoch die Grundsätze und Wertvorstellungen für die politisch Handelnden so unterschiedlich, wie dies spätestens seit der sowjetischen Oktoberrevolution von 1917 der Fall ist, dann muß diese vorgegebene Einheit durch Gleichheit zerbrechen. Die an entscheidender

Stelle tätigen Politiker sind seitdem gezwungen, ihr Handeln nicht nur am Nutzen, sondern zusätzlich auch nach außen erkennbar an den für das von ihnen vertretene Volk gültigen und verbindlichen Normen und Werten zu orientieren, wie auch das Handeln des Gegners an dessen Normen zu messen. Sie werden dabei immer wieder feststellen müssen, daß das gegnerische Verhalten und Vorgehen ihren eigenen Normen widerspricht. Wäre dem nicht so, würden unsere Politiker nicht fortgesetzt höchste Werte, wie etwa Freiheit oder Demokratie, in die Waagschale werfen, um die Berechtigung ihres Handelns, das Zwingende ihrer Forderungen oder die abwegige Argumentation der Gegenseite nachzuweisen.

Die verschiedene Wertbezogenheit politischen Handelns in Ost und West ist damit nach meiner Ansicht offenkundig. Politik ist und bleibt, solange dieser Zustand anhält, also so lange, wie regierende und nichtregierende kommunistische Parteien am kommunistischen Dogma festhalten, zu einem großen und entscheidenden Teil ideologisiert. Es wäre für uns alle nützlich, wenn wir diese Tatsache ebenso anerkennen würden, wie die kommunistische Seite davon überzeugt ist, daß der Kampf gegen den »Imperialismus« unausweichlich sei. Auch Vorgänge im Bereich der Bundesrepublik Deutschland, wie etwa das Verhalten der Jungsozialisten und die zunehmende Radikalisierung, sollten uns dazu veranlassen, die Rolle der Ideologie in der politischen Praxis realistischer und verantwortungsbewußter als bisher zu sehen.

Die letzten Werte und Zielsetzungen, an denen sich die Sowjetunion und ihre Satelliten sowie die Gesamtheit der kommunistischen Parteien orientieren, sind in der angeblich wissenschaftlich fundierten Weltanschauung des Marxismus-Leninismus enthalten. Sie sind, für jeden nachlesbar, in die Lehrgebäude, Verfassungen, Parteiprogramme und Statuten sowie in zahlreiche Grundsatzdokumente aufgenommen, die, ich kann es nur immer wieder betonen, vornehmlich eine Anleitung zum Handeln bis auf den heutigen Tag darstellen.

Wenn ich die Erkenntnisse und Erfahrungen aller großen westlichen Nachrichtendienste heranziehe, um diese gleichbleibend offensive Zielsetzung in den Vordergrund zu stellen, so bin ich mir mancher möglicher Einwände wohl bewußt. Gerade diejenigen, die, allen auch allerneuesten »Belehrungen« durch die kommunistische Seite z. B. in der Deutschland- und Berlin-Frage zum Trotz, die Arbeit der Nachrichtendienste gern als »unverbesserlich« bezeichnen, werden nicht müde, darauf hinzuweisen, daß sich innerhalb des Sowjetblocks in den letzten Jahren Entwicklungen ergeben hätten, die die praktika-

blen Teile des Marxismus-Leninismus immer mehr zusammenschrumpfen ließen. Diese Veränderungen seien offenkundig, gewisse »Schwarzseher« wollten sie nur nicht zur Kenntnis nehmen... Selbstverständlich ist auch mir klar, daß der ursprüngliche Marxismus-Leninismus sich genauso weit von den »Klassikern« Marx und Engels entfernt hat wie modernes Christentum sich vom Urchristentum unterscheidet. Dies ändert aber nichts daran, daß der moderne Kommunismus dort, wo er an der Macht ist, unverändert an der führenden Rolle der Partei festhält und »Abweicher« immer wieder und mit aller Schärfe in ihre Schranken verweist. Die alles beherrschende Partei wiederum paßt die Lehre zu wesentlichen Teilen als eine Methodenlehre schöpferisch an die jeweiligen Gegebenheiten an. So propagieren die nichtregierenden kommunistischen Parteien Frankreichs und Italiens, neben vielem anderen, die Umwandlung ihrer Länder in »sozialistische« Gesellschaften, ohne jedoch ihr Programm zu verändern. Auch der Ausschließlichkeitsanspruch dieses Weltanschauungssystems wurde bisher ebenso wenig aufgegeben, wie an den »sozialistischen« Grundzügen der Wirtschaftsordnungen etwas geändert worden ist, so ineffektiv sie sich in vielen Fällen auch erwiesen haben.
Bis zum Beweis des Gegenteils, das nur darin bestehen könnte, daß ein bisher nach sozialistischen Prinzipien organisiertes Land sich aus eigenem Entschluß unbehindert von den Bruderländern eine andere gesellschaftlich-staatliche Form geben würde, muß daher auch weiterhin davon ausgegangen werden, daß die von der Ideologie geprägten und bestimmten Postulate und Maximen die kommunistische Politik entscheidend und weitgehend bestimmen. Damit hat jede Darstellung sowjetischer Außenpolitik, also auch die meine, zwangsläufig von der Tatsache auszugehen, daß die Definitionen der politischen und gesellschaftlichen Begriffe im kommunistischen und nichtkommunistischen Verständnis unterschiedlich, oft geradezu konträr sind.
Nach meiner Erfahrung sind es in erster Linie vom Kommunismus bewußt herbeigeführte Begriffsverwirrungen, die sich auf den zwischenstaatlichen diplomatischen Alltagsverkehr des Westens mit der sowjetisch-kommunistischen Seite nachteilig auswirken. Als gründlich geschulte Dialektiker nutzen die Sowjets diese Schwierigkeiten mit großem Nutzeffekt aus. Für den Bereich der breiteren Öffentlichkeit kommt hinzu, daß die Notwendigkeit einer schnellen Information durch die verschiedenen Medien der offenen Gesellschaften des Westens für eine Erläuterung der Unterschiede der Begriffsinhalte auf sowjetischer und westlicher Seite wenig Raum und Zeit läßt. Es

ist kein Wunder, daß dadurch im politischen Bewußtsein der Massen der westlichen Bevölkerung ein Zustand gefährlicher Desorientierung eintritt, wie wir ihn immer wieder feststellen müssen.
Angesichts dieser Gesamtlage, deren Konsequenzen offenbar nur ungern gesehen werden, erscheint mir eine intensive Aufklärung dringend notwendig. Sie sollte zum Ziele haben, der westlichen, im besonderen der deutschen Öffentlichkeit die Unterschiede zwischen den Begriffsinhalten der geschlossenen sowjetisch-kommunistischen und der offenen pluralistischen Gesellschaft zu verdeutlichen. Ohne eine allgemein verständliche Information werden die Sowjets stets in der Vorhand sein: Die westliche Öffentlichkeit, irregeführt durch die Wort-Identität der Begriffsbezeichnungen bei verschiedenen, ja sich mitunter ausschließenden Begriffsinhalten, wird Opfer der Manipulation ihres Bewußtseins seitens der sowjetischen Gegenspieler bleiben.
Im *Mittelpunkt der sowjetischen Auffassung vom Wesen und der Funktion der Außenpolitik* stehen zwei Begriffe, deren Deutung für das Verständnis der praktischen Politik des sowjetischen Staates unentbehrlich ist: »*Ideologie*« und »*Koexistenz*«.
In seiner langen Geschichte hat der ursprünglich philosophische Inhalt des Begriffs Ideologie die verschiedensten Wandlungen erfahren. Je nachdem, von welchen Denkrichtungen der Begriff in Anspruch genommen wurde, stellt er eine Problematik dar, bei deren Erörterung theoretische, pragmatische, ideologische und praxeologische Fragestellungen kaum durchschaubar miteinander vermischt sind. Wie schon erwähnt, steht das weltpolitische Geschehen des 20. Jahrhunderts mit dem kommunistischen Umsturz des Jahres 1917 in Rußland und dem Erscheinen der Sowjetunion auf der politischen Weltbühne im Zeichen der Auseinandersetzung zweier auf divergierenden Wertvorstellungen beruhenden Staats-, Gesellschafts- und Wirtschaftsordnungen. Die Staats-, Gesellschafts- und Wirtschaftsordnung der Sowjetunion beruht auf der marxistisch-leninistischen Ideologie, deren Inhalt sich wie folgt bestimmen läßt: Ideologie ist dann falsches Bewußtsein, wenn sie idealistisches oder bürgerliches Gedankengut enthält; sie ist richtiges Bewußtsein, wenn sie dialektisch-materialistisches, proletarisches Gedankengut wiedergibt. Über die Richtigkeit oder Falschheit eines Denkens entscheiden mithin zwei Kriterien: die Entscheidung in der sogenannten Frage der Philosophie (Materialismus/Idealismus) und die Klassenzugehörigkeit bzw. der Klassenstandpunkt. In diesem Sinne unterscheidet der Marxismus-Leninismus zwischen wissenschaftlicher und unwissenschaftlicher Ideologie und schneidet somit den Rückgriff auf positive Wis-

senschaft als entscheidendes Kriterium für Wahrheit oder Falschheit eines Denkens zunächst ab. Jedes gegenüber der Gesellschaft politisch neutrale Wissen wird als ideologisch falsch abgewiesen, da es angeblich nur die Oberfläche der Realität (die Erscheinungen) zu erfassen vermag.
Infolgedessen unterscheidet sich auch die Begriffsbestimmung der Koexistenz des sowjetischen Staates und der Staaten des Ostblocks von der Interpretation in der nichtkommunistischen Welt. Die kommunistische Auslegung der Koexistenz läßt sich kurz dahin zusammenfassen, daß Koexistenz im Verständnis dieses Machtbereiches einen Wandelzustand darstellt, der sich fortlaufend in Richtung auf die Entstehung der sozialistischen Gesellschaft hin verändert. Er ist gekennzeichnet durch den »friedlichen Wettstreit« zwischen den beiden Lagern auf allen Gebieten unter Vermeidung einer entscheidungssuchenden kriegerischen Entwicklung. Es ist in diesem Zusammenhang sicher zutreffend, wenn die These von der Vermeidbarkeit, wenn auch nicht mehr der Unmöglichkeit einer atomaren Auseinandersetzung, die von Chruschtschow aufgestellt wurde, auch heute noch von der Moskauer Führung bejaht wird. Auch der kriegerischste sowjetische Marschall dürfte sich darüber im klaren sein, daß es in einem solchen Kriege voraussichtlich keine Sieger geben würde. Diese Ansicht schließt weder die Unterstützung gewaltsamer Umstürze ein, noch unter Umständen massives Eingreifen bei kriegerischen Verwicklungen aus, die bei uns als örtlich begrenzte Kriege, von den Sowjets jedoch als nationale Befreiungskämpfe und mit dem Zusatz »gerecht« bezeichnet werden, jedoch nur dann, wenn sie in der Tendenz der übergeordneten sowjetischen Außenpolitik liegen. Im anderen Falle sind es »imperialistische Kriege«. Die Konsequenz, die hieraus für die sowjetische Politik zu ziehen ist und von uns in unserer Lagebeurteilung auch stets gezogen wurde, besteht darin, jede direkte Konfrontation mit den USA nach Möglichkeit zu vermeiden und örtlich begrenzte Kriege – siehe Nahost – so in der Hand zu behalten, daß sie nicht der eigenen Kontrolle entgleiten.
Auf dem Gebiet der »Ideologie« jedoch, das die geistige Auseinandersetzung umschließt, kann es nach offen ausgesprochener kommunistischer Ansicht keine Koexistenz geben – eine Tatsache, die erst im Dezember 1970 in einem Grundsatzartikel im »Neuen Deutschland« erneut unterstrichen wurde.
Die von mir dargestellte sowjetische Auffassung der Koexistenz unterscheidet sich grundsätzlich von der Auslegung in der nicht-kommunistischen Welt. Diese betrachtet Koexistenz im Wortsinne als den Dauerzustand eines Miteinanderlebens, allenfalls als ein Nebenein-

ander, das jedoch zu einem Miteinander führen sollte, nicht jedoch als einen Zustand politischen Angriffs des Kommunismus mit Untergrundmethoden vor dem Hintergrund eines anscheinend friedlichen Zusammenlebens.
Koexistenz ist trotz des Wettbewerb-Charakters ein von kommunistischer Seite erwünschter Zustand, der unter betonter Ausschaltung von Furcht und Angst die Möglichkeiten verbessert, das Bewußtsein der werktätigen Massen und auch der Intellektuellen innerhalb der kapitalistischen Staaten mit der offenen und Untergrund-Propaganda zu erreichen. Koexistenz ist also im kommunistischen Sinne geradezu eine Voraussetzung für das allmähliche Heranreifen revolutionärer Situationen. Diese nicht nur von Chruschtschow, sondern auch von anderen Spitzenfunktionären des Kommunismus bis in die jüngste Zeit wiederholte Feststellung ist nach meiner Ansicht von besonderer Wichtigkeit. Sie zeigt nämlich, daß, im Gegensatz zu der im Westen meist vertretenen Meinung, Koexistenz von den Sowjets, wie gesagt, politisch offensiv verstanden wird und nicht etwa mit Entspannungsbemühungen im westlichen Sinne gleichzusetzen ist. Ein Beispiel einer solchen mit friedlichen Mitteln herbeigeführten Überführung eines Staates in ein sozialistisches (d. h. kommunistisches) System ist die Entwicklung in Chile, der erste große Erfolg der Sowjets in Südamerika.

Unter den zahlreichen kommunistischen Theorien, die auch nur in einzelnen Beispielen abzuhandeln den Rahmen dieses Buches sprengen müßte, habe ich das Augenmerk des Dienstes in erster Linie auf jene Vorstellungen gelenkt, die der Anwendung sogenannter »progressiver Methoden« in allen Lebensbereichen dienen sollen. Daß es sich auch in diesen Fällen nicht um Theorien im eigentlichen Sinne, sondern um unzweideutige Anleitungen zur Umsetzung in politische Aktionen handelt, zeigt ein Blick auf die gegenwärtige Tätigkeit der kommunistischen Parteien in Italien und Frankreich, wo im Augenblick, in dem ich diese Zeilen niederschreibe, intensiver denn je an der Zusammenarbeit zwischen der französischen KP und der SFIO gearbeitet wird. Aber auch die der DKP zugedachte Rolle und die Entwicklungen an deutschen Universitäten zeigen deutlich, daß theoretische Erklärungen in politische Praxis mit der Absicht umgesetzt werden, früher oder später zu neuen »Volksfronten« oder vergleichbaren Gruppierungen zu kommen. Sie lassen aber auch deutlich werden, vor welchen Problemen die sozialdemokratischen Parteien, wie auch andere, sich als »progressiv« bezeichnende Kräfte stehen, um den angebotenen Freundschaftsbund heil zu überstehen.

Einer der wichtigsten theoretischen Leitsätze des Marxismus-Leninismus lautet, daß der Widerspruch zwischen »Kapitalismus« und »Sozialismus«, d. h. Kommunismus, ein antagonistischer Widerspruch und daher unaufhebbar ist. Dieser Widerspruch müsse und werde früher oder später mit der Überwindung bzw. Vernichtung des Kapitalismus enden. Der Kapitalismus sei zwar bereits geschwächt, die Voraussetzungen für den endgültigen Triumph seien daher günstig; gerade deshalb sei jedoch der Kapitalismus gefährlicher und aggressiver denn je. So jedenfalls ist es in der Karlsbader Erklärung vom April 1967, im Moskauer Grundsatz-Dokument vom Juni 1969, sowie in den Thesen zu Lenins 100. Geburtstag niedergelegt, so ist es aber auch fast täglich in den Massenmedien des Sowjetblocks zu hören und zu lesen.

Vielen Mitbürgern wird bisher sicher nicht bewußt geworden sein, daß auf kommunistischer Seite der *Begriff der politischen Entspannung*, ähnlich wie die Koexistenz, einen anderen Begriffsinhalt hat wie im Westen. Jener erwähnte Satz vom antagonistischen Widerspruch beinhaltet, daß »Entspannung« als spannungsfreier Zustand durch die Kommunisten nur als relativ verstanden werden oder nur für begrenzte Dauer gelten kann. Entspannung wird, diese Feststellung erscheint mir angesichts einer gewissen Entspannungseuphorie auch in unserem Lande besonders bedeutsam, nur andauern, solange sich die Kommunisten von diesem Zustand Nutzen versprechen. Die Realität dieses Zustandes wird vielfach durch das Andauern, ja die Verschärfung der ideologischen Auseinandersetzung, der Agitation und Propaganda unterstrichen. Während der Westen »Entspannung« als Element und Ziel der politischen Strategie versteht, ist sie in kommunistischem Sinne eine in das Gebiet der offensiven politischen Taktik einzureihende Maßnahme, die man, ebenso wie die der Entspannung übergeordnete Koexistenz, zum eigenen Vorteil ausnutzen will. Neben anderen Möglichkeiten, wie Verbesserung der Volksfrontaussichten, Erweiterung des Handelsaustausches usw., schafft auch Entspannung bessere Voraussetzungen für ein offensives Vorgehen in der »Veränderung des politischen Bewußtseins« innerhalb der kapitalistischen Völker. Es ist in dieser Hinsicht interessant, daß in den wesentlichsten Grundsatzdokumenten die Völker in ihrer Gesamtheit, nicht die Regierungen angesprochen werden. Diese wohlüberlegte Unterscheidung geht auf die Erwartung zurück, die Völker selbst müßten und würden, wenn erst einmal ihr Bewußtsein für »Frieden, Fortschritt und Sozialismus« geweckt sei, die Regierungen schließlich zwingen, auf die kommunistischen Forderungen einzugehen.

Die sowjetische Außenpolitik fährt zweigleisig. Im Zusammenhang mit der nach außen vertretenen These von der Vermeidbarkeit des »großen Krieges« ergeben sich für die kommunistische Seite wichtige und folgenreiche Konsequenzen in der Durchführung der Außenpolitik. Ihr Vorgehen wird dadurch begünstigt, daß die kommunistische Seite in der Lage ist, sowohl auf die Organe der Staatsapparate als auch auf die Organisationen und Einrichtungen der kommunistischen Parteien zurückzugreifen, beider Aktivität dabei aber formal nach Möglichkeit auseinanderzuhalten. Während sich die erstere im Rahmen und mit den Methoden des Völkerrechtes bewegt, wobei allerdings, wie ich anzudeuten versuchte, die Begriffsinhalte unterschiedlich ausgelegt werden, eröffnen die Verbindungen der kommunistischen Parteien untereinander die Voraussetzungen dafür, die Innenpolitik und das politische Bewußtsein in den anderen Staaten auf verschiedenen, auch geheimen Wegen zu beeinflussen, ohne daß die kommunistischen Staaten selbst dafür verantwortlich und haftbar gemacht werden können. Es ist in diesem Zusammenhang bemerkenswert, daß jede kommunistische Partei ein besonderes Büro unterhält, das sich ausschließlich mit den Beziehungen zu anderen kommunistischen Parteien beschäftigt.

Diese Zweigleisigkeit, deren Möglichkeiten sich die regierenden kommunistischen Parteien mit Virtuosität bedienen, wird in der gesamten freien Welt nach meiner Überzeugung viel zu wenig beachtet. Sie wird, wenn überhaupt, allenfalls von den für die innere Sicherheit der betreffenden Länder zuständigen Behörden beobachtet, in unserem Falle von den Verfassungsschutzämtern. Die Öffentlichkeit hingegen bemerkt diesen Tatbestand nur gelegentlich, etwa wenn der sowjetische Botschafter in der Bundesrepublik, damals Zarapkin, nicht die offizielle Marx-Feier besucht, sondern es vorzieht, aus gleichem Anlaß einige Häuserreihen weiter die Veranstaltung der deutschen kommunistischen Gesinnungsfreunde (DKP) mit seinem Besuch zu beehren.

Mit dieser Zweigleisigkeit des politischen Verhaltens wird jedoch nur ein Teil der Möglichkeiten erfaßt, die den kommunistischen Staaten ständig zur Verfügung stehen. Der zwischenstaatliche Verkehr, die Außenpolitik, war in früheren Zeiten ausschließlich Sache der Diplomaten. Andere Formen des Verkehrs über die Grenzen hinweg, wie Handel und kultureller Austausch, wurden als nichtpolitische Tätigkeitsgebiete angesehen. Die Diplomatie leistete allenfalls Unterstützung, wenn es erforderlich schien, wollte aber im übrigen mit all diesen Bereichen nichts zu tun haben. Das unlängst im Zusammenhang mit einigen Projekten in den Entwicklungsländern gefallene

Wort Bundeskanzler Brandts, man solle bei der Wirtschaft die Politik nach Möglichkeit aus dem Spiel lassen, entspricht dieser noch immer weit verbreiteten Einstellung.
Die kommunistische Seite beurteilt die Sachlage vollkommen anders, sie stellt lapidar fest: Es gibt keine ideologiefreien Räume und Aktivitäten. Es gibt infolgedessen auch keine politikfreien Räume und Aktionen. Wollten wir dies aus der kommunistischen Theorie heraus beweisen, käme man auf die Leninschen Lehren von der notwendigen »Parteilichkeit« aller Handlungen und auf die grundsätzliche Verurteilung jedes Versuches, wertfrei, positivistisch oder gar neutralistisch zu handeln. Ich kann hierbei freilich nicht unerwähnt lassen, daß trotzdem die Wissenschaftler des kommunistischen Blocks nach ideologiefreien Räumen für ihre Tätigkeit Ausschau halten.
*Die Anschauung von der totalen Ideologisierung und Politisierung jeglichen Zustandes und allen Handelns führt zu einer von kommunistischer Seite meisterhaft gehandhabten Mehrgleisigkeit des internationalen Verkehrs in der Anwendung ihrer Mittel und Methoden.* Sie benutzt einerseits die Diplomatie, wie dies seit eh und je geschieht, sie betrachtet aber auch Wirtschafts-, Handels-, Kultur- und Psychopolitik (Informationswesen, Agitation und Propaganda) als legitime und erfolgreiche Mittel der Außenpolitik.
Die Diplomatie hat die Aufgabe, Kontakte zu schaffen, zu erhalten und zu vertiefen; sie wird daher im allgemeinen mehr statisch als dynamisch zu führen sein, da sie im Interesse der Kontakte »friedensfördernd« wirken soll. Die anderen Mittel der Außenpolitik werden als offensive Mittel verstanden, die vor allem flexibel und dynamisch einzusetzen sind. Zur Verdeutlichung kann ich hier einerseits auf die vielseitigen diplomatischen Bestrebungen der Sowjetunion verweisen, mit den USA im diplomatischen Gespräch zu bleiben, andererseits erwähnen, daß die Hetzkampagne gegen die westliche Hauptmacht ständig im Wachsen begriffen ist. Schließlich sind auch die »Adressaten« unterschiedlich. Die Diplomatie verkehrt mit den Außenministerien der anderen Seite, während mit den »unorthodoxen« Mitteln die Völker als Ganzes, kontaktwillige gesellschaftliche Organe, mit Vorrang natürlich auch »Friedensfreunde« und Sympathisanten, sowie die Bereiche der Wirtschaft, Wissenschaft, Technik und Kultur unter möglichster Ausschaltung der Regierungen angesprochen werden sollen. Beliebte »Zielpersonen« sind in diesem Zusammenhang vor allem auch Parlamentarier und, in weitestem Sinne, Persönlichkeiten aus dem Bereich der Öffentlichkeitsarbeit, deren Interesse und Geltungsbewußtsein gerade auch in unserem Lande häufig mit großem Geschick angesprochen werden.

Eine wichtige Rolle spielen auf sowjetischer und kommunistischer Seite die Psychopolitik und »Desinformazija«. Durch die von mir skizzierte Mehrgleisigkeit strebt die Sowjetunion sowohl unmittelbaren politischen Nutzen – z. B. politische Abhängigkeit auf Grund wirtschaftlicher oder rüstungstechnischer Hilfeleistungen – wie aber auch mittelbare politische Wirkung auf dem Wege der Bewußtseinsbildung an. Schon Marx hatte festgestellt, daß die Idee zur politischen Gewalt werde, sobald sie das Bewußtsein der Massen ergreife. In die politische Praxis von heute umgesetzt heißt dies unter der kommunistischen Prämisse der totalen Interdependenz allen Geschehens, daß jede politische Aktion bewußtseinsbildende Elemente in sich trägt, daß aber auch jede bewußtseinsbildende Aktion mittelbar oder unmittelbar politische Folgen auslösen kann und soll. Unsere, die westliche, politische Philosophie bezeichnet diesen ganzen hier angeschnittenen Fragenkomplex als Psychopolitik, die sowjetische Seite spricht in diesem Zusammenhang von »Desinformazija«. Die wörtliche Übersetzung – Desinformation, Falschinformation – gibt den Sachverhalt nur ungenügend wieder. Tatsächlich ist hier nicht nur die falsche Information gemeint, sondern grundsätzlich jede gezielte Information, welche die Adressaten in einem gewissen, vorbestimmten Sinne beeinflussen soll.

Das hervorstechende Beispiel für diese Art von Politik ist die immer wiederholte sowjetische Forderung nach »totaler Abrüstung«. Selbstverständlich wissen die Sowjets und ihre Parteigänger sehr genau, daß diese Forderung nicht zu realisieren ist. Sie wünschen darüber hinaus noch nicht einmal die Verwirklichung, denn diese würde die Aufrechterhaltung des eigenen Machtsystems gefährden und die Sowjets der Möglichkeit berauben, durch Waffenlieferungen die Krisenherde in allen Teilen der Welt am Leben zu erhalten. Die lautstark und andauernd vorgebrachte Forderung hat aber erstens zur Folge, daß es gegenüber dieser extremen politischen Zielsetzung keine Alternative gibt, denn diese hieße »totale Rüstung«. Das Ausmaß der Forderung mit ihrem scheinbar betont humanitären Charakter bringt damit die westliche Seite in die Verlegenheit, sie als nicht realisierbar zurückweisen zu müssen und ihrerseits mit Vorschlägen aufzuwarten, die zwangsläufig hinter dem sowjetischen »Angebot« zurückbleiben und, zumindest im weiten Feld der Neutralen, scheinbar Mangel an gutem Willen beweisen. Sie stellt zweitens die kommunistische Staatenwelt als angeblich friedliebend heraus, während gleichzeitig die USA als die »Weltgendarmen« und Aggressoren angeprangert werden. Es steht außer Zweifel, daß vor allem im Bereich der blockfreien Staaten, aber auch in westlichen

Ländern die ständigen sowjetischen Hinweise auf die »friedensgefährdende und kriegslüsterne« Rolle der Vereinigten Staaten nicht ohne Eindruck geblieben sind. Dies ist deshalb besonders bedauerlich, weil es ganz offenbar an den Möglichkeiten fehlt, den sowjetischen Behauptungen, sie und ihre Verbündeten hätten bei jedem »erzwungenen« Eingreifen lediglich in Wahrung berechtigter Interessen gehandelt, in der einzig angemessenen Weise zu begegnen.
Auch die falsche Alternative »Koexistenz oder Krieg« (die Alternative zu letzterem lautet »Frieden«) ist ein typisches Beispiel erfolgreicher und gefährlicher »Desinformazija«.
Es ließen sich noch viele Beispiele systematischer und zielbewußter sowjetischer Psychopolitik anführen, auf deren hintergründige, oft in der Tat nicht leicht durchschaubare Bedeutung wir immer wieder warnend hingewiesen haben. Von brennender Aktualität ist das Beispiel Berlin, das hier für andere stehen soll. Nach meinen Eindrücken, die sich auf eine große Anzahl zuverlässiger Informationen stützen, haben es die Sowjets versucht und verstanden, durch viele Einzelmaßnahmen, die für sich genommen völlig bedeutungslos zu sein schienen, West-Berlin im Bewußtsein eines großen Teiles der Öffentlichkeit allmählich zu einer gewissen selbständigen politischen Einheit aufzubauen. Bei ihrem schrittweisen Vorgehen, das Elemente der Lockung und Drohung im häufigen Wechselspiel hervortreten ließ, haben sich die Sowjets weder von den nicht immer gleichlaufenden Vorstellungen Ulbrichts noch durch die zahlreichen Proteste aus unserem Lande stören lassen. So begrüßenswert das oftmalige Eintreten profilierter Politiker aus allen Lagern der Bundesrepublik für die Belange und die Zukunft der alten deutschen Hauptstadt auch ist, sie werden nicht dazu beitragen, die Sowjets von ihrem langfristig geplanten Vorhaben abzubringen. Es liegt auf der Hand, daß die Sowjets es heute als einen unbestreitbaren Erfolg verbuchen, wenn viele Politiker in unserem Lande nunmehr von der »gewachsenen Realität« der Zugehörigkeit Berlins zur Bundesrepublik sprechen, ganz abgesehen davon, daß der Bundestag schon seit Jahren nicht mehr in Berlin getagt hat. Wahrscheinlich vergessen manche Politiker diesseits wie jenseits der Grenzen, daß gemäß Artikel 23 des Grundgesetzes Groß-Berlin (also einschließlich Ost-Berlin) von Anfang an zum Geltungsbereich des Grundgesetzes, also der Bundesrepublik, gehörte. Vielleicht wollen sie es auch vergessen, um den Sowjets größtmögliches Entgegenkommen zu erweisen. Nach dem Grundgesetz bildete Berlin jedenfalls seit 1949 einen Bestandteil der Bundesrepublik mit der bekannten Einschränkung, daß die Zugehörigkeit Berlins zur Bundesrepublik gemäß Artikel 144, Abs. 2, deshalb

gewissen Einschränkungen unterliegt, weil der Fortbestand des Besatzungsstatutes und die primäre Verantwortung der drei Schutzmächte für die Sicherheit West-Berlins beachtet werden müssen.
Ich habe es immer wieder bedauert, daß sich die Bundesregierung im Hinblick auf die Allergie der Öffentlichkeit gegen jede Form von Aktivität, die auch nur im entferntesten an die Tätigkeit des nationalsozialistischen Propagandaministeriums erinnern könnte, davor gescheut hat, energisch und zielbewußt nicht nur gegen die kommunistischen Diffamierungskampagnen vorzugehen, sondern darüber hinaus die eigenen Wertvorstellungen und Absichten selbstbewußt und unmißverständlich zur Gegenwirkung einzusetzen. Es ist in diesem Zusammenhang unverständlich, daß nicht einmal die kostspieligen Einrichtungen des »Deutschlandfunks«, der »Deutschen Welle« und die im Ausland hochgeschätzten »Goethe-Häuser« dazu benutzt werden, die eigenen Anliegen im Ausland mit dem gebotenen Nachdruck und mit einer Eindeutigkeit zu vertreten, die sich von bewußt behutsamer, von den Sowjets als schwächlich ausgelegter Stellungnahme unterscheiden.
Mir ist durchaus klar, daß unsere Verfassung im besonderen wie auch das demokratische Gesellschaftssystem im allgemeinen die Möglichkeiten der eigenen planmäßigen und gezielten Aufklärung beschränken. Die lebensnotwendige und im Grundgesetz verankerte Meinungs- und Pressefreiheit verhindert die gleiche Koordination der Informationsträger, wie sie im kommunistischen Machtbereich selbstverständlich ist. Trotzdem hätte, wie einige besonders erfolgreiche Initiativen zeigen, unter Einsatz nur geringer Mittel manches verhindert werden können, so zum Beispiel die von mir skizzierte Verfälschung des Berlin-Bildes in der Öffentlichkeit oder die widerspruchslose Hinnahme der Eingliederung Ost-Berlins in den Staatsverband der »DDR«, mit der Ulbricht lange gezögert hatte.

Bevor ich eine gedrängte Zusammenfassung dessen versuche, was ich bisher dargelegt habe, will ich einige Vorschläge machen, die unter Berücksichtigung der nun einmal bestehenden Verhältnisse geeignet sein könnten, die eigenen Positionen auf diesem Gebiet, das für unsere Zukunft mit entscheidend sein wird, zu verbessern. Die Bundesrepublik Deutschland, ebenso ihre Verbündeten, verfügen nicht wie die SU über einen Verbund im Ausland aktiv arbeitender, vom Staate gelenkter Parteien und Organisationen, die neben den Massenmedien des eigenen Landes zu Aufklärungs- und Propagandazwecken eingesetzt werden können. Sie muß sich also selbst helfen. Ich würde es für vorteilhaft, ja für zwingend erforderlich halten, den zur Ausstrahlung befähigten Einrichtungen, in erster Linie dem Bundespresse- und Informationsamt, Experten einzuordnen, die über umfangreiche Kenntnisse und Erfahrungen verfügen, um bei jeder Entwicklung analysierend, wertend und beratend zur Verfügung zu stehen. Natürlich kann sich die Tätigkeit derartiger Fachleute nur auswirken, wenn sich die Regierung ihrer nicht nur bedient, sondern auch mit ihrer Hilfe präzise und vor allem schnell auf Angriffe, Vorwürfe und Untersuchungen reagiert, die unserem Lande schaden. Sollte mir entgegengehalten werden, daß solche Experten in ausreichender Zahl bereits vorhanden sind, dann hat man entweder kaum etwas von ihnen gehört, oder aber sie unterliegen dem mir so wohlbekannten Los, gleich den Warnern aus dem Nachrichtendienst ungehört zu bleiben. Auch den Gremien der Parteien würde ich vorschlagen, nichts unversucht zu lassen, um sich in der Beurteilung bestimmter Vorgänge und Entwicklungen im kommunistischen Machtbereich mit Auswirkungen auf unsere gegenwärtige und zukünftige Situation qualifizierter Berater zu bedienen. Bundesregierung und Parteiführungen sollten jedenfalls alle Möglichkeiten ausschöpfen, um falsche oder vorschnelle Wertungen und darauf aufbauende Entschlüsse und Entscheidungen auszuschalten. Mit Intuition, Improvisationsgeschick und Phantasie ist es hier nicht getan, an der sorgfältigen, gewissenhaften und verantwortungsbewußten Analyse führt kein Weg vorbei. Es bedarf wohl kaum der Erwähnung, daß der Arbeit der auf diesem Gebiete tätigen besonderen Einrichtungen der anderen westlichen Nachrichtendienste, über die der Bundesnachrichtendienst nicht mehr verfügt, in dieser Aufgabe eine grundsätzliche Bedeutung zukommt. Die Arbeitsergebnisse der Ostsachverständigen von Regierungsstellen werden jedoch, das liegt in der Natur der Sache, nahezu ausschließlich der Öffentlichkeit vorenthalten bleiben, ohne daß sie damit an Wert für die Bundesregierung und die Spitzen der Parteien als Entscheidungshilfen verlieren.

Es ist mein Anliegen, mit den vorstehenden Ausführungen in erster Linie der verbreiteten Auffassung zu begegnen, daß in den Zielsetzungen des Kommunismus substantielle Änderungen eingetreten sind. Alle Veränderungen in der Methode, mit der die Durchsetzung der Ziele betrieben wird, können nicht darüber hinwegtäuschen, daß der Kommunismus nichts von seiner Gefährlichkeit eingebüßt hat. Nach wie vor bedroht der Kommunismus die freie Welt, deren Zonen unter seinen Einfluß zu bringen, deren Völker zu gewinnen und deren Staaten in seinen Machtbereich einzugliedern er bestrebt ist. Es spricht nichts dafür, daß sich an diesen Zielsetzungen in der für uns übersehbaren Zukunft etwas ändern wird.

Weil die sowjetische Führung seit langem das große Risiko einer weltweiten kriegerischen Auseinandersetzung erkannt hat, sucht (und findet) sie ihre Erfolge durch Anwendung »anderer Mittel«. Dies ist offenkundig und wird durch die zielgerichtete Anwendung derartiger Mittel täglich von neuem bestätigt. Es war der Zweck dieses Kapitels, wenigstens einige dieser erfolgreichen Beeinflussungs- und Zersetzungsmethoden des Kommunismus in gedrängter Darstellung aufzuzeigen.

»Ideologie« und »Koexistenz« im sowjetischen Verständnis, »Normalisierung der Beziehungen« und »Friedenskampf«, Forderungen nach »Entspannung« und »totaler Abrüstung« stehen hier nebeneinander, um zur »schöpferischen Weiterentwicklung« bei der »Fortführung des Kampfes« beizutragen. Die Vielfalt dieser Begriffe, die den Charakter der Verwirrung geradezu in sich tragen, wird womöglich nur noch übertroffen von der Fülle der Organisationen und Einrichtungen, die in aller Welt dazu bestimmt sind, die kommunistische Theorie mit Leben zu erfüllen und in praktische Maßnahmen umzusetzen.

# 11. KAPITEL

## Weltkommunistische Aktivität und Infiltration

### *Verbände, Organisationen und Einrichtungen*

Die verwirrende Vielzahl der Verbände und Organisationen, Einrichtungen und Stützpunkte, die dem internationalen Kommunismus als Träger regionaler und überregionaler Aktionen zur Verfügung stehen, läßt es mir zweckmäßig und notwendig erscheinen, eine Aufteilung nach bestimmten Schwerpunkten vorzunehmen. Die von mir gewählte Form der Aufgliederung stellt einen Versuch dar, den aus verschiedenen Übersichten bekannten Schematismus zu vermeiden und das über die ganze Welt gesponnene Netz mit jenem Leben zu erfüllen, das den zielstrebig agierenden Teilen des kommunistischen Apparates innewohnt. Sie soll die tatsächlich bestehenden Zusammenhänge berücksichtigen und die vielseitigen Möglichkeiten der Verflechtungen und Verzahnungen aufzeigen, die für die kommunistische Auslandsarbeit typisch sind. Es bedarf kaum der Erwähnung, daß gerade dieses Ineinandergreifen von »Instrumenten« und »Werkzeugen«, deren sich die Träger der internationalen kommunistischen Aktivität bedienen, die Beobachtung und Beurteilung bestimmter Einzelaktionen für den Politiker und Staatsbürger ebenso erschwert wie eine Einschätzung der in ihrer Gesamtheit bestehenden Gefahr für die nichtkommunistische Welt.

Folgende Verbände und Organisationen, deren Steuerung und Koordinierung von Moskau ausgeht, werden im Rahmen der weltkommunistischen Aktivität eingesetzt:

- Die elf überregionalen Weltorganisationen (auch »Frontorganisationen« genannt);
- regionale Tarn- und Hilfsorganisationen, die in Verbindung mit den Weltorganisationen oder selbständig operierend zum Teil nur für zeitbegrenzte Aufträge zweckbestimmt verwendet werden;
- legale und illegale kommunistische Parteien.

Den vorgenannten Verbänden und Organisationen dienen Auslandseinrichtungen als getarnte Stützpunkte und Leitstellen. Sie sind fast ausnahmslos befähigt, auch selbständige Aufgaben zu übernehmen und ihrerseits politische Aktionen durchzuführen. Hierzu rechne ich vor allem:

- Diplomatische Missionen und andere »offizielle« Einrichtungen (z. B. Handelsvertretungen und Agenturen) sowie Beratergruppen kommunistischer Staaten;
- Einrichtungen »offiziöser Art« (z. B. Schulen, Krankenhäuser), die mit staatlichen Mitteln kommunistischer Länder unterhalten oder mindestens gefördert werden;
- legale und illegale Residenturen sowie Spezialorgane der kommunistischen Geheimdienste, deren »klassische« Spionageaufträge oft den geringeren Teil ihrer Tätigkeit ausmachen.

Verbände, Organisationen und Einrichtungen bedienen sich bei der Durchführung ihrer Aktionen und Maßnahmen in erster Linie jener Methoden und Kampfmittel, deren Anwendung den Kundigen Zweckbestimmungen und Ziele erkennen oder zumindest vermuten lassen. In allen Fällen geht es um die Zersetzung der staatlichen oder gesellschaftlichen Ordnung nichtkommunistischer Staaten, um die Schwächung oder die Zerstörung ihres Potentials. Propaganda und Agitation, Infiltration und Diversion (Zersetzung, Sabotage) sind die Methoden, die unter der Klammer der überdeckenden und stets dominierenden Ideologie den regionalen oder überregionalen Aktionen des internationalen Kommunismus zum Erfolg verhelfen sollen und allzu oft schon verholfen haben.

Bevor ich anschließend auf die Träger der weltkommunistischen Aktivität im einzelnen eingehe, sind einige Bemerkungen zu den Auswirkungen der tiefgreifenden und latenten Spannungen zwischen Moskau und Peking, den Zentralen der größten und stärksten kommunistischen Länder, auf die Entwicklung im Gesamtbereich des internationalen Kommunismus erforderlich.

So intensiv sich Peking auch bemüht hat, der sowjetischen Führungsmacht ihren Rang streitig zu machen und eine zweite, nach chinesischen Vorstellungen nicht nur gleichwertige, sondern im Fortschritt überlegene Hochburg des Weltkommunismus aufzubauen, vorläufig können alle derartigen Anstrengungen der Volksrepublik China als gescheitert angesehen werden. Wo immer von Peking örtlich und zeitlich begrenzte Teilerfolge erzielt wurden, nirgends reichten bisher, zweifellos durch die Vorgänge im Innern der Volksrepublik China selbst beeinflußt, die Kräfte und das auf vielen Gebieten begrenzte Potential aus, um bedeutende und vor allem dauerhafte Machtpositionen außerhalb des kommunistischen China zu gewinnen und zu halten. Die Auseinandersetzung zwischen den kommunistischen Großmächten hat dennoch vorübergehend zu inneren Schwierigkeiten im Gesamtbereich des Weltkommunismus und in einzelnen Organisationen sowie auch kommunistischen Parteien im besonderen

geführt. Dies hing einerseits mit den gleichzeitigen, für die Sowjetunion ungünstigen Entwicklungen in ihrem europäischen Machtbereich, andererseits auch damit zusammen, daß die Führung der chinesischen Volksrepublik den zukunftsweisenden Weg zum »eigentlichen und echten« Kommunismus für sich in Anspruch nimmt, Verwirrungen fördert und letztlich eine Erweiterung, ja Steigerung sowjetischer Vorstellungen und Forderungen verheißt. Auf die machtpolitische Seite des Konflikts zwischen Moskau und Peking werde ich im nächsten Kapitel noch ausführlich eingehen. Ich lege jedoch Wert auf die Feststellung, daß wir die Auswirkungen der schweren innerkommunistischen Spannungen auf die weltweite Aktivität niemals unterschätzt, jedoch auch in keiner Phase als ernsthafte Beeinträchtigung der sowjetischen Führungsrolle angesehen haben.
Diese Aussage schließt nicht aus, daß künftig eine von inneren Wirren befreite und allmählich erstarkte Volksrepublik China im breiten Feld des internationalen Kommunismus neue Impulse zu geben, Ziele zu setzen und »Lehrmethoden« zu verbreiten fähig werden kann, vor allem im asiatischen Großraum. Was Peking 1965 in Indonesien mißlang, kann in einem anderen fernöstlichen Lande eines Tages mit Hilfe einer chinesisch gelenkten kommunistischen Partei dieses Landes und anderer Eingriffe zum Erfolg führen und damit zur Ausbreitung der Einflußzone des kommunistischen China und zur Erweiterung des chinesischen Machtbereichs.
Wenn auch die Spaltungserscheinungen zwischen Moskau und Peking, von manchen Experten sogar als »Schisma« bezeichnet, im Vordergrund vieler aktueller Betrachtungen über die dadurch beeinträchtigte Wirksamkeit, die Stagnation im gesamten Bereich des internationalen Kommunismus stehen, so sehe ich doch vorläufig die größeren Gefahren für Moskau in anderen Entwicklungen. Sie gehen in Europa vor sich, wir haben sie zum Teil schon miterlebt, wir werden noch weitere erleben. Es ist der verbissene Kampf der Moskauer Zentrale gegen das Anwachsen der eigenmächtigen Tendenzen, die Zunahme der eigenen Wege von »Abweichlern« im europäischen Machtbereich.
Als Hauptargument für Zerfallserscheinungen im kommunistischen Lager wird in diesem Zusammenhang auf die Tatsache verwiesen, daß nach der Auflösung von Komintern (1943) und Kominform (1956) keine institutionalisierte zentrale Führung der Weltbewegung mehr existiere. Viele Ereignisse der letzten Jahre, ja sogar bestimmte Formulierungen in kommunistischen Grundsatzdokumenten zeigten angeblich darüber hinaus, daß Moskaus Führungsanspruch immer stärker beschnitten werde.

Die Ansicht des jugoslawischen Kommunisten Djilas über das Vorhandensein zentrifugaler Tendenzen im Weltkommunismus ist durchaus zu teilen. Man muß sich nur hüten, Wunschgedanken nachzugeben. Ich glaube auch, daß es *irgend*wann anstelle der einen und einigenden Weltbewegung eine Anzahl sogenannter Nationalkommunismen geben wird. Dann werden sich die kommunistischen Staaten, in Umkehrung eines Wortes von Stalin, der Form nach als kommunistisch, dem Wesen nach aber als nationalistisch erweisen. Diese Entwicklung wird jedoch Jahrzehnte, wenn nicht ein Jahrhundert benötigen. Sie ist im Augenblick von niemandem abzusehen, sie kann deshalb ins politische Kalkül nicht einbezogen werden. Selbstverständlich müssen alle Nachrichtendienste, auch alle Planungsstäbe, die Möglichkeit einer solchen Entwicklung stets in ihre Beobachtung einbeziehen. Und es erscheint mir ebenso selbstverständlich ständiger Prüfung wert zu fragen, mit welchen Mitteln der freien Welt diese Tendenzen gefördert werden können. Das hat nicht das mindeste mit offensivem Antikommunismus zu tun; es geht um die Frage, ob der Westen, ob die freie Welt gewillt und stark genug ist, die von vielen Sachkennern immer wieder herausgestellte, im Gange befindliche entscheidende Auseinandersetzung mit dem Osten zu bestehen, ob wir und unsere Nachkommen Frieden und Freiheit erhalten können. Zurückgeführt auf die nüchternen Möglichkeiten nachrichtendienstlicher Beurteilung kann meine Forderung nur heißen: Nach sorgfältiger Prüfung alle Mittel, darunter auch eigene psychologische Maßnahmen, einzusetzen, um dem sicheren Vorwurf der Nachwelt zu entgehen, der schrittweisen Kapitulation bis zum schließlichen Untergang sei nicht entschlossen und mutig gewehrt worden.

Für jetzt und heute aber gilt, daß die weiterhin bestehende Führungsrolle Moskaus im internationalen Kommunismus ernsthaft nicht angezweifelt werden kann. Es ist andererseits auch nicht auszuschließen, daß sich im Laufe der nächsten Jahre unter dem übergeordneten Gesichtspunkt der Einigkeit im Endziel eine, wenn auch vielleicht nur vorübergehende, Wiederannäherung Pekings an Moskau ergibt. Dies könnte vor allem geschehen, wenn im Osten nach einem Abtreten der jetzigen Führungsgeneration jüngere Kräfte die Auffassung durchsetzen, daß der Endsieg des Kommunismus in aller Welt nur durch die Zusammenfassung aller kommunistischen Kräfte möglich ist. Mir ist bekannt, daß auch Tito von der Befürchtung erfüllt ist, es könnte Moskau nach seinem Ableben gelingen, Jugoslawien wieder fest an sich zu schließen und damit die Front orthodoxer kommunistischer Solidarität entscheidend zu stärken.

Jetzt, am Anfang der siebziger Jahre, ist es jedenfalls der von Moskau geprägte Kommunismus, der durch den wechselseitigen Zusammenhang zwischen staatlichem und parteilichem Handeln als einem besonderen Kennzeichen kommunistischer Politik die eigentliche Herausforderung darstellt, mit der wir uns auf geistigem ebenso wie auf politischem Gebiet im weitesten Sinne auseinanderzusetzen haben. Er ist und bleibt richtungweisend für die weit überwiegende Mehrzahl der kommunistischen Parteien, er ist in der Lage, unter hohem finanziellem Aufwand und unter Ausnutzung vieler Einrichtungen und Stützpunkte im Ausland seine Leitfunktion zu sichern.

Zu den umstrittensten Trägern und Stützen Moskaus im Rahmen der weltweiten Aktivität gehören die Welt- oder Frontorganisationen, die als typische Instrumente für weiträumige Aktionen unter geschickter Tarnung geführt und größtenteils finanziert werden. Das System dieser gut getarnten Massenorganisationen wird durch zahlreiche regional tätige Vereinigungen, wie z. B. die afro-asiatische Solidaritätsorganisation, ergänzt und verstärkt. Die elf großen Weltverbände umfassen in den unterschiedlichsten Organisationsformen und Untergliederungen Hunderte von Millionen Menschen. Sie sind von den Sowjets in der Vergangenheit wiederholt in ganzer Breite zur demonstrativen Verfechtung agitatorischer Schwerpunkte der kommunistischen Politik, in erster Linie jedoch auch zu Diffamierungsaktionen gegen Vorgänge im Bereich der westlichen Welt, gegen bestimmte Maßnahmen westlicher Staaten und hier wiederum häufig auch gegen die Haltung der Bundesrepublik Deutschland herangezogen worden. Die große Zahl der Organisationen und ihre netzartige Verteilung über die ganze Welt erlaubt es der sowjetischen Führung, mit rasch wechselnden Schwerpunkten zu arbeiten.

Die elf Weltorganisationen sind folgende:

- Weltgewerkschaftsbund
  Zentrales Büro: Prag
  Mitglieder: 138 Millionen in 56 Ländern
- Weltfriedensrat
  Zentrales Büro: Helsinki
  Mitglieder: über 100 nationale Friedenskomitees
- Weltbund Demokratischer Jugend
  Zentrales Büro: Budapest
  Mitglieder: 100 Millionen in 180 Jugendorganisationen
- Internationaler Studentenbund
  Zentrales Büro: Prag
  Mitglieder: 4 Millionen in 87 Organisationen
- Internationale Demokratische Frauenorganisation
  Zentrales Büro: Ost-Berlin

Mitglieder: Angeblich 200 Millionen in 90 Ländern
- Internationaler Verband der Lehrergewerkschaften
  Zentrales Büro: Prag
  Mitglieder: 7,65 Millionen in 25 Ländern
- Internationale Journalistenorganisation
  Zentrales Büro: Prag
  Mitglieder: 140 000 in über 100 Ländern
- Internationale Rundfunk- und Fernsehorganisation
  Zentrales Büro: Prag
  Mitglieder: Unterorganisationen in 19 Ländern
- Internationale Vereinigung Demokratischer Juristen
  Zentrales Büro: Brüssel
  Mitglieder: ca. 50 Sektionen bzw. Untergliederungen
- Weltföderation der Wissenschaftler
  Zentrales Büro: London
  Mitglieder: 300 000 in 51 Ländern
- Internationale Föderation der Widerstandskämpfer
  Zentrales Büro: Wien
  Mitglieder: 4 Millionen in 470 Organisationen in 20 Ländern.

So unterschiedlich auch die Aufgaben, Zielsetzungen und die Arbeitsweise dieser Verbände sein mögen, so weisen sie doch einige Gemeinsamkeiten auf. Mit Ausnahme der letztgenannten Föderation der Widerstandskämpfer, auf deren besondere Rolle im Einsatz gegen die Bundesrepublik Deutschland ich noch eingehen werde (sie wurde 1951 gegründet ), und der Dachorganisation des Weltfriedensrates (gegründet 1949) entstanden alle Weltorganisationen in den ersten Nachkriegsjahren. Sie fügten sich 1945/46 aus nationalen Verbänden und Vereinigungen, unter denen auch zahlreiche eindeutig nichtkommunistisch orientierte Organisationen zu finden waren, unter der ebenso geschickten wie behutsamen Regie Moskaus zusammen. Die in vielen Fällen ehrenhaften Motive und die aus dem nationalen Interesse des jeweiligen Landes häufig nicht nur verständlichen, sondern auch mitunter zwangsläufigen Bestrebungen derartiger Gruppen sollen von mir keinesfalls in Zweifel gezogen werden. Daß diese neu entstandenen regionalen Vereinigungen oft schon sehr bald zum Spielball, ja zum Opfer raffinierter kommunistischer Annäherungsbemühungen und einer nach erfolgter Anlehnung zielbewußten Regie wurden, ist indessen ebenso unbestreitbar. Meine Mitarbeiter und ich mußten immer wieder feststellen, daß den Kommunisten gerade mit Hilfe »bürgerlicher« Gruppen frühzeitig Einbrüche in das gesamte »bürgerliche Lager« der Zielländer gelangen. Aus den »nützlichen Idioten« (sowjetische Bezeichnung) der fünfziger Jahre, deren Handlungsweise nicht selten die von den kommunistischen Drahtziehern betriebene Zersetzung beschleunigte, sind in den siebziger Jahren vielfach bewußte Helfer und Sympathisanten geworden, die der kommunistischen Hinter- und Untergrundarbeit in unserer Zeit sicherlich noch nützlicher sind. Vor 25 Jahren war es jedenfalls die große Zahl der kleinen Gruppen, die, wie Pilze aus dem Boden schießend, den Weltorganisationen zu einem imposanten Start verhalfen.

Viele dieser kleinen, auf regionaler Basis entstandenen Organisationen wurden allerdings schneller, als von den kommunistischen Initiatoren und Hintermännern erwartet, dadurch ernüchtert, daß die einflußreichen Schlüsselpositionen in den Dachverbänden sich in kommunistischer Hand befanden oder den Sowjets binnen kurzer Zeit zufielen. Was für die »Regionalen« übrigblieb, waren allenfalls Ehrenposten, deren geringe Bedeutung von vornherein offenkundig war. Während sich aus diesen und anderen Gründen zahlreiche Gruppierungen wieder auflösten, entstanden neue, um anzuknüpfen oder eigene Vorstellungen zu entwickeln. Ein Teil der in den Ländern der freien Welt neu gegründeten Vereinigungen schloß sich mit gleichgesinnten Gruppen zu internationalen Dachverbänden mit eindeutig antikommunistischer Ausrichtung zusammen. Aus dieser Entwicklungsphase ist jedoch den kommunistischen Weltorganisationen nur im »Internationalen Bund freier Gewerkschaften« ein Gegner erwachsen, der rasch Gewicht gewann und sich bis in die zweite Hälfte der sechziger Jahre in der Anziehungskraft und Ausstrahlung mit ihnen vergleichen konnte.

Die geschilderte Fluktuation hinderte die Kreml-Führung nicht, »ihren« Weltorganisationen jede nur mögliche Unterstützung zuteil werden zu lassen, um den Fortbestand dieser großen »Interessenverbände« sicherzustellen. Der ab 1960 aufflammende Konflikt mit Peking führte zwar zu Schwierigkeiten und Zwischenfällen, als rotchinesische Vertreter durch verbale Auseinandersetzungen die Arbeit auf Tagungen und Kongressen der Weltorganisationen erschwerten. Ihren Bestrebungen wurde jedoch durch Interventionen der Mitgliederorganisationen aus der Dritten Welt, insbesondere aus Afrika, so massiv begegnet, daß die Rotchinesen und Albaner daraufhin ihre Mitarbeit in den Führungsgremien der Weltorganisationen sowie ihre Zahlungen einstellten. Beide Länder haben jedoch, im Gegensatz zu Jugoslawien, ihre Mitgliedschaft nicht offiziell aufgekündigt. Es mag als »kommunistisches Kuriosum« gelten, daß sowohl dem kommunistischen China wie seinem europäischen Trabanten die zustehenden Sitze in den Führungsgremien offengehalten werden, jedoch

geschieht auch das nicht ohne den Hintergedanken einer möglichen Wiederannäherung zwischen der SU und Rotchina.
Bei der ständigen Beobachtung und Entwicklung des Spannungsverhältnisses zwischen Moskau und Peking und den daraus folgernden häufigen Lagebeurteilungen haben diese Mißerfolge der Volksrepublik China in den Weltorganisationen eine wichtige Rolle gespielt. Sie wurden durch das Scheitern zusätzlicher Bemühungen, den Rahmen der großen Dachverbände durch chinesisch gesteuerte asiatische Teilorganisationen aufzusprengen, unterstrichen. Im weiteren Verlauf meiner Darstellung werde ich darauf hinzuweisen haben, daß auch die chinesischen Mißerfolge beim Versuch, mitgliedstarke und schlagkräftige Ableger von den moskautreuen Parteien abzuspalten, ein wichtiges Beurteilungselement darstellen. Aus der Zusammenfassung und Zusammenschau dieser Entwicklungen mit den realen Größen des beiderseitigen Potentials resultierten unsere häufigen Warnungen vor einer Überschätzung der Auswirkungen des chinesisch-sowjetischen Konfliktes auf Europa.
Die vorstehende Aufzählung der elf Weltorganisationen wurde nach einigen Gesichtspunkten geordnet, die für die meisten Leser sicher nicht sogleich erkennbar sind. Im Gegensatz zu der üblichen Reihenfolge habe ich zunächst die aktivsten Verbände an die Spitze gestellt. Schon aus dieser Abänderung ergibt sich eine Tatsache, die Überraschung auslösen mag: Nahezu alle der aktivsten und damit für die freie Welt gefährlichsten Weltorganisationen haben den Sitz ihrer Führungsorgane in Prag (insgesamt 5 von 11). Im Westen allzu wenig beachtet, mußte diese Ballung, die gelegentlich als Vorbereitung für eine neue kominform-ähnliche Weltzentrale gedeutet wurde, die CSSR bis 1968 als eine Art »Juniorpartner« der Sowjetunion in der Steuerung der großen Verbände erscheinen lassen. Es bedarf wohl kaum des Zusatzes, daß es den Sowjets bei ihrer Okkupation deshalb auch darum ging, diese weltkommunistische Hochburg in Besitz zu halten. Bei näherer Betrachtung der Aneinanderreihung ist ferner interessant, daß eine der wichtigsten Organisationen ihre zentrale Leitstelle in Helsinki hat, der »Weltfriedensrat«, der mit seinen schier unerschöpflichen Verwendungsmöglichkeiten damit in ein Land gezogen wurde, das zwar nicht zum kommunistischen Herrschaftsbereich gehört, wie kaum ein anderes aber von den Sowjets abhängig ist. Daß es zwei Weltorganisationen bis heute gelungen ist, ihre Führungsgremien in Staaten zu halten, die der NATO angehören, gibt mir die Möglichkeit, auf kommunistische Verschleierungsversuche und Maßnahmen hinzuweisen, deren Scheitern nach meiner bisherigen Darstellung eigentlich unzweifelhaft sein müßte. Daß dies nicht so ist,

beweist nicht nur die mangelhafte Aufklärung der Öffentlichkeit, sondern auch die Unkenntnis zahlreicher Politiker in den westlichen Ländern über einen kommunistischen Apparat, der zur getarnten geistigen Bekämpfung und Zersetzung des Westens aufgebaut ist.

Formal können sich die kommunistischen Weltorganisationen auch heute noch darauf berufen, daß sie ungebundene Dachverbände seien. Sie werden darauf verweisen, daß die Zahl der Nichtkommunisten in den leitenden Stellungen überwiege. Es steht auch fest, daß den Weltorganisationen, vor allem in der Dritten Welt, insbesondere in Afrika, zahlreiche Gruppierungen angehören, die tatsächlich Interessenverbände darstellen und die, unter der Aufsicht ihrer totalitären, souveränitätsbewußten Regierungen stehend, immer ihre speziellen nationalen Anliegen im Auge behalten und mit Entschiedenheit vertreten. Ihr Interesse an den Dachorganisationen steht und fällt mit der Hilfe, die sie vor allem für die Ausbildung ihrer Kader erhalten.

Hier liegt nach meiner Ansicht eine der großen Gefahren, die von den Weltorganisationen ausgehen. Die Kader der Entwicklungsländer werden überwiegend in den kommunistischen Ländern selbst geschult, nachdem sie zu einem sehr erheblichen Prozentsatz über die weitreichenden Möglichkeiten der großen Verbände rekrutiert worden sind. Diese Schulungen wurden und werden vorwiegend in der Sowjetunion und in der »DDR« durchgeführt; die in früheren Jahren mit den großen Ausbildungszentralen von Prag und Zlin vorbildliche CSSR hat nach 1968 erst nach und nach wieder in diese Schulung eingreifen dürfen. Aus zahlreichen Erkenntnissen ergab sich, daß diese Sonderausbildung in eigenen Einrichtungen methodisch und didaktisch äußerst geschickt durchgeführt wird. Auf eine direkte Indoktrination wird, nachdem man hierbei in den Anfangsjahren Enttäuschungen erlebt hatte, kein besonderer Wert gelegt. Sie erfolgt indirekt, z. B. durch die Texte beim Sprachunterricht sowie dadurch, daß die Hospitanten das sozialistische System in der Praxis erleben. In zahlreichen Fällen verlassen die Schüler aus den Entwicklungsländern, denen in den meisten Fällen Vergleichsmöglichkeiten außer denjenigen ihres Heimatlandes fehlen, nach einigen Jahren das kommunistische Gastland nicht nur mit dem Eindruck, im »Sozialismus« (Kommunismus) ein äußerst wirkungsvolles System moderner Planung und Lenkung kennengelernt zu haben, sondern auch als ausgebildete Kämpfer für die Durchsetzung der kommunistischen Vorstellungen. In ihr Heimatland zurückgekehrt, stellen sie im Staatsapparat oder in den verschiedensten Organisationen »fortschrittliche« Kräfte dar, die – je nach den Gegebenheiten – schnell zu einem Unruhefaktor entwickelt werden können.

Die zweite Gefahr, die von den Weltorganisationen ausgeht, ist die permanente Beeinflussung ihrer Mitglieder. In 25 Jahren des Bestehens veranlaßte lediglich die sowjetische Okkupation der Tschechoslowakei zu einigen wenigen Protesten, vornehmlich durch die von mir erwähnten Verbände, die ihren Sitz in Prag hatten. Von diesem Sonderfall abgesehen, unterstützten alle Organisationen in all den Jahren ausnahms- und vorbehaltlos die sowjetische Politik durch Resolutionen, Geldsammlungen, Kongresse und Aktionen. Die von ihnen ausgehende Bewußtseinsbildung bedient sich nur selten der »direkten« Methode. Sie arbeitet vielmehr indirekt, in den meisten Fällen fast unmerklich, deshalb auf die Dauer jedoch um so wirksamer.
Die Weltorganisationen sind auch deshalb interessant und stärkerer Beachtung wert, weil sich aus dem Inhalt ihrer Agitation und Propaganda oft bereits sehr frühzeitig Schlüsse auf Schwerpunktverlagerungen der längerfristigen kommunistischen Gesamtpolitik ziehen lassen. Für die geographischen Schwerpunkte sowjetischer Politik ergeben sich häufig zusätzliche und ergänzende Hinweise und Beurteilungsmöglichkeiten durch die ausgedehnte Reisediplomatie der Weltverbände, die in den meisten Fällen freilich durch den Westen nur ungenügend beachtet wird.
Da es im Rahmen dieses Buches unmöglich ist, auf alle Weltorganisationen und ihre Praktiken im einzelnen einzugehen, muß ich mich im Folgenden auf einige wenige Beispiele beschränken.
Unter allen Weltorganisationen halte ich nach wie vor den Weltgewerkschaftsbund für die am straffsten geführte und schlagkräftigste. In seiner Gesamtwirkung erscheint mir jedoch der Weltfriedensrat mit seinen umfassenden Möglichkeiten noch gefährlicher, auch wenn die kommunistische »Friedensbewegung« anstelle exakter Mitgliederzahlen gern mit fiktiven Zahlen von Mitläufern und Sympathisanten operiert, die bis an die Milliardengrenze reichen. Für den Weltfriedensrat, die mit dieser Dachorganisation verbundene Christliche Friedenskonferenz und das Internationale Institut für den Frieden ist von besonderer Bedeutung, daß man schlechterdings nichts gegen die von ihnen vorgegebenen Zielsetzungen einwenden kann. Es ist daher nur natürlich, daß wir gerade bei diesen Trägern der weltkommunistischen Aktivität von Anfang an auch die Mitarbeit zahlreicher nachweislich nichtkommunistischer Persönlichkeiten feststellen können. Diese Persönlichkeiten, darunter solche von Rang und Profil, glaubten ehrlichen Herzens, daß eine Koexistenz im Geiste und in der Folge auch in der Politik möglich sei.
Nach den mir zur Verfügung stehenden Informationen gehört die

Christliche Friedenskonferenz inzwischen der Vergangenheit an. Sie wurde 1958 im Einvernehmen mit dem tschechischen Staatsamt für kirchliche Angelegenheiten von tschechischen Theologen gegründet. Ihr Inspirator war der 1969 verstorbene protestantische Theologieprofessor Hromadka. Die Absicht war, »im Interesse der heutigen und morgigen Generation« die Gründung eines christlichen Weltkongresses zur »Verurteilung jeder Aufrüstung, aller Massenvernichtungswaffen und zu ernsthaftem Eintreten für die Notwendigkeit des Friedens«. Namhafte Vertreter der christlichen Kirchen sollten ohne Rücksicht auf Nationalität und Konfession vom tschechischen Ökumenischen Rat aufgefordert werden, im Laufe des Jahres 1958 zur Ausarbeitung entsprechender Pläne für den vorgeschlagenen Weltkongreß zusammenzutreten. Die Christliche Friedenskonferenz gründete in zahlreichen Ländern regionale Komitees. Höhepunkte waren die Allchristlichen Friedensversammlungen.
Professor Hromadka hatte geglaubt, daß man Kommunismus und Christentum auf lange Sicht miteinander aussöhnen könne. Das Christentum müsse sich für den Augenblick bereithalten, so äußerte er sich einmal, an dem die »leeren Räume« im Bewußtsein der kommunistischen Menschen danach verlangten, mit »neuem christlichem Inhalt gefüllt zu werden«.
Die sowjetische Okkupation der Tschechoslowakei zerstörte diese Illusion. Sie zerbrach auch Hromadkas Werk, als er unerschrocken gegen die Vergewaltigung seines Vaterlandes protestierte und daraufhin von dem Oberhaupt der orthodoxen Kirche Rußlands scharf getadelt wurde. So starb Hromadka schließlich in Enttäuschung und Resignation.
Wie ich schon angedeutet hatte, unterscheidet sich der Weltfriedensrat von allen anderen Weltverbänden dadurch, daß er – obwohl von weltweiter Auswirkung – nur Ansätze einer festen und durchgebildeten Organisation aufweist. Nach Angaben des Handbuches Internationaler Organisationen der »DDR« (Stand 1969) verfügte er über 475 Einzelpersonen, die von den Weltverbänden und anderen Organisationen delegiert worden waren. Der am 21. 4. 1949 gegründete Rat arbeitet mit Nationalen Friedenskomitees zusammen, die in etwa 100 Ländern operieren. Ich kann, um den Weltfriedensrat zu charakterisieren, nichts Besseres tun, als das bereits erwähnte DDR-Handbuch Internationaler Organisationen zu zitieren. Am damit objektiven Beispiel wird sich zeigen, wie sich hinter einer glatten, einladenden Oberfläche, die jeden beeindrucken kann, handfeste prosowjetische Absichten verbergen.
»In seiner Tätigkeit stützt sich der Weltfriedensrat auf die in den

meisten Ländern der Welt bestehenden nationalen Friedensorganisationen sowie auf verschiedenartige internationale und nationale Organisationen, die für den Frieden eintreten, organisatorisch jedoch der Weltfriedensbewegung nicht angehören. Das Wirken des Weltfriedensrates trägt dazu bei, daß die Friedensbewegung an Breite gewinnt, daß in diese Bewegung die breitesten Bevölkerungsschichten, unabhängig von ihrer politischen Zugehörigkeit und ihrem Glaubensbekenntnis, einbezogen werden.«
(Bis dahin also ein »Programm«, bei dem allenfalls die penetrante Friedensbeteuerung argwöhnisch machen könnte.) Doch nun:
»Vom 16.–19. 12. 1961 fand in Stockholm eine Tagung des Weltfriedensrates statt, die zu den bedeutsamsten und repräsentativsten in seiner Geschichte gehörte. Die Beschlüsse der Stockholmer Tagung waren ein wichtiger Beitrag zur weiteren Mobilisierung breitester Kreise der Öffentlichkeit aller Länder und zum Zusammenschluß ihrer Aktionen im Kampf gegen die Gefahr eines nuklearen Weltkrieges. Die Tagung stellte fest, daß der Weltfrieden, da es keinen deutschen Friedensvertrag gibt und sich der Militarismus und Revanchismus in Westdeutschland verstärken, ernsthaft bedroht wird. Sie forderte die Einbeziehung breiter Kreise der Weltöffentlichkeit in den Kampf für die Verhandlungen über den Abschluß eines deutschen Friedensvertrages.« (Das klingt schon anders. Die von mir festgestellte Unterstützung wird deutlich, ja überdeutlich, wenn es um die deutschen Verhältnisse geht. Hier wird der »friedliche« Weltfriedensrat mit zum Träger der weltweiten Diffamierungskampagne gegen das »militaristische und revanchistische Adenauer-Deutschland« der fünfziger und sechziger Jahre.)
»Vom 10.–15. 7. 1965 fand in Helsinki der Weltkongreß für Frieden, nationale Unabhängigkeit und allgemeine Abrüstung statt. Der Kongreß trat in einer komplizierten internationalen Situation (Eskalation der imperialistischen Aggression in Vietnam, Okkupation Santo Domingos durch US-Truppen, immer dreistere Forderungen der Bonner Generale nach Kernwaffen für Westdeutschland, Kampf der Patrioten Angolas, Moçambiques, der Arabischen Halbinsel usw.) zusammen, und das erlegte ihm bei der Beschlußfassung besondere Verantwortung auf. Im Vergleich zu den vorangegangenen Treffen der Friedenskämpfer zeichnete sich der Kongreß in Helsinki durch die außerordentliche Breite der dort vertretenen Bewegungen und Organisationen aus. Mit den im Weltfriedensrat vereinigten Friedenskräften trafen sich Teilnehmer vieler autonomer internationaler Gruppen, die zuweilen unter der Flagge religiöser oder pazifistischer Ideen auftraten. Am Kongreß nahmen 1470 Vertreter nationaler

Organisationen aus 98 Ländern aller Kontinente und von 18 internationalen Organisationen teil. Obgleich es auf dem Kongreß zu heftigen Diskussionen über einige Probleme kam, stimmten alle Teilnehmer einmütig für die Schlußdokumente (Vietnam-Resolution und Allgemeine Erklärung). Damit führten sie anschaulich vor Augen, daß angesichts der ernsten, durch das Vorgehen imperialistischer Kräfte verursachten Spannung alle Menschen, denen es um die Erhaltung des Friedens geht, die Aufgabe der Mobilisierung der Völker zum Kampf gegen die Kriegsabenteurer an die erste Stelle rücken und um dessentwillen die eigenen Reihen zusammenschließen.«

(Auch hierzu eine kurze Bemerkung: In diesem Teilstück wird besonders deutlich, daß den versammelten »Friedensfreunden« nahezu alle weltpolitischen Probleme dieser Periode in sowjetischer Interpretation »nahegebracht« wurden.)

»Das Motto des Kongresses für Frieden, nationale Unabhängigkeit und allgemeine Abrüstung unterstreicht die Einheit und wechselseitige Verbundenheit aller demokratischer Hauptbewegungen der Gegenwart, deren Endziel die Sicherung eines ungehinderten Fortschritts der Menschheit ist. Große Bedeutung hat unter diesem Aspekt die Allgemeine Erklärung, in der gezeigt wird, wer an der internationalen Spannung schuld ist – nämlich der Imperialismus mit seinen Versuchen, den nationalen Befreiungskampf der Völker zu unterdrücken, das Wettrüsten und die Vorbereitung auf den neuen Weltkrieg zu verstärken. Der Kongreß erörterte Probleme der nationalen Befreiungsbewegung und ihre wechselseitige Verbindung mit dem Kampf für den Frieden zwischen den Völkern.«

Am Beispiel des Weltfriedensrates zeigt sich besonders deutlich, wie es der kommunistischen Seite in den sechziger Jahren gelingen konnte, die Isolierung der Nachkriegszeit zu überwinden, und wie ihr dabei oft Persönlichkeiten, die von den besten Absichten beseelt sind, unwillentlich und unwissentlich Schützenhilfe leisteten und bis heute leisten. Engagierte Pazifisten ebenso wie entschiedene Christen, Menschen und Organisationen, die sich um eine wirkliche Verbesserung der sozialen Verhältnisse in aller Welt bemühen, arbeiten im Weltfriedensrat oder in den Nationalkomitees zusammen, ohne sich dabei Rechenschaft darüber abzulegen, daß sie nicht dem Frieden, sondern den Zielen einer revolutionären Umgestaltung des Weltganzen dienen. Es erscheint mir in diesem Zusammenhang bemerkenswert, daß das neutrale Österreich Wert darauf legte, den Sitz des Weltfriedensrates nicht in seinen Landesgrenzen zu wissen, und dessen Büros am 2. 2. 1957 schloß, nachdem der Rat bereits 1951, also zwei Jahre nach seiner offiziellen Gründung, wegen staatsfeindlicher

Tätigkeit aus Frankreich ausgewiesen worden war und seinen Sitz nach Prag verlegt hatte. Diese Haltung unserer Nachbarländer sagt etwas über politischen Instinkt und eine verantwortungsbewußte Abwehrbereitschaft aus, die im Westen leider nicht immer in dieser eindeutigen Weise feststellbar ist. Ebenso wie der Weltfriedensrat arbeitet auch der Weltbund Demokratischer Jugend in seiner Werbung und in der Durchführung seiner Programme mit Parolen, deren harmlose Formulierungen die Wirksamkeit dieses Kampfinstrumentes des internationalen Kommunismus verdecken sollen. Mein Beispiel bezieht sich auf die IX. Weltjugendfestspiele, die vom 28. 7. bis zum 6. 8. 1968 in Sofia durchgeführt wurden. An ihnen nahmen unter anderen zwei deutsche Delegationen teil, von denen sich die Abordnung des Bundesjugendringes allem Vernehmen nach recht wacker geschlagen hat. Ihre Teilnahme ist es vor allem, die mich gerade dieses Beispiel wählen läßt.

In den Vorankündigungen wurden Begriffsbestimmungen und Vorstellungen über die »politischen, ökonomischen, sozialen und kulturellen Rechte der Jugend«, »Rechte der Jugend und Studenten zur aktiven Teilnahme am politischen Leben«, »Rechte auf Arbeit und Berufsausbildung«, auf »Unterricht und Demokratisierung des Unterrichts« aufgenommen, die als fortschrittlich anzusehen waren und nur bei denen Argwohn erregen konnten, die über die Hintergründe unterrichtet waren.

Wie vielen meiner Leser noch in Erinnerung sein wird, kam es während der gesamten Dauer des Festivals zu heftigen Diskussionen und Auseinandersetzungen, so daß weder die bulgarischen Gastgeber noch die eigentlichen, wenn auch im Hintergrund stehenden Trägerorganisationen, der Weltbund Demokratischer Jugend und der Internationale Studentenbund, die vorgeschriebenen Ziele erreichen und alle vorgefertigten Resolutionen verabschieden konnten. Für meine früheren Mitarbeiter und für mich als einem Beobachter, der sich beim Ablauf des Festivals schon im Ruhestand befand, war die Veranstaltung in zweifacher Hinsicht bemerkenswert. Sie bewies einerseits wiederum, welche Bedeutung die kommunistische Bewegung der politischen Bewußtseinsbildung auch in Bereichen, die wir als vorpolitisch zu bezeichnen pflegen, beimißt. Zum anderen zeigte sich aber ebenso wie bei den vorhergegangenen Spielen 1959 in Wien und 1962 in Helsinki, daß unsere Jugend die Auseinandersetzungen mit dem Kommunismus nicht zu scheuen braucht, wenn sie auch nur einigermaßen vorbereitet in diese hineingeht.

Die internationale Organisation der Widerstandskämpfer gehört gewiß nicht zu den wichtigsten kommunistischen Verbänden, sie erhält jedoch für uns, wie ich schon angedeutet habe, eine besondere Note durch eine Schwerpunktbildung, die bis zur Mitte der sechziger Jahre zu einer nicht abreißenden Folge von Diffamierungsaktionen gegen die Bundesrepublik Deutschland führte. Sie richteten sich sowohl gegen unser Land als Ganzes, das als »militaristisch, revanchistisch und neofaschistisch« bezeichnet wurde, als auch gegen Personengruppen, z. B. Offiziere, Richter und andere Beamte, sowie gegen Einzelpersönlichkeiten, die mit allen Mitteln verunglimpft wurden. Auch wenn diese Diffamierungsmaßnahmen der Vergangenheit angehören, so bleiben sie für mich auch in der Rückschau mit der erfolgreichen Arbeit des Dienstes in der Abwehr eines gefährlichen Teils der internationalen kommunistischen Aktivität verbunden. Durch Gewinnung geheimer Nachrichten, eine sorgfältige Auswertung des breiten Informationsmaterials, das aus der Weltorganisation floß, sowie durch frühzeitige Unterrichtung betroffener Personengruppen und Einzelpersönlichkeiten gelang es uns, einen vielfach anerkannten Beitrag, auch für die westeuropäischen Länder, zu leisten. Es war uns möglich, im Zusammenwirken mit anderen Stellen Fälschungen zu entlarven und damit den Hintermännern der fortlaufenden Kampagnen gefährliche Waffen zu nehmen. Es wäre für mich besonders reizvoll, in diesem Zusammenhang auf die kommunistischen Diffamierungsmaßnahmen gegen die Bundeswehrgenerale Heusinger, Speidel und Foertsch einzugehen, deren wichtige Positionen im Bereich der deutschen Streitkräfte und darüber hinaus der NATO von der Föderation der Widerstandskämpfer untergraben werden sollten. Ich muß mir jedoch eine Schilderung von Einzelheiten, so interessant sie vor allem für einen bestimmten Leserkreis sein können, aus Platzgründen ebenso versagen wie die Darstellung unserer Einschaltung zur Abwehr kommunistisch initiierter und gelenkter Diffamierungsaktionen gegen prominente Politiker aller Parteien in der Bundesrepublik.

Nach diesen Beispielen aus dem Tätigkeitsbereich der überregionalen kommunistischen Verbände werde ich in kurzen Zügen auf die zweite große Gruppe der Träger weltkommunistischer Aktivität eingehen, die Parteien.

Wenn ich im vorigen Kapitel die Rolle der legalen kommunistischen Parteien, insbesondere die der regierenden als »Staatsparteien«, im Zusammenhang mit der Abstützung und Verbreitung der »offiziellen« Außenpolitik der kommunistischen Staaten beschrieben habe, so wurde damit nur ein Teil der Funktionen und Möglichkeiten erwähnt, über die legale und illegale kommunistische Parteien verfügen. In welchem Lande auch immer sie operieren und wie unterschiedlich die Auswirkungen ihrer Tätigkeit auch sein mögen, es ist der gleichbleibend anspruchsvolle und unveränderte Auftrag, der alle kommunistischen Parteien verbindet: Von der Zersetzungs- und Diversionsarbeit mit Kaderbildung in allen Bereichen in der ersten, über eine Einflußnahme auf allen Gebieten des öffentlichen Lebens in der zweiten, die Einwirkung auf die Regierenden bis zur Mitbeteiligung an der Macht in der nächsten und die kommunistische Machtübernahme selbst schließlich in der letzten Phase zu erreichen. So betrachtet, haben kommunistische Parteien gegen den Widerstand freiheitsliebender und wertbewußter Bürger vieler Länder die Anfangsstadien ihrer Tätigkeit noch nicht überwinden können. Ein Beispiel mag dies erläutern:

Bei unseren Feststellungen vor den Bundestagswahlen im Jahre 1953 – den letzten, an denen die wenige Jahre später verbotene KPD teilnahm – konnten wir Bestrebungen der Regierungen in Moskau und Pankow erfassen, neben der KPD eine bürgerlich getarnte prokommunistische Partei, den »Bund der Deutschen«, mit erheblichen Mitteln zu unterstützen. Mit dem ehemaligen Reichskanzler Dr. Wirth, dem früheren Oberbürgermeister Elfes und Oberst a. D. Weber als vermeintlich werbewirksamen Persönlichkeiten an der Spitze, sollte ein »Einbruch ins bürgerliche Lager« erzielt werden. Zu diesem Zweck ging – unseren Informationen aus Ost-Berlin zufolge – der »Bund der Deutschen« ein Wahlbündnis mit der »Gesamtdeutschen Volkspartei« ein. Der als kommunistische Tarnorganisation vom Verfassungsschutz deklarierte »Bund der Deutschen« und die »Gesamtdeutsche Volkspartei« stellten – allen Warnungen zum Trotz – eine gemeinsame Kandidatenliste auf.

Als bei den Wahlen zum Bundestag nicht nur die KPD, sondern auch die unter Wirth, Helene Wessel und Gustav Heinemann vereinigte Doppelpartei weit unter den erforderlichen 5% der Stimmen blieb, zerbrach das »Geld-Bündnis« und damit die Illusion von einer »bürgerlichen Variante« der KPD.

In anderen Staaten der freien Welt ist die Einflußnahme dagegen schon erheblich fortgeschritten, in der kommunistischen Phasentaktik also die zweite Stufe erreicht. Am weitesten vorgedrungen sind die Kommunisten in einigen Ländern, deren gegenwärtige »Volksfront-Regierungen« den Übergang in die letzte Phase, die alleinige kommunistische Machtübernahme und damit die Einbeziehung in den kommunistischen Herrschaftsbereich, erreichbar erscheinen lassen.

Im Jahre 1970 gab es fast 50 Millionen (49 800 000) eingeschriebene

Mitglieder in etwa 200 kommunistischen Parteien und als Parteien bezeichneten Splittergruppen. Hiervon entfielen 46,7 Millionen auf die sogenannten regierenden Parteien; nur 3,1 Millionen gehörten den kommunistischen Parteien in 85 Ländern der nichtkommunistischen Welt an. Bei einer Unterscheidung nach der Einstellung gegenüber Moskau und Peking kann man 22,6 Millionen als »moskautreu« (davon 13,5 Millionen Parteimitglieder in Sowjetrußland), 21,4 Millionen als »pro-chinesisch« bezeichnen. Von den letztgenannten sind allerdings nicht weniger als 21 Millionen Parteimitglieder in der Volksrepublik China 5,8 Millionen Mitglieder kommunistischer Parteien gelten demnach als »ungebunden«, d. h. weder eindeutig auf die Führungsrolle Moskaus ausgerichtet noch der Leitfunktion Pekings unterworfen.
Diese Angaben lassen viele Auslegungen und Schlüsse zu, sie verleiten auch Fachleute immer wieder zu einem Jonglieren mit Zahlen. Ohne mich an diesem Zahlenspiel beteiligen zu wollen, kann ich als Ergebnis nur nochmals feststellen, daß der Versuch Pekings, außerhalb des chinesischen Riesenreiches Einfluß auf kommunistische Parteien zu gewinnen oder pro-chinesische Parteien neu zu gründen, vorläufig eindeutig gescheitert ist. Vor allem in Westeuropa sind die chinesischen Versuche vergangener Jahre, Absplitterungen von den bestehenden kommunistischen Parteien zu erreichen, inzwischen zur Wirkungslosigkeit verurteilt. So bleiben aus meiner Sicht lediglich die drei stark besetzten Missionen in Den Haag, Paris und Bern beachtenswerte Vorposten des kommunistischen China in Westeuropa, die sich durch subtilere Methoden von ihren sowjetischen »Konkurrenten« unterscheiden.
Unter den kommunistischen Parteien Westeuropas fallen die von mir bereits in Kapitel 10 erwähnten Parteien Italiens und Frankreichs durch ihre hohen Mitgliederzahlen – 1,5 bzw. 0,3 Millionen – besonders auf. Sie stellen damit einen beachtlichen Faktor für die Innenpolitik ihrer Länder dar.
Die positive, von mir in jeder Hinsicht begrüßte Entwicklung der Beziehungen unseres Landes zum Nachbarn Frankreich brachte es mit sich, daß uns die Rolle der kommunistischen Partei Frankreichs vorrangig interessieren mußte. Dabei waren nicht nur die Einflußmöglichkeiten auf die internen französischen Entwicklungen – erklärtes Ziel der KPF war und ist die »Volksfront« – aufmerksam zu verfolgen, sondern vor allem auch die Diffamierungsmaßnahmen der französischen Kommunisten zur Störung des deutsch-französischen Verhältnisses und ihr Zusammenwirken mit deutschen Kommunisten zu beobachten. Es bedeutete aus meiner Sicht, die wohl auch der

Einschätzung meiner alten französischen Freunde entsprach, eine merkliche Entlastung, daß die KP Frankreichs in auffallend starkem Maße vom innerkommunistischen Streit um die Berechtigung des militärischen Eingreifens sowjetischer und verbündeter Truppen in der Tschechoslowakei erschüttert wurde. Die französischen Kommunisten verloren einige ihrer bekannten Intellektuellen, die Partei in ihrer Gesamtheit wurde in ihren Fortschritten auf eine »Volksfront-Entwicklung« hin entscheidend zurückgeworfen. Ob der inzwischen deutlich erkennbare Übergang von einer flexiblen Form des Vorgehens auf einen dogmatisch verhärteten und unbeweglichen Kurs der Partei zum Vorteil gereicht, werden die nächsten Jahre erweisen.
Die italienische kommunistische Partei hingegen dürfte als die z. Z. dynamischste in Westeuropa anzusehen sein. Sie arbeitet mit großer Zielstrebigkeit auf die Verwirklichung der »Volksfront« in Italien hin, wobei sie es immer wieder versteht, die nationalen Probleme und Bedingungen mit der Linientreue im großen gegenüber Moskau in Einklang zu bringen. Aus zahlreichen Informationen ging in aller Deutlichkeit hervor, daß die Okkupation der tschechoslowakischen Republik der italienischen KP einen ebenso schweren Schock versetzt hat wie der französischen. Das gewaltsame Vorgehen der Sowjets ließ vor allem jene starken Kräfte in der italienischen Partei unglaubwürdig werden, die begonnen hatten, eine Art Dubček-Reformkommunismus auch für ihr eigenes Land zu propagieren. Nach dem schwerwiegenden Rückschlag kritisierten italienische Kommunisten ihre Freunde im Osten so lautstark, daß spekulative Betrachtungen in anderen westeuropäischen Ländern nicht ausbleiben konnten. Für uns stand indessen zu jeder Zeit, auch als die Proteste sich noch steigerten, fest, daß die italienische KP-Führung es keinesfalls zu einem Bruch mit der Moskauer Zentrale kommen lassen würde.
Alle kommunistischen Parteien Westeuropas stehen jetzt und, diese Vorhersage läßt sich treffen, auch für die absehbare zukünftige Entwicklung vor einem doppelten Dilemma. Sie können vorläufig kaum damit rechnen, auf legale Weise und aus eigenen Kräften an die Macht zu kommen; aber auch die Verwirklichung ihrer Absichten auf dem Wege über eine gewaltsame Revolution ist, und für diesen Fall sogar auf lange Sicht, wenig aussichtsreich. Die kommunistischen Parteien Westeuropas sind deshalb in fast allen Ländern darauf angewiesen, durch Bemühungen um Einfluß auf den verschiedensten Gebieten, durch verstärkte Propaganda und Zersetzungstätigkeit, Zellen- und Kaderbildungen Voraussetzungen zu schaffen, d. h. im kommunistischen Sinne in Phasen zu wirken, die als Vorstufen zu betrachten sind. Ein wenig bekanntes, aber instruktives Beispiel bil-

det in diesem Zusammenhang die zahlenmäßig kleine britische kommunistische Partei, die 1968 lediglich über 32 500 Mitglieder verfügte. Sie versucht ständig und nicht ohne Erfolg, in die Führungsgremien einzelner Gewerkschaften einzudringen. Da diese Gewerkschaften Glieder der Labour Party und darüber hinaus ihre hauptsächlichen finanziellen Stützen sind, können sich aus kommunistischen Erfolgen in der »Gewerkschaftsarbeit« Einflußmöglichkeiten auf die Labour Party ergeben. Auch in anderen westlichen Ländern bieten nicht nur die Gewerkschaften mit ihren hohen Mitgliedszahlen, sondern vor allem auch die Führungsbereiche der Wirtschaft und gesellschaftlicher Organisationen immer neue Ansatzpunkte für das gezielte Eindringen kommunistischer Kaderkräfte. Hier sehe ich in den nächsten Jahren höchst gefährliche Entwicklungen auf uns zukommen, deren Anfängen leider nicht mit der erforderlichen Entschlossenheit gewehrt worden ist. Es besteht für mich kein Zweifel, daß die Bundesrepublik Deutschland zu den in erster Linie bedrohten Schlüsselzonen in Europa gehört. Mag man, aus welchen Gründen auch immer, die gegenwärtige Bedeutung der kommunistischen Partei in unserem Lande noch so gering einschätzen, ihr Potential wird durch eine Fülle von Hilfsorganen und Einrichtungen fortgesetzt derart erweitert, daß ein stärkeres Hervortreten im Bewußtsein aller Bevölkerungskreise nur eine Frage der Zeit, wahrscheinlich sogar nur noch kurzer Zeit ist. Schon jetzt sind alarmierende Stimmen aus der Industrie nicht mehr zu übersehen. Sie fordern eine Verdichtung und Koordinierung der zum Schutz der Werke und Betriebe sowie zur Abwehr der Infiltration bisher getroffenen, nach meinem Eindruck gänzlich unzureichenden Maßnahmen.
Wie ich zu Beginn dieses Kapitels ausgeführt habe, steht die Aktivität der kommunistischen Weltverbände und ihrer Hilfsorganisationen in engem Zusammenhang mit der Tätigkeit staatlicher und halbamtlicher kommunistischer Einrichtungen im Ausland. Sie sind dazu ausersehen und befähigt, den bereits geschilderten Aktionen und Maßnahmen der Organisationen Rückhalt und Abstützung zu gewähren, in vielen Fällen jedoch auch selbständig zu handeln.

Dem aufmerksamen Leser ist sicher nicht entgangen, daß ich die diplomatischen Missionen kommunistischer Staaten bereits in doppelter Funktion erwähnt habe: Als Organe zur Verbreitung und Verfechtung der Außenpolitik ihrer Länder (in Kapitel 10) und als Stützpunkte bzw. Träger für regionale und überregionale kommunistische Aktionen. Diese Doppelrolle der diplomatischen Vertretungen ist einer genaueren Betrachtung wert, zumal die Mehrgleisigkeit ihrer

Betätigung im Vergleich mit der konventionellen Diplomatie geradezu unvorstellbar ist. Als Basis und Kristallisationspunkt ist die diplomatische Vertretung kommunistischer Staaten oft veranlaßt, ja gezwungen, Risiken einzugehen, deren Ausmaße sich ebenso wie die möglichen Folgen nach den Gegebenheiten in den jeweiligen »Gastländern« richten. Es gibt Länder, in denen auch die Sowjets bewußt darauf verzichten, ranghöhere Mitglieder ihrer Missionen für Aufgaben heranzuziehen, die außerhalb der »klassischen« Diplomatie liegen. In diesen Fällen werden abzuschirmende Zersetzungsmaßnahmen oder andere konspirative Aufträge von Hilfskräften der Missionen, wie z. B. Chauffeuren und untergeordnetem Büropersonal, durchgeführt. In anderen Hauptstädten haben sich die Sowjets nicht gescheut, auch die leitenden Angehörigen ihrer Vertretungen in derartige Aufgaben einzuschalten. So sind in verschiedenen Ländern, darunter auch in der Bundesrepublik, in mehreren Fällen Botschaftsräte, d. h. die nach den Botschaftern ranghöchsten Beamten, für Tätigkeiten herangezogen worden, die den jeweiligen »Gastländern« schwersten Schaden zugefügt haben. Es sind sogar Einzelfälle bekannt, bei denen die Missionschefs persönlich die Funktionen des höchsten diplomatischen Vertreters mit denen untergründig tätiger Aktivisten in sich vereinigt haben. Ich erinnere hier vor allem an den sowjetischen Botschafter Solod, der es Anfang der sechziger Jahre in Guinea so weit trieb, daß selbst der »progressive« Staatschef Sékou Touré sich gezwungen sah, den Moskauer Experten für Infiltration und Diversion des Landes zu verweisen. Solod hatte unter Ausnutzung seiner diplomatischen Möglichkeiten versucht, die guinesische Staatsjugend zu penetrieren und kommunistische Kader aufzubauen. Daß Sékou Touré aus seinen Erfahrungen leider nichts gelernt hat, beweisen die Vorgänge der letzten Jahre. Nach längeren Perioden eines betonten Neutralismus, der sich auch auf die Beziehungen Guineas zur Bundesrepublik günstig ausgewirkt hatte, ist Sékou Touré massiven Beeinflussungsversuchen erlegen: Der ebenso ehrgeizige wie flexible Staatschef hat sich inzwischen einem extremen Sozialismus verschrieben, der vom Kommunismus Solodscher Prägung nicht mehr weit entfernt ist.

Neben den diplomatischen Missionen, deren Schutz- und Stützpunktfunktionen von sowjetischer Seite seit jeher hoch eingeschätzt werden, können auch die anderen von mir erwähnten offiziellen und inoffiziellen Vertretungen und Einrichtungen für Zwecke der Abdeckung und zur Tarnung illegaler Aktionen herangezogen werden. Der Infiltrationsexperte im Arztkittel kann aus dem sowjetisch finanzierten, im afrikanischen Gastland hochgeschätzten Krankenhaus ebensogut operieren wie der tschechische Lehrer aus der Schule einer arabischen Hauptstadt. Daß sich die Methoden des Vorgehens, deren Unerschöpflichkeit jedem einleuchten wird, nach den Gegebenheiten im »Einsatzland«, vor allem natürlich nach der jeweiligen Sicherheitslage richten, habe ich schon angedeutet. Dazu gehört vor allem auch, daß in den kommunistischen Staaten fortwährend geeignete Personen beiderlei Geschlechts für Einsätze in und aus Vertretungen und Einrichtungen im Ausland vorbereitet und gründlich geschult werden. Auch wenn derart ausgebildete Spezialisten an ihrem Einsatzort schließlich als »Diplomaten« in Erscheinung treten, hat ihre individuelle Schulung mit der Ausbildung für eine »normale« Diplomatenlaufbahn nur wenig gemein. Kenntnisse über das Einsatzland, die Mentalität und Sprache seiner Bewohner sind die verbindenden Elemente, während die Beherrschung des illegalen Verhaltens und Vorgehens den größten und wichtigsten Teil der Vorbereitungen ausmacht.

In vielen Fällen arbeiten die für Zersetzungsaufgaben, Infiltration und subversive Tätigkeit eingesetzten Spezialisten eng mit den Residenten oder anderen Angehörigen kommunistischer Geheimdienste zusammen, häufig sind die Exponenten beider Aufgabenbereiche auch personengleich.

Den Organen der kommunistischen Geheimdienste im Ausland ist es vorbehalten, neben Spionage- und Sabotageaufträgen solche Aufgaben im Rahmen der internationalen Arbeit zu übernehmen, die mit ihren konspirativen Methoden und Mitteln leichter und möglichst auch wirkungsvoller zu lösen sind. Zwischen der propagandistisch-agitatorischen Tätigkeit anderer weltweit eingesetzter Träger und der präzisen Anwendung nachrichtendienstlicher Möglichkeiten liegt jedoch ein weites Feld, dem auch immer wieder neue Varianten konspirativen Vorgehens abgewonnen werden. Richtet sich diese meine Formulierung im wesentlichen auf Bemühungen der verschiedensten Hilfsorganisationen selbst, bei denen, geglückt oder auch mißglückt, Kuriere, Code-Verfahren sowie Geld- und Personenschleusen ohne eine ausreichende nachrichtendienstliche Ausbildung verwendet wurden, so stehen dem Tätigkeiten gegenüber, an deren fachmännischer Ausführung durch Spezialisten keine Zweifel möglich sind.

In diesem Buch fehlt ein geschlossenes Kapitel über den sowjetischen Geheimdienst. Zwar greifen seine Aktionen und Maßnahmen in viele der von mir geschilderten Vorgänge ein, sie können jedoch bei der Thematik, die auf den Dienst und seine Tätigkeit festgelegt ist, nur eine Rolle spielen, die ihrer Bedeutung sicher nicht gerecht wird. Allein das, was meine Mitarbeiter und ich in Abwehr und Bekämpfung erfahren und erlebt haben, gäbe Stoff genug für ein Buch, das vielleicht noch einmal geschrieben wird. Es müßte und würde sich von alldem unterscheiden, was – im In und Ausland – über den sowjetischen Geheimdienst und die Nachrichtendienste anderer kommunistischer Staaten bisher geschrieben wurde. Soweit ich es übersehen kann, liegen Gewicht und Qualität aller bisherigen Darstellungen weit überwiegend in der Vergangenheit, während es aus naheliegenden Gründen an beachtenswerten und in die Hintergründe führenden Schilderungen aus der jüngeren Zeit fehlt. Auch wenn dies so ist, können sich meine Ausführungen an dieser Stelle nur auf solche Maßnahmen beziehen, die im engen Zusammenhang mit den bisher behandelten kommunistischen Aktionen stehen.

Mindestens 40% des Personals der Botschaften, Handelsmissionen oder sonstiger Vertretungen kommunistischer Staaten gehören dem sowjetischen Komitee für Staatssicherheit (KGB) bzw. den anderen Geheimdiensten der betreffenden kommunistischen Staaten an. Es vergeht kaum eine Woche, in der nicht Angehörige dieses Personals, laut oder leise, bemerkt oder unbemerkt, als »unerwünschte Personen« westliche »Gastländer« verlassen müssen. In der Bundesrepublik Deutschland wurde in den meisten Fällen der letzten Jahre allenfalls beiläufig erwähnt, daß wieder ein sowjetischer »Diplomat« wegen nachgewiesener Spionage schlicht und ohne Abschied zu verschwinden gezwungen war. Dies wird sich in der Zukunft sicher nicht ändern, weil offenbar auch in diesen Bereich verständliche übergeordnete Interessen hineinspielen.

Mir ist zum Beispiel aus meiner Amtszeit erinnerlich, daß in der Zeit von Januar 1957 bis Herbst 1963 in 36 Ländern der Welt insgesamt über 100 nachrichtendienstliche Vorfälle in diplomatischen Auslandsvertretungen der UDSSR aufgedeckt wurden. Ein Teil dieser Fälle wurde, ohne weitere Konsequenzen zu ziehen, weiter beobachtet; in den anderen Fällen wurden etwa 160 Funktionäre des sowjetischen Nachrichtendienstes entdeckt, zur persona non grata erklärt und des Landes verwiesen. Ein Teil zog es vor, rechtzeitig von selbst abzureisen.

Zu meiner Zeit war z. B. der stellvertretende Leiter der tschechoslowakischen Handelsmission in Frankfurt/Main ein uns gut bekanntes Mitglied des tschechischen Nachrichtendienstes. Als 1967/68 die Ausstellung »Fünfzig Jahre Sowjetunion« in der Bundesrepublik gezeigt wurde, war die stellvertretende Leiterin, Frau Bassowa, ebenfalls Angehörige des KGB. Unter den Teilnehmern jeder in der Sowjetunion zusammengestellten Delegation, die das westliche Ausland bereisen soll, befinden sich zwei bis drei Mitarbeiter sowjetischer

Nachrichten- bzw. Sicherheitsdienste, die teils die eigenen Kollegen zu »betreuen« haben, teils anderen Aufgaben nachgehen. Dies mögen vielleicht interessante Streiflichter für den Leser sein, aber sie gehören sozusagen zum Alltag der Nachrichtendienste und Sicherheitsbehörden der betroffenen Länder.

Nur selten des Landes verwiesen, in den meisten Fällen gar nicht erkannt, werden kommunistische Einflußagenten und andere Spezialisten, die sich in ihrem Verhalten und Vorgehen stets nach den gebotenen Möglichkeiten richten. Unter ihnen sind die zur Durchführung der »Desinformazija« eingesetzten Experten besonders zu beachten. Ihre Tätigkeit, die ich in Kapitel 10 schon kurz angesprochen habe, betrifft nicht die offiziellen Kanäle des Informationswesens, wie Presse, Rundfunk und Fernsehen, Agenturen und Publikationen, die durch die Kommissionen für Pressewesen, für Rundfunk und Fernsehen, sowie für die kulturellen Beziehungen mit dem Ausland kontrolliert und gesteuert werden. Während die Koordinierung des gesamten Informationswesens durch die ZK-Sekretariatsabteilung für Agitation und Propaganda erfolgt, verfügt das KGB für die »Desinformazija« über eine umfangreiche, hervorragend ausgestattete Abteilung, mit deren Hilfe die verschiedensten Aufgaben, insbesondere die Führung der sogenannten Beeinflussungsagenten, gemeistert werden können. Unter Beeinflussungsagenten versteht das KGB Persönlichkeiten, die dank ihrer Position in der Lage sind, als Multiplikatoren ihnen zugeleitete Nachrichten und Informationen weiter zu verbreiten. Diesen Persönlichkeiten ist oft nicht bewußt, daß sie das Spiel des sowjetischen KGB betreiben; sie würden diese Unterstellung entrüstet bestreiten. Ein berühmt-berüchtigter bewußter Beeinflussungsagent war ohne Zweifel Alger Hiss, der darüber hinaus auch Informationen für die Sowjets beschafft hat. Auch Mister Eaton, der ehrenwerte, gutgläubige und philantropische Begründer der Pugwash-Konferenzen, wird wohl zusammen mit seinen Freunden von den Sowjets in die Reihe der Beeinflussungsagenten eingereiht sein, ohne daß ihm dies bewußt ist. Es handelt sich, was ich verdeutlichen möchte, bei der Arbeit der Beeinflussungsagenten um eine Tätigkeit, die in vielen Fällen nicht einmal straffällig ist. Gerade diese Tatsache und die oft erwiesene Ahnungslosigkeit der Beeinflussungsagenten haben zur Folge, daß ihre Zahl auch nicht annähernd geschätzt, geschweige denn die Mehrzahl derartiger bewußter und unbewußter Helfer erfaßt und ausgeschaltet werden kann. Auch in der Bundesrepublik Deutschland sind bis in die jüngste Zeit nur vereinzelt Fälle bekannt geworden, in denen Beeinflussungsagenten unschädlich gemacht werden konnten. Die für die östlichen Nachrichtendienste in der Bundesrepublik, wie auch in einigen anderen westeuropäischen Ländern, überaus günstigen Einsatzbedingungen lassen es mir als sicher erscheinen, daß in Wirklichkeit Hunderte solcher Beeinflussungsagenten, neben Tausenden von kommunistischen Spionageagenten, in unserem Lande tätig sind. Der Routine und Raffinesse der kommunistischen Leitorgane kommt hierbei, neben den allgemein verbreiteten Gefühlen der Arglosigkeit bis zur Unvorsichtigkeit und Fahrlässigkeit, eine Entwicklung entgegen, die im ersten Augenblick eher grotesk oder auch überzeichnet klingen mag. Ich meine das unausbleibliche tätigkeitsbedingte Bedürfnis vieler im Rahmen der gegenwärtigen Ostpolitik handelnden Persönlichkeiten, darüber hinaus zahlreicher Industrieller und Wirtschaftswissenschaftler und Journalisten, Kontakte mit kommunistischen Auslandsvertretern zu gewinnen und zu vertiefen. Während ihre Gesprächspartner als Ostfunktionäre in allen Sicherheitsfragen über eine langjährige Schulung verfügen, ist es natürlich, daß ihre in der Masse ungeschulten deutschen Partner die Sicherheitsnotwendigkeiten nicht kennen und sie im Gespräch vernachlässigen, sowie auf eine provokatorische oder scheinbar entgegenkommende Gesprächsführung hereinfallen. Es ist im deutschen Bereich fast unbekannt, wird jedoch im Gegensatz dazu von anglo-amerikanischer wie auch von französischer und italienischer Seite wohl beachtet, daß eine über mehrere Personen hinweg geschickt gesteuerte Gesprächsaufklärung unerhört wertvolle und aufschlußreiche Einblicke und Ergebnisse zeitigen kann. Die Gegenseite wendet dieses Mittel Freund und Feind gegenüber in geradezu genialer Weise an. Es bedarf kaum mehr meines Zusatzes, daß Aufklärung und Disziplin vonnöten sind, um Quellen zu verschließen, die ansonsten ständig sprudeln, und gleichzeitig zu verhindern, daß sich immer wieder neue unbewußte Handlanger finden. Was ich zuletzt über einen speziellen Tätigkeitsbereich kommunistischer Auslandsvertretungen ausgeführt habe, läßt sich im großen auf den Gesamtbereich der weltkommunistischen Aktivität übertragen. Es kommt nach meiner Auffassung entscheidend darauf an, durch eine ungeschminkte Darstellung und Offenlegung der kommunistischen Methoden und Mittel zur Durchführung ihrer Ziele einen größtmöglichen Teil der Öffentlichkeit aufzuklären. In folgerichtiger Erweiterung meiner Forderung am Ende des vorigen Kapitels will ich damit zum Ausdruck bringen, daß es nicht genügt, über Absichten und Ziele Bescheid zu wissen. Mindestens ebenso wichtig, vielleicht sogar noch entscheidender für unser aller Zukunft ist das Wissen um die Verbände und Organisationen, die Einrichtungen und Vertretungen, alle Träger also, die dieses Kapitel bestimmt haben. Während ich das 10. Kapitel, den ersten Teil meiner politischen Betrachtungen also, mit Zitaten begonnen habe, soll dieses Kapitel mit Auszügen aus den »Regeln für die politisch-psychologische Subversion« beschlossen werden, die der Chinese Sun Tsu etwa 500 v. Chr. aufgestellt hat (zitiert nach Encyclopédie française – 1959, Band IX):

»Die höchste Kunst besteht darin, den Widerstand des Feindes ohne Kampf auf dem Schlachtfeld zu brechen. Nur auf dem Schlachtfeld ist die direkte Methode des Krieges notwendig; nur die indirekte kann aber einen wirklichen Sieg herbeiführen und festigen.
Zersetzt alles, was im Lande des Gegners gut ist. Verwickelt die Vertreter der herrschenden Schichten in verbrecherische Unternehmungen; unterhöhlt auch sonst ihre Stellung und ihr Ansehen, gebt sie der öffentlichen Schande vor ihren Mitbürgern preis.
Nutzt die Mitarbeit auch der niedrigsten und abscheulichsten Menschen. Stört mit allen Mitteln die Tätigkeit der Regierungen.
Verbreitet Uneinigkeit und Streit unter den Bürgern des feindlichen Landes. Fördert die Jungen gegen die Alten. Zerstört mit allen Mitteln die Ausrüstungen, die Versorgung und die Ordnung der feindlichen Streitkräfte.
Entwertet alte Überlieferungen und Götter. Seid großzügig mit Angeboten und Geschenken, um Nachrichten und Komplicen zu kaufen. Bringt überall geheime Kundschafter unter. Spart überhaupt weder mit Geld noch mit Versprechungen, denn es bringt hohe Zinsen ein.«

Wenn wir diese Formulierungen den Besonderheiten ihrer Zeit entkleiden, enthalten die »Regeln« des Chinesen nach meiner Ansicht alle Richtlinien und Leitsätze, die auch heute noch für sämtliche von mir erwähnten Bereiche weltkommunistischer Aktivität und Infiltration nahezu unverändert und uneingeschränkt gültig sind.

# 12. KAPITEL

# 25 Jahre sowjetische Machtpolitik und ihre Folgen

*Beobachtungen, Analysen und Prognosen*

Die von mir gewählte Dreiteilung einer Gesamtbetrachtung der sowjetischen Politik führt von der Darstellung der wesentlichen Grundlagen (Kapitel 10) über die Beschreibung der wichtigsten »Instrumente« (Kapitel 11) folgerichtig zu den Auswirkungen dieser Aktionen und Maßnahmen, die mit so großer Vielfalt in den Methoden und Mitteln seit zweieinhalb Jahrzehnten weltweit durchgeführt werden.

In diesem letzten Kapitel meines Buches werde ich versuchen, nicht nur die bisherigen wichtigsten Ergebnisse der sowjetischen Machtpolitik seit dem Ende des Zweiten Weltkrieges aufzuzeigen, sondern auch die voraussichtlichen Folgen dieser Politik in den siebziger Jahren, an deren Anfang wir stehen. Dabei werde ich die sowjetische Deutschlandpolitik in den Mittelpunkt stellen und auch auf den gegenwärtigen Stand der sowjetisch-deutschen Beziehungen im Zusammenhang mit der Ostpolitik der Bundesregierung eingehen. Bei der kaum überschaubaren Fülle des mir zur Verfügung stehenden Materials ist mir von vornherein klar, daß mein Versuch nur in einer skizzenhaften Aneinanderreihung von Vorgängen und Tatsachen sowie deren – notwendigerweise gleichfalls geraffter – Analyse bestehen kann. Ich teile damit das Los vieler anderer Autoren, denen es in umfangreichen Büchern nicht gelingen konnte, die wichtigsten Etappen der sowjetischen Machtpolitik auch nur einigermaßen vollständig zu beschreiben. Indessen hat eine sehr gedrängte Form der Darstellung sicher auch manche Vorteile. Sie kann, ja sie muß auf viele Randerscheinungen verzichten und sich, zumal in einem einzigen Kapitel, auf das wirklich Wesentliche, auf die tatsächlichen Schwerpunkte beschränken. Den unverändert harten Kern der sowjetischen Machtpolitik, der oft verdeckt und verschleiert wird, deutlich zu machen, den Eisberg selbst in seinem ganzen Umfang zu erfassen, wo oft nur eine kleine Spitze sichtbar wird, ist mein Anliegen.

Kommunistische Politik, in ihrer bisher vollkommensten Form die sowjetische Politik, ist eine totale, alle Lebensbereiche umfassende und ausnutzende Politik, die sich aller nur verfügbaren Mittel und

Personenkreise bedient. Sie muß auch heute noch, wie ich nachzuweisen versucht habe, in engem Zusammenhang mit der kommunistischen Ideologie gesehen werden. Hier gilt insbesondere der Satz, daß das, was der Sowjetunion nütze, auch der kommunistischen Bewegung nicht schaden könne – wie auch umgekehrt, daß Erfolge des Kommunismus in irgendeinem Teil der Welt auch den Interessen der imperialistischen Weltmacht Sowjetunion zugute kommen werden.

Das Endziel, die revolutionäre Umgestaltung der Welt mit einer – utopisch klingenden – kommunistischen »Endgesellschaft«, kann zwar in absehbarer Zeit nicht verwirklicht werden. Diese »Endgesellschaft« ist und bleibt nichtsdestoweniger das strategische Ziel. Für die kurz- und mittelfristige Politik der Sowjetunion sowie ihrer Verbündeten, seien dies nun die kommunistischen Staaten oder die nicht regierenden Parteien, bedeutet das Festhalten am strategischen Ziel der kommunistischen Endgesellschaft keinerlei Behinderung oder Ballast, den man – wie viele im Westen meinen – baldmöglichst abwerfen sollte, um sich freier bewegen zu können. Diese Ansicht entspricht dem gelegentlich an Naivität grenzenden Urteilsvermögen westlicher Betrachter, darunter auch geschätzter Sowjetexperten, die es trotz aller gegensätzlichen Erfahrungen offenbar nicht unterlassen können, die Gestaltung und Entwicklung der sowjetischen Politik an der westlichen Vorstellungswelt zu orientieren.

Fehlbeurteilungen in diesem entscheidenden Punkt konnten nicht nur, sie mußten zwangsläufig verhängnisvolle und unabsehbare Folgen haben. Es ist deshalb selbstverständlich, daß meine Mitarbeiter und ich die Frage nach dem Stellenwert der Ideologie im Rahmen der kommunistischen Außenpolitik in regelmäßigen Abständen immer wieder geprüft haben. Ein besonderer und zwingender dienstlicher Anlaß war zum Beispiel gegeben, als der frühere Ostberater Präsident Johnson, der kluge und fachlich qualifizierte Professor Zbigniew Breczinski, allenthalben verkündete, das Zeitalter der Entideologisierung sei endgültig angebrochen. Diese Äußerungen eines anerkannten Experten – er hat seine Meinung inzwischen revidiert – konnten unter Umständen erhebliche Auswirkungen auf die amerikanische Außenpolitik und damit auch auf die unsere haben, und zwar völlig unabhängig davon, ob diese Beurteilung berechtigt war oder nicht. Sie war irrig – eine eindeutige Feststellung, die wir nach gewissenhafter Überprüfung immer wieder bestätigt fanden.

Wenn ich ohne Einschränkung stets von der unveränderlichen sowjetischen Zielsetzung ausgegangen und auch heute noch fest von ihr überzeugt bin, so stellte und stellt sich mir die sowjetische Politik als ein einheitliches Ganzes dar, das daher auch aus dem Ganzen heraus beurteilt werden muß, wenn man nicht schädlichen, ja gefährlichen Fehleinschätzungen unterliegen will. Es war mir immer unverständlich und ist es auch heute, daß – aus Gründen, die gemessen an der Bedeutung der Probleme oft bewußt verharmlost anmuten – immer wieder Teilgebiete der sowjetischen Außenpolitik ein Eigengewicht erhalten, das weder den Zielsetzungen noch den Entwicklungen der Gesamtpolitik entspricht. Auch Vereinbarungen und Verträge, die von der Sowjetunion abgeschlossen werden, dürfen keinesfalls, auf welchen Bereich sie sich auch beziehen, als alleinstehende, von der Leitlinie der Gesamtpolitik losgelöste Verhandlungsergebnisse gewertet, d. h. auf westlicher Seite falsch beurteilt werden. Sie sind, so sehr dies auch oft bestritten werden mag, nur im Zusammenhang mit der sowjetischen Gesamtpolitik und ihren strategischen Zielen richtig einzuordnen. Es ist deshalb absurd, wie in Kapitel 10 schon angedeutet, in unserem Falle den Moskauer Vertrag zwischen der Sowjetunion und der Bundesrepublik für sich zu betrachten und zu werten. Genau das Gegenteil ist richtig. Auch dieser Vertrag ist nichts anderes als einer jener zahllosen vertraglich fixierten Einzelschachzüge, die sich als Mosaiksteine in die Gesamtzielsetzung einzufügen haben. Diese Feststellung soll die Bedeutung des deutsch-sowjetischen Vertrages nicht verringern, sondern durch das Selbstverständnis seiner Einfügung in ein insgesamt für unsere Freiheit gefährliches System eher erhöhen.

Selbstverständlich ist das kommunistische Ganze, nennen wir es einmal so, kein monolithischer Block. Selbstverständlich machen sich auch im kommunistischen System Spannungen und Divergenzen bemerkbar, gibt es Fehlentscheidungen, Mißerfolge und Rückschläge, so daß die kommunistische Weltbewegung in ihrer Gesamtheit mitunter ebensowenig geschlossen und krisenfest erscheint wie zuweilen die Atlantische Allianz. Auch kommunistische Politiker sind Menschen, die irren können und tatsächlich auch irren.

Darüber hinaus birgt der angeblich so geschlossene kommunistische Block eine Unmenge Zündstoff in sich, der, einmal zum Entzünden gebracht, für Moskau und seine Satelliten schwerwiegende Folgen haben kann. Ich werde in diesem Kapitel an einigen Stellen Gelegenheit finden, auf derartige Entwicklungsmöglichkeiten hinzuweisen. Es ist sicher ebenso falsch, sie zu ignorieren, wie ihre Sprengkraft insgesamt zu überschätzen.

Der Sowjetunion fiel, wie schon erwähnt, als Ergebnis des Zweiten Weltkrieges die Verwirklichung nahezu aller zaristischen Expansionswünsche in den Schoß: Die baltischen Randstaaten waren wieder eingegliedert, Finnland war de facto abhängig geworden. Im Fernen Osten wurde ein Teil der Kurilen okkupiert und damit Vergeltung für die im russisch-japanischen Krieg von 1905 erlittenen Verluste geübt. Mit dem Sieg der sowjetischen Waffen war – entgegen den Abmachungen von Teheran und Jalta – die Umwandlung der ost- und südosteuropäischen Staaten in »sozialistische Gesellschaften« verbunden. Auf dem Wege über die ebenfalls zu »Volksdemokratien« umgebildeten Staaten Jugoslawien und Albanien hatten die Sowjets die Adria und damit das Mittelmeer erreicht. Deutschland, das nach Lenin den Schlüssel zur Weltrevolution darstellt, war nunmehr wenigstens zur Hälfte im kommunistischen Griff. Aber es bestanden auch gute Aussichten dafür, in Westdeutschland ebenfalls zu siegen.

Die kommunistischen Parteien Italiens und Frankreichs hatten die Jahre der Unterdrückung erstaunlich gut überstanden; sie waren überraschend schnell wieder aktionsfähig und an den Regierungen beteiligt. Der Krieg hatte außerdem die sozialen Spannungen in Lateinamerika weiter anwachsen lassen. In der übrigen Welt krachte das englische und französische Kolonialsystem in allen Fugen. Es war infolge der Hilfestellung der USA, die mehr aus philantropisch-moralischen als politisch orientierten Motiven erfolgte, nur eine Frage der Zeit, wann in den außereuropäischen Erdteilen die unausbleiblichen Verwirrungen der Unabhängigkeit Fortschritte für den Kommunismus bringen würden. Schließlich zeichnete sich auch ab, daß die Tage Tschiang Kai-schecks zugunsten Maos gezählt waren. Der Sieg des Kommunismus im Weltmaßstab schien nahe.

Kaum einer meiner Leser wird mir nicht folgen wollen bei der Feststellung, daß dieser hier in nüchternen Worten aufgezählte, in seiner Gesamtheit gewaltige Machtzuwachs der Sowjetunion auf alle alarmierend hätte wirken müssen, die sich Sorgen um die Zukunft der vom Kommunismus freien Welt zu machen hatten. Daß jedoch bei fast allen Staatsführungen derartige Lagebeurteilungen offenbar wenig Gewicht hatten, ist sicher nicht allein mit den Nachkriegsschwierigkeiten und Belastungen zu erklären, die sich in der verschiedensten Form für alle im Krieg gegen Deutschland beteiligten Verbündeten der Sowjetunion ergaben. Diese Unterlassung ist vielmehr ein geradezu eklatanter Fall der Unterschätzung eines potentiellen Gegners, dessen Absichten und Zielvorstellungen nicht erkannt wurden. So rüsteten die USA eilends ab und versetzten sich damit freiwillig in einen militärischen Schwächezustand – eine Maßnahme, die sich wenig später in Korea bitter rächen sollte.

Es ist nur natürlich, daß die offensive sowjetische Politik sich sogleich anschickte, die erreichten Machtpositionen durch rücksichtslosen Einsatz der kommunistischen Parteien, Fünfter Kolonnen und sonstiger Hilfskräfte zu erweitern. Doch so günstig die Ausgangslage sich auch darstellte, es gelang der Sowjetunion im raschen Anlauf der ersten Nachkriegsjahre in vielen Ländern nicht, die erstrebten strategischen Ziele zu erreichen.

Denn wie sich Lenin in den Jahren zwischen 1918 und 1920 getäuscht hatte, erlebte nun auch Stalin, daß der »verrottete imperialistische Kapitalismus« erstaunliche Lebenskräfte zeigte. Zwar wurde China 1949 kommunistisch, doch erwuchs Stalin mit dieser voraussehbaren Entwicklung nicht nur eine ungeheure wirtschaftliche Belastung, sondern der einzige Rivale in der Führung und Beherrschung der kommunistischen Welt. Auch in der Tschechoslowakei gelang die kommunistische Machtergreifung im Jahre 1948. Dagegen scheiterten zunächst andere Versuche, die kommunistische Machtbasis auszubreiten. Die Pressionen gegenüber der Türkei mit dem Ziel, die Öffnung der Meerengen zu erzwingen, blieben damals erfolglos; die Nordprovinzen des Iran mußten von den Sowjets aufgegeben werden. In Griechenland brach der kommunistische Aufstand zusammen. In Malaysia zeigte sich, daß die regionalen kommunistischen Kräfte nicht ausreichten, um der Sowjetunion eine südostasiatische Operationsbasis zu erschließen. Und auch in jenen Staaten, die ihre Selbständigkeit wieder oder neu gewinnen konnten, gelang es den Kommunisten nicht, die Regierungsgewalt zu erreichen. Vor allem aber bereitete die Entwicklung in den Industriestaaten Westeuropas Stalin eine herbe Enttäuschung. Allenthalben verschwanden die kommunistischen Parteien aus den Regierungen und aus mehreren Parlamenten. In Westdeutschland verhinderten zunächst die Westalliierten jeglichen sowjetischen Einfluß auf das wiedererwachende politische und wirtschaftliche Leben. Das historische Verdienst Dr. Schumachers, die Bildung einer westdeutschen SED verhindert zu haben, bedarf hierbei der Erwähnung. Das Verhalten der Westmächte anläßlich der Blockade von Berlin bewies darüber hinaus, daß diese entschlossen waren, weitere Erfolge der kommunistischen Bewegung in Europa zu verhindern.

Nach meiner Überzeugung ist die Blockade von Berlin so sehr zum Modellfall des Kalten Krieges geworden, daß eine kurze Einblendung in den von mir dargestellten Ablauf der Nachkriegsentwicklung geboten erscheint. Mit der Berlin-Frage, die der amerikanische Außenminister Dean Acheson (1948/52) als »die lebenswichtigste Frage der Gegenwart« bezeichnet hat, werde ich mich an späterer

Stelle im Zusammenhang mit der aktuellen Entwicklung eingehender befassen – hier geht es mir darum, den ersten Höhepunkt der permanenten Berlin-Krise wieder gegenwärtig zu machen. Als Stalin den Entschluß faßte, die Blockade West-Berlins anzuordnen, tat er dies nicht nur in Berücksichtigung der Leninschen These, wonach derjenige Europa und die Welt beherrscht, der Berlin besitzt. Er wollte die Beseitigung West-Berlins als eines Vorpostens hinter dem Eisernen Vorhang erzwingen und die Einverleibung in die »DDR« als Vorstufe der Einbeziehung Gesamtdeutschlands in den sowjetischen Machtbereich erreichen. Es hat nie einen Zweifel daran gegeben, daß die sowjetische Machtergreifung im gesamten Deutschland zu den vorrangigen Zielen der sowjetischen Politik in Europa gehörte. Erst als die Eroberung West-Berlins durch den Blockadering gescheitert war, erst als sich Jahre danach herausstellte, daß auch die intensiven kommunistischen Bemühungen zur Inbesitznahme Westdeutschlands vorläufig aussichtslos erscheinen mußten, ging Stalin auf das Zwischenspiel einer Verfestigung der deutschen Teilung über. Nunmehr ging es ihm darum, der inzwischen entstandenen Bundesrepublik eine starke und gesicherte »DDR« entgegenzusetzen, die einen Zusammenschluß beider Teile Deutschlands ohne sowjetische Einflußnahme und Steuerung ein für allemal ausschloß und auf unübersehbare Zeit auch heute ausschließt.

Ich bin nicht sicher, was Stalin seinerzeit stärker beeindruckt hat: die feste Entschlossenheit der Westmächte, im unmittelbaren Konflikt mit der Sowjetunion eine dichte Luftbrücke zur Versorgung des belagerten West-Berlin einzurichten – oder die Standhaftigkeit, das hervorragende Verhalten der Bevölkerung unter stärkstem physischem und seelischem Druck.

Die Durchbrechung der Blockade von Berlin und das Scheitern des Vorstoßes nach Südkorea bedeuteten zunächst den Abschluß einer Periode, in der die politische Strategie und Taktik der gesamten kommunistischen Weltbewegung auf die offensive Erweiterung des Machtbereichs ausgerichtet war.

Stalin zog radikale Folgerungen, die auch von seinen Nachfolgern, von Chruschtschow bis zu Breschnew, beachtet wurden. Er stellte die strategische Offensive grundsätzlich auf lange Fristen ab und begann, zunächst einmal den eigenen Machtbereich zu sichern und auszubauen. Seit Anfang der fünfziger Jahre entwickelte sich nunmehr eine kommunistische Gesamtpolitik, die auch heute noch durch den Versuch der nichtregierenden kommunistischen Parteien gekennzeichnet ist, die Isolation endgültig zu überwinden und zur Zusammenarbeit mit den sogenannten »progressiven« Kräften zu gelangen. Ziel ist eine neue Volksfront, mit deren Hilfe die USA nach und nach – unter Vermeiden jedes unkalkulierbaren Risikos – aus Europa herausgedrängt sowie im Weltmaßstab isoliert werden sollen. Für den eigenen Machtbereich galt und gilt es vordringlich, die politische und ideologische Situation der Sowjetunion durch vollständige Gleichschaltung der Satelliten und Weltorganisationen zu verbessern, sowie die Vereinheitlichung des politischen Bewußtseins der Bevölkerung durch Aktivierung der gesellschaftspolitisch-ideologischen Erziehung mit allen Mitteln zu beschleunigen.

Dieser Gesamtprozeß verläuft selbstverständlich nicht geradlinig und nicht ohne Störungen. Es gab und gibt Rückschläge im Ostblock-Machtbereich, der 17. Juni 1953, die Vorgänge in Ungarn und Polen 1956, die Krise um die CSSR 1968 zum Beispiel, aber an der Generallinie wird bis auf den heutigen Tag festgehalten.

Die Bemühungen der nichtregierenden kommunistischen Parteien, regierungsfähig zu werden, blieben erschwert, solange der »Kalte Krieg« (bis 1955) mit seinen starren Fronten andauerte. Die erwähnten Vorgänge Ende der vierziger Jahre (Machtergreifung in der CSSR) und in den ersten fünfziger Jahren konnten nicht dazu verlocken, die kommunistischen Parteien zur Mitverantwortung in den Regierungen einzuladen. Nichts ist daher nach meiner Ansicht kennzeichnender für den strategisch offensiven Charakter der Politik nach dem Prinzip der friedlichen Koexistenz als die Tatsache, daß erst seit deren Anwendung (ab 1955) den nichtregierenden Parteien Erfolgsaussichten für den Dialog mit den »progressiven Kräften« zugebilligt werden können. Die erstrebte Volksfront neuen Typs, die in abgeschwächter Form seit einigen Jahren in Finnland und nunmehr mit einem stärkeren marxistischen Akzent in Chile verwirklicht wird, unterscheidet sich von der Volksfront der dreißiger Jahre dadurch, daß sie auch die Zusammenarbeit mit nichtmarxistischen, z. B. christlichen Kräften und Gruppierungen erlaubt. Die kommunistische Seite ist dabei davon überzeugt, daß sie im Laufe der Zeit dank ihrer überlegenen Organisation die Macht erringen kann, auch wenn sie anfangs nicht imstande und gewillt ist, alle führenden Positionen zu besetzen. Das Beispiel Kubas, in dem Castro sich ursprünglich lediglich als Sozialreformer betrachtete, bis er schließlich immer mehr in die Abhängigkeit der kommunistischen Kräfte geriet, scheint diese sowjetische Hoffnung zu bestätigen. Wir haben deshalb alle Veranlassung, die Entwicklung in Chile und in anderen Ländern, in denen eine Beteiligung der Kommunisten an der Regierungsmacht bereits verwirklicht ist oder bevorsteht, mit großer Aufmerksamkeit und Sorge zu beobachten.

Auf jeden Fall zeigt der bisherige Ablauf der Ereignisse in aller Welt, daß die Positionen der nichtregierenden kommunistischen Parteien weitgehend davon abhängig sind, ob und in welchem Umfange das kommunistische Lager seine Koexistenz-, Friedens- und Entspannungsbemühungen, oder wie immer man die sowjetische Politik bezeichnen mag, glaubhaft machen kann.
Als besonderes Beispiel für diese Art der Entspannungspolitik wird von sowjetischer Seite immer wieder die Kuba-Krise des Jahres 1961 erwähnt. An dieser Stelle kommt es mir darauf an, die neuen Nuancen anzudeuten, die mit den Ereignissen um Kuba der Politik nach dem Prinzip der friedlichen Koexistenz hinzugefügt wurden. Wiederholt ist im Westen argumentiert worden, der Kuba-Konflikt habe als Beweis dafür zu gelten, daß Krisen, in denen beide Supermächte direkt konfrontiert seien, nicht zu Kriegen führen könnten und dürften. Chruschtschow habe dies durch den Abbau der sowjetischen Militärbasen bestätigt. Er habe also lieber eine politische Niederlage in Kauf genommen als einen Krieg riskiert, der mit der totalen Vernichtung geendet hätte. Meines Erachtens steht längst fest, daß diese Schlußfolgerung, die einem typisch westlichen Denken entspricht, der Berichtigung bedarf. Was hier als »Niederlage« gewertet wurde, beließ den Sowjets die bis heute uneingeschränkte Möglichkeit, die Basis Kuba für alle Zwecke der weltkommunistischen Aktivität und Infiltration zu nutzen. Jedenfalls folgerte der Westen aus dem Ablauf des Kuba-Konfliktes fälschlich, daß es möglich sein müsse, zu einer über die bloße Koexistenz hinausgehenden Entspannung zu kommen.
Entspannungsbemühungen, die zeitweise der Hektik nicht entbehrten, kennzeichnen seitdem das Bild der westlichen Politik. Die Sowjets griffen diese Bemühungen des Westens auf ihre Weise auf. Sie stellten in den verschiedenen Gremien immer wieder »Entspannungspläne« aller Art zur Debatte, die zwar zumeist von vornherein daran scheiterten, daß die kommunistische Seite jede Kontrollmöglichkeit verweigerte, die aber psychologisch äußerst wirksam waren, weil sie die angebliche »Friedensbereitschaft« des sozialistischen Lagers ins Licht rückten. Unter diesen Plänen ist, neben der Forderung nach totaler Abrüstung, und neben den beiden Kernwaffenverträgen, vor allem der Rapacki-Plan jahrelang propagandistisch ausgeschlachtet worden. Er sah eine Zone verdünnter Rüstung in Nord- und Ostmitteleuropa vor, eine für viele Gutgläubige sicher attraktive Vorstellung, der ohne Kenntnis der Hindergründe und der damit verfolgten sowjetischen Absichten schwer zu begegnen war. Die heute gültige Abwandlung der Generallinie wurde sodann auf dem

Parteitag der rumänischen KP vom 4. Juli 1966 festgelegt und von Breschnew verkündet. Sie fordert ein europäisches Sicherheitssystem, das nur europäische Mächte umfassen dürfe, sowie die Auflösung der beiden Militärpakte NATO und Warschauer Pakt. Diese Forderungen kehren nunmehr in allen wesentlichen Erklärungen der kommunistischen Staaten und Parteien wieder, zuletzt beim Gipfeltreffen der Partei- und Regierungschefs des Warschauer Paktes am 2. Dezember 1970 in Ost-Berlin. Es ist meines Erachtens bemerkenswert, daß die Ostberliner Erklärung ausdrücklich auf die Budapester Entschließung (vom März 1966) Bezug nimmt und die seinerzeit angedeuteten Konzessionen – keine Einwände gegen eine Beteiligung der USA und Kanadas, keine Forderung nach vorheriger Anerkennung der »DDR« – wieder aufhebt.

Es ist selbstverständlich, daß sich der offensive Charakter, den die Sowjets ihrer Politik der »friedlichen Koexistenz und Entspannung« zumessen, in erster Linie auf die Beziehungen zur stärksten Macht der freien Welt, den USA, auswirken mußte. Dies zeigte sich mit aller Deutlichkeit an dem provozierten Abbruch der Pariser Gipfelkonferenz am 16./17. Mai 1960.

In unserem Informationsbild hatte sich schon einige Monate vorher abgezeichnet, daß die Sowjetunion ihr Interesse an dem Pariser Treffen in dem Maße verlor, wie sich ein gemeinsames Vorgehen der drei Westmächte unter amerikanischer Führung herauskristallisierte und damit Chruschtschows Hoffnungen auf den Fortbestand des »Geistes von Camp David« zum Scheitern brachte. Der Powers-Zwischenfall war lediglich ein Glücksumstand, der Chruschtschow die willkommene Gelegenheit bot, das Spektakulum von Paris vor aller Welt darzubieten. Wir waren damals in der glücklichen Lage, den definitiven Entschluß Chruschtschows, die Konferenz unter aufsehenerregenden Begleitumständen platzen zu lassen, rechtzeitig zu melden. Die auf das Ziel der Isolierung der USA sowie langfristig auf ihre Entfernung aus Europa angelegte Politik der Sowjetunion setzte und setzt voraus, daß einerseits die USA ständig außerhalb von Europa in krisenhafte Entwicklungen verstrickt bleiben, andererseits jedoch direkte Konfrontationen mit der westlichen Großmacht vorläufig vermieden werden. Diese Politik wird mit Sicherheit so lange nicht verändert werden, wie das strategische Potential der USA demjenigen der Sowjetunion überlegen oder noch gleichwertig ist. Allein diese einfache Feststellung, die durch zahlreiche Erkenntnisse bis zu meinem Ausscheiden aus dem Dienst bestätigt wurde, zeigt, daß der Sowjetunion nichts daran gelegen sein kann, durch Einwirkung auf Nordvietnam die USA aus ihren vietnamesischen Verstrickungen zu erlösen.

Von sowjetischer Seite wird es nur dann zu einer von den Voraussetzungen her jederzeit möglichen Einflußnahme auf Nordvietnam kommen, wenn die USA Südvietnam seinem Schicksal überlassen sollten. Eine solche Preisgabe war zwar bisher bei den obwaltenden politischen Umständen nicht bevorstehend, auf längere Sicht jedoch nicht auszuschließen. Eine Entwicklung dieser Art hätte eine Schicksalswende für das gesamte Asien anbahnen können. Washington würde nicht nur auf unabsehbare Zeit sein Gesicht in Asien verlieren, die Sowjetunion dagegen ihrem Ziel, die USA zu isolieren und auszuschalten, ein entscheidendes Stück näher kommen. Darüber hinaus wäre die Glaubwürdigkeit der USA auch in Lateinamerika, in Afrika und nicht zuletzt in Europa in starkem Maße gefährdet.
Der kluge Versuch Nixons, die Beziehungen zur VR China wieder auf eine normale diplomatische Grundlage zu stellen, mag bei einer geschickten Ausnutzung aller politischer Gegebenheiten den Weg zu einer tragbaren Lösung der Vietnamfrage ebnen, ohne daß die oben genannten Rückwirkungen eintreten. Die Zukunft wird es zeigen.
Tatsächlich wird der Widerstandswille Nordvietnams ebenso wie die materielle Fähigkeit, auf der dieser Kampfgeist beruht, zu 90% durch die Sowjetunion und ihre Satelliten und nur zu einem geringen Teil durch die VR China wirtschaftlich und waffentechnisch genährt. Alle Behauptungen, die Sowjetunion sei an einer alle Teile befriedigenden und gerechten Lösung der Vietnam-Frage interessiert, wenn nur die USA geneigt seien, Konzessionen zu machen, sind genauso in das Reich der Fabel zu verweisen wie Erklärungen, die Sowjetunion strebte nicht mehr die Ausbreitung des »sozialistischen«, d. h. kommunistischen Gesellschaftssystems an.
Auf die Gründe, die zu der gegenwärtigen Lage in Vietnam geführt haben, im einzelnen einzugehen, möchte ich mir schenken. Einer der entscheidenden amerikanischen Fehler war die Unterstützung der Beseitigung von Diem. Sein Ausfall hat Südvietnam in innere Auseinandersetzungen verstrickt und damit zu einem Zeitpunkt geschwächt, als das Land im Kampf um seine Existenz stand. Die Begleitumstände wurden vom sowjetischen und chinesischen Geheimdienst so gesteuert, daß die Amerikaner offenbar kein ganz zutreffendes Bild der inneren Lage hatten. Es ist zugegeben, daß Diem, zumindest zu dieser Zeit, kein Verfechter der Demokratie war. Während eines Krieges in einem auf dieser Bildungsstufe stehenden Volk die Demokratie einführen zu wollen, ist jedoch ein nicht zu verantwortendes Wagnis. Diese Auffassung habe ich im übrigen schon zu einem Zeitpunkt vertreten, als die ersten die herannahende Krise ankündigenden Nachrichten eingingen.

Der Kreml wird mit Sicherheit auch in Zukunft überall dort, wo sich die Möglichkeit bietet, bemüht sein, ein »Vietnam« für die USA entstehen zu lassen. Dies bedeutet, die USA in ein Engagement zu zwingen, das ohne großes eigenes und direktes Eingreifen der Sowjets zum Nachteil Washingtons ausgenutzt und vor allem propagandistisch vor der Weltöffentlichkeit ausgeschlachtet werden kann.

Ebenso wie in Vietnam ist die Sowjetunion nicht unmittelbar in den gefährlichsten Krisenherd am Beginn der siebziger Jahre, den Nah-Mittelost-Konflikt, verwickelt. Aber anders als das ferne Randgebiet von Vietnam ist der Nahe Osten für uns Deutsche einer der wesentlichsten Brennpunkte in der Weltpolitik, dessen Bedeutung weit über die Auseinandersetzungen zwischen Israel und den arabischen Staaten hinausgeht.

Für Europa bedeutet dieser Raum unendlich viel. Brücke und Drehscheibe zugleich, liegt er der Südflanke der NATO gegenüber, angrenzend an das Mittelmeer, das zu beherrschen zu den uralten Wunschvorstellungen der Russen gehörte und zu den heutigen Zielen der Sowjets gehört. Für Europa liegen in diesem Raum die lebenswichtigen Erdölreserven, auf die nicht für längere Zeit verzichtet werden kann. Ich habe zuvor schon an mehreren Stellen, bei der Erwähnung unserer Berichterstattung anläßlich der Kampfhandlungen 1956 und 1967, darauf hingewiesen, daß eine Unterschätzung der Entwicklung in Nah-Mittelost verhängnisvolle Folgen nach sich ziehen müßte.

Für die Sowjetunion bildet der arabische Großraum nicht nur ein Konglomerat von Staaten, die sich nach der Phase der nationalen Revolution auf dem Wege zur sozialistischen Gesellschaft befinden. Der arabische Zwischenkontinent ist für die Sowjetunion zugleich das geographische Sprungbrett für den Vorstoß nach Afrika. Gleichzeitig aber ist der Suez-Kanal für die Sowjetunion, im Gegensatz zu den großen Westmächten, für den Seeverkehr nach Südostasien unentbehrlich.

Das wachsende Interesse der Sowjets an den arabischen Staaten ließ sich schon seit der Mitte der fünfziger Jahre feststellen – unsere Konsequenz war, wie ich beschrieben habe, der Entschluß, Verbindungen des Dienstes in diesem Raum aufzubauen und eine kontinuierliche Berichterstattung sicherzustellen. Der Schwerpunkt des sowjetischen Interesses und ihrer Bemühungen lag bekanntlich auf der VAR mit ihrem Kernland Ägypten – er liegt dort noch heute. Ägypten rückte rasch an die Spitze aller von der Sowjetunion materiell unterstützten Länder, Syrien schob sich an die zweite Stelle, der Irak folgte. Die übrigen Länder verdienen in sowjetischer Sicht nur dann besondere Beachtung, wenn die soziale Umgestaltung fortschreitet oder wenn sie geneigt sind, Stützpunkte für die sowjetische Marine und Luftwaffe zur Verfügung zu stellen. Sie sollen dazu beitragen, das Netz zu ergänzen, das die Sowjets über das östliche Mittelmeer geworfen haben, bestehend aus Luftbasen und Anlaufplätzen für die sowjetische Flotten-Escadra, die heute schon zu einem gefährlichen Gegner der lange Jahre für unüberwindlich geltenden amerikanischen 6. Flotte geworden ist.

Der Nahe Osten erfüllt in der Gesamtkonzeption der Sowjetunion seit langem eine Doppelfunktion. Als geopolitischer Stützpunkt ersten Ranges muß er unter Ausnutzung des arabisch-israelischen Konfliktes die USA – ähnlich wie in Vietnam – binden und zugleich die NATO in ihrer strategisch besonders gefährdeten Südflanke umfassen. Anders als in Vietnam besteht jedoch bei einer Erweiterung des Konfliktes jederzeit die Möglichkeit, daß die Sowjetunion zu intervenieren gezwungen ist, um eine noch nachhaltigere Niederlage der Araber als im Jahre 1967 zu verhindern. Die brisante Situation erhält ihre besonderen Akzente durch die Anwesenheit von mehreren tausend sowjetischen Beratern in Ägypten, vor allem aber durch die Stationierung ständig einsatzbereiter sowjetischer Flugzeuge, die – von sowjetischen Piloten geflogen – die permanente Schwäche der ägyptischen Luftwaffe auszugleichen haben. Die sowjetische militärische Präsenz schließt den Zwang ein, die Lage stets soweit unter Kontrolle zu halten, daß der latente Krisenherd nicht neuerdings in Kampfhandlungen umschlägt. Diese ständige Kontrolle ist um so notwendiger, als es den sowjetischen Chefberatern, an der Spitze dem Spezialisten Botschafter Winogradow, offenbar bisher nicht gelungen ist, die umfangreichen Waffenlieferungen mit Einflußnahmen zu verbinden, die für die Sowjets die Sicherung ihrer Position bei allen nur denkbaren Entwicklungen bedeuten.

Daran ändern auch die langfristig abgeschlossenen Verträge nichts. Aus recht genauer Kenntnis der arabischen Mentalität glaube ich zu wissen, daß es den Sowjets außerordentlich schwerfallen wird, ihre enormen militärischen und wirtschaftlichen Hilfeleistungen in politische Mitbestimmung umzusetzen. Trotz aller gegenteiligen Beteuerungen halte ich in diesem Zusammenhang Sadats Durchgreifen gegenüber seinen Gegenspielern, die zu den eindeutigen Parteigängern Moskaus gehörten, für nicht weniger beachtlich als Nassers unablässige Bekämpfung jeder kommunistischen Aktivität in seinem Lande.

Diese mehrfachen Interessen Moskaus – die USA und die NATO zu binden sowie die Abhängigkeit der arabischen Staaten von der SU zu erhalten, ja zu verstärken – vereiteln nach meiner Ansicht alle Hoffnungen, den palästinensischen Konflikt in absehbarer Zeit und endgültig zu lösen. Auch wenn es in den nächsten Jahren zu einer Friedensregelung kommen mag, die nach gegenwärtiger Lage der Dinge nur auf Kosten Israels erfolgen kann, bleibt auf lange Sicht der Nahe Osten die wichtigste internationale Krisenzone. Die USA und Westeuropa täten gut daran, sich auf diese Tatsache einzustellen.

Die Gefahr einer direkten Konfrontation zwischen den USA und der Sowjetunion ist selbstverständlich am ehesten in Europa, in Deutschland und hier besonders in Berlin gegeben. Aus diesem Grunde soll Europa mit allen Mitteln aus der Verklammerung mit den USA gelöst werden. Koexistenz und Entspannung, die von den Sowjets in der Form des Europäischen Sicherheitssystems angeboten werden, sollen die Gefahr einer Konfrontation mit Hilfe der Europäer selbst unterlaufen und schließlich durch den Rückzug der USA aus Europa beseitigen.
Es hat mich besonders beeindruckt, mit welcher Klarsichtigkeit der verstorbene französische Präsident General de Gaulle diese Entwicklung bereits 1961/62 vorauszusehen glaubte, wie ich aus Gesprächen mit französischen Freunden in diesen Jahren weiß. De Gaulle rechnete bereits damals mit einem, sei es nun erzwungenen oder freiwilligen, Rückzug der Amerikaner aus Europa und sah mit Sorge den Tag kommen, an dem ein in sich nicht einiges Europa allein dem Sowjet-Imperialismus gegenüberstehen würde. Diese Entwicklung würde, so meinte de Gaulle, in der zweiten Hälfte der siebziger Jahre auf uns zukommen – hierauf gelte es sich vorzubereiten. Die Achse Paris-Bonn war in der Sicht de Gaulles für diesen Fall als Kernstück eines unabhängigen – und das hieß bei ihm »verteidigungsfähigen« – Europa vorgesehen. Während de Gaulle die Bedrohung Europas durch das sowjetische Machtpotential zweifellos richtig einschätzte, neigte er – bis zum Jahre 1968 – dazu, die zusätzliche Gefährdung durch die Ausstrahlungskraft der marxistischen Ideologie und die Unterwanderungsarbeit der Sowjets gering zu werten. Diese Einschränkung vermag jedoch meine Achtung vor dem Weitblick des Generals in keiner Weise zu beeinträchtigen.
In diesem Zusammenhang erinnere ich mich an ein Gespräch mit General Ollié, einem engen Vertrauten de Gaulles und ehemaligen Oberbefehlshaber der französischen Streitkräfte, der mich Anfang Oktober 1962 mit Willen und Wissen de Gaulles besuchte und mir dessen Gedankengänge zur inoffiziellen Weiterleitung an Bundeskanzler Dr. Adenauer vortrug. Der Kanzler stimmte den Gedanken des Generals in allen Punkten zu, sah sich aber in der Folgezeit aus

den bekannten Gründen nicht in der Lage, die Vorstellungen de Gaulles so ausschließlich zu den eigenen zu machen, wie dies der französische Präsident erwartet haben mochte. Die besondere deutsche Situation und die sich aus ihr ergebende starke Abhängigkeit von den Schutzmaßnahmen der USA mußten in jedem Falle vorrangig berücksichtigt bleiben. In meiner bisherigen Darstellung habe ich in verschiedenen Zusammenhängen auf die unveränderten und konsequent verfolgten Ziele der sowjetischen Außenpolitik insgesamt und der Deutschlandpolitik insbesondere hingewiesen. Da ich nicht glaube, daß wir uns einem Wendepunkt dieser Politik nähern oder ihn gar schon erreicht haben, fühle ich mich verpflichtet, aus der gesamten Entwicklung der sowjetischen Deutschlandpolitik jene Ereignisse in kurzer Zusammenfassung herauszugreifen, die sich seit dem Kriegsende und bis heute in beherrschender Weise auch auf die innenpolitischen Vorgänge in der Bundesrepublik ausgewirkt haben und in womöglich noch stärkerem Maße auswirken werden.
Von der Absicht Stalins, in den ersten Nachkriegsjahren das gesamte Deutschland dem aus Kriegs- und Nachkriegseroberungen entstandenen osteuropäischen Machtbereich einzuverleiben, bis zum sowjetisch-deutschen Vertrag vom 12. August 1970 spannt sich der weite Bogen einer Politik, die im häufigen Wechsel der Taktik und Methoden gelegentlich nicht mehr planmäßig und zielstrebig zu verlaufen schien, gerade dies aber jederzeit war. So lehne ich entschieden ab, in einer jahrelangen Folge von Lockungen und Drohungen, Gewaltaktionen und maßvoll formulierten Vorschlägen »Lösungen«, ja verpaßte Gelegenheiten ausfindig zu machen, die – diese Ansicht vertreten einige Politiker noch heute – unser Land vor einer ständigen Konfrontation mit den aktiven, häufig auch aggressiven Kräften des Kommunismus hätten bewahren können. Mit allem Nachdruck verweise ich in diesem Zusammenhang insbesondere die angeblich versäumte Möglichkeit, für das ganze Deutschland eine Art »Österreich-Modell« wirksam werden zu lassen, in den Bereich der Utopie. Ebenso wie für mich, durch die entsprechenden Informationen erhärtet, niemals ein Zweifel bestanden hat, daß die Sowjetunion in der Vergangenheit nur ein vereinigtes Deutschland nach ihren Vorstellungen, d. h. ein kommunistisches, geduldet hätte, ebenso sicher ist es, daß sie heute und morgen im besten Falle nur einem »sozialistischen«, d. h. kommunistischen Gesamtdeutschland zustimmen würde, das, nach ihren Vorstellungen gebildet, sich dem Schutz und Schirm der westlichen Welt entziehen, in der kommunistischen Machtsphäre aufgehen und damit seine Freiheit verlieren müßte.

Die sowjetische Deutschlandpolitik von 1945 bis heute hat viele Phasen und Stationen. Sie ist bestimmt von Konferenzen und zahllosen Beratungen, sie ist gezeichnet von schweren Krisen. Jede, auch die gedrängte Betrachtung der sowjetischen Deutschlandpolitik muß nach meiner Ansicht davon ausgehen, daß die Sowjetunion sich in ihren Handlungen und Maßnahmen letztlich immer wieder auf die Abmachungen der Potsdamer Konferenz (7. 7.–2. 8. 1945) beruft. Auch wenn die von den Sowjets so häufig genutzten »Realitäten« unserem Lande längst den gebührenden Platz an der Seite und im Bündnis mit den Nationen der freien westlichen Welt gesichert haben, stehen – dies ging immer wieder aus vielen Informationen hervor – die in Potsdam beschlossene Zerstückelung und Entmachtung Deutschlands weiterhin im Hintergrund ihrer Politik. Diese Politik erhebt unablässig den Anspruch auf eine permanente Einmischung in alle deutschen Angelegenheiten mit den verschiedensten Begründungen und Argumenten.
Wie schon erwähnt, hoffte Stalin in den ersten Jahren nach Kriegsende, also in der ersten Phase der sowjetischen Deutschlandpolitik, die Entwicklung in Westdeutschland unmittelbar mitbestimmen zu können, ohne dafür auch nur die geringsten westlichen Einflußmöglichkeiten auf die sowjetisch besetzte Zone Deutschlands zuzulassen. Die Sowjetunion versuchte, ihre Einflußnahme auf die drei Westzonen Deutschlands einerseits über den Kontrollrat, die Reparationskommissionen und andere Einrichtungen sicherzustellen. Auf der anderen Seite erwartete sie, daß die Zerstörung aller Widerstandskräfte und die verbreitete Verelendung des deutschen Volkes die neu gegründete KPD und die von dieser abhängigen Organisationen in beherrschende Positionen bringen würden. Eine Umwandlung Westdeutschlands in ein sozialistisches Gesellschaftssystem konnte aus dieser Sicht nur noch eine Frage kurzer Zeit sein.
In dieser Phase unternahmen die Sowjets einen Gewaltakt, über dessen schwerwiegende Bedeutung ich mich schon geäußert habe: Die Blockade von Berlin. Von Stalin nicht nur als Griff nach Gesamt-Berlin praktiziert, sondern auch als Einschüchterungsversuch der westdeutschen Bevölkerung und damit Unterstützung der KPD und ihrer Hilfsorganisationen in die sowjetische Konzeption eingeordnet, erwies sich gerade diese letztere Erwartung als trügerisch. Getragen von der Luftbrücke der westlichen Alliierten, bewiesen die Berliner eine Standhaftigkeit, die sich auch auf viele andere Entwicklungen beispielhaft auswirken sollte. In Westdeutschland stellte sich alsbald schon bei den ersten Wahlen in den Ländern und Gemeinden heraus, daß die KPD – trotz ihrer günstigen Anfangsbedingungen – innen-

politisch ebenso bedeutungslos blieb wie ihre Hilfsorganisationen. Die westdeutsche Bevölkerung blieb gegenüber allen Lockungen und Drohungen von sowjetischer Seite ebenso standfest wie West-Berlin, zumal der Anschauungsunterricht, den die sowjetischbesetzte Zone bot, nur abschreckend wirken konnte.
Nicht minder beachtlich war die Reaktion der gesamten freien Welt: Sie bewunderte Berlin, das fortan zu einem Symbol der Freiheit wurde. Die westlichen Alliierten aber bekannten sich noch eindeutiger als zuvor zu ihrer Verantwortung, diese Freiheit auch künftig zu erhalten und zu sichern.
Die Sowjets zogen ihre Konsequenzen in realistischer Anpassung an die bisherigen Erfahrungen und die inzwischen veränderte internationale Konstellation. War auch die ursprüngliche Planung, die Westzonen Deutschlands mit Hilfe des westdeutschen Kommunismus in das sowjetische Einflußgebiet einzugliedern, gescheitert, so änderte sich nur die Taktik, nicht die strategische Zielsetzung. Weiterhin bestand die Absicht, den sowjetischen Einflußbereich auf das gesamte Deutschland auszudehnen und als Vorstufe hierzu die inzwischen (1949) gegründete BRD zu isolieren, sie aus dem westlichen Bündnissystem herauszulösen sowie militärisch und politisch zu neutralisieren.
Im Rahmen dieser Zielsetzung befürworteten Moskau und Pankow bis 1955 in ihrer Agitation weiterhin die deutsche Wiedervereinigung unter Verantwortung der vier Siegermächte und unter ständiger Berufung auf das Potsdamer Abkommen sowie die Folgekonferenzen, wobei gleichzeitig die Bolschewisierung Mitteldeutschlands zielbewußt und unbeirrt vorangetrieben wurde. In diesen Jahren legte der Kreml noch Wert darauf, als der Förderer einer deutschen Einigung zu erscheinen. Unsere intensiv geführten Aufklärungsoperationen und Analysen führten jedoch immer wieder zu der Erkenntnis, daß die sowjetischen Initiativen zur Deutschland-Frage lediglich den Zweck hatten, die Entwicklung und Konsolidierung der BRD zu verzögern, sowie mit Hilfe innerdeutscher Emotionen vor allem den Prozeß der Integrierung in den Westen psychologisch zu erschweren, wenn nicht zu verhindern. Bei allen Recherchen des Dienstes ergab sich, daß die Sowjetunion gar nicht daran dachte, eine Wiedervereinigung, die nicht die Gewähr einer früheren oder späteren Umwandlung Gesamtdeutschlands in einen »sozialistischen« Staat bot, zuzulassen, geschweige denn die bereits »sozialistisch« umfunktionierte »DDR« jemals wieder preiszugeben. Sie wich daher in jedem Falle konkreten Abmachungen über die einzuschlagende Prozedur beharrlich aus.

In diesem Zusammenhang sind die Vorgänge des Jahres 1952, des Jahres vor Stalins Tod, von besonderem Interesse. Zur Störung der Verhandlungen über die »Pariser Verträge« brachten die Sowjets Vorschläge ins Spiel, die noch heute – unter dem Motto der verpaßten Gelegenheiten – Gegenstand leidenschaftlicher Diskussionen in Deutschland sind.

Die sowjetische Initiative des Jahres 1952 wurde bekanntlich mit einer Note vom 10. 3. 1952 eingeleitet, die den Entwurf eines Friedensvertrages mit Deutschland enthielt. Dieser bis heute viel umstrittenen ersten Note folgten weitere Erklärungen; insgesamt umfaßte der Notenwechsel je vier sowjetische und westliche Noten. In diesen Dokumenten schlug Moskau die »Wiederherstellung Deutschlands als einheitlicher Staat« vor, wobei jedoch die Modalitäten für die Bildung einer gesamtdeutschen Regierung ebenso unklar blieben wie die Durchführung von »freien Wahlen«, auf deren Abhaltung die Westmächte als Voraussetzung für alle folgenden Verhandlungen mit Festigkeit bestanden.

In den Notenwechseln wurde die sowjetische Absicht deutlich, bestimmte Parteien und Gruppierungen in der BRD zu begünstigen, natürlich solche, die den kommunistischen Vorstellungen von »demokratischen Organisationen« entsprachen. Dagegen sollten alle Organisationen, die der Demokratie und der Sache der Erhaltung des Friedens angeblich feindlich waren, auf deutschem Territorium nicht bestehen bleiben.

In dem vielzitierten sowjetischen Vorschlag vom 10. März 1952 war ferner die Forderung enthalten, sämtliche Streitkräfte der Besatzungsmächte spätestens ein Jahr nach Inkrafttreten des Friedensvertrages mit Deutschland abzuziehen. Es bedarf kaum der Feststellung, die durch zahlreiche Meldungen erhärtet wurde, daß mit diesem Teil der Vorschläge die Schutzfunktion der Westmächte für einen ungestörten Fortschritt der bisherigen politischen Entwicklung in der BRD ausgeschaltet werden sollte. Als besonderes Entgegenkommen der Sowjets wurde das Zugeständnis deklariert, der BRD eigene nationale Streitkräfte zu gestatten, die für die Verteidigung des Landes notwendig sind. Mit dieser, auch von vielen Politikern in der BRD mit Überraschung registrierten Zusage verfolgten die Sowjets indes offenkundig den Zweck, die bereits erwähnte Störung der Verhandlungen über die Bildung einer Europäischen Verteidigungsgemeinschaft auf den Höhepunkt zu treiben.

Zusammenfassend läßt sich im Rückblick sagen, daß die Texte der sowjetischen Noten ebenso wie alle unsere Aufklärungsergebnisse in dieser Zeit eindeutig aufzeigten, was mit dem »friedliebenden,

demokratischen Deutschland« nach sowjetischer Vorstellung gemeint war: Ein der »DDR« ähnliches Gebilde, in dem die »demokratischen Massenorganisationen« entgegen unserer Verfassung immer wieder unmittelbar, z. B. bei der Kandidaten-Aufstellung, eingeschaltet werden sollten.
Diese Episode endete mit einer alliierten Note vom 23. 9. 1952, die von Moskau nicht mehr beantwortet wurde, wahrscheinlich, weil zu diesem Zeitpunkt am Zustandekommen der Pariser Verträge nichts mehr zu ändern war.
Ich habe diesen Notenwechsel so ausführlich behandelt und aus den Texten zitiert, weil Politiker, die heute der Regierungskoalition angehören, im Jahre 1952 jedoch zur Opposition zählten, ihre Kritik auch heute noch auf folgende Punkte konzentrieren:

- »Der Westen hätte nicht ›freie Wahlen zuerst‹ fordern dürfen, sondern sich als erstes mit den Sowjets über den militärischen Status eines wiedervereinigten Deutschland einigen müssen. Es sei erkennbar gewesen, daß Moskau eine Wiedervereinigung durch freie Wahlen nur unter der Voraussetzung der vorherigen Klärung des Status zulassen wollte.«
- »Die sowjetischen Noten hätten sich gegen die Europäische Verteidigungsgemeinschaft gerichtet, die dann wegen des französischen Vetos doch nicht zustande gekommen sei; die Bundesrepublik verfüge heute über eine Nationalarmee, die der Westen damals abgelehnt habe.«
- »Es sei eine Verfälschung der sowjetischen Noten, wenn man sie als ein ›Zurück zu Potsdam‹ abtue; denn dieses ›Zurück zu Potsdam‹ habe auch eine Bekräftigung der Verantwortung der vier Mächte für Deutschland bedeutet, aus der auch die Westmächte ihre weiter bestehenden Vorrechte nach dem Deutschland-Vertrag ableiten.«
- »Moskau habe außer der Anerkennung der Oder-Neiße-Linie und der Nichtzugehörigkeit Gesamtdeutschlands zu einem der Machtblöcke keine weiteren Bedingungen für die Wiedervereinigung genannt.«

(Aus »Die politische Meinung«, No. 90, Seite 45)

Nach meiner Überzeugung geht diese Kritik, die sich gleichermaßen gegen die Westmächte und die damalige Bundesregierung richtet, an den Tatsachen vorbei. Es ist ein verhängnisvoller Irrtum, anzunehmen, daß die Sowjets mit ihrer Forderung nach einem »einheitlichen, unabhängigen, demokratischen Deutschland« zu irgendeinem Zeitpunkt eine andere Vorstellung verbunden hätten als die inzwischen erfolgte Entwicklung und zementierte Ordnung in ihrer Besatzungszone.

In der Ära Chruschtschows (1953–1962) verlor die sowjetische Deutschlandpolitik nichts von ihrer Brisanz. Während – vielen Berichten zufolge – die internen Unsicherheiten und Spannungen in der Sowjetunion selbst und im osteuropäischen Machtbereich nach Stalins Tod noch andauerten, wiesen die Thesen der »friedlichen Koexistenz« schon den neuen Weg. Auf zahlreichen Konferenzen und in unzähligen Gesprächen seitdem erprobt, entwickelte sich aus den Leitsätzen dieser Politik ein gewichtiges Mittel, das fortan bei Verhandlungen eine ebenso dominierende Rolle spielte wie bei der praktischen Durchführung von Maßnahmen im Zeichen der »friedlichen Koexistenz«.

In dieser Phase bildeten der Volksaufstand vom 17. Juni 1953, die Genfer Konferenz im Jahre 1955, die von Chruschtschow provozierte zweite Berlin-Krise im November 1958, die gescheiterte Gipfelkonferenz vom Mai 1960 sowie die Errichtung der Berliner Mauer am 13. August 1961 die Höhepunkte einer Gesamtentwicklung, die ihren Niederschlag in zahlreichen Veröffentlichungen gefunden hat. So bewegend dieses Kapitel deutscher Geschichte auch sein mag, bedeutet es doch nur einen kurzen Zeitraum auf dem langen, beschwerlichen und gefährlichen Weg in eine gesicherte Zukunft unseres Landes.

Chruschtschows dramatischer Sturz am 14. Oktober 1964 verbesserte die Lage für die Bundesrepublik nicht, zumal seine angeblichen Eigenmächtigkeiten in der Behandlung der deutschen Frage zu den schärfsten Vorwürfen seiner Kritiker gehörten. In der Tat hatte Chruschtschow in den beiden letzten Jahren seiner Amtszeit eine Deutschlandpolitik betrieben, die allein mit der flexiblen Auslegung der »friedlichen Koexistenz« nicht erklärt werden konnte. Während der bisher letzte Alleinherrscher im Kreml einerseits die harte Linie Moskaus offiziell verfolgte und die Mauer als rechtmäßige Grenze zum »realen Staat DDR« erklärte, versuchte er gleichzeitig inoffiziell, in Bonn Hoffnungen zu erwecken. Wiederum wurde der Plan einer Konföderation der deutschen Staaten ins Gespräch gebracht, wobei sich vor allem Chruschtschows Schwiegersohn Adschubej als Interpret einer »Annäherungspolitik« betätigte. Adschubejs Mission scheiterte ebenso am wachen Mißtrauen Pankows und vor allem der Chruschtschow-Gegner im Kreml, wie wenig später Chruschtschow selbst. Mit Chruschtschow verschwand ein Funktionär von der Bildfläche, der, dynamisch und keinem Klischee verhaftet, im Westen und vor allem auch in der Bundesrepublik manche Hoffnung hatte aufkommen lassen. Es soll eine nachträgliche Rechtfertigung unserer kontinuierlichen Berichterstattung in der Chruschtschow-Ära sein, wenn ich feststelle, daß wir uns, gelegentlich deswegen kritisiert und immer wieder als »unverbesserlich« gescholten, von der Maske des Biedermannes, die sich Chruschtschow gelegentlich überzustülpen beliebte, niemals täuschen ließen.

Während sich nach unserem Informationsbild in der Stalin- und Chruschtschow-Periode der sowjetischen Deutschlandpolitik immer wieder Veränderungsbemühungen, freilich mit unveränderter sowjetischer Zielsetzung, abzeichneten und daraus Eingriffe ergaben, erstarrte sie nach Chruschtschows politischem Ende in den Formen des Status quo. Ausschlaggebend hierfür war vor allem die Tatsache, daß es in zwanzig Jahren nicht gelungen war, die Bundesrepublik aus ihrer Verklammerung mit dem Westen zu lösen. Dieses Ergebnis ließ es der sowjetischen (nunmehr kollektiven) Führung geraten erscheinen, die Deutschlandpolitik stärker als zuvor in ihre gesamteuropäische Politik einzuordnen. Außerdem waren Vorgänge im sowjetischen Machtbereich mitbestimmend, Ereignisse, die den Polyzentrismus der osteuropäischen Volksrepubliken unverhüllt zutage treten ließen.

Der Kreml verschärfte die Tonart seiner Propaganda gegen die Bundesrepublik, die als »einziger ernstzunehmender Friedensstörer« wiederum mit den alten Parolen des Neonazismus, Revanchismus und Militarismus diffamiert wurde. Solange Adenauer, Erhard und Kiesinger regierten, versteifte sich die sowjetische Haltung in der Deutschlandfrage auf sogenannte »Minimalforderungen«, deren Annahme nichtsdestoweniger Anerkennung und Verzicht bedeutet und die Umbildung der westlichen Gesellschaftsstruktur nach sowjetischem Muster eingeleitet hätte.

Die ständige Steigerung der sowjetischen Diffamierungskampagne gegen die BRD führte jedoch nicht zu ihrer erstrebten Isolierung, sondern zu einem engeren Zusammenrücken der NATO-Partner. Um so mehr wurde Deutschland in sowjetischer Sicht zum entscheidenden Hindernis auf dem Wege zu einem europäischen Sicherheitssystem, über das baldmöglichst auf einer Sicherheitskonferenz beraten werden sollte.

Der 1969 erfolgte Regierungswechsel in Bonn wurde, wie zu erwarten war, von den Sowjets dazu ausgenutzt, unter Beibehalt der langfristigen Absichten die Methoden ihrer Deutschland-Politik zu ändern. Unter Berücksichtigung der alsbald offenkundigen, fast drängenden Bemühungen der neuen Regierungskoalition, die Ostpo-

litik mit allen Mitteln aufzulockern, versuchte der Kreml, die Bundesrepublik in einem Vertrag festzulegen, der von Anfang an als förmliche Bestätigung der Teilung Deutschlands konzipiert war.
Dieser Vertrag, der in Moskau abgeschlossen wurde, enthielt zwar die von sowjetischer Seite erstrebte, nunmehr völkerrechtlich verbriefte Zustimmung der Bundesrepublik zur Zweistaatentheorie, nicht aber den ausdrücklichen formellen Verzicht auf die Interventionsartikel 53 und 107 der UN-Charta. Damit fiel den Sowjets jene »Lösung« der deutschen Frage in den Schoß, um die sie so lange vergeblich gerungen hatten.
Als ich diese Zeilen schrieb, befand sich der sowjetisch-deutsche Vertrag noch immer im Stadium heftiger Diskussion, war er noch nicht ratifiziert. Während seine Befürworter, an ihrer Spitze die Bundesregierung und der größte Teil der Abgeordneten der Regierungskoalition, den »endlich erreichten Ausgleich« mit Moskau als ein Ereignis von geschichtlichem Rang priesen, nannten die Gegner nicht nur offen die Nachteile und Klauseln, sie wiesen auch auf die Fragwürdigkeit derartiger Vertragswerke überhaupt hin. Die Bundesregierung hatte den Moskauer Vertrag mit ihrer Bestätigung der Teilung Deutschlands durch ein Abkommen mit Polen ergänzt, das – am 7. 12. 1970 in Warschau unterzeichnet – die Aufgabe der deutschen Ostgebiete jenseits von Oder und Neiße und damit die Ergebnisse der kommunistischen Eroberungspolitik in Mittel- und Osteuropa rechtsverbindlich bestätigte.
Die Vertragsgegner vertraten darüber hinaus die Auffassung, der ich mich anschließe, daß von den Sowjets – früher wie heute – niemals ein Vertrag geschlossen wurde und wird, der nicht die eigenen Machtinteressen vorrangig berücksichtigt. Es gibt, soweit mir bekannt, darüber hinaus bis heute kein geschichtliches Beispiel dafür, daß den Sowjets an einem wirklichen und vor allem dauerhaften friedlichen Zusammenleben mit einem Nachbarstaat von einiger weltpolitischer Bedeutung gelegen war. (»Friedliche Koexistenz« ist nicht das gleiche, sie ist, wie im Vorgehenden erläutert, im Osten ein politischer Angriffsbegriff.) Ich verweise in diesem Zusammenhang auf die Memoiren des ehemaligen amerikanischen Botschafters in Moskau, George F. Kennan, der in sehr eindringlicher Form davor gewarnt hat, sich auf sowjetische Vorschläge und Vertragsangebote einzulassen, ohne den eigenen Standpunkt mit Einfallsreichtum, Beharrlichkeit und vor allem Festigkeit vor derartigen Verhandlungen abzusichern und mit den befreundeten Regierungen zu koordinieren.
Die von der Bundesregierung wiederholt geäußerte Ansicht, es gäbe

zur Ostpolitik der SPD/FDP-Koalition keine Alternative, ist nach meiner Überzeugung falsch. Es könnte durchaus sein, daß uns die Sowjetunion selbst früher oder später diese Alternative aufzwingt. Die im Laufe des Jahres zunehmend härter werdende Tonart der kommunistischen Presse, unmißverständliche Äußerungen kommunistischer Spitzenfunktionäre, in erster Linie aus den Führungsgremien der SED, und großsprecherischer Marschälle deuten diese Möglichkeit ebenso an wie die sich steigernde Häufigkeit, mit der die volle Anerkennung der »DDR« im internationalen Bereich gefordert wird.

Eine äußerst unerwünschte Folge der Ostverträge ist – hier wird die unverändert wirksame Hebelfunktion der Bundesrepublik im Rahmen der sowjetischen Europapolitik deutlich –, daß nunmehr das Mißtrauen in die Zuverlässigkeit der Bundesrepublik in weiten Teilen des westlichen Auslandes erwacht ist. Es regt und äußert sich in so vielfältiger Weise, daß weder die offiziellen Ermunterungen und Belobigungen westlicher Politiker, die gelegentlich den Charakter von »Pflichtübungen« gewinnen, noch vor allem die beschwichtigenden Erklärungen der Bundesregierung und ihrer Exponenten über diese bedauerliche Tatsache hinwegtäuschen können. Die Vertragsverhandlungen zwischen Moskau und Bonn sind ohne jene »Vorgespräche« nicht denkbar, die von engen Vertrauten des amtierenden Bundeskanzlers lange vor der Bildung der sozial-liberalen Regierung in Rom geführt wurden. Über diese Besprechungen zwischen Exponenten der SPD und führenden Mitgliedern der italienischen kommunistischen Partei im Jahre 1967 ist einiges in die Öffentlichkeit gedrungen. Es dürfte indes im Interesse der heutigen Bundesregierung liegen, daß der Schleier, der in Wirklichkeit weiterhin über diesen Vorgängen liegt, nicht gelüftet wird. Wurden doch in diesen Gesprächen, die später unter Wahrung besonderer Geheimhaltung fortgesetzt wurden, durch Egon Bahr und Leo Bauer die Weichen für eine Entwicklung gestellt, die für die »neue Ostpolitik« der Bundesregierung nach 1969 richtungweisend war. Der Weg, der von Vorleistungen und allenfalls Kompromissen bestimmt ist, wurde in Rom begonnen. Die bange Frage kann nur lauten: Wo wird er enden?

Der Wert einer endgültigen Durchsetzung der kommunistischen Zwei-, besser Drei-Staaten-Theorie lag und liegt für die Sowjets im übrigen vor allem in der psychologischen Wirkung – ich kann dies gar nicht stark genug unterstreichen – gegenüber der Bevölkerung der »DDR«. Durch alle Tiefen der Erniedrigung und Enttäuschung dennoch bis heute zu großen Teilen viel enger mit unserem Lande verbunden, als manche dies wahrhaben möchten, müßte sie ihren augenblicklichen Status endgültig als unabänderlich erkennen und sich dem Kommunismus nunmehr rettungslos ausgeliefert betrachten. Was für die psychologische Rückwirkung auf die Bevölkerung der »DDR« gilt, trifft – mutatis mutandis – auch auf die Bevölkerung der übrigen Satelliten zu, die in ihrer Substanz genauso wenig kommunistisch ist wie die Mitteldeutschen. Auch deren psychologische Widerstandskraft würde entscheidend getroffen werden, da für diese Völker – abgesehen von ihren abklingenden Ressentiments gegenüber Deutschland – die ungelöste Deutschlandfrage in gewissem Umfange eine Garantie für das noch nicht Unabänderliche des eigenen Schicksals darstellte. Der Kreml kann deshalb nach meiner Ansicht als weiteren Vorteil auch die dringend erwünschte und benötigte Konsolidierung seiner Satelliten erwarten und verstärkt die Bolschewisierung seines Machtbereiches vorantreiben.

Es bedarf kaum der Erwähnung, daß von den Sowjets an die psychologische Auswirkung des sowjetisch-deutschen Vertrages auf die Bevölkerung der Bundesrepublik nicht geringere Hoffnungen geknüpft werden. Nicht nur die Sowjets erwarten, daß die Stimmen in der BRD zunehmen werden, die den nun gefundenen modus vivendi mit den Sowjets weiter auszubauen wünschen. Die innere Stabilität der NATO wird damit trotz der Beschlüsse von Brüssel (Dezember 1970) und Lissabon (Mai 1971) erneuten Belastungsproben unterworfen werden. Damit hätte der Kreml als weiteren (und wiederum einseitigen) Vorteil einen wesentlichen Fortschritt für eine Desintegrierung des Westens erzielt und seine Aussichten auf ein sowjetisch konzipiertes Sicherheitssystem verbessert.

Nach Chruschtschows Meinung schuf die Politik der »friedlichen Koexistenz« besonders günstige Voraussetzungen für die Verwirklichung der kommunistischen Zielsetzungen. In unserem Falle bedeutet dies: Wir dürfen niemals vergessen, daß nach kommunistischer Überzeugung die Bolschewisierung Deutschlands die Voraussetzung für die kommunistische Umwandlung Europas ist und bleibt. Die Desintegrierung des westlichen Bündnisses unter Ausnutzung aller Divergenzen der innerpolitischen Entwicklungen in den einzelnen Ländern sowie die Lösung der Bundesrepublik aus dem westlichen Bündnissystem und ihre Infiltrierung, die ohnehin infolge der Zwei- oder Dreiteilung immer gegeben ist, müssen daher als zwei zusammengehörende Aspekte einer einheitlichen, im strategischen Sinne offensiv geführten Politik gesehen werden. Alle Äußerungen im kommunistischen Lager beweisen immer wieder, daß es dem Kreml auf eine Auflösung des freiheitlichen Bündnissystems ankommt. Diese Bemühungen werden sich in dem Maße intensivieren, wie die Deutschlandfrage im Sinne des Kreml gelöst werden kann. Die von

Moskau angestrebte – und von der jetzigen Bundesregierung in wesentlichen Punkten sanktionierte – Lösung des deutschen Problems ist also, um es nochmals zu betonen, keineswegs eine Defensivmaßnahme, sondern die unerläßliche Voraussetzung für weitere diplomatische und psychologische Vorstöße, die durch Friedens- und Sicherheitsparolen abgesichert bzw. getarnt werden.

Meine Betrachtungen über Zielvorstellungen und Maßnahmen, Ergebnisse und Auswirkungen der sowjetischen Deutschlandpolitik kann ich nicht abschließen, ohne nochmals im Zusammenhang auf die Rolle und Bedeutung Berlins einzugehen. Wiederholt habe ich Berlin als Prüfstein für die Standhaftigkeit des Westens erwähnt; heute ist unsere alte Hauptstadt der Testfall für jene Konzessionsbereitschaft der Sowjets, welche die Bundesregierung fortgesetzt verheißt.

Berlin ist und bleibt einer der wenigen geographischen Plätze der Welt, wo das moralische Prestige des Westens – ganz abgesehen von den politischen Interessen – ständig auf dem Spiel steht und wo daher ein Zurückweichen schlechterdings nicht möglich ist. Der Mauerbau am 13. August 1961 war aus dieser Sicht das Äußerste, was der Westen hinnehmen konnte, da formal die Rechte der Schutzmächte nicht angetastet wurden. Ich habe über die Aufklärungsergebnisse des Dienstes im Zusammenhang mit dem Mauerbau in Kapitel 9 bereits berichtet. An dieser Stelle will ich dieser Darstellung hinzufügen, daß nach meiner Ansicht damals Ulbricht und die hinter ihm stehende sowjetische Führung bei entschlossenen und sofort einsetzenden Gegenmaßnahmen der drei westlichen Schutzmächte am 13. August 1961 zurückgewichen wären. Sie hätten allerdings, auch dessen bin ich auf Grund meiner Erfahrungen sicher, andere Möglichkeiten gefunden, die erstrebte Abschnürung durchzuführen.

Die Sowjetunion mußte sich spätestens seit dem Abbruch der Blockade am 29. Juli 1949 bewußt sein, daß eine Gefährdung der drei wesentlichen Forderungen der Westmächte – Verbleib der Schutzmächte, ungehinderter Zugang nach West-Berlin sowie Garantie der Lebensfähigkeit der Stadt – die direkte Konfrontation auslösen würde. Die verschiedenen Berlin-Krisen wurden daher von uns auch als jeweilige Versuche gewertet, die Entschlossenheit der Schutzmächte zu erproben. Meine Mitarbeiter und ich haben immer wieder darauf hingewiesen, daß es die Sowjets niemals darauf ankommen lassen würden, die Probe aufs Exempel zu machen, solange sie vom Behauptungswillen des Westens überzeugt seien.

Sie versuchen nunmehr, in Verhandlungen und Gesprächen mit den Westmächten und der Bundesregierung, das zu erreichen, was sie

bisher nicht erzwingen konnten: Die Lockerung der Zugehörigkeit Berlins zur Bundesrepublik und die endgültige Bestimmung West-Berlins zur dritten selbständigen politischen Einheit Deutschlands.
Mir ist heute unklarer denn je, wie sich der Westen eine Normalisierung der Lage West-Berlins vorstellt. Selbst eine Internationalisierung der Zugangsstraßen und Eisenbahnlinien nach Berlin und der dadurch ermöglichte Wegfall von »DDR«-Kontrollen, zu denen weder die Sowjets noch die »DDR« jemals bereit sein werden, könnte die exponierte Lage West-Berlins, der vorgeschobenen Festung der freien Welt, nicht entlasten. Sämtliche etwaigen Zugeständnisse, wie etwa ein erleichterter Verkehr der West-Berliner nach Ost-Berlin und in die »DDR«, können jederzeit widerrufen werden. Gründe hierfür werden sich immer finden lassen – der Weg durch die »DDR« wird damit ebenso störanfällig bleiben, wie er es jetzt ist.
Falls der Westen und die Bundesrepublik nicht sehr wachsam und entschlossen bleiben, werden alle Berlin-Regelungen auf lange Sicht die Situation der geteilten Stadt nur noch erschweren. Die »Hebelfunktion« Berlins wird jedenfalls durch keinerlei Abmachungen beseitigt werden können. Sie wird auch weiterhin den Sowjets und der »DDR« zu Gebote stehen, um sie gegenüber den Schutzmächten sowie der Bundesrepublik als politische Testmöglichkeit von Fall zu Fall zu benutzen.
In dieser Zeit, da es nicht nur mir so scheint, als ob die Bereitschaft der Bundesregierung, in West-Berlin nachzugeben, unaufhaltsam voranschreitet, sollten die kundigen Mahner nicht schweigen, sie sollten nicht aufhören, ihre berechtigten Bedenken mit Nachdruck zu vertreten, um einen neuen Verzicht – ohne gleichwertige Gegenleistungen und Konzessionen – zu verhindern. Unser Volk hat während des Krieges und danach schweren Schaden erlitten und große Opfer gebracht. Mögen sich die verantwortlichen Politiker in allen Fragen der sowjetischen Deutschlandpolitik und der deutschen Ostpolitik, im Ringen um deutsche Interessen, deutschen Besitz und deutsche Werte, im Ringen vor allem auch um die Zukunft unserer alten Hauptstadt Berlin stets an ihre vornehmste Verpflichtung erinnern, weiteren Schaden abzuwenden.
Der strategisch-offensive Charakter, den ich am Beispiel der Deutschland-Politik ausführlicher dargestellt habe, den ich jedoch auf die sowjetische Gesamtpolitik beziehe, enthält auch für die kommunistische Staatenwelt Probleme und Risiken, die nicht zu übersehen sind. Die Entspannungs- und Sicherheitspolitik durchlöchert nämlich zwangsläufig die enge Abschirmung der kommunistischen Staaten gegenüber dem Westen; sie verstärkt mit der angestrebten Intensi-

vierung des wirtschaftlichen, technischen und kulturellen Austausches nicht nur die offiziellen Kontaktnotwendigkeiten, sondern auch die Möglichkeit zu ausgedehnten persönlichen Begegnungen unter erschwerten Kontrollbedingungen. Auch die Neigungen der Satelliten, auf eigene Faust möglichst großen Nutzen aus dem »goldenen Westen« zu schöpfen, könnten nicht nur, sie werden unvermeidbar wachsen. Die seit 1966 zielbewußt durchgehaltene Politik zur Errichtung des europäischen Sicherheitssystems muß daher im eigenen östlichen Bereich sorgfältig abgeschirmt und abgesichert werden. Sie bedarf, um den gesamten Sachverhalt anschaulich darzustellen, eines sicheren Hinterlandes sowie zuverlässiger Hilfstruppen.

Am leichtesten war die Aufgabe, den Führungsanspruch Moskaus zu sichern, im Bereich der kommunistischen Weltorganisationen. Auf die Probleme, die sich aus dem Konflikt mit Peking ergaben, habe ich bereits früher hingewiesen. So kann ich mich jetzt mit der Feststellung begnügen, daß dank der finanziellen Abhängigkeit und dank der ihre eigenen Interessen verfolgenden lateinamerikanischen und afrikanischen Verbände bisher jede Spaltung vermieden werden konnte. Spätestens ab 1966 ist die Führung Moskaus unangefochten; daran änderte auch die kurze Krise, die durch die Okkupation der Tschechoslowakei ausgelöst wurde, nichts. Man kann und muß davon ausgehen, daß die Weltorganisationen in der politisch absehbaren Zukunft die sowjetische Politik weiterhin unterstützen werden.

Das gleiche gilt für die Gesamtheit des Warschauer Paktes, wenn auch hier, wie mehrfach angedeutet, die Verhältnisse vielschichtiger und komplizierter zu beurteilen sind. Auch in diesem Bündnis ist die politische Ausrichtung auf Moskau bis auf weiteres nicht gefährdet. Die »Breschnew-Doktrin« läßt keinen Zweifel daran, daß Moskau entschlossen ist, sowohl die Wiederholung von Vorgängen, wie sie sich 1956 in Polen und Ungarn ereigneten, wie auch Bestrebungen, die dem Reformkommunismus Dubčeks ähneln, zu verhindern. Wie ich in Kapitel 9 schon erwähnt habe, war ich im Höhepunkt der CSSR-Krise bereits aus dem aktiven Dienst ausgeschieden. Entgegen anderen Ansichten und Beurteilungen verschiedener Behörden und nachrichtendienstlicher Partner waren unsere Experten schon im März 1968, also noch vor meinem Ausscheiden am 30. 4. 1968, davon überzeugt, daß Moskau jederzeit intervenieren würde, wenn die Entwicklung einen ihm gefährlich erscheinenden Verlauf nehmen sollte. In der westlichen Publizistik wurden fast ausschließlich militärische und machtpolitische Gesichtspunkte für das Eingreifen angegeben. Gewiß haben solche Erwägungen bei der Entschlußfassung mitgewirkt. Entscheidender als diese Gründe war jedoch die

Erkenntnis, daß die Lage Dubček aus der Hand zu gleiten drohte und sich damit eine Entwicklung anbahnte, die in immer schnellerem Tempo zu einem Kommunismus neuer Prägung, womöglich sogar zu einer Art »Sozialdemokratismus« führen mußte.

Uns allen ist noch gegenwärtig, wie Dubček zur Kapitulation gezwungen wurde. Als er seine Zusagen nicht einhalten konnte, wurde gehandelt. Die Okkupation war eine offensive taktische Aktion, die, hier kann man den Moskauer Erklärungen durchaus vertrauen, nicht nur zur Behauptung des eigenen Machtbereiches, sondern auch zur Absicherung der weiter fortzuführenden sowjetischen Europa-Politik diente.

In der Tschechoslowakei zerbrachen im August 1968 alle Hoffnungen auf ein gewisses Maß an nationaler Eigenständigkeit, geistiger Freiheit und auf ein materiell besseres Leben. Resignation und Antipathie blieben zurück, nachdem die Welle eines natürlichen Freiheitsempfindens rasch verebbt war. Die passive Schicksalsergebenheit der eigenen Bevölkerung, die sich in einer unbefriedigenden Stimmungslage ausdrückt, bleibt indes für die Sowjets und ihre Steigbügelhalter das Hauptproblem der Entspannungspolitik. So sehr sich im Einzelfall die Bevölkerung vor allem in Verfolg nationaler Belange mit den kommunistischen Kadern identifizieren mag, so eindeutig bleibt für mich die Tatsache bestehen, daß das kommunistische System von der Masse der Polen, Ungarn und sicher auch Tschechoslowaken – natürlich nicht offen zugegeben – abgelehnt wird.

Auch in der Sowjetunion ist der Prozeß der Identifikation, der aus den Angehörigen der zahlreichen russischen Völkerschaften allmählich den »Sowjetmenschen« entstehen ließ, zumindest in den Kreisen der Intelligenz zum Stillstand gekommen, wenn nicht gar rückläufig.

Für die »DDR« gilt zusätzlich, daß nach allen wohlbegründeten Erfahrungen und Erkenntnissen, auch aus jüngster Zeit, ein »DDR«-Staatsgefühl außer bei Funktionären und Nutznießern des Systems noch immer nicht besteht. Daran ändert auch der berechtigte Stolz auf die eigenen, hart errungenen Leistungen nicht das geringste. Die Masse der Bevölkerung ist und bleibt dem Kommunismus gegenüber politisch indifferent. Sie strebt lediglich danach, sich im Interesse der eigenen Lebensgestaltung so gut wie möglich zu arrangieren, ohne das System zu bejahen, allerdings auch ohne den Wunsch, die ihr zum Teil unverständlichen Verhältnisse in der Bundesrepublik auf den eigenen Lebensbereich zu übertragen. Wie dünn die Fassade der Zustimmung zum SED-Regime in Wirklichkeit ist, wurde beim Besuch Bundeskanzler Brandts in Erfurt im März 1970 nur allzu deutlich. Weder meine ehemaligen Mitarbeiter noch ich waren davon über-

rascht, daß in Erfurt das gesamtdeutsche Empfinden in der »DDR« so unüberseh- und unüberhörbar zum Ausdruck kam. Es ist lebendig und wird sich jederzeit bei gegebener Gelegenheit spontan aktivieren.
Hieraus wiederum müßte sich für jede westdeutsche Regierung die unabdingbare Pflicht ergeben, diese Grundstimmung in der »DDR« zu berücksichtigen und alles zu unterlassen, was die Teilung auch institutionell und völkerrechtlich verewigen könnte. Die Vorgänge in Erfurt zeigen aber auch, daß die kommunistischen Regierungen, insbesondere aber diejenige der »DDR«, sich kaum Liberalisierungsmaßnahmen leisten oder menschliche Erleichterungen im grenzüberschreitenden Verkehr gewähren können. Sie würden damit ihre Existenz, die auf der unbehinderten und gesicherten Machtausübung beruht, gefährden. Alle Erwartungen, derartige Entscheidungen mit Hilfe westlicher Konzessionen auslösen zu könenn, muß ich daher – einmal mehr – zur Zeit als denkbar unwahrscheinlich bezeichnen.

So gewaltsam geschlossen der osteuropäische Machtbereich der Sowjets insgesamt zu werten ist, es fällt Moskau schwer, auf die Herstellung der Einheit im gesamten kommunistischen Lager auch weiterhin verzichten zu müssen. Über die großen »Abweichler«, die VR China und Jugoslawien – Albanien fällt nicht ins Gewicht –, ist schon im Zusammenhang mit den ideologischen Streitfragen (Kapitel 10) geschrieben worden. In diesem Teil sollen einige wenige Erkenntnisse und Überlegungen angefügt werden, die den machtpolitischen Aspekt eigener Wege zum Kommunismus betreffen.
Für die Front der osteuropäischen Satelliten Moskaus, deren drei (Ungarn, Rumänien und Bulgarien) an Jugoslawien grenzen, bleibt das von Tito regierte Land das fehlende Glied in einer Kette, die – nach sowjetischer Vorstellung – einmal geschlossen werden muß. Mit einer Einbeziehung Jugoslawiens in das Warschauer-Pakt-System könnten weitere entscheidende Stützpunkte am Mittelmeer gewonnen, kann die längst bestehende Bedrohung der NATO-Südflanke entscheidend verstärkt werden.
Aus zahlreichen Informationen ist bekannt, daß die sowjetische Führung nicht mit Veränderungsmöglichkeiten rechnet, solange der jugoslawische Staatschef, der zweifellos zu den großen politischen Persönlichkeiten unseres Jahrhunderts zählt, das politische Schicksal seines Landes bestimmen kann. Die Sowjetunion hofft jedoch auf die Zeit nach Titos Ausscheiden. Sein Ausfall würde, dies erwarten die Sowjets, jene Kräfte freilegen, die als linientreue Kommunisten den Anschluß an Moskau erstreben, und zugleich die Möglichkeiten

eröffnen, das strategisch wichtige Adria-Land unter Anwendung aller Mittel, erforderlichenfalls auch der militärischen Erpressung, unter Moskaus Botmäßigkeit zu zwingen. Der sowjetische Nachrichtendienst ist bereits an der Arbeit, um – sorgfältig abgeschirmt – allmählich die Vorbedingungen in Jugoslawien hierfür zu schaffen.
Von noch größerer Wichtigkeit für Moskau, für die kommunistische Weltbewegung, für das gesamte kommunistische Lager ist natürlich die – von mir bereits in den Kapiteln 10 und 11 wiederholt angesprochene – Auseinandersetzung mit der VR China. Während bei gleichgerichteter weltrevolutionärer Zielsetzung nach außen die ideologischen Meinungsverschiedenheiten in den Vordergrund gerückt werden, sind es mit hoher Wahrscheinlichkeit in Wirklichkeit in erster Linie die machtpolitischen Spannungen und Gegensätze, die den Konflikt entscheidend verschärft haben. Ohne die Härte der Auseinandersetzung, die »Tiefe des Grabens«, die oft zitiert wird, verringern zu wollen, glaube ich jedoch, daß die Rivalität unter den kommunistischen Großmächten unter dem Einfluß geschickter sowjetischer Psychopolitik eine übertriebene, auf eine Entscheidung in der Weltpolitik (noch) nicht projizierbare Bedeutung erhalten hat. Ich habe in einer Studie »New Trends in Kremlin Policy«, die von einer europäisch-amerikanischen Arbeitsgruppe vor kurzem herausgegeben wurde, die gleiche Ansicht festgestellt.
Wie schon angedeutet, sträube ich mich heute ebenso wie vor mehr als zehn Jahren, als die Auseinandersetzungen begannen, entschieden dagegen, den Bruch zwischen Moskau und Peking als unwiderruflich und endgültig anzusehen – denn was ist in der Politik schon endgültig? Hinzu kommt, daß die Geschichte der kommunistisch-sozialistischen Bewegung seit nunmehr 125 Jahren voll von Schismen ist, ohne daß die Bewegung dadurch ernsthaften Schaden erlitten hätte.
Es steht im übrigen fest, daß sich der Konflikt ursprünglich im wesentlichen an einem Methodenstreit über den einzuschlagenden Weg zum Endsieg an Hand zweier Urkunden der Weltbewegung, nämlich der Moskauer Deklaration von 1957 und der Moskauer Erklärung von 1960, entzündete. Die Auseinandersetzung wird auch heute noch zu einem großen Teil mit ideologischen Argumenten geführt und gipfelt immer wieder im gegenseitigen Vorwurf des Verrats an der Weltrevolution. Unter Berücksichtigung der Tatsache, daß Ideologie eine Anweisung zum Handeln darstellt, haben diese theoretischen Streitigkeiten durchaus auch Bedeutung für die politische Praxis.
Die Hoffnungen mancher westlicher Freunde, der Konflikt könne früher oder später die Sowjetunion veranlassen, im Westen Rücken-

deckung zu suchen, habe ich nicht geteilt. Ich halte auch die Behauptung für abwegig, daß der kommunistische Bruderzwist das sowjetische Interesse an der europäischen Sicherheitskonferenz verstärkt, wenn nicht ausgelöst habe. Die Auseinandersetzung mit Peking ist für die Sowjets sicherlich eine Belastung. Ernsthafte Gefahren enthält sie jedoch weder für die sowjetische Gegenwart noch für die absehbare Zukunft. Bei dem nach wie vor erdrückenden militärischen Übergewicht der Sowjets ist in den nächsten Jahren ein Krieg zwischen den beiden Mächten unwahrscheinlich. Er muß mit einer Niederlage Pekings enden, zugleich aber Moskau bis zur Unerträglichkeit mit der Versorgung und Verwaltung dieses Gebietes nach dem Siege belasten. An dieser Beurteilung ändern die Ussuri-Zwischenfälle im März 1969, die lokalen Charakter hatten und zudem von beiden Seiten bewußt hochgespielt wurden, nichts.

Sollte entgegen meinen Erwartungen tatsächlich die Annahme zutreffen, daß sich die Sowjets aus Sorge um Rotchina im Westen den Rücken freihalten wollen, dann kann man nur hoffen, daß unsere Verbündeten und auch wir dem Kreml die Rückendeckung so lange verweigern, wie er bei seinen Satelliten jede Eigenständigkeit unterbindet und 17 Millionen Deutsche weiter unter kommunistische Herrschaft zwingt.

Ähnlich wie in Jugoslawien, freilich unter ganz anderen Voraussetzungen und Verhältnissen, rechnen sowjetische Funktionäre, die sich zur Ganzheit des kommunistischen Lagers bekennen, auch in der chinesischen Volksrepublik mit weitreichenden Veränderungen nach dem schon so lange erwarteten Ausfall des rotchinesischen Diktators Mao Tse-tung. Während ich im Falle des Ausscheidens von Tito den Sowjets echte Chancen zubillige, mit Hilfe prosowjetischer Kräfte im Lande eine Anpassung, ja höchstwahrscheinlich eine Angliederung Jugoslawiens zu erreichen, ohne daß es zu einem bewaffneten Eingreifen kommt, beurteile ich die sowjetischen Aussichten in China nach dem Tode Maos sehr viel ungünstiger. Weder Ministerpräsident Tschou En-lai, der nicht nur als ruhender Pol in der Konsolidierung, sondern darüber hinaus als wahrhafter Gestalter einer Neuordnung seines Landes gelten kann, noch Verteidigungsminister Lin Piao bietet den Sowjets die Gewähr, daß sich eine Unterwerfung unter eine unbestrittene Führungsrolle Moskaus ergeben würde. Beide aber, hinter denen die »Volksbefreiungsarmee« als der stärkste Machtfaktor des Landes steht, werden nicht gewillt und imstande sein, den gottähnlichen Personenkult um Mao fortzusetzen; beide dürften vielmehr in realistischer Einschätzung ihrer Möglichkeiten bestrebt sein, dem kommunistischen China im Innern wieder jene Festigkeit zu

geben, die auch das weltpolitische Gewicht nach außen bestimmen wird. Ein konsolidiertes China aber wird seine Rolle in der Weltpolitik ganz anders zu spielen vermögen als der Riesenstaat, dessen Aktivität bisher durch innere Unruhen behindert war.
Ob Tschou En-lai oder Lin Piao – oder aber auch andere – letztlich alle Eigeninteressen den weltrevolutionären Endzielen unterordnen, sich also zunächst mit Moskau arrangieren, vermag heute niemand vorherzusagen.
Wenn ich auf längere Sicht eher an eine Annäherung als an einen Fortbestand oder gar eine Vertiefung des Konfliktes glaube, so muß ich natürlich auch die Verhältnisse in der sowjetischen Führung in meine Betrachtungen einbeziehen. Wahrscheinlich bedeuten zukünftige Veränderungen in der sowjetischen Führungsspitze ohnehin mehr, als dies im allgemeinen angenommen wird. Der durch und durch intransigenten, machtpolitisch besessenen Figur Stalins folgte mit Chruschtschow eine schillernde Gestalt, deren überraschende taktische Schachzüge oft auch im eigenen Führungsbereich Unbehagen ausgelöst haben. Mit Breschnew und Kossygin sind pragmatische und realistische Politiker an seine Stelle getreten, die – gemeinsam mit Podgorny – ein »Troika-System« praktizieren, dem weitverbreitet kein langes Leben verheißen wurde.
In den letzten Monaten häuften sich Presseberichte, die Leonid Iljitsch Breschnew, den 65jährigen Generalsekretär der KPDSU, als »neuen Stalin« präsentierten. Breschnews Wort »Wo wir stehen, ist unser uneingeschränkter Machtbereich« mag vielen als die Bekräftigung einer innen- und außenpolitischen Rückkehr zum Stalinismus erschienen sein.
Ich glaube kaum, daß Breschnew eines Tages das Kollektiv überspielen und zum Alleinherrscher aufsteigen wird. Diese Rolle wird indessen einem seiner Nachfolger zufallen. In diesem Punkte teile ich die Ansicht prominenter Sowjetkenner, daß in der Sowjetunion, vermutlich in nicht zu ferner Zeit, eine starke Führerpersönlichkeit allein an die Spitze gelangen dürfte, die den Kampf um die Vorherrschaft im kommunistischen Machtbereich und die große Auseinandersetzung mit der westlichen Welt mit äußerster Entschlossenheit und Härte führen wird. Aus den sowjetischen Spitzenfunktionären dieser Jahre hebt sich Alexander Scheljepin heraus, dessen Tätigkeiten im Geheimdienst, in der Jugendbewegung und zur Zeit an der Spitze der sowjetischen Gewerkschaften ihm eine unvergleichlich breite Gefolgschaft und Abstützung sichern. Gelingt es Scheljepin, sein Verhältnis zu den militärischen Führern, den Marschällen, noch zu verbessern, dann kann er der »neue Stalin« werden. Einmal schon am

Widerstand der Altfunktionäre gescheitert, wird Scheljepin indes klug genug sein, den günstigsten Zeitpunkt abzuwarten. Ambitionen und Fähigkeiten, den Griff nach der Alleinherrschaft zu versuchen, werden ihm mit Gewißheit auch aus den eigenen Reihen zugebilligt.

Diese Überlegungen, so wichtig sie auch für die Weiterführung der sowjetischen Machtpolitik sein mögen, sollen nicht am Ende dieses Kapitels stehen. Sicherlich sind viele meiner Leser daran interessiert, meine Ansichten über die voraussichtliche Entwicklung dieser Politik in den nächsten Jahren und Jahrzehnten zu erfahren.
Auf Grund meiner 26jährigen Erfahrung in der Beurteilung von Sowjetstaat und -politik bin ich zu einer Auffassung gelangt, die für die siebziger Jahre die folgenden politischen Ziele der Sowjets erwarten läßt:

- Totale Verfestigung und Sicherung des eigenen Machtbereiches in Europa (einschließlich aller Kriegs- und Nachkriegseroberungen), erforderlichenfalls mit Gewalt (Breschnew-Doktrin; Beispiel: Okkupation der Tschechoslowakei, ergänzt durch den Zusatz, daß die Sowjetunion nach meiner Überzeugung keinen Augenblick zögern würde, etwa in Polen oder Rumänien mit gleicher Härte zu intervenieren).
- Verstärkung der Versuche, das westliche Bündnissystem in Europa aufzulösen und durch eine »europäische Friedensordnung« (nach sowjetischer Vorstellung) zu ersetzen. Hauptansatzpunkt bleibt die Bundesrepublik, deren Unterminierung, Isolierung und Bedrohung Voraussetzungen für eine Einbeziehung in den sowjetischen Machtbereich schaffen sollen.
- Ausbau der strategisch wichtigen Positionen im Mittelmeerraum, in den arabischen Ländern und am Indischen Ozean.
- Ausdehnung der Einflußmöglichkeiten im skandinavischen Raum (Finnland – Barents-See).
- Ausbau der Basis auf Kuba – als Stützpunkt für eine später mögliche entscheidende Auseinandersetzung mit den USA, denen gegenüber in den siebziger Jahren eine Verzögerungspolitik (mit gleichzeitiger Verfestigung der eigenen Positionen) betrieben werden dürfte. Verhandlungen mit den USA dürften nur dann mit gewissen eigenen Konzessionen weitergeführt werden, wenn sich weit überwiegend günstige eigene sowjetische Erfolgsmöglichkeiten daraus ergeben.
- Vorbereitung einer möglichst ohne Krieg zu erreichenden Einbeziehung der Volksrepublik China in den gesamtkommunistischen

Machtbereich unter sowjetischer Führung (nach dem Ausfall Mao Tse-tungs).

Bei einer weiteren politischen Passivität des Westens ist für die achtziger Jahre, folgend aus den Leitlinien der sowjetischen Politik und auf Grund bestimmter Entwicklungen, wahrscheinlich mit einer außerordentlichen Zuspitzung der weltpolitischen Lage (nach dem »Generationswechsel« in Moskau und Peking) zu rechnen. In diesem Zusammenhang sind die Führungsprobleme an der Spitze der Sowjetunion von besonderer Bedeutung.
Als wichtigste Vorgänge im Verlauf der achtziger Jahre lassen sich vermuten:

- Ausschaltung der Volksrepublik China (in Form der Unterwerfung unter Einsatz militärischer Mittel) als Rivalen in der Frage der Vormachtstellung im gesamten kommunistischen Bereich, falls bis dahin die ohne Krieg angestrebte »Eingliederung« nicht gelungen sein sollte.
- Steigerung der Aktivität in den Schlüsselbereichen (Westeuropa, Mittelmeerraum) mit erstrebter Einbeziehung Westeuropas und der an den Südraum der Sowjetunion angrenzenden Länder in den sowjetischen Machtbereich unter Einsatz aller Mittel des in diesen Ländern entwickelten revolutionären Kampfes und der Zersetzung.
- Abschluß aller Vorbereitungen für die entscheidende Auseinandersetzung mit den USA.

Gegenüber den vorgenannten politischen Zielen der Sowjetunion hängen die Überlebenschancen des Westens davon ab, ob es gelingt, der Sowjetunion eine geschlossene Politik gegenüberzustellen, die von der hier dargelegten Erkenntnis bestimmt wird.
Gewiß gibt es in vielen Ländern, auch den Vereinigten Staaten, zahlreiche Fachkenner, die die Gefährlichkeit der gegenwärtigen politischen Weltentwicklung mit den gleichen Augen sehen wie ich. Die Masse der Völker hat jedoch die Gefahren der Gegenwart noch nicht erkannt und vor allem noch nicht begriffen, daß der Westen nur *politisch offensiv* den vom Osten ausgehenden Gefahren mit Erfolg entgegentreten kann. Die Öffentlichkeit in allen westlichen Ländern, die natürlicherweise und mit Recht den Weltfrieden als das wichtigste Gut des Westens sieht, ist in obiger Erkenntnis auch durch die vielen propagandistischen Machenschaften, die die Sowjetunion auf verschwiegenen Wegen im Untergrund in allen westlichen Ländern betreibt, an der klaren Sicht behindert.

Hat die Sowjetunion ihre Gefährlichkeit verloren? Ich muß diese Frage eindeutig verneinen.
Die Sowjetunion ist nun einmal nicht die »statische Macht«, die in defensiver Weise lediglich ihren Besitzstand zu wahren bestrebt ist, sondern eine politisch höchst aktive und aggressive Weltmacht, der in der Zukunft jedes Mittel recht sein wird, der erstrebten Entscheidung näherzukommen und sie schließlich zu erreichen.
Die in den letzten Monaten vielfach veröffentlichten Andeutungen über einen »echten Wandel« in der sowjetischen Politik sind nichts anderes als Spekulationen, die jeder Grundlage entbehren.
Die Methoden und Mittel der sowjetischen Politik wurden verfeinert, der Wille zum Angriff auf alles, was unser Leben lebenswert macht, insbesondere auf unsere Freiheit des Denkens und Handelns, änderte sich nicht.
Es bedeutet nicht eine Ablehnung aller Verhandlungen mit dem Osten, wenn diese völlig illusionslos und ohne irgendwelche Vorleistungen über eine längere Zeit geführt werden. Jede Vertragsverhandlung mit den Sowjets, die nicht klare Forderungen stellt, ist für die sowjetische Mentalität unerklärlich und wird mit äußerstem Mißtrauen gesehen. Das Verhandlungskonzept muß stets mit Maximalforderungen beginnen und (zunächst nicht erwähnte) Minimalforderungen festlegen, bei deren Nichtbewilligung die Verhandlungen abgebrochen werden.
Hoffen wir, daß sich diese Erkenntnisse durchsetzen. Nur wenn der gesamte Westen, seine eigenen staatlichen Interessen in zweite Linie rückend, erkennt, daß das Gebot der Stunde die Schaffung einer politischen Aktionseinheit aller wichtigen westlichen Staaten ist, die ihrerseits mit den entsprechenden wirksamen Mitteln der offensiven sowjetischen »Friedenspolitik« entgegentreten, welche allen Ländern unverändert die »Segnungen des Sozialismus«, d. h. die Weltrevolution, bringen will, wird die freie Welt überleben.
Unter diesen Überlegungen spielt der baldmöglichste Zusammenschluß des gesamten freien Europa (einschl. Spanien) zu einer geschlossenen politischen Kraft, die imstande ist, das Vordringen der Sowjetmacht und des Kommunismus aufzuhalten, die erste Rolle. Hierbei darf nicht vergessen werden, daß der wiederholte sowjetische Vorschlag, eine europäische Sicherheitskonferenz abzuhalten, nur den Zweck hat, die Einigung Westeuropas zu verhindern.
Über die Einigung Europas hinaus gewinnt die atlantische Allianz eine entscheidende Bedeutung. Auch hier müssen Wege gefunden werden, um zu einer klaren Synthese zwischen dem neu zu schaffenden Europa und dem amerikanischen Kontinent zu kommen. Sicher

sind manche Interessen Europas und Amerikas verschieden gelagert, trotzdem muß ein großzügiger Ausgleich gefunden werden.
Als Sofortmaßnahme bedarf der südöstliche Eckpfeiler der NATO im Ost-Mittelmeerraum besonderer politischer und militärischer Schwerpunktbildung für die Verteidigung der NATO-Flanke. Hier sollte es zu einer noch engeren Zusammenarbeit der NATO-Staaten mit der Türkei und Griechenland kommen, falls möglich, unter Einbeziehung des zwar kleinen, aber politisch und militärisch schlagkräftigen Staates Israel. Die Zeit drängt!
Es darf jedenfalls nicht wahr werden, was Manuilsky, der langjährige Leiter der Kominform, 1931 in seiner Grundsatzerklärung unter anderem gesagt hat: »... Die kapitalistischen Länder, stupide und dekadent, werden mit Vergnügen an ihrer eigenen Zerstörung arbeiten. Sie werden auf den Leim der Gelegenheit zu neuer Freundschaft kriechen. Und sobald sich ihr Schutzgürtel entblößt, werden wir sie mit unserer geballten Faust zerschmettern.«
Die Aufklärungstätigkeit schlagkräftiger und eng zusammenarbeitender Nachrichtendienste kann bei der Abwehr dieser Absichten und Bestrebungen für die Zukunft der freien Welt, für ihre und damit unsere Freiheit und Sicherheit, eine entscheidende Rolle spielen.

# Lebensdaten

| | |
|---|---|
| 3. April 1902 | geb. in Erfurt |
| 1. April 1920 | Abitur |
| 20. April 1920 | Diensteintritt in die vorläufige Reichswehr |
| 1. Dezember 1923 | Beförderung zum Leutnant |
| 1. Februar 1928 | Beförderung zum Oberleutnant |
| | In dieser Zeit bis 1933 Frontdienst im Artillerie-Regiment 3 |
| 1933–1935 | Ausbildung auf der Kriegsakademie; Qualifikation für den Generalstabsdienst (und Verwendung im Generalstabsdienst) |
| 1. Mai 1934 | Beförderung zum Hauptmann |
| 1935–1938 | Verwendung im Generalstab des Heeres, als Adjutant des O Qu I (Vertreter des Generalstabschefs) Tätigkeit als Adjutant O Qu I in der Operationsabteilung und in der Abteilung Landesbefestigung |
| 1938–1939 | Batterie-Chef im Artillerie-Regiment 18 |
| 1. März 1939 | Beförderung zum Major |
| 26. August 1939–6. Oktober 1939 | 1. Generalstabsoffizier (I a) der 213. Infanterie-Division |
| November 1939–Mai 1940 | Leiter der Gruppe Landesbefestigung im OKH |
| Juni 1940–Oktober 1940 | Adjutant des Chefs des Generalstabes |
| November 1940–März 1942 | Leiter der Gruppe Ost in der Operationsabteilung |
| 1. Juli 1941 | Beförderung zum Oberstleutnant i. G. |
| 1. April 1942 | Beförderung zum Oberst i. G. und Ernennung zum Chef der Abteilung »Fremde Heere Ost« |
| 1. Dezember 1944 | Beförderung zum Generalmajor |
| Juni 1945–Juli 1946 | Amerikanische Kriegsgefangenschaft |
| Juli 1946–März 1956 | Leiter der »Organisation Gehlen« |
| April 1956–April 1968 | Präsident des Bundesnachrichtendienstes |
| Mai 1968 | Versetzung in den Ruhestand |

## Kartenskizzen



## Quellenvermerk


Die Bilder Nr. 8, 9 und 16 wurden vom Bilderdienst Süddeutscher Verlag, die Bilder Nr. 17, 21, 22, 23 von dpa, das Bild Nr. 24 vom Ullstein Bilderdienst (Bauer/Nowosbi) und Nr. 20 von Associated Press zur Verfügung gestellt. Die übrigen Bilder stammen aus Privatbesitz.

Wir danken allen, die uns durch die Überlassung von Fotos die Beigabe dokumentarischer Bilder ermöglicht haben.


Es wurde bewußt darauf verzichtet, ein Personen- und Sachregister aufzunehmen.

Knaur-Taschenbücher
Vollständige
Textausgaben

---

| | | |
|---|---|---|
| 243 : : | Edwin O'Connor | Es hatte ein Mann drei Söhne. *Roman* |
| 244 · · · | Jürgen Thorwald | Die Traum-Oase |
| 245 · | John K. Galbraith | Die McLandress-Dimension *Mit 32 Illustrationen* |
| 246 · · · | Morris L. West | Der Turm von Babel. *Roman* |
| 247 · · · | Jan de Hartog | Kapitän Harinx. *Roman* |
| 248 · · | Peter F. Drucker | Die ideale Führungskraft |
| 249 · · · | Hans Wilh. Vahlefeld | 100 Millionen Außenseiter *Mit 14 Abbildungen* |
| 250 · | C. Northcote Parkinson | Mrs. Parkinsons Gesetz |
| 251 : : | Elia Kazan | Das Arrangement. *Roman* |
| 252 · | Gilbert K. Chesterton | Der Mann der Donnerstag war. *Roman* |
| 253 · · | Erich von Däniken | Erinnerungen an die Zukunft *Mit 26 Abbildungen* |
| 254 · · | Klaus Harpprecht | Willy Brandt. *Porträt u. Selbstporträt* |
| 255 | Walter R. Fuchs | Knaurs Buch der modernen Physik *Mit 300 meist farbigen Abb.* DM 7.80 |
| 257 · · | Gerhard Zwerenz | Erbarmen mit den Männern. *Roman* |
| 258 : : | Helen MacInnes | Das Spiegelbild. *Roman* |
| 259 · · | Henry Jaeger | Der Club. *Roman* |
| 260 : : | Verner Arpe | Knaurs Schauspielführer |
| 261 : · : | Masters/Houston | Psychedelische Kunst. *Mit 140 teils farbigen Abbildungen* |
| 262 : · : | Johannes Mario Simmel | Alle Menschen werden Brüder. *Roman* |
| 263 · · · | John O'Hara | Lunch am Samstag. *Novellen* |
| 264 · · | Fritz Zwicky | Entdecken, Erfinden, Forschen. *Mit 34 Abbildungen und Diagrammen* |
| 265 : : | Peter Bamm | Alexander der Große. Ein königliches Leben. *Mit 254 Abbildungen* |
| 266 · · · | William Styron | Die Bekenntnisse des Nat Turner *Roman* |
| 267 | Walter R. Fuchs | Knaurs Buch der modernen Mathematik. *Mit 200 meist farbigen Abbildungen.* DM 7.80 |
| 268 : : | Peter F. Drucker | Die Zukunft bewältigen. *Aufgaben und Chancen im Zeitalter der Ungewißheit* |
| 269 : : | Charlotte Bühler | Psychologie im Leben unserer Zeit *Mit 116 Abbildungen* |

---

| | | |
|---|---|---|
| · | Einfachband | DM 2.80 |
| · · | Zweifachband | DM 3.80 |
| · · · | Dreifachband | DM 4.80 |
| : : | Vierfachband | DM 5.80 |
| : · : | Fünffachband | DM 6.80 |

Knaur-Taschenbücher
Vollständige
Textausgaben

---

| | | |
|---|---|---|
| 270 ·· | Reinisch/Hoffman (Hrsg.) | Führer und Verführer |
| 271 | Neil Sheehan (Hrsg.) | Die Pentagon-Papiere. DM 9.80 |
| 272 · | Peter Bamm | Adam und der Affe. *Essay* |
| 273 :: | Clay Blair | Die Aufsichtsratssitzung. *Roman* |
| 274 | Vance Packard | Die sexuelle Verwirrung. DM 7.80 |
| 275 ··· | Jürgen Thorwald | Das Jahrhundert der Chirurgen |
| 276 ··· | Charlotte Bühler | Wenn das Leben gelingen soll *Psychologische Studien über Lebenserwartungen und Lebensergebnisse* |
| 277 :: | Hans Habe | Das Netz. *Roman* |
| 278 ··· | Michael Crichton | »Andromeda«. *Roman* |
| 279 | Hans-Joachim Bogen | Knaurs Buch der modernen Biologie *Mit 166 meist farbigen Abbildungen* DM 9.80 |
| 280 ··· | Martin Beheim-Schwarzbach | Knaurs Schachbuch |
| 281 :: | Jürgen Thorwald | Das Weltreich der Chirurgen |
| 282 ··· | Ernst Augustin | Mamma. *Roman* |
| 283 ·· | Håkan Hedberg | Die japanische Herausforderung |
| 284 ··· | Ernst von Khuon (Hrsg.) | Waren die Götter Astronauten? *Wissenschaftler diskutieren die Thesen Erich v. Dänikens* |
| 285 · | Jerzy Kosinski | Aus den Feuern. *Roman* |
| 286 ·· | John O'Hara | Danke für gar nichts. *Roman* |

Als weitere Bände erscheinen:

| | | |
|---|---|---|
| 287 :: | Fletcher Knebel | Von der Nacht verschlungen. *Roman* |
| 288 ··· | John Galsworthy | Jenseits. *Roman* |
| 289 ·· | Stephen W. Meader | Alle Achtung, kleiner Bud *Mit 31 Zeichnungen* |
| 290 ·· | Erich von Däniken | Zurück zu den Sternen. Argumente für das Unmögliche. *Mit 74 Abb.* |
| 291 ··· | Wolfgang Wickler | Sind wir Sünder? Naturgesetze der Ehe. *Mit 72 Zeichnungen* |
| 292 | Hellmuth Bögel | Knaurs Mineralienbuch. Das Haus- u. Handbuch für Freunde und Sammler von Mineralien *Mit 154 farb. Abb.* DM 7,80 |

---

| | | |
|---|---|---|
| · | Einfachband | DM 2.80 |
| ·· | Zweifachband | DM 3.80 |
| ··· | Dreifachband | DM 4.80 |
| :: | Vierfachband | DM 5.80 |

Knaur-Taschenbücher
Vollständige
Textausgaben

| | | |
|---|---|---|
| 293 : : | MacKinlay Kantor | Schönes Biest. *Roman* |
| 294 ·· | Mary McCarthy | Ein Blitz aus heiterem Himmel. *Essays* |
| 295 | Walter R. Fuchs | Knaurs Buch der Denkmaschinen. *Mit 70 meist farbigen Abbildungen.* DM 9,80 |
| 296 ··· | Desmond Morris | Der Menschen-Zoo |
| 297 | Vogt/Wermuth | Knaurs Aquarien- und Terrarienbuch Das Haus- und Handbuch der Vivaristik. *Mit 280 farb. Abb.* DM 7,80 |
| 298 ·· | Norman Mailer | ... am Beispiel einer Bärenjagd *Roman* |
| 299 | Angus Wilson | Kein Grund zum Lachen. *Roman* DM 7,80 |
| 300 : : | Reinhard Gehlen | Der Dienst. Erinnerungen 1942–1971 *Mit 26 Abbildungen* |
| 301 ·· | Johannes Lehmann | Jesus-Report Protokoll einer Verfälschung |
| 302 ··· | Robert Charroux | Unbekannt, geheimnisvoll, phantastisch. Auf den Spuren des Unerklärlichen. *Mit 21 Abbildungen* |
| 303 | Bodo W. Jaxtheimer | Knaurs Mal- und Zeichenbuch. *Mit 310 meist farb. Abb.* DM 7,80 |

| | | |
|---|---|---|
| · | Einfachband | DM 2.80 |
| ·· | Zweifachband | DM 3.80 |
| ··· | Dreifachband | DM 4.80 |
| : : | Vierfachband | DM 5.80 |